國 際 貿 易

李 穎 吾 著

學歷：中央政治學校大學部財政系畢業
美國紐約大學碩士
史丹福大學財務管理研究班結業

經歷：臺灣省立師範學院、私立輔仁大學、
國立臺灣大學教授

三 民 書 局 印 行

國立中央圖書館出版品預行編目資料

國際貿易／李穎吾著.--六版.--臺北
市：三民，民85
　　　面；　　公分
參考書目：面
ISBN 957-14-0449-7（平裝）

1.貿易

558

ⓒ 國際貿易

著作人	李穎吾
發行人	劉振強
產著作財權人	三民書局股份有限公司
發行所	三民書局股份有限公司 地　址／臺北市復興北路三八六號 郵　撥／〇〇〇九九九八一五號
印刷所	三民書局股份有限公司 復興店／臺北市復興北路三八六號 重南店／臺北市重慶南路一段六十一號
門市部	
初版	中華民國五十七年四月
六版	中華民國八十五年二月

編　號　S 55075

基本定價　柒　元

行政院新聞局登記證局版臺業字第〇二〇〇號

著作權執照臺內著字第一三七九九號

ISBN 957-14-0449-7（平裝）

三 版 自 敍

　　國際經濟，自1980年代開始，由於油價在1979年第二次上漲之後，仍陷於連續低迷狀態，故在此八〇年代最初三年當中，工業國家之經濟成長率，降至最低，並有負成長率之出現，自然也影響了國際貿易的推進。迨1983年經濟開始復甦，一直延續至八〇年代後半期，工業國家及開發中國家在世界貿易方面，均有差強人意之表現，惟在此十年過程當中，外滙市場，極不穩定，美元時高時低，影響國際貿易之正常發展；利率起伏不定，又影響國際資金之融通。本書自上次民國68年修訂迄今，已有十一年之久，在此漫長之歲月中，國際貿易基本理論，殊少變動，有關國際貿易政策，由於世界經濟之停滯發展，各國外債之加重負擔，為求自力更生，若干國家理財當局，又復重溫保護主義，利用非關稅妨害貿易措施，層出不窮，對於生產技術之改進，比較利益法則之效果，反而不大重視。工業國家為重振貿易與經濟，每年舉行

高峯會議，循例發表冠冕堂皇之文告，彼此敷衍，得挽狂瀾於旣倒，亦云幸矣。故本書此次修訂，著重於實際資料之增訂，理論部分，大體言之，悉仍舊貫，敬請高明繼續指敎是幸。

李 穎 吾 謹識

民國八〇年八月

於臺中東海大學管理學院

再 版 自 敍

拙著「國際貿易」自五十七年問世，於今已屆滿十一年矣。在此十餘年中，學術理論，日新月異；國際經濟金融情勢，自七十年代開始，又發生了空前的大變動。先是美元於一九七一年八月十五日起停止兌現，國際貨幣制度，瀕臨崩潰邊緣。繼有一九七三年十月中東戰事爆發，石油價格上漲，幾達四倍之多，整個國際收支，作了一百八十度的轉變。工業國家以往發生盈餘者，而今亦變成了差額的國家。因此國際經濟與國際貿易，自一九七四年開始衰退，形成了一種「停滯膨脹」的現象。低度開發國家由於外債員擔愈來愈重，國內經濟成長困難重重，曾經採取聯合陣線，與開發國家共同舉行聯合國貿易及開發會議，商討物價穩定與資源合理分配辦法。而在工業國家，亦力謀關稅降低與非關稅障礙之撤除，在關稅與貿易一般協定（GATT）主持之下，曾經幾度開會商討。由甘廼廼回合至最近之東京回合，大家開誠布公，各抒所見，成果頗為豐富。至於我國，在當局賢明領導之下，十餘年來，儘管外交略受挫折，對外貿易，又受石油危機與世界經濟衰退雙重壓力之困援，而國內經濟，仍能一枝獨秀，繼續維持成長，國際貿易，連年出現順差。凡此種種，皆非當年夢想所能及者。因此此次修訂，首重理論方面之補充。對於國際貿易原理，依據比較利益法則，在生產、消費、及貿易條件複雜情況之下，如何求得均衡之發展。一國經濟成長以後，又如何影響對外貿易。近年各國採取區域合作貿易制度，組織關稅同盟，同盟究有無理論上之依據。故在理論方面，除就原有部分加以補充外，並增關

兩章，一為經濟成長與國際貿易，一為關稅同盟理論。其次在國際貿易組織方面，就近十年來各種國際貿易會議商討之經過，概述始末及其內容。在我國對外貿易政策方面，則就十餘年來政策之轉變及實際所發生之效果，作扼要之敍述。故就全書觀之，從傳統貿易理論至最新的發展趨勢，以及貿易政策方面所牽涉的問題，大致都已涵蓋在內，勉敷大專敎學及自修參考之用。

　　筆者不敏，本書謬誤之處，仍在所難免，還望專家學者，不吝繼續賜敎，感甚幸甚。

李　穎　吾　謹識

六十八年九月廿二日

於臺大商學系

自　序

　　兩年前，三民書局劉振強先生來訪，囑為寫本國際貿易，內容力求淺顯。當以此書市上已有名著出版，躊躇者再。嗣以盛意難卻，勉力從命，漏誤之處，在所難免，尚希海內賢達有以教之是幸。

　　國際貿易，原可包括理論、政策，與實務三部分，依照一般教學慣例，往往將實務分設一科，故本書亦以理論與政策為主。為便利初學者對於貿易有一基本之認識，在第一、二章內，先就國際貿易史實與重商主義，概述其要。如所周知，商場交易，一手交貨，一手交錢，外滙買賣，資金供應，也就很自然地構成了國際貿易過程中的重要部分。故在理論與政策未提到以前，復就國際收支與外滙市場之理論與實務，加以介紹。貿易理論，係按發展程序，自古典學派以迄現代理論與所得理論，均作扼要之敍述。政策方面，包括關稅、傾銷、產業同盟、配額、國營貿易、商品協定、外滙管制等辦法。我國幾千年來對外之商務關係，也是青年學子應有的常識，其間成敗得失，足以策勵來茲，特闢一章，用供參考。同時研究貿易，重在拓展市場，而貿易推廣，端賴經濟開發，資金

充裕；因此如何利用國際投資，導致經濟繁榮；採用何種方策，阻過貿易循環；如何促進國際合作，發展環球貿易，皆屬當前貿易上之重要課題。在最後三章，亦分別提出，有所剖析。

　　本書內容，誠如三民書局所囑，至為淺顯，初學者如能細心閱讀，極易領悟。作為課本，足可數一年課程每週三小時教學之用。

　　本書承劉先生之鼓勵，得以如期完稿，並此誌謝。

　　　　　　　　李穎吾謹識

　　　　　　　　五十七年二月於

　　　　　　　　國立臺灣大學商學系

國際貿易　目次

第一章　國際貿易的基本認識

第一節　國際貿易的必然發生……………………………………1

第二節　國際貿易溯源……………………………………………2

　　　壹、古代貿易　　貳、中世紀貿易　　叁、現代貿易

第三節　國際貿易與國內貿易不同之點…………………………14

　　　壹、地勢氣候不同　　貳、民情風俗不同

　　　叁、生產條件不同　　肆、貨幣法令不同

第二章　重商主義

第一節　重商主義產生之時代背景………………………………17

第二節　重商主義的思想體系……………………………………18

第三節　重商主義政策……………………………………………20

　　　壹、限制金銀條塊之輸出　貳、貿易獨占　叁、鼓勵出
　　　口、阻遏進口　肆、管制海上運輸　伍、拓展殖民地
　　　陸、擴展本國工業　柒、獎勵生育、降低工資

第四節　重商主義思想的衰落……………………………………26

第三章　國際貿易與國際收支之平衡

第一節　國際收支平衡表之結構……………………………………31

第二節　國際收支必須平衡之理由…………………………………33

第三節　盈餘與差額之意義…………………………………………35

第四節　兩個不可忽視的問題………………………………………39

第五節　兩個實際例子………………………………………………43

第四章　國際收支差額之調整

第一節　國際收支差額發生之原因…………………………………49

第二節　國際收支調整之方法………………………………………50

　　　　壹、藉物價之變動而調整　　貳、藉滙價之變動而調整

第三節　通貨高估與通貨低估………………………………………54

第四節　均衡滙率之意義……………………………………………58

第五節　如何核計均衡滙價…………………………………………60

第五章　外滙市場

第一節　滙價變動的原因……………………………………………66

第二節　如何避免滙價變動的損害…………………………………70

　　　　壹、遠期滙兌之意義　　貳、遠期滙率之計算

　　　　叁、銀行如何防止期滙交易的損失

第六章　古典學派國際貿易理論

第一節　絕對利益說⋯⋯⋯⋯⋯⋯⋯⋯⋯⋯⋯⋯⋯⋯⋯⋯83

第二節　比較利益說⋯⋯⋯⋯⋯⋯⋯⋯⋯⋯⋯⋯⋯⋯⋯⋯85

　　　　壹、比較利益法則內容　貳、圖解比較利益　叁、兩國

　　　　大小與商品需要量之不同　　肆、遞增成本與遞減成本

第三節　傳統貿易理論述評⋯⋯⋯⋯⋯⋯⋯⋯⋯⋯⋯⋯⋯⋯95

第七章　新古典學派國際貿易理論

第一節　機會成本理論⋯⋯⋯⋯⋯⋯⋯⋯⋯⋯⋯⋯⋯⋯⋯⋯99

　　　　壹、以勞力一種要素來說明

　　　　（1）在成本不變情形之下　（2）在成本遞增情形之下

　　　　貳、以多種要素來說明

　　　　（1）等量曲線　（2）要素密集度之意義　（3）艾基渥斯箱形圖

　　　　（4）生產收益率不同對一國生產力之影響　A.在報酬不變的

　　　　　　　情形下　　B.在報酬遞減的情形下　C.在報酬遞增的情

　　　　　　　形下　　D.報酬的淨效果　（5）生產要素密集度之效果

　　　　　　　（6）綜合生產曲線

　　　　叁、生產要素之移用性　　肆、國際貿易原則不變

第二節　利用無異曲線解析⋯⋯⋯⋯⋯⋯⋯⋯⋯⋯⋯⋯⋯132

第三節　全面分析國際貿易之均衡發展⋯⋯⋯⋯⋯⋯⋯⋯142

　　　　壹、國外貿易無異曲線　貳、從貿易無異曲線求貿易供

　　　　給曲線　叁、貿易供給曲線的彈性　肆、貿易均衡之條

　　　　件　伍、均衡與穩定之關係　陸、在不變成本情形之下

第四節　新傳統貿易理論述評…………………………………………… 169

第八章　一般均衡理論

第一節　理論之依據……………………………………………………… 171

第二節　國際貿易原理…………………………………………………… 173

第三節　運費……………………………………………………………… 179

第四節　生產要素之質的不同及其原因………………………………… 184

第五節　競爭與獨占……………………………………………………… 187

第六節　國際貿易之功效與利得………………………………………… 196

第七節　一般均衡理論述評……………………………………………… 201

第九章　用所得理論解析國際貿易

第一節　乘數原理………………………………………………………… 205

第二節　所得理論在國際貿易上之應用………………………………… 210

第三節　滙價變動對貿易及所得的影響………………………………… 222

第四節　滙價物價同時變動對貿易及所得的影響……………………… 230

第五節　國際物價變動擴展的原理……………………………………… 238

第六節　所得理論述評…………………………………………………… 243

第十章　經濟成長與國際貿易

第一節　希克斯對經濟成長與貿易理論的啓示………………………… 246

第二節　蘇得斯登模式…………………………………………………… 248

第三節　經濟成長對國民所得之功效⋯⋯⋯⋯⋯⋯⋯⋯ 255

第四節　生產要素增加與國際貿易——雷賓贊斯基原理之解析⋯⋯ 257

第五節　生產技術改進與國際貿易⋯⋯⋯⋯⋯⋯⋯⋯⋯ 264

　　　壹、生產技術改進的類別　貳、中和性技術改進與貿易

　　　條件　叁、資本密集工業發生資本節省技術改進之影響

　　　肆、資本密集工業發生勞力節省技術改進之影響　伍、

　　　不指明生產函數情況下之技術改進與貿易條件　陸、技

　　　術改進對國民所得與所得分配之影響

第六節　貿易條件發展理論⋯⋯⋯⋯⋯⋯⋯⋯⋯⋯⋯⋯ 286

　　　壹、英國學派　　貳、沁格與普勒比基理論

　　　叁、比較利益理論與經濟成長理論之不同面

第七節　十九世紀與二十世紀國際貿易之發展⋯⋯⋯⋯⋯ 298

　　　壹、一般情況　貳、第二次大戰以後

第十一章　關　　稅

第一節　關稅之本質與種類⋯⋯⋯⋯⋯⋯⋯⋯⋯⋯⋯⋯ 308

第二節　關稅的影響⋯⋯⋯⋯⋯⋯⋯⋯⋯⋯⋯⋯⋯⋯⋯ 314

　　　壹、進口稅的直接影響　貳、進口稅的間接影響

　　　叁、出口稅的影響

第三節　關稅制度⋯⋯⋯⋯⋯⋯⋯⋯⋯⋯⋯⋯⋯⋯⋯⋯ 340

　　　壹、海關範圍　貳、稅率　叁、課稅方法　肆、稅率高

　　　度的測定　伍、有效保護稅率　陸、最適度關稅　柒、

　　　關稅報復　捌、關稅循環　玖、貼補（或稱補助金）

第十二章 傾銷與產業同盟

第一節 傾銷‧‧‧‧‧‧‧‧‧‧‧‧‧‧‧‧‧‧‧‧‧‧‧‧‧‧‧‧‧‧‧‧‧‧‧‧‧‧‧ 361

　　　壹、傾銷之意義　貳、傾銷之類別　叄、傾銷的條件

　　　肆、傾銷價格理論　伍、傾銷政策平議　陸、反傾銷方策

第二節 產業同盟‧‧‧‧‧‧‧‧‧‧‧‧‧‧‧‧‧‧‧‧‧‧‧‧‧‧‧‧‧‧‧‧‧‧ 375

　　　壹、形成之原因　　貳、組織之形態　　叄、營業政策

　　　肆、產業同盟與關稅制度　　伍、產業同盟與國家利益

　　　陸、產業同盟兩面觀

第十三章 配額、國營貿易，與商品協定

第一節 配額‧‧‧‧‧‧‧‧‧‧‧‧‧‧‧‧‧‧‧‧‧‧‧‧‧‧‧‧‧‧‧‧‧‧‧‧‧‧‧ 383

　　　壹、配額制度產生之背景　貳、配額制與其他限制進口

　　　制度之比較　叄、配額制對於價格之影響　肆、配額如

　　　何決定

第二節 國營貿易‧‧‧‧‧‧‧‧‧‧‧‧‧‧‧‧‧‧‧‧‧‧‧‧‧‧‧‧‧‧‧‧‧‧ 392

　　　壹、國營貿易之目的　貳、國營貿易之分析

第三節 商品協定‧‧‧‧‧‧‧‧‧‧‧‧‧‧‧‧‧‧‧‧‧‧‧‧‧‧‧‧‧‧‧‧‧‧ 401

　　　壹、協定的產生與內容　貳、舉一個實例

第十四章 我國對外貿易政策

第一節 朝貢通商、表裏合一‧‧‧‧‧‧‧‧‧‧‧‧‧‧‧‧‧‧‧‧‧‧‧‧‧ 407

第二節 招手歡迎、外商雲集‧‧‧‧‧‧‧‧‧‧‧‧‧‧‧‧‧‧‧‧‧‧‧‧‧ 410

第三節　戒慎恐懼、閉關自守……………………………………… 414

第四節　門戶洞開、俯首聽命……………………………………… 417

第五節　關稅自主、揚眉吐氣……………………………………… 420

第六節　管制貿易、確保勝利……………………………………… 423

第七節　開放進口、毫釐千里……………………………………… 425

第八節　集中全力、拓展市場……………………………………… 429

　　　　壹、第一階段　貳、第二階段　叁、第三階段

　　　　肆、第四階段　伍、第五階段

第十五章　國際間資本之移轉

第一節　資本移轉與經濟發展……………………………………… 449

第二節　資本輸出之真義…………………………………………… 452

第三節　國際投資之動機…………………………………………… 453

第四節　短期資金與長期資金之移轉……………………………… 455

第五節　長期資金移轉與國民所得及國際收支之關係…………… 457

第十六章　貿易循環

第一節　貿易循環的發生…………………………………………… 465

第二節　貿易循環的本質…………………………………………… 468

第三節　反貿易循環政策…………………………………………… 471

第四節　政策執行的技術問題……………………………………… 476

第五節　國際反貿易循環原理……………………………………… 480

第十七章　國際貿易合作問題

第一節　國際合作的形成……………………………………… 483

第二節　布里敦森林制度……………………………………… 489

第三節　國際貨幣基金之績效………………………………… 494

　　　壹、就其協助建立多邊清算制度及取消外滙管制而言

　　　貳、就滙率政策而言　叁、就外幣之供應而言

　　　肆、就黃金交易而言　伍、就其他職能而言

第四節　國際復興開發銀行…………………………………… 500

第五節　國際貿易組織………………………………………… 504

第六節　關稅與貿易一般協定………………………………… 506

第七節　地區貿易組織………………………………………… 507

　　　壹、歐洲共同市場　貳、歐洲自由貿易協會

　　　叁、比盧荷關稅同盟

第八節　甘廼廸減稅談判回合………………………………… 511

第九節　聯合國貿易與開發會議……………………………… 513

第十節　東京貿易談判回合…………………………………… 524

第十一節　東京談判以後……………………………………… 527

第十八章　關稅同盟理論

第一節　貿易創造與貿易轉向………………………………… 529

第二節　國與國間及商品與商品間的替代…………………… 532

第三節　關稅高度與關稅同盟………………………………… 536

重要參考書目

第 一 章
國際貿易的基本認識

第一節 國際貿易的必然發生

國際貿易(International trade)一詞，顧名思義，很容易瞭解，乃指國與國間的商業往來，而以財貨與勞務為交易的主體。商品之所以能交易，原於商品本身可以滿足人們種種的慾望。個人立身社會，不能離羣而索居，當以其所有，易其所無；普通社會往來，即由此發生。國之相處，雖不若私人關係之密切，苟老死不通往來，固可安平共存，但却難望興旺共榮了。因為國際貿易，不僅是以有易無的問題，而在講求如何以貴易賤，以價廉的進口品，代替國內的生產。更明確言之，國際貿易，旨在改善人類的生活，滿足消費者更高的慾望。近代西歐國家產業之發展，國民福利之增進，端賴南洋之橡膠，中東之石油，以及海外其他地區原棉、絲、麻不斷的供應。即富如美國，咖啡、茶葉、香蕉、巧克力及其他熱帶果實，也要從海外運進；否則美國人的生活享受，也不會像今日那樣的稱心滿意。這都是很顯明的例子。

〔 1 〕

　　再從社會生產方面來看。貿易即是分配，爲完成生產的一個重要過程；當最後消費者購進財貨以後，生產的目的才算是圓滿地達到了。即在製造過程當中，關於原料以及半製成品之買賣，也必須經過多次的轉手；每段配銷期間，容或有長有短，要皆構成生產過程中重要的一環。所以商品買賣，在經濟活動中的地位，並不亞於工業品之製造及農產品之種植，而如何拓展市場，推銷商品，其所需之技術與知識，也許比實際生產更複雜微妙。由於市場之擴大，又可以增加生產，所以生產與運銷，有不可分離之關係。商品產銷，往往由內地而擴展至其他邊遠區域，或由國內而推銷至國外。故可以說，國際貿易乃是經濟發展的一種自然過程。第二次大戰以前，德國之光學器材，行銷各地，戰後西德工業鉅子，仍以發展國際貿易爲最大抱負，德國產品，又復獨步歐洲市場。他如瑞士名錶，在我國人，凡愛惜寸陰者，幾已人手一只。商品一旦流入國際市場，建立了信譽，便從此與世人結下了不解緣。

　　此外，國際貿易尙可藉軍事或政治力量而擴展。中古時代的十字軍東征，助長了東西貿易。清道光二十二年南京條約訂立，開五口通商，我國對外的貿易門戶，從此洞開了。

第二節　國際貿易溯源

　　國際貿易，旣爲經濟社會的一種自然產物，在早年社會活動頻繁之日，即國際貿易發生之時。且理論之形成，又往往以事實爲背景，欲了解現代國際貿易的理論與政策，對於以往貿易之情況，最好先有一個簡單的概念。

壹、古代貿易

　　據史籍記載，在西曆紀元千餘年以前，國際貿易即已發生。而貿易

之方式，亦特別奇異有趣。當商船沿地中海岸繞過時，卽在若干地點放出煙的信號，表示願與岸上土人交易；但是土人膽小，不敢前來公開與之交易，甚至害羞唯恐被人發現。於是船員就把一些裝飾品或其他願意交易之商品陳列在岸邊的小船上，匆匆離去，待回頭再來細瞧時，原有商品，都被土人拿走了，留下一些果實、金、銀或其他土產，作爲交換之用。

古時貿易，初以腓尼基人(Phoenicians)最爲突出。按腓尼基爲地中海東岸之一小國，幅員不過一哩之濶，28哩之長，但由於地理環境之優勢，腓尼基人可以地中海爲一大魚池，而免於食之恐慌。利用黎巴嫩山林之木材，建造大批船隻，從事航海之術，採用殖民地政策，擴展對外貿易。是時我國指南針尙未傳入歐洲，腓尼基人白晝航行，以太陽定向，入晚則以北斗星爲準。其貿易範圍，不外黑海及地中海沿岸。或出直布羅陀海峽繞非洲海岸，甚至經過好望角，以金、銀、銅、鐵及玻璃等製成品換取海外之象牙、烏木、棉織品、什器、五穀、水果、奢侈品及奴隸。貨幣在當時雖已通行，而交易大部仍採用以貨易貨辦法。惟商業道德，在當時尙談不到，商人與海盜幾不可分。或爲商，或爲盜，常決於俄頃之間，擇其利於己者而行之。加以內有權力之鬥爭，外有希臘商人之崛起，腓尼基終不免於紀元前一千年左右而沒落矣。

希臘繼腓尼基之後，稱雄於海洋貿易者，凡八百年。希臘一如腓尼基，版圖狹小，大部爲丘陵地帶，木材產量甚豐，便於造船。耕地極爲有限，端賴外來物資供應。而海岸線又長遠曲折，港口優良，更宜於對外貿易。進口品多爲五穀、鹹魚、造船材料、原料品與奴隸，出口則以橄欖油、無花果、蜂蜜、羊毛、酒、木材、五金、大理石製成品及銅器爲主。希臘開拓海外殖民地，更爲積極，西西里(Sicily)島之敍拉古(Syracuse)，卽爲一重要之海外據點。由於對外商務之擴展，國內若干

城市亦隨以擴大，其中影響近代國際貿易最大者，當推羅得斯(Rhodes)城。羅城之海上法，即為今日海洋法規之基本法。該城又以商業教育盛極一時，各國青年學子，均負笈前往攻讀，開今日商科教育之先河。

希臘海洋時代消逝以後，對於國際貿易貢獻最大者，當推羅馬。羅馬建國於紀元前二世紀，南自埃及，北至德國，西起西班牙，東鄰波斯灣，版圖遼濶，統一語言，制訂法律，興建道路，不遺餘力。復憑藉軍事力量，肅清海洋大盜及陸地匪徒，商買得以安心製造運輸販賣，重振貿易，增加稅收。武功文治，光耀空前。今日吾人通用之商業(Commerce)一詞，即源於拉丁語文之「Merx」，指財貨也。嗣後由於內部腐化，羅馬帝國終於西元 476 年滅亡，代之而起者，為北部之野蠻民族。

貳、中世紀貿易

從西元五世紀至十五世紀，史學家稱為中世紀，或中古時代。由於人民之愚昧無知，整個社會渾渾噩噩，故又稱為黑暗時代 (Dark Ages)，為古代與近世之分野。在此時期，政府由羅馬之集中統治一變而為地方分權制度，所謂封建制度，即自茲始。在封建制度之下，無一強有力的中央政府，統一政令，安定社會，海上盜賊橫行，陸地匪黨作亂，民無寧日。鄉間採用莊園 (Manor)制度，人民集體而居，合百數十人或數百人為一莊園或大村落。在一般人的想像當中，所謂世界，也不過比自己的村莊稍微大一點，其他地區，皆屬漆黑一團，充滿了恐怖氣氛。莊園的主人稱為爵主，也就是大地主。農民是地主的終身佃戶，地主負責保護佃農。地主對於國王，一如佃農之於地主，也是服服貼貼。因為國王就是全國最大的地主。他在取得江山之後，利用佃戶地主的關係，劃分全國為若干地區，每區數十里或數百里不等，分封采邑，給與開國有功之士。某也公，某也侯，公侯又再依次分封一部分與其下屬，於是整個國家政治組織，即為地主與佃農制度。莊園大半可以自給自足。由於交

通之不便，鄰近地區交易，也只限於一部分生活必需品，如鹽是也。遠道往來，多爲奢侈品。國與國間之買賣，則常爲手鏈足銬成羣結隊之奴隸。

在此時期，影響國際貿易最大者，首推教廷。自查理曼（Charlemagne）於西元八百年由教皇加冕稱帝以後，教皇權力高於一切，基督教會在西歐成了一種普遍的組織。教會不僅是一種宗教團體，同時也是一個很大的財經組織，曾一度擁有歐洲三分之一的土地。寺院到處設立，教徒如果兼營商業，可以免征營業稅；於是商人往來各地，多喬裝爲朝山進香之人。爲便利寺院間之往來，教會對於道路通行，亦特別維護，無形中也便利了一般商人。是時鄉間又無旅社，商人尙可投宿寺院，解決食宿問題。不過教會認爲商人謀利生息，並非正道，詭詐權謀，多行不義；而與回教徒往來，更是深惡痛絕。儘管教會對於商人不滿之處甚多，而事實上當時的國際貿易，始終是教會有意與無意在暗中促成。1095年至1270年先後約計八次的十字軍東征，便是一個最大的推動力。

十字軍東征是基督教徒想要收復聖地，報復那些虐待朝山者的回教徒。由於東征而使東西方互相接觸，東方的文物制度，至此才被西方人普遍地認識了。有漂亮的城市，更有安適的用具。野蠻的西方人，從此學會了修面與洗澡。地毯、床鋪及一切家用設備，都運到了西方，進而需求東方各國的絲綢、花布、呢絨、寶石、香料、糖食與果品，東方與西方貿易的大道，從此被十字軍鋪平了。

西方人爲了供應十字軍的軍糧及用具，也逐漸變爲富有了。若干村落位於河道交叉地帶，在中世紀的末葉，已逐漸繁榮變成了小的城市，慢慢地脫離了貴人的保護圈。奴隸們也相繼逃入城市，停留一年半載之後，便取得了自由人的身份。城市興起以後，貿易與製造業，又邁步進入一種新的境域。爲了保障彼此的利益，同種職工紛紛創立同業組合，

所謂「基爾特(Guild)」，勃興一時。依照組織成分，又可分為技工組合，商人組合，與宗教組合三大類。技工組合，對於有關各業，規定極為嚴格，其所釐訂之品質標準及限制學徒升遷辦法，同行須一律遵守勿渝。商人組合則控制城市中的生產與貿易，甚或參預市政，涉及機要。儘量維護本市人民商業利益，而於外來之人，則視同外國人，在商業交易上，受到了種種限制。商人最感頭痛的，是苛捐雜稅太多。通過橋樑，要收路費；進入城市，要征入市稅。城市交易，採取共同市場辦法。指定城中心某地區為公共交易之所，定時開市閉市。鄉人運貨進城，不得在途中作場外交易。市府當局並儘量設法使貨物於閉市前全部脫售。為平衡供給與需要，一般消費者享有優先購買權，商店僅能收購剩餘物資。對於價格，亦有官員隨時監督或加以規定。此項集中交易，或每日舉行，或隔日或隔數日舉行一次，則由各城市視事實需要自行決定。前在大陸時代，我國之川黔等省，尚有部分地區繼續維持此種集中市場制度。

商業往來發展以後，產量逐漸增加，品質劃一，價格穩定，零售商店乃隨時代之需要，相繼設立，代替了集中市場。

定期市場只是一種內地的商業中心，另有一種所謂展覽會(Fair)者，或為全國性的，或為國際性的。展覽會之創立，原於宗教之集會慶典，具有社會與經濟的意義。在展覽會舉行期中，因有種種娛樂表演，足以破除生活之沉寂，吸引觀衆。對於商人，更訂有種種優待條件。途中由貴人負責保護安全，稅捐亦儘量減輕。絲綢、毛皮、寶石、藥材、香料、食品以及奴隸，均可當場買賣。展覽會在英國及歐洲大陸，風起雲湧，曾盛行一時，也是開拓國際市場的一個最好機會。

為防止盜刧維護安寧起見，中古時代之商人，往往結伴同行，在陸地有商旅隊，海上有商船隊。陸地交通，以西歐至東方及南歐至北歐為兩條主要幹線。商船則由遠東、中東及南方各國裝載絲綢、香料、糖食、

象牙、寶石等物，運往安特衞普 (Antwerp)、布魯日 (Bruges)、倫敦及掃桑波敦 (Southampton) 等大埠，交換北歐之五穀、魚、皮革、鋼鐵、金、銅、琥珀等物。在此東西互通貿易之時代，南歐如義大利，乃往來必經之地，熱那亞 (Genoa)、威尼斯 (Venice)、比薩 (Pisa)、佛羅稜斯 (Florence) 等處，都變成了貿易重鎮，財富與聲譽，當時都達到了巔峯時代。城市各自爲政，形成一個獨立單位，政府與財政大權，完全歸商人掌握。由於利害關係，市與市之間，彼此互相猜忌，干戈擾攘，迄無寧日。惟在此局勢動盪之際，商船隊仍能在海上通行無阻。作戰要錢，施政需款，商人曾以鉅款貸與政府，從而獲得種種貿易特權。一部份宗族如義大利之佩魯齊 (Peruzzi) 及麥第奇 (Medici)，在財政與權勢方面，實力極爲雄厚，富貴綿綿，達數代之久。至於北歐，商人足跡所到之處，經過山岔港口，將若干城市與場所，連接成了一條貿易通道。北歐城市，與南方不同，不但未曾彼此交兵，而且互相合作，組成一大商業聯盟，稱爲「漢撒聯盟 (Hanseatic League)」。參加者將近一百個都市，大部份在德國境內，以律伯克 (Lubeck) 爲主持市。北部商業，悉由該聯盟控制。聯盟事實上採取政府組織，設有議會、法院、財政部、艦隊與陸軍，利用財富與軍事力量，剷除海寇，指揮王侯，對外締結商業條約，釐訂貿易法規，權力之大，可以想見。毋怪近代歐美各國，多採重商政策，以商領政，以商建國。

　　至於英國各大城市，是時以地處西隅，對外貿易，任憑威尼斯及漢撒聯盟控制。迨至中世紀末葉，英國才開始在海上嶄露頭角，從此掌握海洋貿易霸權，達數世紀。

　　中古時代前後長達十世紀，由於商業發展迅速，到了後半段時期，商業經營多採用合夥組織，並在外分設支店。錢幣到處通行，支票、滙票亦已普遍採用。國際市場設有銀錢兌換攤販，便利貨幣之兌換。金匠

兼營存放款業務，為日後銀行設立之先驅。在義大利且有幾家公立銀行正式設立。放款生息，亦屬順情合理，教會前此反對利息之態度，也不再堅持了。

叁、現代貿易

從西元十五世紀至第一次世界大戰為止，國際間商業與貿易，又有了新的發展。所謂現代化的商業，當以此時期為轉捩點。在此時期，商業轉變的主要原因，不外兩方面：一為十五世紀的文藝復興，二為同時代的宗教改革。文藝復興，解放了人類的思想，啓發了人們的智慧；宗教改革，是政教分家，從此削弱了教會在政府中的力量，增加了政府本身應有的權力。文藝復興運動，導源於歐洲各大城市因東西貿易而致富的中產階級。他們站在貴族與平民之間，認為當時之政治制度與社會宗教勢力，有礙經濟發展，亟思有以改進，希望能從希臘古典文學裏，發現新的理論，產生新的本位文化。所以文藝復興，原非一種自然科學運動，但由於自由研究之風氣盛行，終有哥白尼(Copernicus)(1473-1543)的天體運行論問世，指地球不過為行星之一，環繞太陽旋轉，因天文知識之進步，乃導致了日後新大陸之發現及貿易的擴展。

西元 1206 至 1367 年的時候，蒙古大帝國以西征勝利，自太平洋至俄國西部之聶伯河流域 (Dnieper River) 及南部之黑海(Black Sea)，都包括在領土範圍之內，也是亞洲最安寧的一個時期。東方貨物可以源源輸入歐洲，繁榮了義大利各大城市；但葡萄牙與西班牙並不能直接享受東方貿易的好處。迨至土耳其西征，擴充領土，蒙古勢力逐漸消泯，近東旅途，又不安寧了。及1453年君士坦丁堡陷落以後，東方貿易幹線，盡在土耳其人掌握之中，如何打通前往印度的水路，西葡兩國早已處心積慮。葡萄牙人在航海家亨利 (Henry the Navigator) 倡導之下，興辦學校，訓練人才，改良遠洋船隻設備，利用中國羅盤，探索前進，終於在

非洲西部發現了亞速爾羣島（Azores Islands）、馬德拉羣島（Madeira Islands）、卡那利羣島（Canary Islands）及佛德角羣島（Cape Verde Islands），並於 1487 年到了非洲最南端之好望角。又義大利人哥倫布（Columbus）（1451-1506）認為地球旣是圓形，繼續西行，亦可到達東方印度，乃在西班牙國王獎助之下，率領大批船員西行，於 1492 年發現了美國新大陸。但他當時誤以為就是印度，並命名為西印度（West Indies）。直至日後義大利航海家亞美利哥（Amerigo）（1451-1512）西行至巴西，才斷定此處確是一新大陸，「America」即由是命名。惟此時之哥倫布早已長眠地下，竟不自知其為眞正新大陸的發現人。

西班牙人在西方旣有大發現，葡萄牙人更積極向東航行，達伽馬（Vasco da Gama）終於 1498 年繞好望角抵達了印度，滿載東方貨物而歸，獲利甚豐。從此葡萄牙人沿此航線繼續東行，於1510年占領了印度的哥厄（Goa），作為東方貿易的重要據點。嗣續往南進至麻六甲（Malacca）、馬來西亞半島及爪哇等地。1517年又到達廣州，1542年抵日本，1557年並在我國澳門設廠。這一條東行的航路，此後即由葡萄牙人獨占把持，遂行東方的殖民地與經濟侵略政策。

東西航行成功以後，葡萄牙航海家麥哲倫（Magellan）奉西班牙王之命，復於1519年從事環繞地球一週之偉大航行壯舉，率領大小船隻五艘及水手二百八十人同行。待三年之後（1952年）航行成功，返抵西班牙，僅餘破船一艘，船員三十人。而麥哲倫不幸於船抵菲律賓之日，與土人戰，竟以身殉。

美國新大陸之發現與通往印度水路之暢達，對於國際貿易，至少有兩點很重大的影響。第一、為義大利及地中海其他城市在商業上領導地位之低落，國際貿易中心從此西移至西班牙與葡萄牙，一如過去由腓尼基轉移至希臘、義大利者然。第二、新航線開闢以後，水道運輸費用，

遠較陸地便宜，前此認爲屬於奢侈品僅富有階級可以享受者，今乃變爲大衆之通用品。例如麥哲倫水手最後運回一小船之貨物，卽足以抵付其全程之航行費用。且以新地區之發見，可供交易之商品，亦從此增加了。金、銀、煙草、糖及其他產品，乃得以源源由美國輸出。

中古時代，敎會享盡了種種特權，參預政治，干涉經濟，日久弊竇叢生，到了中世紀末葉的時候，更作威作福，不守清規。封建割據制度，至此顯已不合時宜，而羅馬英雄主義統一天下的企圖，又不可能再實現了。兩種勢力互相激盪，帶來了一連串的戰爭。復由於文藝復興，思想解放，人們懷抱一種新的政治理想。國際貿易的發展，城市繁榮，產生了一種新的中產階級。終於在國王武力統率之下，推翻封建，創立了一種新的國家體制──近代民族國家。西班牙、葡萄牙、法國、英國，便是當時最好的例子。由於海外貿易獲致暴富，西班牙、葡萄牙在政治經濟方面，是首先發展到頂點的國家。嗣因統治無方，英國乃用武力取得了西班牙、葡萄牙以及法蘭西、荷蘭等國大部國外貿易及殖民地，傲視寰宇。

民族國家之締造，旣是用鐵與血換來的，爲了償還戰債，政府當局一面加征稅收，一面強迫殖民地捐獻。對於國外貿易與國內生產，訂有種種限制，法嚴令苛，與中古時代並無不同。所謂重商主義，便是現代初期商業的一種典型體制。

爲了控制貿易，政府紛紛在海外設立貿易公司，獨攬當地的商務權利。例如英國卽有東印度公司(East India Company)、利凡得公司(Levant Company)，及哈德遜灣公司 (Hudson's Bay Company)。荷蘭有荷蘭東印度公司 (Dutch East India Company) 及荷蘭西印度公司 (Dutch West India Company)。法國類此商業公司，在海外亦達二十餘家。表面上這些公司都是規規矩矩作生意的，而事實上殊不盡然。常常憑藉武力強迫

當地土人以低價出售土產，甚至利用強權取得土產，而不付給分文。毋怪這些公司年終結賬，總是利市百倍。

近代貿易的擴展，除了水上交通四通八達以外，其次即為生產方法與交通工具的改進。前已言之，在十八世紀以前手工業時代，生產工具至為簡單，及至十八世紀末葉，開始利用機器大量生產，價廉物美。迨十九世紀初葉，海洋航行，概用輪船，陸地運輸，又開始修建鐵路，不僅縮短了運輸的時間，且減少了運輸費用。因此國際貿易，不是完全基於以有易無的原則，而是根據比較成本。例如美國儘管燃料極為富有，當市價發生差額的時候，仍舊由歐洲運進大量的煤。

利用機器生產的最大特點，是分工精細。工業生產愈專門化，其他有關之財務管理、運輸業務，與市場推銷等等，也同時專門化了。整個工商業之組織與機能，益形複雜與敏感，經濟活動偶有一部分發生失常現象，可能使全部陷於癱瘓狀態，而發生經濟恐慌。倫敦金融市場如週轉失靈，可立刻影響紐約及其他金融中心。所以現代商業，不是限於某一地區，或一國家，而是國際性的。世界各國，彼此關係密切，榮枯與共，必須互相幫助合作，維持安定，促進繁榮。

在第一次大戰以前，將近一個世紀的時期中，社會穩定，經濟進步，國際貿易，發展迅速，資本、勞力，及貨物，在國際間可以自由移轉而不受任何限制。如在歐洲旅行，出入國境，除俄國外，無需護照。也可以說這是國際貿易的黃金時代。

1914年巴拿馬運河啓用，縮短了太平洋與大西洋間的航程，便利國際貿易，在很短的期間，其運輸量即與蘇彝士運河（於 1869 年通航）多年的累積量相等。但在同年歐洲大戰爆發，國際貿易，由於運輸的阻隔，也受了很大的影響。前面曾經提及，在大戰以前，國際貿易，係由英國獨佔把持，美國不過以其一部份剩餘糧食與原料運銷國外。另有德國自

1870年建國以後，在國際貿易市場，大有後來居上之概。按德國本土農產品得天不厚，但煤鐵蘊藏甚富，由於人口增加迅速，唯有利用技術勞工，發展生產，開拓海外貿易，賺取外滙，購進必需之糧食與原料品。德國人向以果敢忠毅著稱，故在第一次大戰以前之十年期內，德國之工業生產，已趕上了英國，而在出口方面，遠較英國增加迅速。在海洋航運，旅行勞務，海外投資，以及國際市場，英德兩國勢均力敵，競爭極為激烈。他如法國、荷蘭、比利時、義大利等國，則瞠乎其後。美國與日本在國際市場的力量，更屬微不足道。

　　戰後國際貿易形勢乃大為改觀了。一則因美國參戰較遲，戰場又在歐洲，實力依然雄厚，歐洲各國經濟復興，端賴美國繼續供應物資，也唯有美國有此能力供應。再加以大戰期間軍用物資之輸出，故在大戰以後，美國由債務國一躍而為債權國。二則德國戰後為一戰敗國，經濟瀕於破產，英國在海外的投資，亦已喪失大半。且以一部分新興國家之建立，及政治疆界之重新劃定，遂使國際貿易澈底改變原有之形態。迨1929年10月美國證券市場價格狂跌，國際經濟每況愈下，繼之全世界統陷於不景氣狀態之中。各國物價慘跌，社會及政治，亦復因經濟之紊亂而起騷擾，獨裁政治及民族主義乃隨之伸張。為了挽救經濟危機，平衡國際收支，擴充軍事力量，各國先後提高關稅，限制進口，統制外滙，鼓勵輸出。在此情形之下，價格機能，失去了自動調整的作用，物價波動幅度甚大，又極不正常，影響國際貿易者甚大。例如在法國及美國等輸入黃金之國，物價水準並未相對的提高，而在英國及其他輸出黃金之國，物價又未相對的降低，可為明徵。

　　美國對外貿易，向係標榜自由主義，但是建立關稅壁壘，妨害國際貿易，美國却是一個做得最澈底的。1922年的關稅法案尚嫌太低，復有1930年之何力——斯摩特 (Hawley-Smoot) 法案之提高，外國貨物乃自

然停止輸往美國了。英國與英鎊區域國家曾於1932年8月訂立了渥太華盟約(Ottawa Agreement)，英國允許對締約國減輕稅率並優先進口，各自治領對於英國亦予以同樣之優待。其目的在使英鎊區域各國結成一個優惠關稅同盟，適足以加重國際貿易的困難。為促進國際貿易減輕關稅負擔起見，美國國會曾於1934年6月通過一項互惠貿易協定法案 (Reciprocal Trade Agreements Act)，並先後與若干國家訂立了貿易條約。此舉固不失為發展國際貿易之新措施，惜為時太晚，對於1914年以後各國經濟民族主義之伸張，並未發生半點牽制作用。

　　兩次世界大戰，從經濟觀點來看，便是一個「有」的集團與一個「無」的集團在鬥爭。因為自從工業革命以後，生產增加，人口也隨之增加了。工業先進國家一面需要拓展海外市場，推銷產品；一面又需從國外市場購進糧食與原料，故在國際市場彼此競爭極為激烈，由經濟戰而變為白刃戰了。共產主義、法西斯主義及納粹主義，都是建築在經濟不滿足的基礎上。法西斯與納粹之黨徒，希冀在世界經濟發展過程中，能分享一部分成果；而共產主義者則想從一國之內部發生革命鬥爭而達到世界大同之目的。正如納粹黨徒，偶爾得逞，適足以助長其侵略之野心，到處放火。今日全世界之暴動紛爭，皆因共產黨在幕後主持煽惑。

　　第二次世界大戰結束以後，德國、日本、義大利及法國，在國際間均已失去了第一等軍事強國的地位，英國之經濟力量又極為脆弱，不足以支援強有力的戰鬥力量，國際命運乃操在美國及俄國兩大強之手中。俄國最後目的在顛覆全世界，與民主國家決不可能共存共榮。如何團結自由國家的力量，發展經濟，取消外滙管制辦法，建立多邊貿易制度，乃是美國戰後一貫的對外商業政策。而共產集團國家，皆以蘇聯馬首是瞻。對外貿易，並無國家自由，即與往來之國，亦多懷戒懼恐懼之心。且在民主國家，目前尚大部分統制對外貿易，設立種種非關稅障礙，如

何撤除所有國際藩籬，依據純貿易理論，建立百分之百的自由貿易制度，正如俟河之清，未知尚在何年何月。

第三節 國際貿易與國內貿易不同之點

國際貿易，從交易的原則方面來看，與國內貿易可說完全一樣。每筆交易，牽涉買賣雙方，務求價廉物美，利人利己，從而推廣銷路，建立商業信用。但國與國之間，山河遠隔，地勢氣候不同，民情風俗不同，生產條件不同，貨幣法令不同，因此國際貿易市場比國內市場更爲複雜，競爭更爲激烈。商場如戰場，欲在國外開拓市場，維持市場，對於國外市場的環境，最好先有一個大概的認識。

壹、地勢氣候不同

世界各國，散居全球各地，因氣溫高低之不同，對於財貨之生產，交易之季節，裝運之方式，均大有影響。如屬雨季到達之貨物，應特別注重包裝，以防浸濕。又如在美國當冬季蘇打飲料需要量減少時，而此時南美各國正如夏季，飲料特別暢銷。凡屬季節性之生產，如能了解地區特性，即可終年生產，配合外銷，充分使用工具與人力，發揮生產效能。在熱帶地方，氣溫較高，雨量又足，更無冰霜之侵害，盛產香蕉、可可、椰子、甘薯、胡桃、橡膠等原料與食物，如能善爲利用開發，適足與溫帶之產品互相交換。未來南方與北方的貿易，很可能會代替傳統的東西貿易。英國與荷蘭的企業家，過去都以經營爪哇、蘇門答臘一帶的特產品而致富，今日南美之叢林地區，正在計劃開發，對於未來西半球的財富增加，將未可限量。

貳、民情風俗不同

如前第二節所述，國際商業往返，已有數千年之歷史，各國歷史背

景不同，文化各異。東方人向重保守，西方人則崇尙進取。海外貿易，除講求品質價格外，如欲贏得利潤，必先贏得顧客之歡心。欲獲得大衆之信任，必先了解外國人，進而培植友誼，增進友誼。例如印度之多神教徒，篤信靈魂生命之說，認爲任何動物的生命，都是神聖不可侵犯的，卽一隻螞蟻，亦不忍其喪生。凡屠宰的牲畜，概不得作爲產品之用。臺灣食品公司的紅燒罐頭牛肉，鮮嫩可口，就不便輸往班哥那(Bangalore)。卽用動物作爲商標，亦容易引起當地人士之反感。又如美國一般家庭，喜在茶几及窗檻上陳設種種外國小型之裝飾品，或代表一種土著風格，或爲其他偶像，狀至詼諧者愈佳，但價值不可太高，在美金 2、3 元卽可。東方藝術品如欲輸往西方，這是一個大可研究的項目。與外國人往來，不外當面交談，或用書函互通音問，而外國文字又多佶屈聱牙，如不事前充分準備，至少了解一種普通外國文字，則交易卽無法進行。或謂外國文字，可以借重翻譯，但各種語言，常有一定的慣用語，如照字面直譯，往往笑話百出。故在廣告或產品封皮說明方面，常直接以外國文字表示，以便輸入國之人，一目了然。所以對外貿易，不僅進出口雙方互通音問，而如何使一般顧客了解商品的性質及內容，更屬重要。又如英國行路習慣靠左，汽車司機當坐在車之右前方；法國行人靠右，與我國習俗相同，司機當坐在車之左前方。故汽車外銷，在裝配時須特別留意購運地區之生活習慣。

叁、生產條件不同

在一國之內，生產要素如勞力與資本，可以由甲地區移轉至乙地區，或由甲種行業轉移至乙種行業，而不受任何限制；在國與國之間，此種自由移轉的便利，乃完全喪失了。勞力與資本能自由移轉，可使工資與利息在一國境土以內，趨於相等，而在國與國之間，則可能相差懸殊，而不易於均平。由於生產要素之不易於移轉，致令生產要素在價格上發

生差別，從而影響生產成本。其隨以俱來的問題，便是應在何處設廠，生產多少，及向何處運銷，較爲合算。例如第二次大戰以後，美國人利用東方便宜的勞力，寧在日本、臺灣設廠，或與中日技術合作，成本反較在國內生產爲低。勞力與資本不能在國際間自由移轉一點，正統經濟學者曾特別加以強調，不過事實上，也並非絕對的。在十九世紀自由貿易時代，國際間資本勞力的移轉，是相當自由的。所以國際間與國內生產條件之不同，亦不過程度上的差別而已。在一國之內，如國民對於財貨的需要有所轉變時，則生產要素可能從需要減少的工業轉移至需要增加的工業；假如需要係從本國工業轉移至國外舶來品，則生產要素即不便轉移至外國工業，政府當局須另爲設法調整生產。

肆、貨幣法令不同

國際貿易與國內貿易另外一種顯著不同的現象，即爲貨幣與法令的不同。在一國之內，貨幣單位相同，彼此買賣，只談價格及如何付款問題，而國外貿易，則因兩國間貨幣不同，問題即不如是之簡單。在自由經濟情形之下，外滙行市隨時可以變動。如價款以外國貨幣爲準，則當外滙上漲以後，須多付出本國貨幣，對於進口商顯屬不利；當外滙跌價以後，則又少收進本國貨幣，對於出口商又爲不利。故滙價之變動，影響進出口貿易甚大。在統制外滙情況之下，國際貿易所應付之價款，須申請當局核給外滙；必先有外滙，然後可以向外訂貨，出口商亦往往就心其貨款是否能如期收回。至於外國法令，更是一言難盡。儘管各國商事法規之制訂，原則上是一致的，在保護一般商民的利益，及維持社會之正常秩序，但內容並不一致。即使內容大致相同，而解釋又往往千差萬別。所以從事國際貿易，必先了解外國進口手續，銷售規則。如在國外設廠投資，對於當地投資法規，設廠限制，稅捐手續，均應事前調查清楚，以免引起糾紛，發生損害賠償情事。

第 二 章
重 商 主 義
(Mercantilism)

第一節　重商主義產生之時代背景

在第一章第二節中，我們曾經提到，近代初期貿易，是採用重商主義。重商主義不僅反應當時政府的貿易政策，而且導致了近代貿易理論的發展，所以研究貿易理論，普通都從重商主義講起。究其內容如何，似有詳加說明之必要。

重商主義時代，一般指西元 1500 年至 1750 年，正西歐由中古時代廢除封建形成近代國家主義的一個大轉變時期。在中古時代，西歐是一個農業社會，人口不過六千萬，而且十分之八九是農奴或自耕農；其餘則為工匠、店主以及為貴族、牧師、富商服役之工人。此少數社會特殊階級，以其收入豐厚，握有政治經濟實權。城市規模甚小，更談不上工業，所謂生產，就是由工匠在店內雇用幾位技工及學徒，製造一些家具、什器、陶器、蠟燭、鐵器與衣着之類的簡單日常用品而已。在義大利北部等處幾個商業發達的城市，毛紡織業較為發達，工廠規模也較大，每

家雇用工友，曾達數百人之多。由於一般人之收入只能勉強餬口，國際貿易也就限於城市間之往來。此種情形綿亙達數世紀之久。迨至十五世紀初葉，社會突然發生了大的轉變。其重要原因，一為文藝復興，完全改變了一般人的思想與處世態度；二為新大陸與新航路之發現，增加了貿易的機會與財富；三為人口的增加，供給了更多的勞力，也擴大了財貨的需要。在此三種力量交相衝擊之下，加速經濟之發展，而產生了一種新的資產階級。新階級有新的思想，不滿意舊社會種種的束縛。同時一般國王在十五世紀中葉以前，也是徒有其名，貴族階級反而握有實力。迨城市繁榮與經濟擴展以後，國王也不再倚賴武士們的徵募，而可利用稅收，僱用民兵，鞏固國防。加以火藥由我國輸入，槍炮陸續發明，以及新資產階級的擁戴，終能一舉推翻封建，締造現代王國。英國、法國、西班牙、荷蘭從此勢力強大，號稱歐洲四大強國。瑞典、挪威、丹麥、瑞士、葡萄牙亦已先後統一獨立，各展所長。

民族國家建立之後，貴族業已打倒，但社會上尚有一種惡勢力繼續存在，便是教會。教會一向橫征暴斂，是社會的大地主，為了增加收入，執行政權，牧師與教會的土地，似不應再享受免稅的特權。幾經奮鬥，改革宗教，政府終於勝利了。社會特權階級，從此消泯殆盡，只有政府與人民，才是國家的兩大主體，一切特權，屬於政府。

第二節　重商主義的思想體系

在此十六七世紀時代，經濟擴展，貿易暢達，金銀財寶源源由海外新世界流入，各國原可通力合作，開發資源，同享太平之樂，但事實適得其反。數百年之間，歐洲各國兵戈擾攘，迄無寧日。互爭王權，互爭教主，固屬原因之一，但對於大時代未能認識清楚，却是主要的導火線。

大家認爲海外資源有限，爲擴展本國實力，鞏固王位，唯有向外伸展勢力，在此損人利己的觀念下，備戰挑鬥，也就成爲家常便飯了。如何克敵致果，唯有擴張軍力；除陸軍外，更注意海軍之訓練。因爲海外金銀鑛藏甚富，海上運輸，須妥爲保護照料。殖民地可以供給種種原料品，又是最大的海外市場，更需要一支強大的海軍力量來保衛它。軍需支出既如此浩繁，端賴經濟基礎穩固，生產發達，資源充沛，才可應付裕如。所以強國必先富國，這是當時謀國者一個共同的看法。

目標決定以後，其次即爲方法問題。如何而後可以富國強兵？法國、荷蘭及英國的商人、理財家、律師及政治家們，對於此一問題，在十六七世紀時，曾紛紛發表意見，散見於各種書籍、雜誌及政府公報之中。此等作家，後世即稱爲重商主義者。其主要論點，爲儘一切可能擴展國家權力，只有採用管制經濟活動辦法，才是保證財富增加之不二法門。個人沒有自由，民族國家權益高於一切。

對於國際貿易，重商主義者的意見，也可說完全相同。謂一國對外貿易，唯有在順差情形之下，才能獲得利潤。其立論之根源，乃係大家對於「財富(wealth)」一詞，有一種特別的看法。所謂財富，金銀爲先。易詞言之，金銀勝過其他一切財貨；只有黃金白銀，才是國家之寶。此與今日吾人以財貨充足爲國家財富的觀念迥異。重商主義者何以如此重視金銀？顯與當時經濟社會有關。因爲在重商主義時代，貨幣幾乎完全以金銀來代表，銀行鈔券與銀行信用尚未普遍利用，財富既以貨幣來衡量，又以貨幣來交換，則貨幣是金銀，財富不就是金銀嗎？何況重商主義者本身又多爲貿易商人，所見所談，非金即銀，腦海中早已被金銀佔據了，其思想也就自然模糊不清了。

金銀尚有一種很顯明的特質，便是持久耐用，可作爲價值之儲藏。重商主義者認爲儲蓄是財富累積的方法之一，而所謂儲蓄又與蓄藏極相

近似，故金銀乃爲一般人所偏好。且當貨幣數量增加的時候，商業定必興旺；貨幣減少了，商業一定不振。貨幣多可以促使市面利息下降，利息低，又可以擴展商業，增加投資，所以貨幣的供給量與利率關係非常密切。貨幣愈多，對於商人愈有好處。貨幣可以購備種種軍用品；貨幣愈多，政府可以繼續對外作戰。貨幣又以金銀來代表，政府自應設法爭取貴重金屬物之來源。如一國缺乏金銀鑛產，唯有向海外用貿易方式取得。必需出口大於入口，即收入大於支出，所謂貿易順差，即此意也。

欲達到國際貿易順差，不僅只注意財貨出口之數量，更宜注意財貨品質的價值。製成品價值較高，當鼓勵輸出，限制輸入；原料品價值較低，當設法輸入，不宜輸出。也就是說，應儘量利用外國原料，在國內加工生產，再行輸出，可以賺取超過原料幾倍、幾十倍或甚至一百倍之外滙。要使外國付出的愈多，本國支出的愈少。此種看法，不僅對有形的財貨而言，即其他無形的進出口，如運費、保險費、旅行費用、國外使節及軍事支出，著名的重商主義論者亦主張一併包括在內。所謂差額，不僅限於貿易差額，而應包括一切國際支付差額在內。

第三節　重商主義政策

重商主義者爲了達成他們的理想，使出口大於入口，積集巨額金銀，對於國際貿易，也有一套具體的辦法，而且極爲完整。即在今天仍有一部分被若干國家仿傚採用，更值得我們在這裏加以敍述。其所實行之重要政策，約可分爲下列數項。

壹、限制金銀條塊之輸出

重商主義者認爲金銀條塊一經輸入以後，即爲國家所增加之財富，不應再令輸出。此種限制，在中古時代早已開始實行，但至十六七世紀，

乃為各國普遍所採用。例如西班牙為從美國輸入金銀最多的一個國家，採用此種辦法為時最長，規定亦最嚴格。凡私運出口者，一律處以極刑；通風報信者，從優給獎；外國人概不得從本國購運出口。且以海外殖民地對於財貨之需要甚強，而又不能自力加工製造，金銀乃大量湧進，物價亦因之上漲。進口原料既可大獲其利，不免官商勾結，朋比為奸，一時徇私舞弊之風甚熾。大批硬幣曾經暗中落到了外國人的手裏，到後來西班牙只好放寬禁令，對於一定量的金銀出口，政府准予發給執照。至在英國及荷蘭，對於金銀出口的限制，在十六世紀中葉的時候，事實上即已取消了。所謂金銀條塊主義 (bullionism)，便是指上述措施而言。

貳、貿易獨占

重商主義者對於國際貿易最辣手的辦法，便是不許外國商人在所轄的地區範圍以內作商業上之活動。例如東方貿易，在十六世紀的時候，為葡萄牙人所獨占，如有外國商船侵入，依照規定，應予擄獲或加以擊沉。葡國對外貿易，由國王一手掌握，一般商人只能作小量的交易，而且限於所乘皇家船舶房艙可能容納之部分。西班牙對外貿易，雖不由王室統購統銷，但對於殖民地的往來，亦不容外人染指。私營出口商由國內運貨至殖民地以後，須交由當地代理商出售，再以硬幣運回或購進當地特產品。至於裝運，則限用皇家船隻。進出口概由政府嚴格檢驗，絕不放鬆。所有殖民地往來，都集中在國內之塞維爾 (Seville) 港口處理。為防止海盜及外侮起見，自 1560 年起，凡西行商船，每年集體開航兩次，並派兵艦護航，俟抵印度羣島以後，再集中脫售，載運貨物返國。政府如此嚴格管制國際貿易，商人唯利是圖，走私亦在所不免。不過大體說來，西班牙對外貿易，在十六世紀總算是成功的。迨至十七世紀，西班牙以連年對外作戰，外族技術員工又已驅逐出境，致生產減少，通貨膨脹，稅收繁重，利潤低落，出口萎縮，國際貿易，從此一蹶不振。

荷蘭、英國及法國商人，在地方政府縱容之下，乘隙而入，採用不法手段，把西班牙殖民地的貿易機會，大部分都掠過去了。荷蘭對外貿易，則以東印度公司作爲獨占的總樞紐。在爪哇等處設有分號，排斥外國商人，不許立足。即對土人培植之農產品，在種類上，亦有限制。例如咖啡、胡椒、荳蔻、丁香、木藍，只能在某些特定地區種植，否則即予摧毀。且站在強有力者之地位，價格亦特別抑低。荷蘭人利用此種便宜及人爲的生產不足的貨物，在歐洲市場高價出售，大賺其錢。東印度貿易公司雖然獲利甚厚，其法殊不足取。

叁、鼓勵出口、阻遏進口

西歐各國，爲爭取貿易順差，在當時無不殫精竭慮，用盡種種方策，對於財貨之進口與出口，如何獎勵原料之輸入及製成品之輸出，亦制訂實施細則。除荷蘭外，其他各國，又以英國實行最爲徹底。茲以英國爲例，說明如後。按照規定，英國出口品如在國際市場暢銷又無其他外國產品與之競爭者，政府雖不給以其他援助，至少對於進口原料所繳之稅額，當如數退還。凡應由政府特別鼓勵出口者，另加給出口津貼。原料與半製成品，依法不准出口；即或准許運出，稅率亦特別加重。英國的毛紡織業，向爲出口之大宗，對於原毛、毛線，及漂洗羊毛之泥土，即一律禁止出口，違者初犯斷其左手，再犯即處以死刑。至於進口品，則採寓禁於征的辦法。普通進口貨物，概課以重稅，或以稅率太高，自然停止進口。爲保護國內工業之發展，一部分貨物，乾脆禁止進口。至於原料，照例免征進口稅。如屬海軍需用物資及靛青等特種財貨，則另給以進口獎助金。

肆、管制海上運輸

爲配合上述各種措施，增益國家收入，對於海上交通，重商主義者亦加以管制。因爲海上運輸費用，占國外貿易帳款之大部分。如貨物委

由外國船隻裝運，即屬外滙支出；如有能力裝運外國物資，即屬外滙收入。所以如何發展遠洋航業，便成了重商主義者很重要的一個貿易政策。在這一方面，西歐各國曾經互相競賽，但由於天然地理的環境，四面環海，便於訓練實習，又以英國成效最爲顯著。英國早在十四世紀末葉即已開始管制海上交通，拓展殖民地業務，但延至兩世紀半以後，才有1651及1660年著名的航海法案成立。荷蘭人在海上曾與英國競爭航運業務，英國人懷恨最深，也是促成本法案創立的主要原因。依照規定，英國及其殖民地口岸往來船隻所載貨物，概由英國商船承運，從此外國船舶即不能經營英國海岸沿途運輸業務。英國與殖民地間之運輸，以及由亞洲、非洲美洲進口之貨物，統由英國輪船公司承運。換句話說，有關英國及其殖民地的進出口船務，完全由英國航業公司包辦了。而且所稱英國船隻，必須在英國製造，船員四分之三爲英國籍。如果外商船隻允許在英國碼頭停靠，同時也允許裝運貨物進口，所以從歐洲大陸運貨至英國是可以允許的；但必須由出口國直接運達，不許中途轉載。至英國特別需要的荷屬東印度香料，西班牙、葡萄牙殖民地的特產品，義大利陸運至荷蘭之商品，以及海軍用品，則又允許由轉口港埠運往英國。即屬荷蘭船隻裝運，亦可通融。

殖民地對外往來，英國復規定若干重要物資，只能由殖民地運往英國所屬地區；但對於糖之出口，則屬例外。因爲英屬西印度羣島如以糖運至西班牙及法屬殖民地西印度羣島，換成甜酒，轉運非洲出售，交換奴隸，再以奴隸運往上述西印度羣島出賣，可以獲得十倍的利潤。

西班牙與法國對於殖民地貿易之管制，亦從不肯後人，但與英國相較，其政策則寬鬆的多，效果亦不見佳。至於荷蘭，則採取一種放任政策，除了東印度羣島一帶絕不放鬆外，其他地區係用競爭方式。海上運輸，創建一種輕巧的平底大船，大批製造，費用較省。船上水手不多，

薪資儘可能降低，且又不分國籍，因此業務支出費用大爲節省。運費計算，實際上僅合其他國家的一半或至多三分之二。故在十七世紀末葉，歐洲海上運輸，乃是荷蘭人的天下。將近一半的載運量，是屬於荷蘭船隻。同時其他國家的商船，亦多半在荷蘭打造。這種無形的收入，是非常可觀的。國際貿易，應善於運用智慧，創造革新，荷蘭人最早的一課，是我們應當永遠記取的。

伍、拓展殖民地

重商主義者爲爭取海外金銀之收入，除與其他國家運用種種方法競爭，管制海上運輸及限制進出口外，其最大的寶庫，還是海外殖民地。爲拓展殖民地，曾利用軍事力量，大批資本與人力。殖民地是落後地區，土著頭腦比較簡單，而原料又特別豐富，如能善爲管制，可以取之不盡，享受無窮。所以對於殖民地，帝國主義者均視爲國家的第一生命線。依照重商主義者的看法，殖民地是母國資源供給的海外基地，加工出口品的原料來源地，以及本國產品的市場。因此母國對於殖民地的產品，有優先取得之權。凡屬本國需用之商品，或爲消費之用，或爲加工出口之用，採用獎勵辦法，鼓勵殖民地生產，或減免進口稅。母國亟待發展之工業，殖民地概不得開工製造。在母國積極扶助經營之下，曠日持久，殖民地生產增加了，國民所得提高了，生活水準改善了，人民知識也增進了，對於母國壓制的憤懣，也與日俱增，終於導致了美國革命及各地的獨立運動。

陸、擴展本國工業

爲達成出口大於入口，必先發展本國工業，因此重商主義者對於國內生產，亦擘劃周詳。例如在法國不外鼓勵生產及制訂生產細則，採用免稅、貼補、特權之享受，及政府投資等辦法。一部分工業在法王路易十四世的時候，財政大臣科爾伯特(Colbert)並予以「皇室出品」之頭銜，

政府保證購銷，特別照顧，生產者視爲無上光榮。對於各種生產品之質料及製造，科氏復仿照基爾特管制辦法，訂有一致之規則，隨時派員檢驗，嚴格執行。英國對於工業管理，一如法國，採用中央集權制度。在伊利沙白王權時代，整理法典，劃一辦法，以訓練技工，保障職工爲主，採用七年學徒制。凡無一技之長者，一律強迫務農。受僱工人，至短以一年爲期。其目的在使人人有工可做，百業亦不致有勞工短少之苦。生之者衆，則財恒足矣，其理易明。關於品質管制，英國亦相當注重。毛紡織業早已實行出口檢驗，凡不合規定標準者，除罰鍰外，並將商品沒收充公。

　　荷蘭與西班牙對於國內工業之管制，似不如英法兩國之嚴厲。荷蘭以發展東印度羣島貿易爲其重點，對於國內生產，比較放任自由。西班牙一心嚮往美洲殖民地貿易之發展，而且海外殖民地之進口，並非由西班牙本國工業供應，大部由歐洲其他港口輸入。

柒、獎勵生育、降低工資

　　重商主義時代，工商業以生產工具簡單，如欲增加生產，唯有增加勞力，故獎勵生育，列爲重要政策之一。結婚者獎，多男者賞，晚婚者罰。勞工可以富國強國，社會自然非常重視。且不僅注重量的發展，更注意質的改進。倘能勤苦耐勞，工夫練達，可以增加生產，改善國際收入。至於工人生活，應否同時兼顧，提高待遇，加以鼓勵，重商主義者則又有其一面之見解。認爲工資屬於生產成本，成本愈低，利潤愈大，乃能在國際市場競爭；如果工資優厚，生活舒適，反而容易養成愛逸惡勞之習氣，怠工曠工，不事操作。所以工人生活水準愈低，愈可鞭撻自己，努力工作。一面要國家富有，一面又要國民永遠陷於貧困狀態，在今日看來，自是一種非常矛盾的思想。十九世紀德國社會主義者拉薩爾 (Ferdinand Lassalle) 所倡論的工資鐵律 (Iron Law of Wages)，卽導源

於此。今日我們大家都已了解，工資低落，並非表示勞工成本同時會低，倘使生產力高，則工資提高，勞工成本仍舊合算。此一概念，倒是重商主義者當時所未曾想到的。

第四節 重商主義思想的衰落

重商主義思想的建立，在本章第二節，我們業已指出，是在新王國擴張權力增產富國的大前提之下所促成的。民間鼓吹，政府讚揚，經過二百五十年的輝煌炳耀，又遽爾衰退了。任何學說思想之產生，有其時代背景，是則重商主義建功之日，亦即重商主義衰退之時。重商主義為國家爭取了大量的金銀財寶，也為社會培植了一批新的富商巨賈，金錢就是力量，富而後貴，社會地位也就自然提高了，中外如是，古今亦然。在十五世紀末葉，這批商人位卑身賤，不足以引起社會的注意，但至十八世紀，一部分變成了民意機關的重要代表，參預國事，飛黃騰達，顯赫一時了。在重商主義制度之下，政府管制企業，仿照中古基爾特組織，限制甚嚴，但由於經濟擴張，財富累積，生產發展，此種制度，事實上已不能適應時代的需要。因此個人自由企業，普遍創立，由紡織業而造船業、鋼鐵業、採鑛業，交相仿效，風氣為之丕變，至十八世紀末葉，已取代了基爾特而變成了一般產業的典型組合了。產業經營方式改變之後，企業家的致富理想，也作了一百八十度的轉變。私營企業，利潤第一，如何獲致大富大利，而不以小康為滿足，乃是當時企業家一致追求的目標。亞丹斯密(Adam Smith)(1723-1790)的自由經濟思想，也就是在這個環境內產生的。

為了富國裕民，管制生產貿易，站在國家立場，原未可厚非，惟當時一般實際業務經營情況，殊難令人滿意。例如在英國為了保護本國工

業或新企業之建立，以及爲增加稅收起見，政府對於一部分工業如玻璃、肥皂、針等製造業，曾予以私營廠商獨占之權利，結果價格提高，品質降低，有買無賣。甚至官商勾結，有經營才幹之企業家，並不能獲得此幸運之機會，大展宏才；而阿諛諂媚之輩，反而時運亨通，坐享其利。病國害民，莫此爲甚。社會輿論，一致指責，此種經營獨占制度，終於1688年後加以取銷，允許人民自由經營產業，不加限制。他如工資與價格之管制，一般人民亦深惡痛絕。當時執行此項管制任務者，在英國之中央政府爲樞密院，地方爲保安官，迨至1642-46年克倫威爾革命(Cromwellian Revolution) 時期，樞密院廢止以後，整個管制制度，即已失去重心。地方保安官又以責繁任多，在一般人民強烈反對之下，執行亦已有心無力。故在十八世紀末葉，是項工資價格管制辦法，業已名存實亡。其他管制辦法，如品質管制，學徒制度，在十七世紀末葉，以迄十八世紀國會權力加強以後，亦分別加以取消或放寬。

　　教會對於商人，在中世紀的時候，我們也在前面已經提到，並不完全表示好感。認爲商人收取利息，跡近勒索。及日後國際貿易暢達，商業發展，商人在社會的地位提高了，一般妨礙個人自由發展的法規也修訂了，社會輿論也改變了，教會對於商人，也就刮目相看了。對於個人主義之發展，反而多方予以便利及支持。例如清教認爲經濟活動，乃人類正當之善良行爲，懶惰即是罪惡，勉勵教徒從事節儉，注意生產。基督教則一致推崇經商爲教徒們的適當職業。至於新基督教對於個人自由主義之維護，則採取一種間接方式，即反對權勢。對於信教，崇尚個人自由，認爲不應當受任何權勢的影響。

　　再從重商主義理論方面觀之，它的中心思想，建築在財富與貨幣同一的觀念上。貨幣又以金銀來代表，所以貴金屬即代表財富。一國如缺乏金銀鑛產，須發展國際貿易，從貿易順差以求得之。此種理論，在十

七世紀末葉，即受到社會嚴重的批評。所謂眞的財富，並不能完全以金銀來代表，國際貿易也不能單從一國的順差而沾沾自喜。此種觀念的改變，自然是受到了貨幣數量學說初步發展的影響。關於貨幣數量學說，英國大哲學家約翰・陸克 (John Locke, 1632-1704) 先生曾於 1690 年代屢爲文論及之。其大意謂，在一國之內，其所流通之貨幣數量如不變更，乃爲衡量其他財貨價格漲跌的尺度，此時只有財貨本身的價格會發生變動。要是貨幣數量增加或減少了，而財貨數量不變，則價值的變動，會在貨幣本身。儘管此時物價比以前也許提高了，也許降低了，而財貨的實際價值並沒有什麼變動。陸氏又說，各國物價，按照一般情形，彼此應完全相等，或者極相近似，否則，在物價低的國家，商業定必興盛；在物價高的國家，產業定必停滯。陸氏的貨幣與貿易理論，到此爲止，沒有作再進一步的闡明。在陸氏同時代，尚有都德里・諾斯 (Dudley North) 先生，對於重商主義，也曾作激烈的批評。諾氏之言曰：「貨幣之供給，在國與國之間，可依照貿易上的需要，作自動的調整。」由上可知陸克與諾斯兩位先生，對於重商主義理論都有很重要的指責，但不能把重商主義理論作全面的推翻。及至蘇格蘭歷史兼哲學家大衞・休謨 (David Hume, 1711-1776) 先生，才以簡短扼要的一段文字，把貨幣數量學說與貿易均衡理論貫通並論。氏謂：「假使英國的貨幣在一個晚上毀滅了五分之四，其後果當如何？一切工資與物價不是要比例的下降嗎？其他國家誰敢與我們在國外市場競爭，同樣廉價推銷商品呢？在好短暫的時間，我們就可利用這個優勢賺囘所失去的貨幣，得與鄰國並肩而立呢？當然，當我們到達那個境況之後，我們便立刻不能享受便宜工資和廉價商品的好處了，貨幣也不再繼續流進我國了，因爲我們已經夠了❶」。在休謨

---

❶　見 David Hume, Essay on the balance of trade

這篇國際貿易論文的簡短一段裏，包括了古典經濟學者對於物價與現幣流通分析的各要點。也就是說，在任何一個國家，物價是以貨幣數量來決定的；但在國與國之間，物價則又互相發生倚存關係。物價低的國家，在國際市場，站在優勢，可以制勝物價高的國家，由是現幣向價低的國家流入。現幣流入以後，引起物價上漲，而在現幣流出的國家，物價則又下跌，最後國際往來又可回復到均衡狀態，各國物價水準也不致有偏高偏低的現象了。

從陸克、諾斯、休謨的貨幣與貿易理論問世以後，重商主義貨幣理論的破綻，可以說全部暴露無遺了。依據重商主義者的意見，一個國家，只要國際貿易能夠達到順差，賺取金銀財寶，本國從此可以永遠富強，其他的國家將受害無已。殊不知國際間的交往，是彼此受惠的。由於價格機能的作用，黃金流出的國家，並非全處於不利的地位。因為一國之黃金減少以後，物價可以隨之降低，在國際市場又可站在極有利的地位。何況黃金並非最有利的進口品，財貨可能比黃金更好。關於此點，在休氏以前，即有若干學者如孟(Mun)氏加以論列。

再從重商主義利用國家權力限制人民活動一點觀之，亦顯已不合時宜。近代哲學，以法國笛卡兒(Descartes, 1596-1650)為鼻祖。在1630年至1640年代，正值科學研究蓬勃發展，人類理智受到社會普遍的重視，整個宇宙顯已受到理性法則的支配，而不再那樣盲目的依賴權勢了。運用理智，全屬個人之事，尊重個人自由，也就很自然地為大家所體認了。對於此種新的宇宙觀念，陸克首先把它運用到政治上去。認為人類是天生平等的，基於此種自然的平等，各人都享有與生俱來的一切權利。如生存的權利，自由的權利，與財產享受的權利是也。人們儘管天生平等，但智慧却有高低之別，他們對於自然法則的看法就不同了。社會的混亂，即由是起。政府乃為保障社會安寧，維護人民活動，所以政府的權力，

也僅止於此而已，並非朕即國家，可以專橫無度。換句話說，政府只是人民的公僕，一切當順從民意。陸克這種政治自由主義，在1688年的英國革命，爲協調國會與國王之間的關係，即被充分採用。從此英國政府組織，美國獨立宣言，概以此種民主思想爲奠基石。

　　個人自由主義在十八世紀中葉，由於陸克的鼓吹宣揚，在政治上已發生了很大的作用，而在經濟方面，則有亞丹斯密的合作。綜合當時關於經濟思想的新啓示，加以補充發揮，倡導了一種徹底的個人自由經濟體制。認爲各人皆有自知之明，對於自己分內的事，只有自己決定如何去作，才是最適當不過的。私人間的利益，並不是彼此衝突的，只要大家遵守自然諧和的法則。因此個人的自私行爲，可以促進人類全體的幸福，無需政府繼續加以管制。如果政府能採取放任主義，社會將受益無窮。國家財富的累積，端賴企業的自由競爭，不必依靠政府的嚴密章則。企業家有了充分的自由，社會才可望興盛。亞丹斯密此種新的自由理論一出，立刻獲得社會新興工商界的熱烈擁護，形成了十九世紀的經濟法典。重商主義雖然氣勢磅礴，盛極一時，終不得不向時代低頭了。

第 三 章

國際貿易與
　　國際收支之平衡

第一節　國際收支平衡表之結構

由上兩章所述國際貿易的概念及簡要的歷史，我們業已了解，國際往來，一如私人間的交易，屬於一種債權債務的關係。或憑現金買賣，或依據信用往來，從債權債務的發生以迄結束，其間經過手續，至爲複雜。而且國際往來，除貿易外，尚有其他若干項目，或與貿易發生直接關係，或間接影響兩國貿易的發展。從貿易廠商個人立場觀之，此種國際金融關係，是一種貿易常識；從國家立場觀之，國際收支平衡與否，又表現一國經濟之盛衰榮枯。故在未闡述貿易理論與政策以前，吾人對於國際收支原理，先要有一個明確的概念，然後在貿易理論與政策方面遇到收支問題，也就容易領悟和理解了。

國際收支平衡表(Balance of international payments)，是指一個國家（包括政府及私人）在某一定期內同所有其他往來國家間一切經濟交易的總紀錄。此一定期，往往是一個曆年；如爲特殊需要，也有按季或

數年而一編的。國際收支之記載，正如普通會計之處理，採用複式簿記，一爲借方（debit），一爲貸方（credit）。例如商人出售貨物，收進現款，依照借貸原理，其在帳簿上當以現金（資產增加）記入借方，貨物（資產減少）記入貸方。商人買進貨物，付出現金，又當以貨物（資產增加）記在借方，現金（資產減少）記在貸方。國際收支平衡表依據上述借貸法則，分列借方貸方兩面。凡國際往來須由本國付與外國人之債務，一律記在借方；凡經國際交易應由外國人付與本國者，一律記在貸方。惟國際往來帳款，名目繁多，爲便利說明，似可將國際收支平衡表上之科目分爲兩大類：一爲經常帳款（current account），一爲資本帳款（capital account）。經常帳款包括有形貿易（visible trade）及無形貿易（invisible trade）兩大類。記在表之貸方者，爲有形的出口品，如商品輸出，及無形的出口品，如我國保險公司、銀行對外國旅行者所提供之勞務，外國人前來我國旅行費用，外國人所付之利息及紅利等。記在借方者，爲有形之進口品，如商品輸入，及無形的進口品，如外國保險公司銀行對本國人所提供的勞務，國外旅行應付費用，外國人在本國投資應付之利息及紅利。經常帳款借貸雙方之總差額，代表一國在此時期以內國民對外所得與支出之差額。支出增加，即爲減少國民所得；收入增加，即是增加國民所得。另有單方面的收支，其在發生時，並無其他財貨與勞務作相對的移轉，不致引起債權債務的發生，亦非由於債權債務之處理而發生。例如僑胞滙款，政府贈與捐獻等是也。由於此等科目，通常爲數不大，在收支平衡表上，常一併列在經常帳款之內，美國英國更早已習慣成爲自然了。如嚴格言之，此等項目，既非眞的經常科目，也不是眞的資本科目。資本帳款，乃指國際間移轉的長期資金與短期資金，例如政府在外國金融市場發行公債所籌措的資金，以及短期商業票據在市上的承兌買賣，現金的滙入滙出，以賺取市場中利息的差額或投機爲目

的者，皆包括在內。故在收支表上，有關生金銀的輸出，長期資本之輸入，國外貸款及投資之償還，短期資金之收回，概列在表之貸方。生金銀的輸入，長期及短期資本之輸出，償還國外借款及投資，概列在表之借方。經常帳款與資本帳款各項目之貸方與借方，在一定期間以內，代表一國之總收入與總支出，借貸雙方，務必相等。以上所述各點，列在國際收支平衡表上，當如下表所示：

國際收支平衡表式

經常帳款項目

貸　方	借　方
(1) 有形的出口品(例如商品輸出)	(5) 有形的進口品(例如商品輸入)
(2) 無形的出口品（例如本國人爲外國人服勞務而收入之款）	(6) 無形的進口品（例如本國因外國人提供勞務而付出之款）
(3) 單方面的收入（例如收進外國人的贈與）	(7) 單方面的支出（例如贈與外國人之款項）

資本帳款項目

貸　方	借　方
(4) 資本收入（例如外國人對本國之貸款，外國人對我償還之資本，在國外出售資產之收入）。	(8) 資本支出（例如貸與外國人之資金，償還外國之欠款，在國外購進資產。）
總 收 入	總 支 出

第二節　　國際收支必須平衡之理由

國際收支平衡表一詞，本來就含有均等的意義在內。貸方總值何以與借方總值相等，理由很簡單。因爲一國從其他國家取得任何財貨以

後，必以等值之物相交換；同時一國讓與他國任何財貨以後，亦必取得等值之物作為補償。設在某定期內，一國之進口大於出口，其所差之外滙頭寸，必向外國借款，或取得單方面的移轉金額，或以黃金輸出抵付。同理當一國之出口大於入口時，又可以其所餘之外滙在外國出借、移轉或換成黃金輸入。故從一國之總收入與總支出而言，在一定期間以內，雙方總歸相等。但貿易差額之發生，乃由於兩國國民對於進口品與出口品的需要與供給而決定。而需要與供給，又視兩國人民對於商品之嗜好，價格之反應，成本之高低，市面之隆替，與國民之所得而定。至於國外借款與貸款，又與利率與人民之期望有關。換言之，經常與資本兩類中之各大項目的額度，皆係單獨自由決定的，彼此並無互相影響的力量存在。例如本國投資者有意購買外國證券，決不能強制本國出口商增加輸出，致有外滙餘額結存國外。反之，出口所發生之盈餘，亦不能迫使國內投資者努力爭取國外投資機會。各項目既不彼此協調，然則整個收支平衡又係如何達成的呢？所謂「盈餘」與「不足」，在國際收支平衡表上，其意義又當作何解釋？為便於了解個中三昧，吾人不妨再以數字舉例說明如次。

假定我國對外收支，原已達於平衡狀態，茲因本國人民對於洋貨之慾望增強，進口商有意增加進口一千萬鎊，此新增加之英幣一千萬鎊，必須另籌外滙來源。在此情形之下，政府為維持國際收支之平衡，可採用種種方法。或直接管制進口，減少進口外滙之需要達一千萬鎊；或增加進口稅以減少進口；或採用財政政策減少國民所得，從而減少一般人對於外國貨之購買能力；或降低本國貨幣之價值，加重進口商人之負擔，從而減少進口。但是政府如不出面對於進口外滙採取任何直接的干涉辦法，其在國際收支平衡表上，又將如何可以維持平衡呢？此時當由商人自己負責處理。假定此一千萬鎊之外滙，以我國對外收支總額而

言，並不算大，進口商似可直接從外滙銀行方面（假定外滙是自由買賣的）購得。外滙銀行以外幣換成國幣，減少了在國外之外幣存款，但在我國無異獲得了一筆短期外幣借款。短期資金之進口，列在國際收支平衡表上左面之貸方，而原有之一千萬鎊進口差額外滙，又係列在表之右面，屬於借方差額，至於收支自可相抵而達於平衡。假定此一千萬鎊之外滙，在我國外滙銀行認爲負擔太重，無法應付，進口商可以轉請政府銀行當局供應黃金或外滙。如果政府又保有黃金外滙，當可以黃金或外滙撥付外國之出口商人。黃金出口，在國際收支平衡表上，屬於貸方科目，亦可與原發生之一千萬鎊進口外滙借方科目相抵消。一國之外滙差額，如果須由政府以黃金或外滙基金抵付，則當政府外滙基金充裕時，尚可勉爲應付；如基金不足時，便會立刻停止黃金之輸出，而採用直接干涉外滙的辦法。以上所述外滙差額之調度，不論由外滙銀行以國外存款抵充，或由中央銀行以外滙頭寸撥付，乃是適應臨時需要而採用的一種很自然的調整辦法，事前並未曾計及或有任何準備。此外進口商人所增加之外滙需要，尚可以國外之信用貸款、贈與或援助抵補。故上述之進口外滙在借方的差額，又可以貸方的單方面收入，或資金輸入科目爲之抵消。此種國際收支彌補辦法，乃是出於事先縝密計劃商酌而獲致的。倘使國外援助源源而來，或允予長期貸款，貿易逆差即使維持一個相當時期，尚無大礙。不過此種倚賴外國資金輸入抵補逆差的方法，完全要看出超國的顏色，可以情商，但決不可力強而致。

第三節　　盈餘與差額之意義

上述國際收支差額之抵補，或由外滙商人以外滙支付，或由中央銀行撥出黃金支付，或由國外貸款與援助支付，統稱爲調節(accommodating)

支出，而與自然（autonomous)支出之意義，略有不同。調節支出之發生，乃是由於收支表上其他項目業已發生等值之差額，必須加以彌補。自然支出之發生，則與收支平衡表上其他項目金額之大小毫無關係。故調節支出與自然支出，乃是調節收入與自然收入相對的項目。例如正常的出口品，海外僑胞平居滙入款項，以及私營企業追求利潤在國外出售證券滙回國內投資之資金，皆屬自然收入項目。反之，即爲自然支出項目。中央銀行爲適應本國進口商人外滙需要所拋售之黃金或外滙，政府爲彌補國際收支差額商由外國政府貸與（如1946年之英美貸款）或贈與（如美援）之資金，以及政府強迫國人出售國外資產彌補外滙差額所獲得之資金，概爲調節收入項目。反之，即屬調節支出項目。因此在一國之國際收支平衡表上，可以將左面貸方經常與資本項下一切收入之項目，分爲自然收入與調節收入兩大類，右面借方經常與資本項下一切支出項目，分爲自然支出與調節支出兩大類，如下表所示。

對於國際收支各項目發生的動機有了一個概念以後，我們可以進而闡明國際收支平衡表上盈餘與差額的實際意義。當一國對外貿易有形及無形的自然收入大於自然支出（即出口大於入口）時，即發生自然經常的盈餘。反之，如自然支出大於自然收入（即入口大於出口），即發生自然經常的差額。同理，如資本項目內自然收入各項目之和大於自然支出各項之數，亦發生自然資本的盈餘。反之，如自然支出大於自然收入，即發生自然資本的差額。自然經常與自然資本兩類中各項目收入之總和如大於總支出，乃產生國際收支的眞實盈餘。反之，如兩類中之總支出大於總收入，即產生國際收支的眞實差額。由於國際收支有此自然發生的不足，故必須設法另以等額的調節資金爲之抵償，俾收支達於平衡。設一國自然經常發生差額1,200千元，自然資本帳款又發生差額300千元，兩共差額1,500千元，此1,500千元，即稱爲國際收支的眞實差額。

自然收支與調節收支

（單位千元）

收　入　部　份		支　出　部　份	
1.自然收入		**3.自然支出**	
甲、自然出口品（有形的與無形的）	5,500	甲、自然進口品（有形的與無形的）	6,500
乙、從國外而來的單方面自然收入	200	乙、付與外國人的單方面自然支出	400
丙、從國外而來的自然資本收入	1,200	丙、付與外國人的自然資本支出	1,500
2.調節收入		**4.調節支出**	
甲、調節出口品（有形的與無形的）如輸出黃金	400	甲、調節進口品（有形的與無形的）	0
乙、從國外而來的單方面調節收入	800	乙、付與外國人的單方面調節支出	200
丙、從國外而來的調節資本收入	1,100	丙、付與外國人的調節資本支出	600
總　　額	9,200	**總　　額**	9,200

附註：黃金包括在商品內

依據上表，得知

1. 自然經常差額　　$5,700-6,900=-1,200$
2. 自然資本差額　　$1,200-1,500=-300$
3. 國際收支差額　　$6,900-8,400=-1,500$
4. 國外調節結'存　　$400+800+1,100-200-600=+1,500$
5. 自然與調節收支結存　　$9,200-9,200=0$

同時調節收入爲 2,300 千元, 減去調節支出 800 千元, 尚有結餘 1,500 千元, 可與自然差額恰好抵消, 如下表所示。

前述我國對外收支發生差額以後, 曾經假定政府並不直接干涉外滙, 而願按照當時市場外滙價格, 採用調節盈虧的辦法, 增加外滙來源, 利用調節收入, 抵付自然差額。假如政府嚴格管制外滙, 阻遏資金之自然流出; 限制進口, 阻遏貨物之自然輸入, 卽可避免收支差額之發生, 無需耗竭外滙基金, 亦不必向國外融通資金。但在此種情形之下, 我國事實上在國際收支方面已遭遇了嚴重的困難。假如政府不採用限制外滙貿易辦法, 而實行開支緊縮, 降低國民所得, 從而減少進口之需要, 亦可避免國際收支差額之發生, 無需向外融通資金; 但此時也不能說該國在國際收支方面並未遭遇困難。卽使一國對於超額外滙之需要, 不採用上述按照當時滙價調節融通, 限制輸入, 緊縮支出等辦法, 任其自然發展, 亦可使外滙價格提高, 產生一種自然牽制的功效, 而使國際收支差額不致發生。因爲外滙由於需要增加漲價以後, 進口貨物成本提高, 輸入自會減少; 出口商以所得本國貨幣增加, 反可鼓勵輸出, 國際收支又可達到一個新的均衡水準, 產生一種新的穩定滙率。但是吾人都已了解, 滙價變動, 乃是國際收支不能達於均衡狀態的一種信號。假如一國因外滙需要超過供給而不採用貶值辦法, 則非利用外來的調節收入不可。 根據以上分析, 我們現在可以明瞭一國國際收支的實際差額, 乃是在一定期內, 該國所需調節資金的實際數額; 列在收支平衡表上之貸方。一國國際收支的實際盈餘, 乃是在一定期內, 該國必需付出的調節資金; 列在表之借方。吾人所以一再強調「實際差額 (actual deficit)」一詞, 乃是因爲背後尚隱藏了一種「可能的差額 (potential deficit)」。所謂可能的國際收支差額, 乃指一國政府在一定期內採用外滙管制, 進口限制, 或其他管制外滙辦法, 致令收支達於假平衡而未在平衡表上露

出的需要調節資金數額。第一次大戰以後，若干國家盡量提高國民所得近於通貨膨脹水準，一面又利用外滙管制及限制進口辦法，抑制國民的進口需要，乃是可能差額最彰明較著的例子。英國在 1925 至 1931 年期間拚命抑制國內經濟，維持國際收支之平衡，以及德國在1934年以後嚴格管制進口維持對外收支之平衡，其所隱藏的可能差額，更是欲蓋彌彰了。

　　說到一國的國際收支差額，其嚴重與否，又與時間的長短大有關係。有的差額出現屬於短期性的，有的差額存在，乃是長期性的。短期性的差額，比較容易彌補，至於長期性的差額，問題就嚴重多了。例如一個農業國家，在國際收支方面，多半遭遇長期性的差額，偶爾因為豐收，而其他相與競爭國際市場之國，又發生歉收現象的時候，其國際收支，可能在某一年內得以維持平衡。但其根本不平衡的壓力，仍會繼續存在。因此我們在審核一國國際收支平衡表上資本自然流入或自然流出之項目時，自應注意其屬於長期性的，抑或短期性的。工業高度發達國家為了追求投資厚利，繼續以資金輸往低度開發國家，長遠可靠，與因金融市場利率不同，為爭取利率差額而在國際間移轉之短期資本，對於一國國際收支之平衡，影響是不相同的。他如避免貨幣貶值，或政局轉變而在國際間移轉的短期資金，概屬自然的收支；此種短期自然移動的資金，不能倚賴作為調節差額之用。而且在國際收支平衡表上，反可引起嚴重的金融緊迫問題。因為流進以後，隨時又可流出，行踪飄忽，簡直無法捉摸。因此當一國對外貿易發生差額擬用其他自然移轉之資本項目抵付時，其資金之來源，屬於短期性抑或長期性的，關係則截然不同，是不可不注意焉。

第四節　　兩個不可忽視的問題

　　依照上述國際收支原理，每筆交易，一收一付，一國對外收支，在

任何一定期間以內，必能平衡無疑。但達成收支平衡，尚有兩個問題，不容吾人忽視。第一爲貨價計算的方式，第二爲交易計值的時間。請先看價格。依照國際貿易慣例，商品計價，可按 C.I.F.，包括保險費及運費在內。或按 F.O.B.，只算起運價格。但無論採用何種方式，在國際收支平衡表上，其他項目，如能作適當的調整，借貸雙方，照樣可以平衡的。爲便於說明，不妨舉例如次：設依照 F.O.B.，某國在某時期對外之進出口額如下第一表所示：出口財貨價值四億三千萬元，進口財貨價值六億四千萬元。假定進口財貨改按 C.I.F. 計價，其可能發生之差額當如何？設使輸入此六億四千萬元財貨之運費及保險費爲五千萬元，其中一千萬元付與外國之輪船公司及保險公司，四千萬元付與本國之輪船公司及保險公司，就第一表作適當的調整後，當變爲第二表之情形。此時進口財貨價款業已增至六億九千萬元。其所增加之五千萬元中，一千萬元表示付與外國輪船公司之數。但按照前一算法，此一千萬元顯係列在五千萬元之進口勞務費用之內。而今旣已列入價款一併計算，自應從積欠外國人之勞務費內減去，而得實欠之數爲四千萬元。其餘所增之四千萬元進口財貨價款，代表對本國輪船公司所付之運費。但以進口財貨總值付與外人之款，現已包括全部運費在內，不啻本國輪船公司對外國出口商行提供了四千萬元運費之勞務，故出口勞務一項，必須增加四千萬元，達一億八千萬元之數。值得吾人注意的是，進出口收支經此調整以後，有形與無形的貿易貸差一項，迄未變動，所變動的，只是有形與無形項目的重新調配而已。由是言之，爲使各國國際收支平衡表上記載之進出口總值互相一致起見（即所有進口財貨總值與出口財貨總值相等，全球之進口勞務總值又與全球之出口勞務總值相等），對於各有關項目應如何計算價值一點，自當加以留意。或按C.I.F.，或按F.O.B.，儘可自由選擇。如按 C.I.F.，則貨物由甲國運入乙國以後，在甲國爲

出口品，乙國爲進口品，運費保險等費當一併列在價款之內。此時乙國
商船如已提供任何運輸勞務，當作爲乙國對甲國無形的出口勞務記載。
如按 F.O.B.，則當貨物由甲國運往乙國以後，同樣記錄爲甲國之出口
品與乙國之進口品，但不包括運費在內。此時貨物如有一部分由甲國商
船承運，又當以甲國對乙國無形的出口勞務一併記在帳內。事實上國際
貿易，在出口方面，各國概按 F.O.B. 計價，而在進口，亦多以 F.O.B
記帳；假如對有形的進出口各國概按 F.O.B. 記帳，其在國際收支平衡

第 一 表

（單位百萬元）

貸　方		借　方	
出　口　財　貨	430	進　口　財　貨	640
出　口　勞　務	140	進　口　勞　務	50
有形與無形貿易差額	120		
總　數	690	總　數	690

第 二 表

貸　方		借　方	
出　口　財　貨	430	進　口　財　貨（640＋50）	690
出　口　勞　務（140＋40）	180	進　口　勞　務（50－10）	40
有形與無形貿易差額	120		
	730		730

表上所表示之數字，當更爲具體可靠。

　　第二個問題，乃係如何決定商品交易計值的時間。當商品由甲國運往乙國，其在帳簿上記錄爲甲國之出口品與乙國之進口品，應在價款交付之日記帳呢？抑在買賣契約訂立之日記載？還是當貨物從甲國起運或抵乙國之時再記呢？除非各國採用一致的標準，就很不容易就一國的進口品與其他各國的出口淨值作一比較，其間必然發生很大的偏差。假如甲國記載出口品，係以貨物運出時之總值計算，而在進口之乙國，則又按照付出價款之實值計算；同時又假定乙國之進口商陸續獲得了甲國出口商的信用，允予以記帳方式交易，則乙國所記載的進口總值，必與甲國所記載的出口總值相差很大。其在甲國收支平衡表上一部分列爲自然出口財貨之收入及對乙國自然貸款之支出，在乙國之國際收支平衡表上卽看不出有自然進口的支出，也沒有自然借款的收入。事實上，國際收支的記載，不外依據上述現金收付，權責發生及貨物運出等準則；但每種制度，有其優點，亦有其缺點。就現金收付制來說，在外滙管理制度之下，很容易記載進出的收支實值，但有時則不太方便，正如私人或公司會計一樣，尙須設立一套現金帳簿，就不能稱爲一種很合適的會計制度。假如一國進口超過正常輸入，而其超額輸入部分又尙未支付現款，其在國際收支平衡表上，最好一併記在進口項下，另在國外借入項下加記一筆，借貸雙方，才能收支相抵，表示眞實的帳款情形。就權責發生制來說，固然可以免除現金收付制的缺點，但新問題又產生了。設使甲國的進口商與乙國出口商訂立了一項買賣契約，約定五年以內，陸續從乙國運進一批貨物，在此情形之下，貨物事實上並未運進，僅有此契約關係而已，但如以未來五年輸入之總值記在本年之進口項下，顯屬不當。蓋如此登錄，無異表示是項貨物業已全部輸入矣。又如甲國某公司向乙國購進一工廠，也不能以機器設備輸入記帳，只能在收支平衡表右面資本支出項下，紀錄爲外國之投資。再就貨物輸出制度來說。按照

貨物實際輸出輸入之價值來記載爲出口品與進口品，要算是最恰當不過了。同時就國內外投資之意義來說，也屬正確無疑。投資可用財貨所有權之變更來代表。甲國之國外投資，自然包括甲國居民新添置存放國外之財貨，以及甲國境內減少但爲其他外國人所有之財貨在內。甲國國內投資，則包括甲國國內新添之一切財貨在內。另就黃金之輸出入觀之，無論作爲普通商品，或貨幣商品看待，在收支平衡表上，概與貨物輸出制相吻合。雖然，採用貨物輸出制，麻煩問題仍舊不能完全避免。舉例言之，所謂「一國」，其意義究何所指？乙國設在甲國之大使館，應算作乙國之一部分，抑甲國之一部分？如仍作爲乙國之一部分看待，則當乙國以貨物運往駐在甲國之大使館時，卽不能算作乙國之出口品，也不能作爲甲國之進口品。如作爲甲國之一部分看待，則在兩國之貿易統計上應當均有記載。乙國大使館職員對於此種財貨之支出，應記爲甲國對乙國居民供應之無形勞務，正如對旅行者提供勞務一樣。或者，乙國設在甲國之大使館職員作爲甲國之居民看待，其收入作爲甲國國民所得之一部分，乃由於對乙國政府提供特種無形之勞務而獲得者。其次一問題，便是公海究應屬於那個國家？當貨物由甲國運往乙國而正在公海上航行時，此時之貨物究在甲國抑在乙國？倘使貨價係按 F.O.B. 計算，依照邏輯，則當貨物離開出口國埠岸以後，卽可視爲已抵進口國，但在此種情形之下，在乙國也只能記爲在運入途中之進口品，而不能作爲已運進之輸入品。

第五節　　兩個實際例子

國際收支平衡表之編製，在於顯示一國對外經濟往來的大概情形。

從會計觀點來看，平衡表上所列收支各項，應與上述原理相合；而且項目之分門別類，又當與國民所得會計之結構復相一致，足供各方研究參考之用。惟國際收支平衡表原無一定之格式可循，最初由私人自由編製，在供一己之使用。政府報告，始自英國貿易局 (Board of Trade) 早年編製之1907年對外收支平衡表。迨第一次大戰以後，官方才經常發表此類報告。此蓋由於國民所得會計觀念之重視，以及政府管理貿易之日益增強故也。爲了統一編製起見，國際聯盟曾倡議採用標準格式，是項工作，今日已由國際貨幣基金繼續承擔。玆就英美兩國政府近年之紀錄，附陳於後，可以作爲此類表報之典型格式。

第 四 章

國際收支差額之調整

第一節　國際收支差額發生之原因

一國對外收支，依照以上各節之分析，如能順應經濟趨勢，任其自然發展，可能達於平衡。惟事實上若干國家不是產生盈餘，便是發生差額，究其基本之原因為何？值得吾人再加以檢討。國際關係，至為複雜，影響經濟往來之因素，亦屬多方面的，似可歸納為下列三大類：第一為無法避免且難以預料的。例如一國發生天災，而其農產品又為出口之大宗，當然影響出口之減退。他如消費者嗜好轉變，引起銷路之減少；生產技術之改進，市場競爭益趨激烈；進口品價格之突然提高，例如1973年中東戰爭發生以後，石油價格上漲驚人，對於我國進口大為不利，加重進口負擔；國外政局不安定，致令出口市場無法擴展；或則海外投資因此被人沒收，減少所得收入。第二為國內或國外經濟情況之轉變，但此轉變可由政府採取行動避免者。例如當國內發生通貨膨脹或通貨緊縮之現象時，由於所得與價格變動之影響，可使國際收支產生差額或盈餘。

〔 49 〕

同理，此種通貨膨脹或通貨緊縮之現象，如發生在國外，也可由於國外所得及物價之變動，對本國發生一種反響作用。不過此種不安定的因素，如果政府能採取適當的政策，穩定物價與國民所得，在國內可以不致發生。即當發生以後，亦可採用財政政策，或貨幣政策加以對抗。同時此項政策之推行，尚賴各有關國家一致合作，在政策執行上，互相協調。如果所得與價格發生少許之差別，亦足以影響國際收支雙方之均衡。第三為政府故意實行某種政策而引起的後果。例如增加進口關稅，實施出口貼補，採用配額限制，禁止進口或出口，以及限制外滙之收付。此種單方面損人利己的舉動，最易引起外國之報復，國際貿易從此也就不自由了。國際收支不穩定之原因，旣然相當複雜，欲使一國對外之自然收支恰好相等，當然不易；如欲達到各國對外收支之均衡，殆更不可能。不過維持國際收支之均衡，是我們的理想，如何調整不平衡之幅度，或使差額減少至最低限度，乃是我們追求的目標。

第二節 國際收支調整之方法

調整國際收支，可按貨幣本位制度不同而分為金本位制度與紙本位制度下之種種情形分別論述如下：

壹、藉物價之變動而調整

在昔金本位時代，貨幣單位，含有定量之黃金，並可兌換一定量之黃金，貨幣面值，即以所含之金量而定。兩種金本位幣兌換之價值，常與面值相差甚微。此蓋由於黃金可以自由進出口，滙價如有波動，亦限於黃金由一國運往他國之輕微運費保險費限度內耳。此種限度，謂之現金輸送點(specie point)。如購買外幣滙票所付之款，高於運金出口時，則不如運金出口，反而合算；如出售外幣之所得，尚低於運金進口時，

則不如運金進口，反而有利。在金本位制度之下，爲謀國際貿易之發展，以穩定滙價爲第一要着。如一國之國際收支因貿易入超而不能平衡時，其差額可藉物價之變動而調整。當一國輸入超過輸出而短少外國滙票，其對外滙率又超過現金輸出點時，則唯有運現出口。現金輸出以後，促使銀行準備金降低，利率提高，放款緊縮，存款滅少。本國信用緊縮以後，引起物價及成本之低落，收入之減少，生產力之降低，以及失業之增加。當物價與成本減輕以後，出口商即可在世界市場與他國競爭，因而出口又可逐漸發展。蓋世界市場之貨物係由若干國家供給，此時國際市價尚未變動故也。出口擴展以後，外滙供給增加，因而可以減輕前此外滙之困難。本國物價之降低，即表示外國貨物較國貨昂貴，因此進口又可減少。同時由於失業增加與所得之減少，而使開支緊縮。故在運金出口之國，其出口有逐漸增加，進口有逐漸減少之趨勢。出口增加以後，外幣滙票增加；又因進口之減少，外幣滙票之需求亦同時減少，此種外幣供需之變動，可以促使滙率下降至現金輸送點以內，而阻止黃金之出口。黃金輸出減少，貨幣之供給量亦不致再繼續緊縮，進出口自可按當時滙率接近平衡矣。

　　至在現金流入之國，即發生與現金流出國相反之現象。現金流入以後，導致銀行準備金之增加，貨幣供給量之擴大，物價提高，與就業及所得之增加。本國物價高漲，即表示外國貨物較國貨便宜，因而增加進口。同時就業擴展與貨幣所得增加，亦足以獎勵進口。而出口商則以本國物價高漲，出口並無利益可獲，反不如在國內銷售之有利，於是出口又隨以減少。此種進出口之變動，致令外國滙票之供給減少，需要增加，引導滙價上漲，終至現金停止進口矣。

　　由是言之，國際收支發生差額以後，由於物價之變動，黃金之流出與流入，可使國際收支最後回復平衡，乃是基於一個假定，一國之黃金

移動以後，立刻影響物價與成本。但是我們可以想到，銀行對外貸款，除非業已盡量使用現有的現金準備，當不致因黃金一部分流出而立刻緊縮信用。同時現金流入之國，如工商業者無意擴大投資，亦不致立刻引起信用之擴張。卽使此種調整過程能按所說之順利進行，終必引起一國境內經濟之變動，發生失業，所得減低，及物價不定之危機，是不啻犧牲本國繁榮，以求國際收支之平衡。各國政府有鑒及此，自第一次大戰以後，對於貨幣供給與物價之調節，均以安定國內經濟爲優先考慮。現金如有虧損，卽由中央銀行採取行動，防止信用緊縮。例如降低利率，便利商業銀行借款，藉以增加銀行之準備金，擴大對外放款，增加存款。或在公開市場買回證券，放出資金。反之，當黃金流入以後，中央銀行又可儲存不用，令與市場隔離，避免信用之擴大。美國政府於1936年12月22日所採用之黃金封存政策，設立呆金帳戶(inactive gold account)，卽屬顯著的例子。

　　第二次世界大戰以後，國際貨幣制度採用固定滙價，盈餘國由於外滙累積，信用擴張，物價上漲；差額國由於準備金減少，信用緊縮，物價下跌，亦可按照上述金本位制度下藉物價之變動，而平衡國際收支。

　　貳、藉滙價之變動而調整

　　自第一次大戰以後，各國取消金本位，採用不兌現之紙本位制度，貨幣對外滙價，已不如前此之穩定；當滙價可以自由變動時，其價值如何決定？國際收支如何可以維持平衡？曰，端賴外滙需要與供給雙方之力量來決定耳。外滙需要增加，供給減少，可以促使外滙價格之上升；外滙需要減少，供給增加，可以促使外滙價格之下跌。在對外收支達於均衡狀態之下，一國如因進口需要增加，致令外滙需要也同時增加時，定必引起外滙價格之上升。輸入品因須以更多之本國貨幣償付價款，其在國內出售之價格，亦隨之昂貴，因此鼓勵本國人採用國貨，外貨進口自

會逐漸減少；同時外滙市場對於外幣之需求亦減少。外幣需求減少，可以促使外幣價格下落。至在出口方面，因外滙價格提高，出口貨物所換得之本國貨幣較前加多，定必增加輸出；輸出增加以後，市上外幣之供給增加，又可影響外滙價格之下落。此種外幣需要與供給之演變，最後將達於正常狀態，產生一種新的外滙水準，而使國際收支回復平衡矣。

　　外滙價格變更以後，進出口增加或減少究至如何限度，則又視此進出口商品與勞務在國外與國內之需要與供給彈性而定。至其他相與競爭之國內貨物與勞務之供給及需要彈性，也有關係。如上所述外滙漲價之國即為我國，則當我國貨幣對外價值降低以後，如果外國人對於我國商品之需要彈性甚大，我國對於外國商品之需要彈性也大時，滙率略有變動，即可使進出口達於平衡狀態。如本國對於外國貨之需求彈性甚小，外國人對於我國商品也缺乏彈性，必須滙價大量變動，始可望進口減少，出口增加，收支達於平衡。如果外國人對我商品之需求彈性甚大，而我國對外國貨之需求彈性並不大時，唯有外國大量購進我國商品，收支始可趨於平衡。如果外國人對我商品之需求彈性不大，而我國對洋貨之需求又富於彈性，則唯有我國大量減少進口，收支才可達於平衡。另從供給方面觀之。設使國內對於某種商品之供給彈性甚大，則當外滙漲價以後，即可大量減少進口，增加國內生產。即使最後消費者對於此種商品的需要缺乏彈性，但由於國內供給彈性甚大，對於進口需要也就彈性甚大了。同理，當國內商品供給彈性甚大時，外滙價格降低以後，即可大量增加進口，因為國貨生產反而不合算了。設使國內對於某種商品之供給毫無彈性，則於進口需要彈性，也就不會發生任何影響力了。

　　雖然，外滙市場對於外滙之需要與供給，並非限於某種財貨，而係依據所有進口與出口的物資來決定的。因此一國對於某些商品之需要與供給彈性可能不大，或甚至毫無彈性，而對其他商品，也許彈性很大，

故其整個進口需要彈性,也就由於若干可能進口與出口的事實而增大了。設使某種商品價格變動甚大,其生產可能由原有之出口品轉向至國內消費品,或由國內之消費品轉移至進口品,或甚至由出口品轉爲進口品的生產。當然,此種生產的轉變,有一個先決條件,必須有關企業的生產要素,富於高度的移轉性。但是國際往來,由於貿易的限制,或用提高關稅辦法,或直接限制進口,使一些原可進口或出口的財貨都不便流通了,因之一般人對於國際商品的需要彈性也大爲降低了。又在經濟不景氣時,需要彈性亦不如景氣時之強烈,也是顯而易見的事實。

第三節　通貨高估(currency overvaluation)與通貨低估(currency undervaluation)

上述外滙價格在市場由於滙票之需要與供給自動提高或降低時,可以產生一種新的均衡水準,亦卽平衡國際收支的均衡滙率。在自由經濟制度之下,此爲人所稱頌的合理滙價。惟滙價變動,代表一國貨幣對外價值的變動。外滙價格上漲,卽反映本國幣值的下跌;外滙價格降低,卽反映本國幣值的提高。在今日採用不兌現紙本位之國,政府對於貨幣價值,往往採用人爲的干涉辦法,或加以高估,或加以低估。所謂通貨高估,爲核定一國貨幣對外幣之比價,超過了均衡的比值;通貨低估,係將一國貨幣對外幣比價的核定,反低於均衡的比值。設英鎊對美元的均衡滙率爲 1 鎊合美金 1.80 元,而實際滙率爲 1 鎊等於美金 1.70 元,則 $\dfrac{\$1.70}{\$1.80} = 94.4 = 100 - 5.6$,其偏差(divergence)爲 -5.6%。如實際滙率爲 1 鎊合美金 1.90 元,則 $\dfrac{\$1.90}{\$1.80} = 105.6 = 100 + 5.6$,其偏差爲 $+5.6\%$。由是可知:

（一）當偏差爲正數時，則英鎊對美金之價值估計過高；

（二）當偏差爲負數時，則英鎊對美金之價值估計過低。

　　一國貨幣對外之價值，爲什麼有時高估，有時又低估呢？採用高估政策，不外基於下述幾個理由：第一，可以降低進口品之價格。一國所需之食品及原料，如大部分仰賴從外國進口，則此項進口品對於國內之物價與工資，可發生很大的影響力量。爲避免國內物價之上漲，工資之提高，對於輸入品之價格，自當儘量抑低。英國自第二次大戰以後，無意降低英鎊對外價值，以此故也。第二，可以利用廉價的外滙償付外債。一國對外負債如果甚重，則提高貨幣對外價值，可以節省支出。第三，可以維持貨幣對外的信用，以免資金逃往國外。當一國在國際金融市場的地位甚爲重要時，爲吸收外國資金，維持滙兌關係，便利商業票據之買賣，賺取種種外滙收入，當設法維持幣信，提高幣值。英國在這方面，又是一個顯著的例子。

　　貨幣對外價值高估以後，進口品價格特別便宜，進口商人自當在外滙市場爭相購買外滙；出口品則以成本提高，不能在國外市場暢銷，足以減少外滙之收入。在此情形之下，政府如不盡量供應外滙，定必引起外滙價格之上漲；如有求必應，又將耗竭外滙基金。故在滙價高估之國，常常採用外滙管制辦法，限制外滙之供應。進口減少以後，對於國際分工以有易無之利益，就不容易盡情享受了。出口商以外滙所得換來的本國貨幣旣然減少，大都不願依照規定將外滙售與指定銀行，因此政府外滙之來源益形短少，而產生外滙黑市。所以通貨高估，顯係違反國際貿易原理。採用之國，亦未嘗不知其利害得失，明知而明犯之，實有不得已之苦衷存焉。

　　談到通貨低估，尙有一個與通貨低估類似的名詞，稱爲「通貨貶值（devaluation）」，我們要在這裏先加以說明。所謂通貨貶值，係降低一種

貨幣對外國貨幣的交換價值。卽減少貨幣單位含有黃金的法定價值，或所能兌換的外幣數量，從而以本國貨幣表示的黃金價格，或外幣價值便提高了。通貨貶值，往往由於政府稅收不足，支出太大，引起物價上漲，工資提高，出口減少，進口增加，國際收支無法維持平衡。在此情形之下，政府自當採取緊縮開支，增加稅收，限制信用，提高利率等政策，穩定國內經濟，才是上策。且在 1929 年以前，由於第一次大戰期間及戰後之通貨膨脹，大衆認為通貨貶值，乃是通貨膨脹的孿生兄弟，政府亦小心翼翼，不願傷害人民對於貨幣的信心，以免引起資金的逃避。故當國際收支發生嚴重的壓力時，輒用提高關稅及其他緊縮辦法，而不輕易採用通貨貶值政策。及 1930 年世界經濟恐慌發生，國際間呈現一片蕭條氣象，人心惶惶，任何政策，苟有復興經濟之可能者，無不渴望一試。各國經濟萎縮，至此已達極端嚴重狀態，如不採用貨幣貶值，幾已無法起死回生了。先是阿根廷於 1929 年 12 月脫離金本位，翌年春季，復有澳大利亞與紐西蘭繼之於後。及 1931 年 9 月間英國脫離金本位，舉世為之震驚，未及數週，英鎊區域國家，陸續放棄金本位，世界外滙市場之滙率，從此變動不居。以英國而論，計自 1931 年至 1939 年之間，英鎊對美元之滙價，已由每鎊合 4.8665 元降至 4.03 元了。至1949年 9 月 18 日，又貶低至合美元 2.80 元；1967 年 11 月 18 日復貶低至合美元 2.40 元了。1972 年 6 月英國實施浮動滙率制度，英鎊對美元之價格，又曾經降低至 2 元以下了。

通貨低估，在藉滙價之變動，降低本國貨物對外之價格，鼓勵出口，減少進口，其所欲達到之目的，與通貨貶值初無二致。惟通貨低估與通貨貶值在字義上，與運用之程序上，並非完全相同。當一國貨幣價值對外高估以後，如將每一單位之含金量或所規定之外滙價值，予以降低而與均衡滙價相等時，稱為貨幣貶值，而不稱為通貨低估。如所降低之幣

值低於均衡滙價時，則稱爲通貨低估，同時也是通貨貶值。所以通貨低估，係以當時之均衡滙價爲基準，兩相較量，其對外之貨幣價值，尚未達於此一水準而言。通貨貶值，乃在隨心所欲將幣值降低至任何一水準耳。貶值後之滙價，可能尚高於均衡滙率，可能與均衡滙率相等，可能更低於均衡滙率。

通貨低估，旣可刺激出口，阻抑進口，當一國經濟不大景氣，普遍發生失業現象時，最好能採用通貨低估政策，振興生產事業，增加外滙來源。但經濟不景氣之現象，往往同時發生於若干國家，如果認爲通貨低估政策，足以復蘇一國之經濟，則各國當採同一政策，而事實上各國決不能在同一時間內順利完成此一政策。蓋一國之出口，即爲他國之進口，一國出口所發生之盈餘，即代表他國進口所發生之差額。在國際收支發生差額之國，自當設法加以防護，提高關稅，限制進口。各國在此同一鼓勵出口限制進口政策之下，貨物將無法在任何一國進口，最後各國的國際收支情形，當與最初相差無幾，徒然減少了整個國際貿易的總值，大家都得不到國際分工的好處。1930年代的國際貿易，便是這樣一個形態。所謂以鄰爲壑，將本國的不景氣輸往鄰國，就是當時國際貿易政策最警惕的一個寫照。

倘使經濟不景氣之現象，只發生於某一國家，而他國又不同時採取通貨低估政策時，則在通貨低估國家出口所得之外滙，可由政府無限量的收購，對於進口，可以不必採取任何人爲的阻止辦法，低估政策亦可行之久遠。如在通貨高估情形之下，一國對於進口也不加以限制，必須存有大量的黃金與外滙，以供應外滙市場的需要。故在通貨高估之國，對於外滙也是同時加以管理的。

由是言之，一國對於滙價，如屬有意固定於某一限度以內，對於國際收支差額，即不能倚靠滙價之調整而達到均衡，必須從變更貨幣所得、

物價與成本着手。在此情形之下，如果國際貿易任其自由發展，在通貨低估之國，由於出口增加，定必增加國民所得，提高物價水準；而在其他國家，則又產生所得降低，物價下跌的現象。如果通貨低估之國，對於國內物價成本與國民所得提高之現象，採取方策加以抑阻時，其他國家所遭遇不景氣的壓力，當更嚴重。

第四節 均衡滙率 (equilibrium rate of exchange) 之意義

一國貨幣對外之價值，在上節裏，我們曾經一再提到，最好以均衡滙率爲標準。究竟均衡滙率之意義爲何？擬再加以補充說明如后。簡單言之，均衡滙率，乃是一國在一定期間以內維持國際收支達於均衡狀態之滙率。在這裏我們首先要加以解釋的，是所指的一定期間。在國際往來各項交易當中，從短暫期間來看，收支起伏不平，即使一切讓其自然發展，決不可能達到收支總值相等。假如均衡滙率是指適應此種短期變化的滙率而言，則該項滙率亦當在隨時變換之中。滙率變動頻繁之後果，乃是引起經濟社會之不安定，顯與均衡之本意不相符合。故所謂一定期間，乃指一個相當長的時期。假定期間不滿一年，則國際往來，常有季節性的變化，此項均衡滙率，又將受季節性的影響，忽而提高忽而降低矣。然則所謂一定之期間，又將長到何種限度呢？自以長至足以使一切季節性的波動，能夠自生自滅而後可。如能長達一年，固然可以不受短期及季節性的影響；如能長達十年，則可不受一切經濟變動的影響。時間愈長而滙率不變，當然表示滙價之穩定，但事實上，十年之間，變化太多，鮮有一種滙率能經此長期而不動搖者。如定期一年，則又未免太

短，故至少當以二至三年為妥[1]。在三年以內，國際收支如發生變化，當屬短期性的盈餘與不足，可用黃金移轉，外滙調撥或國際貸款來應付。在此期間，對外滙價果屬穩定，則該國之外滙基金，在此標準期末不致發生任何變動，而與期初之總值完全相等。也就是說，在此期間以內，一國對外收支，無論發生盈餘或差額，皆可利用本國之外滙頭寸臨時應付，迨收支起伏期間過去以後，外滙頭寸又恢復如故。設使此一標準期間愈長，國際往來變化愈大，所需調節之外滙基金也愈多。或者更明白地說，假如任何一國或所有各國所保有的外滙基金愈多，滙價變動的機會也就愈少了。

在此所稱國際收支之均衡，當然不是如前段所說而指收支平衡表上之總歸平衡。在國際往來各項目中，應當不包括黃金與準備金外滙之移轉科目在內。因為如果包括在內，國際往來帳款，就自然地平衡了。個中原理，我們在前面已經說得很明白了。其次關於短期資金之移轉，即或由於利息發生差額，在國際金融市場間自動移轉之短期資金，也不應當包括在內。理由很顯明，倘使一國為了彌補收支差額而輸入短期資金，其功效當與黃金輸出無異。且以此項資金來去自如，隨時可以撤走，對於輸入國而言，簡直是一種負擔，足以削弱該國之現金準備。在上章解釋盈餘與差額時，我們曾經指出，一個國家為了控制國際收支，可用限制進口，或降低國民所得抑制進口需要等辦法，而維持國際收支之假平衡，其所採用之滙率，顯然不是一種均衡滙率。所以在均衡滙率之下，政府限制國際往來正常發展之種種方策，概不應允許存在。貨物與貨幣在國際間，當任其自由流通週轉（不過站在道義的立場，一般公認極有

---

[1] 關於均衡滙率之問題，Professor Raynar Nurkse 曾著有 "International Monetary Equilibrium"，討論至為詳盡，原載一九四五年普林士頓大學出版之 Essays in International Finance 第四卷。

限度的干涉，是可容許存在的）。由是言之，實施均衡滙率，一定能維持社會的充分就業，人人可以稱心所欲，對外往來，不受任何的拘束。

根據以上的分析，何謂均衡滙率，我們應當業已瞭解了。假如允許我再重複說一句，所謂均衡滙率，乃指在一標準期間以內，一國所採用之滙率，足以維持充分就業，並保持原有對貿易與通貨移轉的限制，以及原有黃金外滙總值而不變者。如擴而充之，就全世界而言，我們可以說，理想的均衡滙率制度，乃是各國在免於大量失業及通貨膨脹情形之下，又能維持一切往來帳款達於均衡狀態的一種制度。因此一種均衡滙率，必須符合下列三個條件：

（一）對外收支能在一標準期間約三年以內維持平衡而不變更原有黃金或外滙基金之總值者；

（二）上述收支之平衡，並非憑藉進口管制達成者；

（三）上述收支之平衡，並非以國內失業，或通貨膨脹作代價換取者。

第五節　如何核計均衡滙價

以上所述均衡滙率的內容，係就其質的方面而言，惟滙價總以數字來代表，國與國之間的滙價，究應如何根據均衡滙率的精神來加以核定，又是一個專實的問題。當第一次大戰尚未結束以前，許多人就這樣想到，一旦軍事平息，重新採用金本位制度，如何規定各重要貨幣間的新比值，當以 1914 年大戰發生以來的物價與成本變動為基準。適在 1916 年，瑞典經濟學者凱塞爾 (Gustay Cassel) 根據李嘉圖 (David Ricardo) 及惠特里 (John Wheatley) 諸氏早年之寫作，對於戰後有關物價水準之計算，提出了一個簡單的公式，亦卽有名的「購買力平價說 (purchasing power parity theory)」。迨至 1920 年代後期與 1930 年代，　購買力平價說乃成爲一般國家討論滙價政策的中心理論。依照平價說之內容，兩種貨幣之均衡滙價，當與兩種貨幣的購買力相等。我們需要外國貨幣，只因爲外幣在其本國具有購買財貨的力量。倘使按照當時滙價，以一定量的本國貨幣換成外滙以後，其在外國購買的財貨，反而多於以等値國幣在國內購買財貨的數量時，其外幣之價格顯係低估，國人當相率爭購外滙，遷進外貨。外滙市場以外滙需要增加，定必迫使外滙價格又向上漲。反之，設使按照當時滙價，以一定量的本國貨幣換成外滙以後，其在國外所購之物，反而比在國內購買者爲少，此時之外幣價格顯係高估。大家都不願再買外滙，外幣價格又將隨以降低。在均衡滙價之下，以一定量的本國貨幣，在國內所購得之物，與換成外幣在外國所購得之物，會完全相等，任何人不會再從滙價上取得便宜，購買外滙，運進貨物矣。此時兩國之貿易，當以在成本上互相有利之物品爲限耳。設同一襯衫，在美購買，値美幣 2 元 8 角，在英購買，値英金 1 鎊，則英美兩國之均衡滙價，當爲英金 1 鎊合美金 2.80 元。

　　均衡滙價旣以物價爲依據，則物價變動以後，滙價也要加以調整，故新的均衡滙價，可以原有均衡滙率，乘兩國物價變動之指數卽得。其計算公式如下：

$$R_t = R_{t-1} \times \frac{P_1}{P_2}$$

　　式中之 R_t 代表新滙率，　R_{t-1} 代表舊滙率。P_1 代表與滙價貨幣單位同一國家之物價指數，　P_2 代表另一國之物價指數。設英、美兩國之均衡滙價原爲 1 鎊合美金 2.80 元，　五年以後，美國物價上漲一倍，指數由基數 100 上升至 200，英國物價上漲二倍，指數由基數 100 上升至 300，兩國之新均衡滙價當爲

$$\$2.80 \times \frac{200}{300} = \$1.8667$$

購買力平價說言之成理，持之有故，究其可靠性有多大？ 第一，平
價說所依據的物價，是指一般物價而言，但是一國對外所運進的貨物，
只是限於某一部分而已。且當一國物價變動之際，有的上漲，有的下跌，
其出口貨物價格之變動，也許與一般物價水準變動趨勢相同，也許又恰
好相反。故欲以一般物價水準之變動來代表出口品價格之動向，顯與事
實未盡相合。第二，一國對於外幣的需要，不僅與外國出口品的價格有
關，且與出口量有關。設使本國對於外國貨的需要缺乏彈性，則當外國貨
價格提高以後，本國仍照樣購運進口，增加外滙的需要，從而提高外滙
之價格，而非如購買力平價說所示足以抑低外滙之價格。設使我國對於
洋貨之需要彈性等於一，則當洋貨價格提高以後，對於進口之總值仍舊
不變，也就不致引起外滙價格之變動。唯有當本國對外國貨之需要彈性
甚大，則當外國貨之價格上漲以後，可以減少進口之需要，從而抑低外
滙之價格。即或情形如此，其滙價降低之幅度，又與外國人對於本國出
口品的需要彈性有關。故所得出之新均衡滙價，似亦難望與購買力平價
恰好相等。舉例來說，設使美國與加拿大每年彼此各輸出輸入一千萬單
位之產品，每單位價格 1 元，同時兩國貨幣之均衡滙價，適為美金 1 元
換加幣 1 元。茲又假定若干年後，美國物價水準上漲二分之一，指數由
基數 100 上升至 150 （假定各種物價上漲之程度，也恰好相等。），而
加拿大之物價並沒有任何變動。在此情形之下，加拿大由於美貨價格上
漲而減少購運進口，僅達六百萬個單位，總值為九百萬元。美國出口總
值降低以後，可以促使加拿大元在外滙市場相對的上漲。加拿大元價格
提高以後，反應加貨價格之上揚，美國人又將減少加貨之進口。設在此
時兩國之滙價，適為加幣 1 元合美金 1.111 元，美國進口減少至八百一

十萬個單位，而令總值也等於九百萬元。兩國之進口與出口總值旣完全相等，其滙價可稱爲均衡滙價，但與新購買力平價 1.50 元並不一致。而且一國國民對於外貨之需要，往往由於嗜好之轉變，與所得之變動而變動，致令滙價與購買力平價亦不完全吻合。例如 1950 年 6 月韓戰發生以後，美國對於英鎊區域生產之物資，如錫礦、橡膠、羊毛、植物油及其他金屬物的需要急速增加，自然引起此類物資價格之飛漲，儘管英鎊區域物資價格上漲驚人，而美國對於英鎊外滙之需要如故。第三，新購買力平價係根據舊購買力平價計算而得來的，卽使我們承認基年物價水準與滙價是一致的，但是經過一段時間以後，各國環境轉變了，對於基年決定物價水準的因素與條件，也彼此同時改變了。例如關稅多少有所修訂，運費或增或減，需要有所改變，新產品或已上市，生產技術也會改進，國際間資金之移動，也會發生量與向的轉變。凡此種種，卽在滙價極端穩定的金本位制度之下，也可在任何一個時候，改變各國間物價水準的關係。故在不兌現紙本位制度之下，如果仍舊依據過去的物價水準關係來決定新的滙價，只有在一切情況未變的前提之下，才能採用❷。第四，國際收支往來，除商品貿易外，尚有許多其他項目，例如資本之移轉，利息與紅利之支付，僑民滙款，賠款之償付，銀行與保險公司勞務之酬報金，以及旅行費用等，在前後兩個期間以內，上述各項帳款，如有一種或數種發生變動，其變動之額度，也許超過物價水準及商品移轉之變動，從而使滙價發生變動，與原於物價水準及購買力平價者完全不同。例如在基年期內，一國可能爲債務國，而在若干年後，又變成了債權國，不但無需仰仗外國，且尚有大批資金可以輸出。資本輸出，足以降低一國貨幣對外之價值。反之，在資本輸入之國，又可提高

---

❷ 此點卽在凱塞爾本人也會承認的確如此。

該國貨幣在外滙市場之價值。此種外滙價格之變動，顯與物價無關。美國在第一次大戰以前，爲一債務國，戰後卽變成了一個債權國，便是一個最好的例子。

　　購買力平價說儘管缺點甚多，但時至今日，仍爲各方所推崇。因爲根據此說，可以利用實際資料，一定之公式，求出一具體的滙率。合理的滙價，本來應由國際收支有關各方面的力量來決定的，而購買力平價說，卻偏重物價一面。但自兩次世界大戰以來，通貨膨脹的威力太大了，造成物價飛漲，幾乎顛覆了各國的經濟，從而影響國際收支，這都是無可否認的事實。所以從物價的變動來求出基本的滙價，也就容易被人信服了。截至目前爲止，我們還沒有找出另一種學說，解釋滙價，能比購買力平價說更爲切合實用，也是平價說延年益壽的另外一個原因。

第 五 章

外 滙 市 場

　　國際貿易，不是以進口國貨幣計算價款，便是以出口國貨幣或第三國貨幣來計值的。所以進出口商計算成本，都與外幣發生關係，因此滙價變動，與商品價格大有關係。在上一章裏，我們也曾一再指出，如果外滙價格提高，進口品之價格也隨之提高了；外滙價格降低，進口品之價格也隨之降低了。反之，外滙漲價以後，出口品價格在國際市場之價格反而降低了；外滙跌價以後，出口品之價格在國外反而提高了。進口品價格便宜，自然鼓勵國人購用洋貨，消耗外滙；出口品價格便宜，又可刺激出口，增加外滙收入。所以滙價與國際貿易商品價格的關係，至為密切。同時，如果一個國家的產品成本比較低廉，又可在國際市場暢銷，從而增加外滙收入。當該國貨幣在外滙市場的需要增加以後，又可促使該國貨幣對外價值之提高；本國貨幣對外價值提高以後，即反映本國商品在國際市場成本之提高，從而又影響銷路之減退。由是言之，滙

〔 65 〕

價與物價，互爲因果。如果滙價穩定，或變動甚微，則國際貿易，正如國內貿易，風險較少。故在未探討國際貿易原理以前，對於滙價變動之原因，商人應如何防止滙價波動，以及外滙市場有關外滙交易之活動，似應先加以說明。也可以說，外滙市場是國際商品市場的一部分，能了解外滙市場之全盤活動，國際貿易的原理與政策，也就思過半矣。

第一節　滙價變動的原因

滙價即指滙率，爲一國貨幣以他國幣值表示之價格。市場中買賣外滙，正如普通商品交易，其價格係以外滙的供給與需要來決定的。如果外滙供給增加而需要不變，或供給與需要同時變更，而供給仍大於需要時，則滙價看跌；如果外滙供給不變，而需要增加，或供給與需要同時變動，而需要仍大於供給時，則滙價趨漲。然則外滙來源何以有時增加，有時又減少呢？其最顯而易見的，莫如一國在進出口方面的變動。如有形與無形的出口大於進口，則外滙收入增加，如不影響外滙價格之降低，亦決不致引起滙價之激烈波動。倘使進口大於出口，由於外滙收入短少，最易引起滙價之波動。進出口變動之原因，也是多方面的，而在富於季節性的生產，表現最爲明顯。例如在澳大利亞，稻穀與羊毛的收穫期爲12月至 2 月，當此項產品運往國外銷售時，外滙市場即對澳幣的需要增加，澳幣有上漲之趨勢。又如在南非洲，羊毛、水果以及駝鳥羽毛之收穫期，是在夏季的後半段期間，此時由於出口增加，南非幣值在外滙市場又將看漲。其他國家之幣值，如美元、加拿大元、阿根廷幣，以及印幣，莫不受到季節性的影響。爲了避免滙價的激烈波動，這些國家的銀行，往往在出口季節未到以前，設法增加在國外銀行之頭寸，充分供應種種所需之外幣，等到出口季節來到，再又盡量收購外滙。當然在此賣

出買進的外滙交易當中，銀行爲了彌補預籌外滙所支出的費用，滙價仍舊會儘量變動而有利於執行之銀行。其次資金在國際間的移動，影響滙價，一如立竿見影，非常顯著。例如國際貸款，代表貸款國對借入國的一種支出，當以現款交付時，貸款國之貨幣，在外滙市場以供應增加，其價值有下跌之趨勢；而在借入國之貨幣，以需要增加，其幣值又將上漲。及至還款之日，兩國幣值在外滙市場之變動，則又與上述情形恰好相反。倘使此項貸款由借款國在貸款國家支用，購買財貨，就只增加貸款國之出口品，而不影響其幣值。在自由經濟之下，國際間資本的移轉，除長期資金外，短期資本的流進流出，也是爲數可觀，影響滙價，或更有過之而無不及。短期資金的流動，不外兩個原因：一爲貪求國外市場較高的利息，一爲謀求國外存放的安全。設使倫敦市上利率爲百分之八，紐約市場利率爲百分之七，則紐約之銀行家，必以其一部分可供貸放之資金，移往倫敦運用，從而提高英鎊在外滙市場之價值，降低美元在外滙市場之價值。迨日後倫敦市面資金增加，利率降低；紐約資金減少，利率提高，資金又將由倫敦滙回紐約。英鎊與美元在外滙市場之價值，又將發生與上述相反之變化矣。至於爲求安全而逃往國外之資金，其對於滙價之影響，正與一般短期資金移動之情形相同。當資金撤走時，可使資金輸出國之幣值降低，資金輸入國之幣值提高。且當此時外滙價格在本國市場實際變動或預期變動之際，又可導致熱幣之流入或流出，促使兩國滙價的波動更爲激烈。在今日證券市場普遍發展情形之下，利用資金購買外國證券，乃是一種眞實的投資。當一國之工商業前途看好時，國外資金紛紛滙入，可以提高資金輸入國之幣值，同時證券價格也會隨以提高。但當滙價與證券價格達到了一個相當有利的高度以後，投資者又將出賣投資，而以資金滙回本國，在此資金撤退之際，外滙價格又將與原輸入時作相反之變動矣。設使一國之工商業前途看淡，國外投資者

必相率出售證券，而以資金滙回本國，將使該國貨幣在外滙市場之價值益形貶低。依照一般慣例，銀行大半在國外同業經常存有一筆營運資金，以便處理對顧客買進與賣出之外滙滙票帳款；其額度又與外國工商業之情況大有關係。而更值得注意的，是國際重要商品之價格水準。自第二次大戰以來，鐵鉛金屬品、羊毛、棉花及其他初級產品之價格上漲驚人，亦即表示國際貿易所需融通之資金為數更大，因此各大銀行必須調整其存在國外之外滙頭寸，以適應當地之需要。倘使一國之商務前途看好，外國銀行存在該國之資金，總盡可能的提高。反之，當一國商業之遠景欠佳時，外國銀行之存款，又將陸續撤退，減至最低限度。在其增加外滙頭寸與撤走資金之際，對於該國貨幣之價值，自然發生增值與貶值之效果。一國貨幣對外之價值，又可由於外國債權人與債務人對於債款處理之態度而受到影響。倘使一之經濟遠景宜人，而幣值又將愈趨堅挺時，則外國之居民對該國業已負有債務或希望短期內向該國舉債者，以償債成本逐漸提高，必從速清理債務，以免日久負擔愈重。同時外國居民如有立即向該國收回款項，或對於短期內收回一筆資金者，一定會商請延緩辦理，希冀時間愈遲，該國之幣值愈可提高，而所換得之本國貨幣也愈多。反之，如果一國之經濟情況欠佳，其貨幣對外之價值又將轉弱時，外國債權人對於業已到期之債款，必催請從速了結；甚至對於尚未到期者，亦商請早日歸還，以免日後滙價繼續降低，而所獲得之本國貨幣愈少也。至於外國之債務人，無論是現有的或未來的，又當千方百計將債務延期清理，冀能以更少量之本國貨幣，換取等額之債權國貨幣。此種有意提前與延後之舉動，英文稱為 leads and lags，當然屬於投機行為之一種，對於外滙市場之滙價，或推之升高，或挽之降低，其力量亦未可忽視焉。

　　以上所述滙價變動的因素，係就短期性的商務與資金移轉方面而言。

另外從長時期來看，我們又可依照貨幣與信用情況及政局與工商業情況兩方面來加以分析。吾人須知，貨幣對外價值，是以其對內的購買力來代表的，任何經濟情況，凡足以影響一種貨幣的購買力者，定必影響該貨幣對外的交換價值。其所發生之效果，往往由於外滙的投機交易而加速促成，亦由於外滙的投機交易而遽爾消逝。當一國產業振興，貿易擴展，或在生產技術方面有所改進時，由於成本降低，足以導致出口之激增，從而增加該國貨幣在外滙市場之需要。另一方面，又由於外滙商人從事投機活動，致令該國貨幣在外滙市場之需要益增。貨幣對外價值提高以後，反映該國貨物在國際市場之價格也同時提高了，出口又將隨以減退。且當一國出口擴展生產增加之際，股票價格可能由於外國人之購買而同時上升。外滙輸入以後，引起國內信用之擴張，物價更趨上游矣。國際金融業者眼光至爲銳利，對於各國商務與財政報告，無不隨時加以注視；因爲從上述之統計數字，即可看出一國貨幣對內與對外價值之趨勢。倘使一國所發表之貨幣流通額老是增加，而與國內商業需要之情形並不一致時，顯示該國有過度發行的跡象，其貨幣對內的購買力定必降低，亦即表示國內物價有上漲之虞。此種趨勢，對於該國之出口貿易，顯屬不利。該國貨幣在外滙市場之需要，必隨以降低，從而貶損其對外之價值。國外外滙商人看清楚了這個弱點，當在外滙市場對該國貨幣作投機之買賣。大量賣出期貨，增加該國貨幣對外的供給量。最後該國貨幣果在外滙市場跌價，又可緩和國內物價上漲之情形。倘使該國竟因貿易逆差輸出黃金，致令信用緊縮時，國內物價即將開始下跌矣。故在黃金允許自由進口出口制度之下，物價與滙價，由於國內信用過於鬆弛或緊縮所發生之變化，又可憑藉黃金流出流進的功效而抵消。設使一國對外貿易發生差額又無黃金可資挹注時，唯有採用外滙管制辦法；否則，其滙價之波動，可不受任何干涉矣。一國對於預算之執行，能否維持收

支平衡，亦常爲國外金融業者所特別留意。倘使收支相抵而尚有餘額，足以表示該國政通人和，賦稅形將降低，生產成本亦將減輕，國民儲蓄也會增加。反之，倘使一國支出大於收入，定必增加稅收，從而加重工商業之負擔，降低國民之儲蓄能力。外滙商人面對這樣兩個國家，將毫不遲疑地買進前一國家的貨幣期貨，賣出後一國家的貨幣期貨。因爲商業蓬勃，對外貿易發達之國，幣值定必上漲；生產落後，物價上漲，出口萎縮之國，幣值亦將下跌。至於一國政局是否安定，影響外滙交易，也是一個有力的因素。倘使一國政局穩定，社會秩序安寧，私人財產均有充分安全保障，足以誘導外國資金之流入。或爲利益着想，或爲存放安全計也。反之，如國內局勢不靖，政府隨時有被推翻之虞，尤其在今日共產勢力潛伏地區，不但阻遏外資之流入，即國人原有之存款與資產，亦將相率撤走，以防萬一。故在前一種情形之下，外滙投機業務，遠不如後者之活躍。因爲在局勢穩定之下，人心安定，如欲利用外滙市場作投機之買賣，可能利未獲而害已先嘗矣。在工商業方面，也是安定第一。如果一國之勞資雙方關係調和，彼此合作，工資與物價均很合理，企業家又能淬勵奮發，努力生產，乃是一種理想的投資場所，國外資金會大量流進，提高該國貨幣在外滙市場之價值。反之，如勞資雙方紛爭不已，罷工停工頻仍，生產成本甚高，而生產技術又無法改進，自會影響國際貿易之低落，因而最易爲外滙投機者所乘，賣出期貨，貶低該國貨幣在外滙市場之價值。

第二節　如何避免滙價變動的損害

壹、遠期滙兌之意義

外滙交易，通常係指現貨買賣而言，即由買方以現款交於賣方（銀

行或外滙商人），賣方乃按照當時滙價 (spot rate) 開發一張即期滙票，或用電報通知國外之分行或代理行，受款人可在一、二日之內，憑票或通知單向指定銀行兌領現款。惟事實上若干外滙之需要與供給，並非短期內所需用與可供應者，其實際收支行爲，乃在未來期間始履行者，如不事先準備，又恐滙價中途變動，遭受損害，因此外滙市場中除現金交易外，另有一種期貨交易，稱爲遠期滙兌 (forward exchange)。所謂遠期滙兌，乃是對於某種貨幣定期買進或賣出預先訂立一種滙價的外滙交易。當買賣雙方在商定未來的一筆外滙交易之際，即訂定一種滙價，俟約定期日屆滿，彼此交付貨幣，即按此滙價計算。萬一實際滙價與此發生差別，爲利爲害，各安天命，可勿論也。此種交易，可以便利債權人對於未來收回之外幣債款，究可折合國幣多少，事前得以確定；而於債務人應以外幣在未來償付債款者，亦可事先核計，究應付出國幣多少，以免臨時滙價變動而發生損害。故在債權人必預先向銀行賣出外滙，債務人必事先向銀行購進外滙。事實上，期貨外滙交易的受益人，以進出口商人佔大多數。因爲國際貿易，多屬定期付款交易，而國際局勢又瞬息萬變，滙價如能事先固定，商人即可安心從事貿易之推廣矣。其次擁有資金者如擬向外投資，可以買進現貨外幣，賣出期貨外幣，預先核計本國貨幣在未來的收入總值。例如臺灣某進口商人擬向西德訂購貨物一批，德國之出口商人允許三個月後以馬克付款，如該商人認爲購貨條件尚屬滿意，即往本地銀行（假定外滙可以自由買賣）商請出售一筆期貨馬克，依照銀行所開滙價，即可算出貨物之臺幣成本。如該商人認爲尚屬合算，即與銀行簽訂買入合約，並與外國出口商人正式訂立買賣合同，到期即依照訂定滙價付款。此種有固定外滙支出或收入而預先向銀行買進或賣出，以防滙價變動遭遇損害之交易，英文稱爲「covering」。又假定紐約市面利率爲年息百分之八，倫敦市場利率爲年息百分之九，紐約

某銀行願以資金滙往倫敦，購買三個月短期票據，賺取高額之利潤。其第一步，當爲購買現貨英滙，二、三日內，資金卽已滙抵倫敦運用。待三個月屆滿以後，該銀行以英鎊購買美金滙回紐約，如此時滙價發生變化，於彼不利，則該銀行從利息差額所獲得之利潤，可能全部付諸東流，甚或尚不足以抵付滙價變動所遭受之損失。設當日由美以資金滙往倫敦，係按 1 鎊合美金 1.87 元之現貨滙價折算，三個月後，如滙價不變，其所獲利息當爲投資額的百分之四分一。設日後滙價變爲 1 鎊合美金 $1.85\frac{3}{4}$，每鎊卽將遭受 $1\frac{1}{4}$ 分的損失。但 1.87 元的百分之四分一的利潤，只不過約合每鎊的二分之一分而已，反而得不償失。爲避免此種損失的風險，投資銀行或私人一定將現貨外滙交易與期貨外滙交易同時並做，買進現價英鎊，賣出三個月期貨英鎊，俟三個月投資期滿，美金又已滙回本國矣。另有一種情形，爲外國銀行需要本國貨幣，作短期上之用途。可以商請本國銀行從該行買進現貨外幣，獲得本國貨幣之現款，同時該行又將賣出之外幣以期貨買回。而且該行尚可要求本國銀行以買進之外幣，按照一定之利率存在該行，加以利用。本國銀行對於外國銀行此種提議，自當考慮該行在金融界之地位與聲響，是否穩固可靠；現貨滙價與期貨滙價有何不同；兩國金融市場之利率又相差幾何。如認爲有利可獲，自當允如所請，同意辦理。所以同業爲調度頭寸，也可採用期貨外滙交易辦法。此種買進現貨同時又賣出同種貨幣之期貨，或賣出現貨同時又買進同種貨幣之期貨外滙交易，英文稱爲「swaps」。

　　期貨外滙交易屬於一種契約行爲，由顧客依照一定之買賣契約書式分別塡載並簽字後，交由銀行收執。爲保證契約之履行，在簽訂買賣合約時，銀行往往向顧客收取百分之十至二十五的保證金(margin)，作爲擔保，專戶存儲，並給付利息。因爲契約一經簽訂以後，銀行必依約執行，準備現款如期交付，萬一到期顧客不守信約，銀行卽將擔負損害之

風險，保證金之設立，在為保障銀行之利益也。設在英國有某顧客向銀行購進三個月馬克期貨一批，言定滙價為每鎊合 8.72 馬克，到期如顧客不前來辦理收支手續，銀行唯有按照當時市價出售，如市價為 1 鎊合 8.74 馬克，則銀行每鎊必遭受兩枚普斐尼加(pfennige)之損失（1 馬克合 100 枚普斐尼加）。如事前繳有保證金，銀行即可避免此種意外之損害也。

貳、遠期滙率之計算

遠期滙率由於買賣兩種貨幣之交接都在未來，其計算方式，自與現貨滙價略有不同，惟事實上仍係根據現貨滙價。或較現貨滙價為高，或較現貨滙價為低，有時或又與現貨滙價相等。其所以形成此種種不同滙價的原因，也是多方面的。在未對這方面加以分析以前，我們首先對於現貨外滙之命價，要略加以說明。在自由經濟之下，依照一般情形，外滙市場之滙價，分為兩種：一為外滙商人或銀行對顧客之買賣價格，二為外滙商人彼此間之買賣價格。如在倫敦市場，一外滙商人對顧客掛牌美金之滙價為 $1.80\frac{1}{2} - \frac{3}{4}$，即表示彼願出售紐約美元電滙與顧客每鎊合 1.80 又 $\frac{1}{2}$ 美元，或向顧客購進紐約電滙每鎊能獲 1.80 又 $\frac{3}{4}$ 美元，其每鎊相差之 0.00 又 $\frac{1}{4}$ 元的差額，即為外滙商人買進賣出的利潤。以上係就「通貨滙價(currency rates)」報價之方式而言。亦即以英國貨幣單位為準所標示之外滙價格。又如該外滙商人對印度羅比 (rupee) 報價為 $15\frac{15}{16}d - 16\frac{1}{16}d$，即表示願按每羅比合十六又十六分之一便士的價格出售羅比與顧客，或從顧客方面按每羅比合十五又十六分之十五便士的價格購進羅比；此種報價之方式，稱為「便士滙價 (pence rates)」，因為係以外國貨幣單位為準。至於外滙商人彼此間之買賣，通常稱為「市價 (market rates)」，包括賣方之喊價 (offerings) 及買方之還價 (bids)。如

倫敦對波昂 (Bonn) 之市價命為 $8.71\frac{3}{4}-72$，即表示一部分外滙商人願按每鎊合 8.71 又 $\frac{3}{4}$ 馬克的價格出售馬克，另外一部分外滙商人則願按每鎊合 8.72 馬克之價購進馬克，至於實際成交之價格，則視買賣雙方需要與供給之情況及其互相商議而定。倘使某外滙商人為急於抵補對顧客之一筆期貨交易，唯有按市面賣價 8.71 又 $\frac{3}{4}$ 購進馬克，或按 8.72 市面買價出售馬克。

期貨滙價與現貨滙價之間，如前所述，往往有一個差額，英文稱為「margin」或「difference」，如期貨外滙命價於差額之後註明「pm」字樣者，表示期貨滙價高於現貨滙價之額度。換句話說，期貨滙價較現貨滙價為貴。蓋 pm 即為「premium」之縮寫。如附註為「dis」(discount 之簡寫)，即表示期貨滙價低於現貨滙價之額度，此時期貨滙價反較現貨滙價便宜。如附註為「par」，即表示期貨滙價與現貨滙價相等。設倫敦對哥本哈根(Copenhagen)之期貨滙價標明三個月者為 3～6 Ore dis，即表示對丹麥貨幣克倫 (Krone) 三個月後交貨者，賣方願意按每鎊較現貨滙價多三厄勒 (Ore) 之價格出售，買方願按每鎊較現貨多六厄勒（每一克倫值厄勒一百枚）之價格購進。設當時倫敦對哥本哈根之現貨滙價為 $13.40-40\frac{1}{2}$，依照上述期滙與電滙之差價，可得三個月丹幣期貨賣價 13.43，買價 $13.46\frac{1}{2}$。又設倫敦對蘇黎支 (Zurich) 之電滙價格為 $8.19-19\frac{1}{2}$，三個月期貨滙價差額為 $1\frac{1}{2}-\frac{1}{2}$ cents pm，可得真實期貨滙價為 $8.17\frac{1}{2}-19$，表示賣方願按電滙價格減去一又二分之一生丁之價格（即每鎊合 8.17 又 $\frac{1}{2}$ 法郎），賣出三個月後交貨之瑞士法郎；買方願按電滙價格減去半個生丁之價格（即每鎊合 8.19 法郎）買進三個月後收貨之瑞士法郎。市上揭示的「真實期貨滙價(outright forward rates)」，

即指從電滙價格中減去或加入差額後之滙價而言。但買方與賣方實際成交的價格，一如現貨買賣，可能又與市價略有出入，而由買賣雙方最後商定。至銀行對顧客的掛牌期貨滙價，則又按照其在市場買進賣出之價格，略加利潤額在內而已。

期貨外滙之買賣，通常有一定期，在約定期滿之日，彼此交接貨幣，買賣手續，至此即告完成。惟此種貨幣交接之日，亦有事先不明確規定者，僅由訂約之一方徵得對方之同意，允許其在某日與某日之間，或某定期以內的任何一天，提請對方履行契約之義務。此種遠期，稱爲「任意的遠期(option forwards)」。在授與同意權之一方，自當預計契約履行之日，可能是最不利於彼之一天，因而對於滙價之命定，須顧及本身之利益。設使賣方同意契約在一月以內之任何一天，得由買方隨意執行，而是時之電滙價格爲 1 鎊合 20.50，期滙差額爲 0.01 至 0.02 之折價，賣方自當想到，買方可能要求於預定一個月內之第一天，即提請交付外滙，此時正值一般現貨買賣交付之日，自無任何折價給與之必要，按照現貨賣價 20.50 命價即可。另從授同意權之買方立場觀之，任意執行之權既操在賣方，則賣方可能延至預定期間最後的一天始交付外幣。果係如此，則付款之日，當在一月以後，其 0.02 之折價，自應歸買方享受，因而命定一個月內任意交貨之期貨買價爲 20.52。

同種貨幣買賣，在期貨與現貨之間，依照上段所述，價格上大牛有個差額，或爲增值，或爲減值，而且差額之大小，又常不一致，然則此項差額又係如何決定的呢？ 最主要的原因，乃由於同種證券在不同金融市場發生利率之差額；其次又與國際市場中遠期外滙之需要與供給有關。設巴黎市上三個月第一流銀行票據貼現率爲年息百分之七，同時票據在倫敦市上購進之貼現率爲年息百分之八，則此種投資用之資金，自必由巴黎流往倫敦，賺取較高的利息。當法郎對英鎊之滙價變動極爲有限時，

一部分滙往倫敦之資金，投資人往往不另以資金爲之抵補，預防滙價之變動；認爲日後買回法郎，不致遭受任何損失。此種現貨交易，自然導致英鎊在外滙市場價格之提高。設使法郎對英鎊之滙價不大穩定，則法國之投資人當以資金滙往倫敦時，定必同時賣出英鎊期貨，以便票據到期之日，資金又滙回到國內了。因此在國際外滙市場呈現法郎現貨供給增加，法郎期貨需要增加。此種情形，自會促使法郎期貨之價格超過法郎現貨之價格。也就是說，法國投資人買進英鎊現貨所付出之法郎，必大於日後出售期貨英鎊所收回之法郎。在此滙價差額之下，無疑的，法國投資人遭遇了相當的損失。但資金滙往倫敦以後，由於市場利率較巴黎爲高，投資人又在這方面享受了利得。其所受的滙價損失，自可以一部分利息所得來抵償；但是無論如何，決不讓所得與所失的比率恰好相等。滙價所失與利息所得兩種百分比的大小，乃視利率低之市場資金可以滙往利率高之市場的數額，以及在利率高的市場中需要買進現貨與賣出期貨的壓力而定。倘使可以利用投資之資金爲數甚鉅，或者兩市場間利率之差額甚大，投資者彼此競爭的力量，可以促使利率所得的百分比與遠期外滙增值損失的百分比之淨差縮至最小限度。其淨差爲何，乃是一種最低額的淨利潤。設如上例，巴黎與倫敦市場利率相差年息百分之一，法郎與英鎊之現貨滙價爲一鎊合九個法郎，則九個法郎在倫敦市上運用三個月所得的利率合百分之四分一，可獲利潤二又四分之一生丁，三個月期貨每鎊出售之增值，決不會達此二又四分之一生丁的水準。由於投資者彼此競爭之故，定必促使買進三個月法郎期貨之增值，盤旋在一又二分之一或一又四分之三生丁之譜，相當於年息百分之四分三，俾投資者尚可享受年息百分之四分一的淨利潤。

除利率外，其次影響期貨滙價之差額者，當爲市場中對於期貨外滙之供需情況。設如上例所述，法國金融業者認爲三個月後，法國國內亟

需資金，其有資金投入倫敦市場運用者，必設法保證資金能於期滿之日，滙回國內，因而紛紛出賣期貨英鎊，促使期貨法郎之需要益增，而愈提高其增值之額度。在此情形之下，現貨與期貨之差價，可能高達二又四分之三生丁，合年息百分之一又四分之一，超過了利率水準，投資者反而遭受損失。反之，設使英鎊與法郎之現貨滙價爲一鎊僅合八個法郎，投資者可能以此滙價業已降低，近於官定最低限度，對於滙價變動的風險，似可毋庸再加考慮。而在投機者對於英滙看漲，願意按照電滙略高之價格出售法郎期貨，如命價爲 7.99 又 $\frac{3}{4}$，則三個月期貨滙價差額僅增值四分之一生丁，等於年息百分之八分一，與利息差額合年息百分之一相較，相去又甚遠矣。

由是言之，期貨滙價與現貨滙價之差額，對於任何一種貨幣而言，可以依照下列情形而定：

(1) 當國內市場之利率高於國外市場時，期貨滙價將高於電滙價格；

(2) 當國內市場之利率低於國外市場時，期貨滙價將低於電滙價格。

事實上國際外滙市場，常由投機者玩弄權術，興風作浪，致令期滙價格之變動，超出一般常規之外，正當貿易商人，偶一不愼，可能墮其彀中。在正常情況之下，多年來，國際收支，係利用黃金作爲最後的支付工具，黃金能在國際金融市場中自由移轉，表示外滙交易自由，無需利用人爲的管制辦法，滙價可趨穩定，投機者自亦無隙可乘。但自兩次世界大戰以後，當一國對外收支發生困難，黃金存量短少，無法繼續應付時，私人資本往往相率逃往國外，當局亦不得不採用外滙管制辦法，外滙市場，乃變成了投機買賣的溫床。按照一般慣例，私有資本不是投資於短期商業票據，便是買賣其他有價證券，如欲撤往國外，亦必假以相當時日，才能變爲現款。故在此時，投資者唯有以期滙方式出售行將

貶值之貨幣，購進其他信用穩固之期貨外滙。對於期滙買賣價格差額之
高低，自亦毫不計較。因此有關貨幣之期貨價格，一如現貨滙價，變動
極爲頻繁，幅度亦大。另一方面，投機商人對於任何不滿意之貨幣，總
望其在滙價上大爲貶低，爲了爭取資本上最大的利潤，對於期貨滙價與
現貨滙價之正常關係，也就置諸度外了，其經營方式，乃是盡可能早日
預爲安排，對於貶損之貨幣，用較穩定的貨幣，買進現貨，賣出期貨。
然後再把現貨賣掉，購進穩定的期貨貨幣。對被貶損之貨幣而言，投機
者此時站在一個空頭的期貨地位；對穩定的貨幣而言，投機者則又站在
一個多頭的地位❶。由於投機者的買進賣出，超過了市場的正常需要與
供給，被貶損貨幣的期貨跌價愈來愈大，信用較好的貨幣期貨價格則又
逐漸提高，最後可能導致被貶損的貨幣眞的貶值，達到了投機者預期的
目的。至此新滙價產生以後，投機者的活動才會暫時告一段落。由是言
之，一國貨幣對外如不能昭示大信，而一旦爲投機者所利用，縱有期貨
交易，其期貨外滙市場也就有名無實了。

　　此外當一國實施外滙管制以後，自由外滙市場之機能，卽已全部喪
失，期貨與現貨買賣，全受管理當局的限制，不僅投機者無法活動，卽
正當商人進出口所需的期貨外滙買賣，亦無從取得，自然更談不到滙價
如何的變動了。

　　叁、銀行如何防止期滙交易的損失

　　前面業已一再指出，進口商人向外訂購貨物以後，可以向銀行預購
外滙；出口商人輸出貨物以後，可以向銀行預售外滙，避免滙價臨時變
動所受的損害，然則銀行又如何防護其本身利益，以免受滙價變動的影
響呢？一般說來，大致採用下面幾種方式：

---

❶　某人對於一種外幣掌有或可收入之數大於應付之數，稱爲多頭；如所掌有或
應收入之數小於應付之數，則稱爲空頭。

(1) 當期貨外滙出售以後，立刻以電滙票滙方式，購進現貨外滙存放國外；或則購進其他卽期付款之外滙商業票據，亦可立刻以現款移轉國外。惟期貨滙價，向係依據兩個金融市場間利率之差額而定。現貨滙價及其他短期票據之價格，又與用以購進之貨幣價値有關。故外滙銀行如此利用現貨購進抵補期貨賣出之方法，當按利率標準賺取合理之利潤。一般銀行在國外代理行原已存放一部分外滙頭寸，如因此而存放國外之款大於經常所需之數，其超額存款，可在市場利用作爲短期放款。反之，當期貨外滙購進以後，銀行又可利用上述備抵期貨賣出之一部分外滙現金，或顧客存款賣出電滙、票滙或支票，抵補購進之期貨外滙。銀行如此買進賣出現貨抵補賣出買進之期貨，自當注意國外與國內金融市場之利率。如資金在國內市場運用較外幣在國外市場運用合算，則當期貨出售以後，應以其他方法抵補，避免本國貨幣之立刻支出；購進期貨以後，又當從速出售可供利用之外幣，以所得之國幣，在國內市場運用。

(2) 出售遠期外滙以後，如屬可能，最好在國外市場購進商業期票，其到期適在遠期外滙交貨之前者。此舉以先支出本國貨幣現款，所需成本，當視國外市場利率及國內市場利率而定。反之，購進外滙期票以後，銀行大半出售遠期外滙爲之抵補，而不採用出售遠期票據辦法。因爲事實上不易獲致數額相等期間相近之此類票據。

(3) 如屬同時賣出買進期貨外滙，銀行可立刻商請國外代理行向該行買進或賣出本國貨幣，爲之抵補。其與代理行之交易，可採用現貨買賣，或期貨買賣。如屬期貨，其到期當與國內顧客往來到期之日相同。

(4) 出售期貨外滙以後，立刻向市面買進期貨外滙；買進期貨外滙以後，立刻向市面售出期貨外滙。惟在外滙市場，現貨外滙之價格，變動至爲迅速，幅度亦未可限量。故當銀行出賣期貨之後，如向市面從容搜購，可能現貨滙價業已發生變動，於銀行大爲不利。不過期貨滙價與

現貨滙價之差額，在此情形之下，變動仍極有限。設倫敦市上某日英鎊對瑞士法郎之現貨滙價為 1 鎊合 8.30-40 法郎（按一法郎合輔幣一百個生丁），三個月期貨差價為十至八生丁，較現貨為貴。某銀行出售三個月期貨法郎，可能係按 8.15 之價格，認為向市面補進之後，定可獲得一筆利潤。因而擬向市面購進期貨瑞士法郎，按照一個折中的價格，即比現貨 8.35 再少九生丁之價格為 8.26 法郎。詎料市場由於現貨瑞士法郎需要增加之故，此時已上漲至 8.10-20，即使該行尚可覓得一家願意出售三個月期貨法郎之售主，並願按現貨 8.15 之價少九生丁出售，其最後成交之價格，也不過 8.06 法郎而已。如按此價購進，與原出售之 8.15 相較，每鎊將損失九生丁。因此銀行出售期貨或購進期貨外滙之後，往往立刻向市面買進或出售現貨外滙為之抵補，然後再以現貨掉換期貨，以差額變動有限，便可從容行事，不必多煩心了。如照上例，該行出賣期貨法郎之後，立刻買進現貨法郎，即或按照最高價格 8.30 買進，迨滙價漲至 8.10-20 時，即使按照 8.06 之價買進期貨法郎，再按 8.20 之價賣出現貨，在此現貨買賣之間，每鎊可賺十個生丁，抵償期貨買賣每鎊損失之九個生丁，仍屬有利可圖耳。

市上期貨外滙買賣之命價，通常係以一個月或三個月為準，但如欲再延長至六個月或縮短至四十八天或七十六天，亦可據以命價。惟此種不定期(broken period)期滙之價格，並不與定期期貨價格成一適度之比率，對於買方或賣方而言，其價格更為不利。銀行對顧客買賣期貨外滙，如屬此種不定期，或前述任意選擇的遠期，處理比較困難。如屬不定期期貨，尚可在市面買進賣出，求得一適度之數額為之抵補；如屬任意之遠期，就不容易找到合適的對象了。銀行出售任意的遠期外滙以後，只有就最早可能要求交貨之日，外滙即已準備妥當。如屆時顧客未來索取，銀行不過增加了一部分國外頭寸，尚可設法利用。惟顧客對於此種期貨

外匯之買進，大半先商定一總數，要求在一定的期間以內，可分批隨意支用。如所出售之數額不太大時，銀行自可如數準備，任其提取。如爲數太大，銀行對於提現之準備，可採取分期辦法，以便資金靈活運用。設倫敦某銀行於 1987 年 2 月 28 日售與某顧客期貨美金一百萬元，顧客可在四至六月期內隨時提取一部分，該銀行對於頭寸之準備，似可分作三期。其一個月二個月三個月之期匯到期日，最早當在四月二日，五月二日及六月二日，因此對一個月後預計付出者準備五十萬元，二個月後到期者約二十五萬元，三個月後到期者約二十五萬元。概按上述辦法，先行買進現貨，俟期貨買到後，再分別賣出現貨。如銀行對於顧客之提款，採取過於樂觀之態度，定必招致在國外銀行透支之後果。海外透支，乃爲一般銀行所竭力避免者，倘遇此種情形，原賣出期貨外匯之銀行，當從速調度外匯頭寸，在市面購進現貨外匯，出售遠期外匯；其遠期交貨之日，又當與預定補充頭寸收入之期極相啣接。設如上例所示，顧客在四月十四日要求提取現款八十萬元，而銀行當時所準備者不過五十萬元，其在海外原有之外匯頭寸亦不過五萬元，因而造成在海外透支二十五萬元，此透支之數，須延至五月二日才能以第二筆期貨外匯收入補足。爲應付四月十四日之支出，該銀行須購進現貨二十五萬元，再又賣出五月二日到期之期貨二十五萬元。在此買進賣出之交易當中，如遭遇任何損失，又將減少預期之利潤。反之，如果銀行向顧客購進一批期貨外匯，其交貨之期，係由顧客自由選擇，爲避免匯價變動之風險，自可援照上例，妥善應付。當買進期貨之後，立刻賣出一筆現貨，然後再用買進現貨賣出期貨辦法，平衡外匯之收支。至於售出期貨之到期日，以近於約定選擇期間之當中及期末較爲妥適，不必選在期初。何以故呢？倘使顧客交貨之日較預定者爲早，則該銀行必感一時外匯頭寸太多；因爲本行所賣出者尚未到期。倘使銀行出售期貨交貨之日較顧客交貨之日爲早，

此時又未收到顧客之現款，勢必向海外透支，非在市面再買進賣出不可，因而遭受損失。

以上所述外滙之買賣，防止滙價變動之風險，乃係就一般情形而言。事實上對於任何期貨交易，如何防微杜漸，並無一定之法則可循。因爲此種抵補交易，究應採取何種方式，何時進行，不僅與外滙銀行之外滙帳款及其與海外代理行之約定有關，且與其本人對於現貨滙價及期貨差額變動的看法，亦大有關係。

第 六 章
古典學派
國際貿易理論

第一節 絕對利益 (absolute advantages) 說

亞丹斯密的自由經濟思想，有一個重要原則，便是採用分工辦法；分工可以導致百工專業化。裁縫不必自己製鞋，可向鞋匠訂購；鞋匠也不必為自己縫衣，可請裁縫代為裁製。設使農、礦、工商百業皆能各展所長，各守專業，自可提高生產技術，生產更多的財貨。財貨比金銀更好，個人如是，國家亦然。倘使外國能以商品售我，其價格反較本國自製者為廉，則不如以本國出產之一部分為之交換，反較合算。個人分工，往往由於智能興趣，生活習慣，時代環境之不同，一個國家在生產方面佔取優勢，亦自有其必然的條件。或由於國民生產技能的湛深，或由於得天獨厚的蘊藏，或由於企業管理的得法。在 1914 年以前，德國的化學工業如染料及藥品，獨步國際市場，莫之與京，乃由於德國有學識淵博的化學家及偉大的企業家。今日美國汽車、電氣用具、機械工具大量輸出，乃由於美國經濟力量雄厚，及企業家有勇毅邁進的精神。波斯及

我國的地毯，久已聞名於世；法國的花邊及絲織品，在國際市場，也早享有盛譽，都是由於工作精細，技術熟練，世代相傳，非一朝一夕之故也。所以國際間自由貿易的發生，是建築在國際分工的利益基礎上。由於國際分工，可使每個國家能享用更多的財貨，更好的財貨。

在分工生產的大原則之下，財貨的價值，依據古典學派的意見，在一國之內，是以其所需要的勞動量來決定的。假定完成布鞋一雙，需工兩日；長袍一件，需工三天，則長袍兩件，可換布鞋三雙。又假定製鞋工業所出售的布鞋，其價格遠超過其所需的勞工量，則操其他職工之勞力，必轉移至製鞋業，增加布鞋的生產。生產增加以後，迫使售價降低，待售價與所含之勞力相等時，生產便不再擴大了。反之，當其他產品售價降低時，勞工必相率轉業至其他有利之產業，待勞工退出，生產減少，促使價格上升，生產也不再萎縮了。當勞工因甲地區工資較高而由乙地區轉移前往就業時，因供給增加，可促使甲地區之工資降低；乙地區則因勞力減少，工資又可回升，終至兩地工資達於均衡狀態乃止。勞工在一國之內，可以自由轉業，而在國際間則受種種限制，不可隨意遷徙。故在工資較高之國，其待遇將永遠高高在上，工資較低之國，其待遇亦永遠落在後面。在此情形之下，國際貿易又將如何發生？茲再舉例作具體的說明如下。

為便於比較說明，假定國際往來只有兩個國家，也只有兩種商品，每個國家都能生產一種商品，遠較他國所費成本為低，也就是說，其所需之勞力較少。依照斯密氏的看法，此時兩國唯有採用分工合作辦法，各就其所長，生產一種有利之商品，運往他國，換取其不利於生產之商品，兩國皆可同時受惠。例如我國生產綢布、黃豆，美國也生產綢布、黃豆，我國十天人工可以生產綢布 8 碼，或黃豆 4 斤；美國十天人工可以生產綢布 4 碼，或黃豆 8 斤，很明顯的，綢布在我國生產比較便宜，

黃豆在美國種植比較便宜。換言之，我國生產綢布有絕對的利益，種植黃豆乃是絕對的不利，自應輸出綢布，換取黃豆。美國種植黃豆，有絕對的利益，生產綢布，乃絕對的不利，自應輸出黃豆，換取我國的綢布。

　　依據斯密氏此種見解，一個國家，必在生產方面占有絕對優勢，然後可與外國互通往來，苟不具備此項條件，其國際貿易又將如何拓展？例如在工業先進國家，生產技術優良，其每單位生產所費之人力，可能較落後國家為少，故在生產方面占盡優勢，而在落後國家，則樣樣落在人後，在此情形之下，落後國家應否永遠孤立，不與外界往來，抑或任憑外國擺布，而出售農工產品呢？此為斯密氏國際貿易理論所不能解釋之處。

第二節　比較利益 (comparative advantages) 說

壹、比較利益法則內容

　　我們繼續上例，假定美國因為人工技術優良，在生產綢布及黃豆兩者，都占絕對優勢，我國因為技術落後，同樣人工，而所生產的綢布及黃豆，都較美國為少，而如下表所示：

十天人工的生產量

綢布（碼）或黃豆（斤）

	綢布（碼）	黃豆（斤）
在美國	20	12
在中國	12	4

依照大衞·李嘉圖 (David Ricardo, 1772-1823) 的論述，在此情形之下，美國對中國的貿易，雖然在綢布黃豆兩種產品都站在絕對利益的一面，但兩者相較，生產黃豆比綢布更為合算，所以美國應傾全力生產黃豆，用黃豆來換我國的綢布。至在我國，則適得其反。當集中綢布生產，因

爲綢布生產對我的不利，究竟又比黃豆爲小；然後以綢布輸出，換取美國的黃豆。當兩國貿易尚未發生以前，在美國國內以綢布 20 碼可換黃豆 12 斤，在我國則以綢布 36 碼可換黃豆 12 斤。如互相以綢布交換黃豆，則美國黃豆 12 斤可在中國換取 20 碼以上之綢布；我國對於此 12 斤黃豆應付出之代價，亦可比 36 碼綢布爲少，兩國不是都占了便宜嗎？至於兩國交換之實際比率爲何，李嘉圖氏並未加以闡明。因爲李氏的主要論點，在針對亞丹斯密氏的絕對利益作進一步之研究，說明兩國貿易關係之建立，彼此互惠，乃在於勞工成本的比較差別，而非絕對的差別也。

同理，我們亦可得知，兩個國家如果在生產成本上不發生任何差別，國際貿易即無發生的可能。

傳統經濟學者對於國際貿易，曾提出三個問題：㈠一個國家在國際貿易方面應當購進何種商品？出售何種商品？㈡商品交易，又應依據何種條件？也就是說，進出口品的價格，究應如何決定？㈢當國際貿易結構受到干擾時，又採用何種方法加以調整呢？除第三個問題，將於第八章研究外，關於第一、二兩個問題，截至目前爲止，我們從上述李嘉圖氏的貿易見解，對於第一個問題，已有了答案。就是說，一國對外貿易，應輸出利益比較大的商品，輸入利益比較小的商品，但依照上例，中美兩國究應按照何種比價實際成交呢？這是我們亟待尋求答案的第二個問題。關於這個問題，約翰·司徒亞特·米爾（John Stuart Mill, 1806-1873）在 1829 年的一篇論文中，曾作如下簡短的論述：「當兩國進行交易而又限於兩種商品時，其交換價值當隨雙方消費者之嗜好與環境而定。務使從鄰國運進商品之數量，適足以出口抵付❶。」易詞言之，

---

❶ 原文見 Wendell C. Gordon: International Trade p.62

其交換價值，完全從消費者立場的需要方面來決定。也就是根據雙方的相互需要。準此，我們對於中美兩國綢布、黃豆交易的價格，便不難推算出來了。

當兩國尚未通商以前，綢布與黃豆的交換比率，在美國為 20:12，在中國為 36:12，如果兩國正式進行交易，其比價當以國內交換價格為其限度。美國決不願以 12 斤黃豆換回少於 20 碼之綢布，我國亦不願為 12 斤黃豆而付出比 36 碼更多的綢布。假定美國人認為不穿綢衣，不足以表現其富家子弟的風度；而我國人因以米為主要食料，吃不吃黃豆也無所謂，在此情形之下，我國對美貿易，當可多沾便宜。也就是說，對於需要不甚迫切之國，可以多得好處。因為對外需要迫切的國家，為了獲得財貨，寧願多出一點來交換，所以它在國際貿易上所獲的利潤也比較小一點。反之，如我國人特別講究營養，男女老幼，每天非吃點黃豆不可，因此對於美國黃豆特別愛好；美國人因有毛料可穿，對於綢布也不重視，此時中美兩國貿易將於美國有利。美國人可以少量的黃豆，來交換我們的綢布，我們也心甘情願地接受這個條件。最後中美兩國貿易所商得的比價，應當是恰好適於兩國的需要；能使美國所願輸出的黃豆，恰好與我國所願輸出的綢布等值。設使布價太高，則我國必大量生產綢布，換取黃豆，而美國黃豆又感供應不足，綢布銷路亦將大有問題。反之，如豆價太高，則美國黃豆將發生供過於求的現象，而我國綢布又呈求過於供的趨勢。此最後商定的價格，當為 21 至 35 間 任何一數與 12 之比。或為 30:12，或為 28:12。果如此，美國人當覺得綢布比本國製造便宜多了，我國也覺得黃豆比自己種植便宜多了。

貳、圖解比較利益

兩國相互需要，如用圖解表示，或更明顯。在圖 6-1 中，X 軸表示在種種買賣條件之下，我國願意供應之綢布數量，Y 軸則表示我國對美

國黃豆需要的相應數量，因而求得 *OC* 曲線，代表我國之供需曲線，簡
稱需要曲線。此一需要曲線，與普通所指之需要曲線不同。普通需要曲線，
係指貨幣價格及對某種商品需要多少的關係。物價愈低，需要量愈增；
物價愈高，需要量愈減。其曲線由左向右傾斜，徐徐降低，貨幣不過用
以表示所需財貨的單位價格而已。至於此處所稱之需要曲線，乃在表示
願以一種商品出售而對他種財貨需要的關係；亦卽表示售出商品與所需
商品等值的關係。如以所願提供出售之商品作爲貨幣看待，則以供需曲

圖 6-1

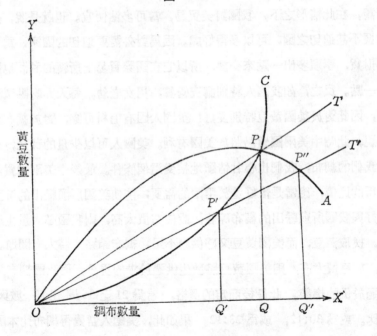

線簡稱需要曲線，或更易於領會。反過來說，此一供需曲線，又可稱爲供
給曲線 (offer curve)。*OC* 曲線乃代表我國願以不同數量的綢布換取美
國各種數量的黃豆。亦與普通所指之供給曲線意義有別。圖上另一曲線
OA，代表美國的需要曲線。*Y* 軸表示美國在種種買賣條件之下，　所願

供應之黃豆數量，X 軸則表示美國對於綢布需要的相應數量。例如 P' 點即表示我國願以 OQ' 碼的綢布來交換美國 $P'Q'$ 斤的黃豆，其交換比例當為 $\dfrac{P'Q'}{OQ'}$，亦即 OT' 直線對 X 軸所表示之斜度。但在此種比價之下，美國人願購買 OQ'' 碼之綢布。也就是說，美國人對於綢布的需要，超過了我國在此種條件下所能供應的數量。美國在國際支付方面，很顯明的將處於不利的地位。由於進口大於出口，美國黃金流出之後，國內物價下跌，工資降低，所得減少；而在我國恰得其反。黃金流入以後，物價上漲，工資提高，所得增加。於是我國又可向美國多買黃豆，美國對於我國綢布之需要，則反而減少了。最後兩國間之貿易，必在 P 點達於均衡狀態；此時我國之需要與供給，當與美國之供給及需要恰好相等。

　　從圖中我們可以看出 OC 曲線上對 X 軸突出之部分，表示美國黃豆要在中國大量銷售只有在不利於他的貿易條件之下才可以實現。同理 OA 曲線上對 Y 軸之突出部分，表示中國如欲以綢布大量在美國傾銷，也只有在不利於我方的貿易條件之下可望實施。當直線 OT 與 X 軸所形成之角度愈大時，則 P 在 OC 曲線上之位置愈高，其交換比率對於我國愈為有利，對於美國則屬不利。

　　兩國貿易，由於國民對外國貨慾望的強弱，可以影響交換比價的變動，但當價格變動以後，其在交易量方面所發生的變化又如何？則又視雙方的相互需要彈性而定。茲用圖解表示如下。在圖 6-2 中，OC 代表我國之需要曲線，OA 代表美國之需要曲線，二者皆有彈性。也就是說，當一國在其他國推銷更多的財貨以後，同樣可以換得比以前更多的外國財貨。當美國對我國綢布需要愈強的時候，貿易條件將於我愈為有利。如果美國由於人口增加，生產改進，購買力增加，對我國綢布需要大為加強，而使需要曲線由 OA 上移至 OA' 時，我國對外貿易之地位，將

圖 6-2

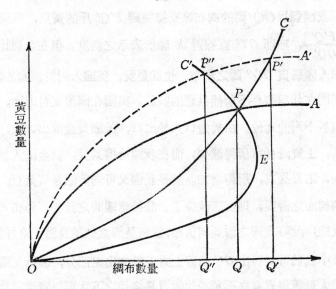

大為改進。因為 $\dfrac{P'Q'}{OQ'}$ 大於 $\dfrac{PQ}{OQ}$。OA 曲線上移對我貿易好轉究會達到

何種限度，則又視 OC 曲線之形態而定。也就是說，須看我國之需要彈

性如何。如果 OC 曲線上之有關部分曲度愈大，亦卽我國之需要愈無彈

性，則新貿易條件於我愈為有利。因為 $\dfrac{P''Q''}{OQ''}$ 又大於 $\dfrac{P'Q'}{OQ'}$ 故也。反之，

倘使美國因為進口稅增加，而使美國對我國綢布需要減弱，迫使需要曲

線由 OA' 下降至 OA 時，則對我國之國外貿易顯屬不利。當我國對外需

要毫無彈性時，此種貿易情況之轉變，於我不利之程度，遠較對外需要

有彈性者為大。因 為 新 的交換比例 $\dfrac{PQ}{OQ}$ 小於 $\dfrac{P'Q'}{OQ'}$，更小於 $\dfrac{P''Q''}{OQ''}$ 故

也。

　　此處所謂有彈性需要與無彈性需要，其眞實意義如何？此種彈性與

普通供需曲線之彈性關係又為何？似有加以補充說明之必要。普通需要

曲線在其有關部分具有彈性，是當物價下跌如為百分之一時，對於所需

物品數量之增加比率大於百分之一，而使銷售總值大爲增加。更正確言之，此種需要彈性大於一。當所需要的數量增加百分比小於物價下跌的百分比時，其需要彈性小於一；總收入也減少了。當需要數量增加之百分比與物價下跌之百分比相等時，其需要彈性等於一；銷賣總收入仍舊不變。如圖 6-3 所示，其需要曲線以 D 線表示，是有彈性的。或更正確言之，在 P 點以上，其需要彈性大於一。正在 P 點的時候，其總收入以所構成之方形面積來代表，爲一達於最高額之數；其彈性等於一。過此

圖 6-3

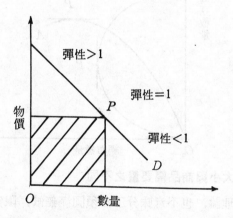

P 點，其需要即少彈性，或稱彈性小於一。本段所述之需要曲線，又稱馬歇爾曲線 (Marshallian Curves)，以馬歇爾描繪闡釋得名。如圖 6-4 所示，在 OC 曲線中，自 O 至 P 之一段，具有彈性，過 P 以後，即無彈性。在 OA 曲線中，自 O 至 P 之一段，具有彈性，過 P 以後，亦無彈性。當 OC 曲線轉向左方時，即屬彈性極小之表示；當 OA 曲線轉向下傾時，其彈性亦從此變爲極小；正當轉向點 P 時，其彈性等於一。在 6-2 圖中 OC' 曲線自 E 以上之一段，爲無彈性的。也就是說，我國對美貨的需要，過了 E 點以後，反應不佳。如果美國黃豆再在我國市場拋

售，其跌價之百分比，將大於我方增購數量的百分比。美國的總收益，以綢布價值表示，將會減少。故在 P'' 點的時候，我國以綢布交換黃豆，其所交出的綢布，比在 P 點時要少，而所換得的黃豆，比在 P 點時更多。

圖 6-4

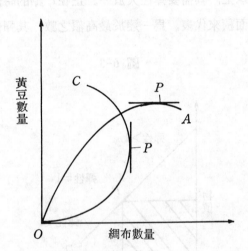

叁、兩國大小與商品需要量之不同

比較利益理論，也不意味分工必須圓滿無缺，限定一個國家只能生產一種財貨。卽使運費撇開不算，報酬也無增減，一個國家可能專門生產一種財貨，他國同時生產兩種財貨。此種情形之發生，往往由於一國專門生產之某種財貨，不能滿足兩個國家的需要。如果兩國一大一小，此種情形，更易發生，假定像美國這樣一個大國，同時生產小麥與葡萄，其生產能力構成十與八之替代比率 (substitution ratio)，卽生產十單位小麥所需的勞力與生產八單位葡萄所需的勞力相等。瑞典一小國也，其生產小麥與葡萄之替代比率則為 6:8。美國與瑞典往來，如由美國輸出小麥，瑞典輸出葡萄，按小麥 10 交換葡萄 8 及小麥 6 交換葡萄 8 兩極

限中的一個適當比價成交，兩個將彼此受益無窮。設使瑞典所生產的葡萄，不能供應美國全國的需要，美國也只好以一部分生產小麥的勞力去生產葡萄，瑞典可傾全力生產葡萄，其所需的全部小麥，則從美國輸入。但當美國以一部分勞力由小麥轉業至葡萄生產，其在本國境內小麥與葡萄之交換價格，仍當維持 10 與 8 之比。如為一小於 10 與 8 的交換比率，則美國勞力轉業從事葡萄生產，卽不合算。在此情形之下，美、瑞兩國之商業往來，當然只有小國瑞典一方占盡便宜。

此種貿易情況，在另外一種條件之下，也可同樣發生。如果美國所輸出的商品，為一種不十分重要的香料，其在瑞典的消費量，並不太大，不足以抵償美國人對葡萄所消費的總值，美國唯有自己種植一部分葡萄，以抵補進口之不足；而瑞典則可從美國取得全部所需之香料，專門從事葡萄之生產卽可。在此情形之下，兩國通商，其貿易條件，又當與美國國內之比價相同，獲利者仍為瑞典單方一國也❷。

事實上，一種商品之生產，並不常限於某國而已。若干商品係由少數國家生產，足以供應全世界之需要。卽使某種商品大部分係由某一國家生產，其生產之國家，亦往往能供應全球之需要，而無需消費國家自行製造。且有一部分國家，對於某些商品，例如礦產，決無法自行生產，非從國外全部運入不可。且當一國之出口並不屬於大量消費品時，其出口之國，往往尚有他種產品可以輸出，其進口之能力，自不限於一種出口品已也。

肆、遞增成本與遞減成本

以上所國際貿易理論，乃係根據一個假定，卽單位成本持久不變。也就是說，一切企業，可在每單位生產所需勞力不變的情況之下，無限

---

❷　兩個大小不同與商品需要量不同之貿易理論，詳見Frank D. Graham: The theory of International Values, 1948

的增加生產額。事實上，一部分產業，在比較大的範圍以內，可以繼續
生產而維持成本於不變；另有一部分工業，如欲擴張生產，唯有增加每
單位的成本。最顯而易見的例子，莫如農地的使用，便適用報酬遞減的
法則。所以比較利益與遞增成本，自當合併論述。依照比較利益法則，
成本遞增之產業，同樣可以輸出；不過當生產到了收益遞減的時候，其
彼此交換條件的限度也將縮小了。在前述中美兩國綢布黃豆交易例中，
我們業已指出，在不變成本的情況之下，美國當輸出黃豆，我國則輸出
綢布，其交換比率，當不出 20 碼綢布換 12 斤黃豆，或 36 碼綢布換 12
斤黃豆範圍之外。假定我國製布業屬於一種成本遞增工業，生產稍微增
加以後，十天的勞工只能製成 11 碼綢布，如再增加生產，可能只完成
10 碼。此時我國國內之布豆交換比率，當以邊際成本為準。如屬小量
增產，當為 11:4；如為大量增產，即變為 10:4 矣。國際貿易之交換比
率，亦將定在 20:12 及 33:12 或 30:12 之間矣。假定美國之綢布與黃豆
及我國之黃豆三種工業，同時皆受成本遞增法則之限制，則兩國交換比
率之限額，將更為縮小矣。因為當美國增加黃豆生產時，黃豆生產之邊
際成本立即提高；同時減少綢布生產，綢布生產之邊際成本即行降低。
至在我國，綢布生產增加，可促使綢布生產之邊際成本提高；黃豆減產，
又可使黃豆生產之邊際成本降低。設使十天勞工的生產在美國為綢布22
碼，或黃豆 10 斤，在中國為綢布 10 碼或黃豆 5 斤，則中美兩國布豆交
換的比率限額，當在 22:10 與 20:10 之間矣。

　　且在成本遞增情況之下，國際分工生產，當亦不似成本不變時之尖
銳化。此時一國可能以運進大部分所需之消費品，而同時又自行生產一
部分，反較合算。例如德國曾向阿根廷運進大批小麥，而在本國境內，
復利用宜於種植之土地，自行種植一部分。倘使全部由阿根廷輸入，則
阿國土地即受收益遞減法則之支配，麥價反而提高了。英國在十九世紀

末葉的時候，因爲運費低廉，採購美麥，得以利用土地發展畜牧事業或種植蔬菜。

　　反之，有一部分企業，如果經營得法，成本可以遞減。所謂遞減成本，乃指出品增加以後，每單位成本反而降低。成本遞減的原因，一方面是內部的，一方面是外部的。例如擴大廠房設備，採用科學管理，充分使用貴重機器，增加生產，可以降低固定成本，乃屬於內部的原因。他如技術員工之增加，交通之改善，銀行信用之發達等等，則屬於外在的動力。不過成本遞減，也並非長遠不變。由於貨運之增加，原料價格之上漲，工業發展到了一個相當限度，成本又會遞增的。遞減成本，對於國際貿易的影響，在使雙方貿易條件的限度可以放寬。出口國由於成本之降低，可以大量輸出，換回進口品，其比較利益，由於勞工效能之提高，也同時增加了。當一國人口衆多，生產又多屬工業產品，國外市場極爲廣濶，最宜於擴大生產，降低成本。今日之美國，便是一個顯著的例子。

第三節　傳統貿易理論述評

　　古典學派國際貿易理論，自亞丹斯密倡導於前，繼有李嘉圖、米爾諸氏闡揚於後，其主要論點，依據以上各節所述，認爲國際貿易之發生，乃原於國與國間勞工成本比率之差別。任何國家當就其有絕對利益或比較利益之商品加以生產，運往他國；其交換條件，以比較勞工成本爲其限度，並根據相互需要來決定。此種勞工成本貿易理論，曾風靡一時，支配經濟思想，幾達一世紀之久。英美兩國，向重自由貿易，更屬推崇備至。但以其缺點頗多，與近代經濟理論不相吻合，故在十九世紀時，英國及歐洲大陸之經濟學者，對於是項理論，即有所批評，至第一次大

戰以後，指責更烈。國際貿易，依據成本差別一點，固無人可以否認，但古典學派比較成本理論不能令人滿意之處，乃在於依據勞工價值理論。在自由經濟社會制度之下，勞工、資本，皆可自由轉移，商品交換價值，當與生產成本大致相等；而所謂成本，乃指貨幣成本，並非勞工計時成本。倘使貨幣成本能與勞工計時成本永相稱合，則工資價值理論，自無不合之處。但在今日，此種實例，即不常有。依據勞工價值理論，在生產競爭情況之下，勞工乃生產的唯一要素，而且勞工的品質完全相同，對於工作的情緒也完全一致，此與今日經濟社會情況即不相符合。現代社會，由於職業之不同，勞工之品質亦異，對於工作情緒復不一致。轉業又非完全自由，工資差別亦大。在某些國家，其產品價格可能特別便宜，但其便宜，並非由於勞工生產效率之高，乃是由於工資特別低廉之故。勞工成本固爲生產總成本中最重要的一個項目，但計算勞工成本，必須根據工資率與勞動量。若干加工產業，大部分勞工都屬工資低微之輩，僅雇用少數工資較高之工頭爲之管理，其產品成本自然降低，同樣可以收到比較利益的效果。由是言之，在一國之內，勞工之競爭，並不激烈；甚或可以說毫無競爭。

近代大規模生產，需時較長，大量投資，又牽涉利息問題，所以利息亦爲生產成本之一。國與國之間，利率固不相同；即在各種產品之間，資本與勞力組合之比率，亦不相同。例如煙草工業、皮鞋修理、成衣店每位技工所運用之資本甚少，他如電力設備、鐵道運輸、化工鋼鐵事業，每位技工所運用之資本甚大。在利率輕微之國，生產需要大量資本之財貨，似較利率高昂之國大占便宜，十九世紀時英國出口業之發達，低利便是原因之一。

勞力資本以外，尚有土地與企業家，同爲生產之重要因素。在生產時，究應如何組合配備，不僅產品不同，組合亦異；即屬同一產品，各

國以生產環境不同，對於生產要素比率之配合，亦復不一致。企業家配合生產要素，當以價格低廉為主要條件。如屬土地便宜，自以種植農作物為宜；如利率輕微，自以採用貴重之機器生產為得計；如勞力便宜，自可發展手工業。今日美國以工資甚高，資本充足，故盡量利用機器，減少人工。開發中國家情形多與美國相反，利用人工，成本反而較低；手工業出品，最具特色。且當機器使用以後，管理操作，亦無需高度技術之員工，而在若工精製之手工業，則又講求湛深之製作技能。由是觀之，生產要素之組合，事至複雜，如僅從勞工時間一項以核計貨幣成本，其不正確，要無疑義。

第 七 章

新古典學派國際貿易理論

第一節　機會成本理論
(Theory of opportunity costs)

用勞工價值說明商品價值，認爲勞工品質相同，財貨生產只有勞力一個要素，其不合於實際情況，已於上章表露無遺。然則商品價值，究應根據何種成本呢？於是又有機會成本之說，由德國經濟學家哥特佛賴德‧哈伯勒(Gottfried Von Haberler)先生詳細加以闡明❶。國際貿易理論，從此又躍進至一新的領域矣。

任何國家，具有種種不同的生產要素。勞力的品質不一，土地肥沃有別，天然蘊藏深厚不同；生產設備，原料供應，又復千差萬別；其生產能力，自不能以某種要素爲準而加以衡量。如單注重勞力一面，勞工時間究以何種技工爲代表？土地的生產力，豈可以任何勞工時間來計算？而且一部分生產要素，又只限於特定用途，並不能自由移轉，作爲

---

❶　見Gottfried Von Haberler, The Theory of International Trade, New York, Macmillan, 1937, ch. 12

各種生產之用；或即能移用，其效果將大爲減低。凡此皆非勞工價值理論所能解釋之處。勞工價值理論，旨在說明每個國家有關的物價如何決定罷了。可是話又說回來，爲便於瞭解機會成本，我們仍舊從最簡單的方式說起，分陳如後。

壹、以勞力一種要素來說明

機會成本理論，乃是依據比較成本而產生的一種學說，茲先用勞力一種生產要素舉例說明如後。

(1) 在成本不變情形之下：假定在成本不變的大前提之下，我國生產黃豆，每斤需工二日；生產綢布，每碼需工四日，如以圖 7-1 表示，bc 直線代表生產曲線❷。線上任何一點，表示黃豆與綢布生產量的配合。全部勞力，可以用來單獨生產綢布或黃豆。但每生產綢布 1 碼，即須放棄黃豆 2 斤的產量；或生產黃豆 1 斤，必須放棄綢布半碼的產量；

圖 7-1

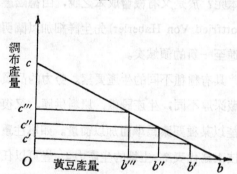

❷ Charles P. Kindleberger, International Economics 書中稱爲 production-possibilities curve, Haberler 稱爲 substitution-curve., Delbert A. Snider, Introduction to International Economics 一書稱爲 production transformation curve, Miltiades Chacholiades, International Trade 稱爲 production-possibilities frontier

如全部用以生產黃豆，可生產黃豆 Ob；如全部用以生產綢布，可生產綢布 Oc。如生產二者，則可任意配合。或爲黃豆 Ob' 與綢布 Oc'，或爲黃豆 Ob'' 與綢布 Oc''。豆布二者交換的比率，將永遠爲二比一。如市面布價上漲，則生產資源必從黃豆移往綢布，而使黃豆產量減少，綢布增加，直至豆布二者比價回復至二比一乃已。反之，如黃豆漲價，則生產情形又適與上述相反。終至回復至原比價而後已。所以市場需要，不過決定此兩種生產品之要素如何分配，從而決定豆布的生產量。

(2) 在成本遞增情形之下：設使綢布與黃豆二者生產皆受成本遞增之限制，其生產曲線當如圖 7-2 所示。此時亦可就二者之中生產任何一種；或爲黃豆 Ob 而無綢布，或爲綢布 Oc 而無黃豆。如二者同時生產，

圖 7-2

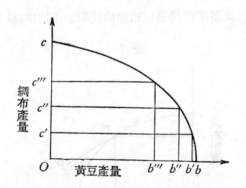

則當綢布生產 Oc' 時，黃豆方面必減少 bb' 之生產量。如再增加綢布等量生產 $c'c''$ 時，又當放棄黃豆較大的生產量 $b'b''$，因爲 $b'b''$ 大於 bb' 故也。故以綢布代替黃豆之生產愈多，則綢布之生產成本愈高，黃豆之生產成本愈低。同時爲了增加 1 碼綢布生產而必須犧牲的黃豆產量也更大。反之，如爲增加黃豆產量而減少綢布，則每增加 1 斤黃豆所需犧牲綢布的產量，亦當逐漸加大。故 bc 生產線對 O 點呈凹狀形。當黃豆每增產

一單位所必需犧牲綢布產量的比率，一般稱之為生產的「邊際轉換率(marginal rate of transformation)」，簡稱 MRT。此邊際轉換率，即以生產曲線上之斜率（負數）來代表。假定黃豆生產至十單位後，再要增加生產一單位，而必須犧牲半個單位之綢布時，此第十一個單位黃豆之機會成本，與半個單位之綢布等值。亦即綢布生產可以轉換為黃豆生產在此時之比率為一比二，而如下式所示：

$$MRT_{豆布} = -\frac{\triangle綢布}{\triangle黃豆}$$

在成本遞增情況之下，豆布交換比率，則受需要之影響。因為原來生產的成本，即轉換比率，或替代比率，將隨豆布二者的需要而變動故也。倘使按照社會需要情況，豆布生產量成為某一定的比率，其交換價值當與其轉換比率所指之某點等值。如圖 7-3 所示，PP 表示兩縱橫軸間之價格直線，其斜率即代表豆布交換比率。凹形曲線 bc 表示豆布生

圖 7-3

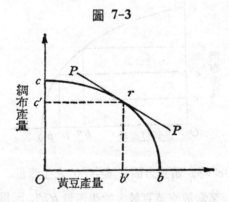

產量,其生產比額,乃為曲線上正切於市場價格之 r 點。即生產黃豆 Ob',綢布 Oc'。換言之，豆布在市場交換之比率，當與其邊際成本比率相等。如果市面價格與生產成本不一致時，或為豆價太高，或為布價太高。如豆價太高，則豆之生產增加，布之生產減少。豆之產量增加以後，價格

又當趨跌；布之產量減少以後，價格又趨上揚，市價又將回復與原生產之轉換比率相等。如屬布價太高，其生產轉變與價格之跌回情形，亦復相同。

貳、以多種要素來說明

依據以上論述，在多種生產要素情況之下，我們也可以求得兩種產品如何互相轉換或替代，並用生產曲線爲之表示，正與生產只有同等勞工一個要素者相同。不過我們要利用更多的分析工具，才能表達清楚。生產要素通常乃指土地、勞力、資本而言。依照一定比率，投入生產要素而產出一種財貨的關係，稱爲生產函數 (production function)。一種產品，可以採用要素組合不同的方法來處理，此蓋由於不同的要素，在生產過程當中，於一定限度以內，可以互相替代故也。茲先用勞力與資本爲例，分析於後。

(1) 等量曲線：利用圖解分析二種生產要素的工具，爲等量曲線 (isoquants)，或稱生產等量曲線 (equal product contour)。等量曲線，乃指各種有效投入生產要素的組合，都能產出等量產品的軌跡。在圖 7-4 中，縱軸表示投入的資本，橫軸表示投入的勞力，$I_0 I_1 I_2$ 爲所產生的三條等量曲線。等量曲線地位之高低，代表產出量之大小。如 I_1 線上之產出量，均較 I_0 線上者爲大；I_2 之產量，又普遍大於 I_1，所以彼此不會相交。但在每一條曲線上之任何一點，代表勞力與資本之不同組合，其在同一線上各點所表示之產出量，則皆相等。每條等量曲線與原點呈凸狀形，表示勞力與資本之邊際技術替代率 (marginal rate of technical substitution (MRTS))，屬於一種遞減現象。換言之，當增加任何一種要素的投入量以代替另一種生產要素時，其所代替之投入量，在另一種要素每減少一單位時，必呈遞增之現象，才能維持產出量不變。一種要素減少對產出量所受之損失，必須以另一種要素增加爲之抵補，故等量

圖 **7-4**

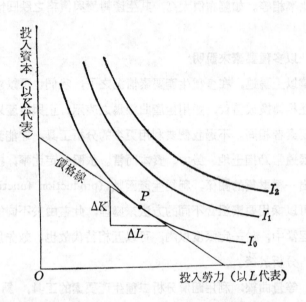

曲線係向右下方傾斜。邊際技術替代率，即指等量曲線的斜率。其斜率表示資本必須增加或減少之數量，除以勞力必須減少或增加之數量，然後可以維持產量於不變。故邊際技術替代率，可以下式表示：

$$MRTS_{LK} = -\frac{\Delta K}{\Delta L}$$

　　然則對於一定的產出量，如何可以求出最有效的投入組合呢？也就是兩種要素在成本最低時候的組合。又當仿照前述分析方法，引用相對的要素價格(relative factor prices)。只有當邊際技術替代率等於兩種要素的價格比率時，才是最低成本比率達成的時候。從上圖 7-4 中，可以看出，兩種生產要素的相對價格，為價格直線的斜率 $-\frac{\Delta K}{\Delta L}$，其投入量最合適的組合，當在價格直線與等量曲線相切之一點。設定此點為 *P*。故在 *P* 點時，邊際技術替代率與相對價格之比率等值，可用下式表示：

$$MRTS_{LK} = -\frac{\Delta K}{\Delta L} = \frac{P_L}{P_K} \qquad (\because -\Delta K \cdot P_K = P_L \cdot \Delta L)$$

上述生產要素應當如何有效組合，乃指在某一產出量之情形而言，如能就各種不同產出水準求出其所有有效要素組合的軌跡，當更便於吾人作進一步之分析。換言之，即須求出生產要素價格比率對所有等量曲線相切之點。表示這些切點位置之軌跡，稱爲拓展路徑(expansion path)。亦即顯示在一定的相對要素價格比率情況之下，對各種產出水準的有效要素組合，如下圖 7-5 所示者然。

圖 **7-5**

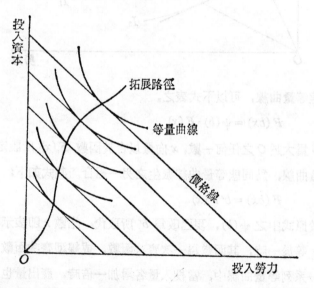

談到等量曲線，尚有兩種情形，也是我們應當加以瞭解的。一爲同態等量曲線 (homothetic isoquants)，一爲齊次等量曲線 (homogeneous isoquants)。所謂同態等量曲線，乃指各曲線對從原點所投出之任一射線，均有相同的邊際技術替代率。換言之，各等量曲線與原點投出射線的相交點，均表現相同的斜率，如圖 7-6 所示。

圖 7-6

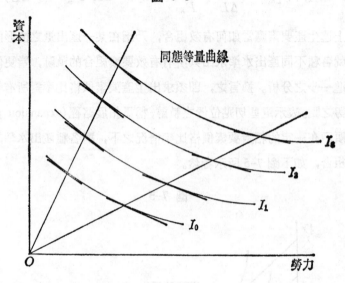

同態等量曲線，可以下式表之。

$$F(bx) = \psi(b) \cdot F(x)$$

式中之 b 爲大於 O 之任何一數，x 向量以合於函數 $F(x)$ 所設定者均可。
齊次等量曲線，爲同態等量曲線派生之另一組合，其式如下：

$$F(bx) = b^r F(x)$$

此蓋由於原式中之 $\psi(b)$，現已改爲 b^r 所取代，指數 r 即表示齊次之次
數。當 r 等於一時，其函數爲一次齊次函數，或線型齊次函數。在如此
組合的一系列等量曲線中，當投入量各增加一倍時，產出量也同時都增
加一倍。換言之，各種產出水準的提高，與投入要素的增加成等比率。
也就是報酬不變。由是言之，任何一條等量曲線，如果比其他等量曲線
多一倍的產量，其離開原點之距離，也一定比其他曲線恰好多一倍。

以上所述，係就一種產品的生產要素組合而言，但事實上，一個國
家的產品有多種，而生產要素，又不過數種而已，在兩種或兩種以上的

產品，如何對生產要素作適當的組合，這便是我們第二步所要瞭解的。
玆以二種產品二種生產要素為例，說明如下。

(2) 要素密集度之意義：在圖 7-7 中，表示一國綢布與黃豆兩組不同的同態等量曲線，黃豆與綢布之生產，二者均需資本與勞力，但資本

圖 7-7

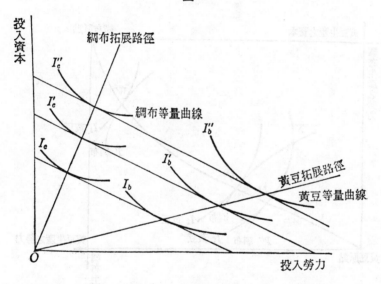

與勞力在兩種產品中之組合，則有所不同。從圖中之價格比率，可以看出綢布生產在各種產出水準中，所需資本較多，勞力較少。黃豆生產所需勞力較多，資本較少。於是我們可以說，綢布為資本密集的產品，黃豆為勞力密集的產品。至於兩種生產要素在兩種產品中之絕對數量，我們並沒有指出，也無法指出。而我們現在所着重的，只是二者的相對密集程度而已。

(3) 艾基渥斯箱形圖：如上所述，在兩種產品當中，如何使投入要素能作有效的組合，我們可以利用艾基渥斯箱形圖 (Edgeworth Box

diagram) 來表示。

在圖 7-8 中，黃豆生產的一系列等量曲線，以通常的位置來表示，而綢布生產的一系列等量曲線，則從上往下看，位置顛倒。因此在這個座標制度之下，綢布生產的原點，位於箱形的右上角。箱形的大小，表

圖 7-8

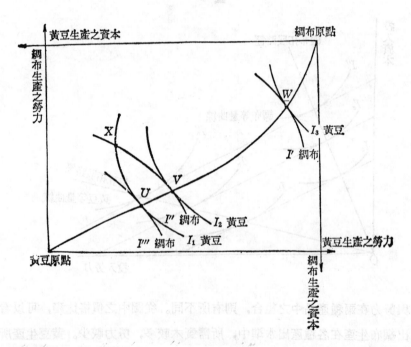

示一國要素供給的總量。縱軸展示可以利用的資本總量，橫軸代表可以供應的勞力總量。從勞力總量中減去用於黃豆生產的部分以後，即得綢布生產所用之勞力。資本亦可按照同一法則去衡量。由於一國之資源如此有限，任何一種產品之產量增加以後，其他一種產品之產量必同時減少。例如當黃豆之產量爲 I_1 時，綢布之產量即爲 I'''。倘使黃豆之產量爲 I_3，綢布之產量即變爲 I' 了。

　　我們從圖中又可看出，什麼是有效的投入組合？即在一定的資源及一定的生產技術條件之下，當投入量重新組合，導致一種產品產出水準提高以後，未有不同時降低另一種產品產出量之水準者也。圖中兩種產品等量曲線彼此相切於 *UVW* 各點，即代表技術上有效的投入組合。其連接此項有效投入組合通過 *UVW* 各點之曲線，稱為和合曲線 (contract curve)，或有效軌跡 (efficiency locus)。其餘在等量曲線之中，應當相切之各點，雖未明白繪出，業已假定必落在此和合曲線之上。在此相切之各點，表示兩種產品之邊際技術替代率完全相等。因為邊際技術替代率，乃以等量曲線之斜率來表示，正當切點時，兩種產品之等量曲線斜率，定必相等故也。而如下式所示：

$$(MRT'S_{LK})_{綢布} = (MRTS_{LK})_{黃豆}$$

　　設不具備此項條件，那麼我們可以重新調配生產要素，而使一種產品之產出量增加（即達到一種較高的等量曲線），同時維持另一種產品之水準於不變。此種情形，可以位於非和合線上之 *X* 點來表示。將 *X* 點沿綢布等量曲線 *I″* 移至 *V* 點，由於始終位於同一等量曲線之上，不致變更綢布產量之水準。但是此時黃豆之生產量，將由等量曲線 I_1 所表示之水準，經 *X* 點與 *U* 點而達到一個較高的水準，如等量曲線 I_2 上之 *V* 點所示。因此我們可以此種重新調配資源的方式，而增加生產的總量。但是當和合線上某一共同點一旦達成以後，採用其他任何重新調配資源之方法，皆不可能一面提高一種產品之產出水準，而又同時不降低另一種產品之產出水準者也。換言之，此時已經達到了技術上有效的生產形態。

　　(4) 生產收益率不同對一國生產力之影響：上述和合曲線，表示黃豆與綢布二者種種可能的最大產出量組合，從而也提供了生產曲線如何繪製的資料。茲就報酬不變，報酬遞減，報酬遞增三種情形，對於一國

生產力的功效，以生產曲線表示，分述於後。為顯示報酬的功效，我們在此假定兩種產品的要素密集程度相同，而在不同的國家，要素的供應能力也相同，於是可以看出，兩國的艾基渥斯箱形圖也大小相等，並有一條對角線形的和合曲線。至於兩國的需要情況，我們也假定是相同的。

A. 在報酬不變的情形下：如圖 7-9 上半段所示，綢布與黃豆之產

圖 7-9

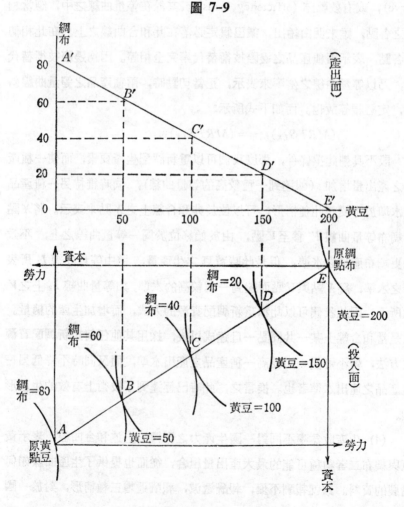

出量，以縱橫座標來衡量。從橫軸上可以看出，如果全部的資源利用生產黃豆，可達最大生產量 200 單位，如生產曲線上 E' 點所示。其位置恰在 E 之正上端，而 E 點又爲該圖下半段艾基渥斯箱形圖中所表示之同一最大產量。同理，如所有資源都用在綢布生產方面，可以生產 OA' 綢布，合 80 單位，而無黃豆之產出。A' 點在產出面之地位，相當於 A 點在投入面之地位。故從和合線上之各點觀之，在生產曲線上均有一點與之適稱，如 $B'C'D'$ 又分別爲 B、C、D 之對稱點。亦卽表示黃豆生產50 單位時，綢布爲 60 單位；黃豆 100 單位時，綢布減爲 40 單位；黃豆150 單位時，綢布只能生產 20 單位了。當綢布減產之後，可以利用省下的資源，增加黃豆之生產。反之，黃豆減產以後，可以利用餘下之資源，增加綢布之生產。於是我們可以依據和合曲線所設定的資料，繪出一整條生產曲線。在和合曲線上所顯示之各點，代表技術上有效生產的種種形態，正如生產曲線上之各對稱點，也代表技術上的有效各種生產形態。同理，其在投入面不落在和合曲線上之各點，一如產出面與之相應各點，都不能算是技術上有效的。

　　卽使生產報酬在兩個國家，都是屬於一種不變的形態，假定甲國能以同樣的資源，生產一種商品，較乙國的產量或則多一點，或則少一點（卽指一個較大或較小的不變百分比），那麼在這兩個國家的生產，仍舊存有種種不同的邊際替代率（卽增加黃豆一單位生產而必須犧牲綢布定量生產的比值；此比值以生產曲線的斜率來表示）。換言之，如上例所示，儘管在兩個國家，綢布的最大生產量，可能同爲 80 單位，但是甲國也許能夠生產 200 單位的黃豆，乙國只能生產 160 單位的黃豆。兩個國家的生產，同爲不變的機會成本，但是不同之點，在於一個固定的係數。

　　B. 在報酬遞減的情形下：假定兩種產品當中，黃豆生產，係按報

酬遞減法則，綢布生產，仍舊維持報酬不變原則，而其他假定，一如上例不變。如圖 7-10 下半段所示，當綢布之生產由 *A* 至 *B*， *B* 至 *C*， *C* 至 *D*，以及 *D* 至 *E* 各階段中， 每次減少 20 單位之產量時， 以等量之資源，移作生產黃豆之用，但黃豆產量之增加， 始則爲 80 單位， 次則爲 60 單位，其次爲 40 單位，其次爲 20 單位。亦即表示黃豆產量之增加，在等量資源增加情形之下，反而愈來愈少了。也就是報酬遞減法則起了

圖 7-10

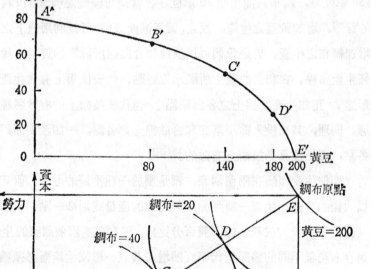

作用。因此依據下半段艾基渥斯箱形圖之資料，描繪出上半段之生產曲線，一看便與原點呈凹狀形。表示任何一種產品水準之增加，必須繼續犧牲另外一種產品較大的產量。至所增加產量之商品，或為適用報酬遞減法則之一種，或為適用報酬不變法則之一種，可勿論也。因為對兩種商品來說，其機會成本都增加了。

C．在報酬遞增的情形下：報酬遞增之生產情形，正與上述報酬遞

圖 **7-11**

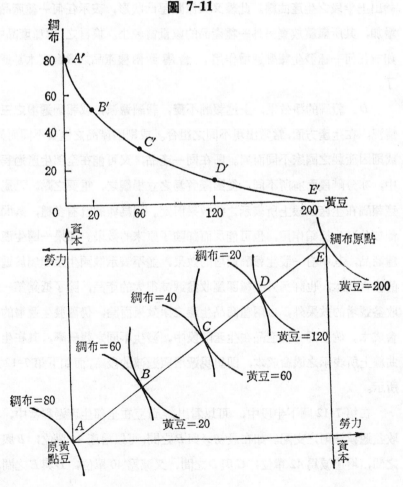

減法則的情形相反。我們現在仍舊假定綢布生產係按報酬不變法則，而黃豆生產則適用報酬遞增法則。於是當綢布如第 7-11 圖所示，自 *A* 至 *E* 過程當中，每次減少 20 單位，以其資源移作黃豆生產之後，其增加水準，初為 20 單位，次為 40 單位，其次為 60 單位，最後為 80 單位。表示黃豆產量之增加，在綢布每次等量資源放棄之後，反而愈來愈多了。也就是報酬遞增法則之充分表現。因此依據下半段圖中所顯示之資料，繪出上半段之生產曲線。此線又與原點呈凸狀形，表示任何一種產品之增加，其所繼續放棄另外一種產品的數量當較小。換言之，兩種產品中，如有任何一種發生報酬遞增作用，會導致兩種產品之機會成本都遞減了。

D．報酬的淨效果：上述報酬不變，報酬遞減，或報酬遞增之三種情況，在生產方面，常常出現不同之組合。或則因產品之性質不同而異，或則因產製之國家不同而異。即在同一產品，又可能在全部生產過程當中，亦分階段而有所不同。從國際貿易之立場觀之，重要之點，乃視生產報酬在生產曲線上所表示之淨效果而定。因為報酬既有多種，其間可能彼此發生抵銷作用，也可能反而加強了原來的效果。如果一國生產兩種商品，其中有一發生報酬遞增的效果，並不表示該國生產即屬於遞減的機會成本。也許另外一種即屬收益遞減很大的產品，除了抵銷第一種收益遞增的效果外，以兩種商品生產之淨效果而論，仍舊發生遞增的機會成本。倘使同一種產品在生產階段中，發生不同之報酬率，其在生產曲線上所表示之機會成本，即呈現遞增與遞減的段落，而如下第 7-12 圖所示。

在第 7-12 圖下半段中，可以看出，黃豆在全部生產過程當中，受收益遞減法則之支配。如在最初 *A* 與 *B* 之間，可以增產 44 單位；*B* 與 *C* 之間，增產減為 42 單位；*C* 與 *D* 之間，又減為 40 單位；*D* 與 *E* 之間，

圖 7-12

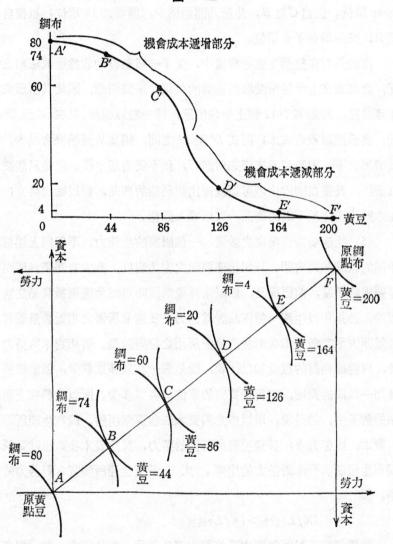

又減爲 38 單位；*E* 與 *F* 之間，再減爲 36 單位。而綢布之生產，在第一階段中，係報酬遞增，在第二階段中，則爲報酬遞減。如最初在 *F* 至 *E*

之間，增產 4 單位；*E* 至 *D* 之間，又增加 16 單位； *D* 至 *C* 之間，又增加 40 單位。但自 *C* 至 *B*，生產乃開始減少，僅增加 14 單位；以後自 *B* 至 *A*，又只增加了 6 單位。

由於黃豆在整個生產過程當中，受了一種輕微的收益遞減法則之支配，而綢布在上半段所受收益遞增的效果，至爲強烈，因此其所形成之生產曲線，乃如第 7-12 圖上半段所示，爲一種互浪形。其在 *A'* 至 *C'* 之間，展示遞增機會成本；而在 *D'* 至 *F'* 之間，則屬於遞減機會成本。在此情形之下，對於貿易究應如何進行，尙不便有所主張。但是只能從原則上說，凡是在國內生產可以獲得比較利益的產品，似以輸出爲宜；其在本國生產比較不利的產品，又以輸入爲佳。

(5) 生產要素密集度之效果：一個國家的生產力，不但與上述種種不同的報酬法則有關，且與生產要素之密集程度，亦大有關係。所謂生產要素密集度，前已提及，如以兩種要素同時可以生產兩種商品之情形而論，乃指用以生產一種產品對其他另一種產品所需之相對數量而言。但並非表示二種要素在兩種產品上所用之絕對數量。例如資本與勞力二者，只能從相對的數量加以比較，說是那一種較多或較少，但無法將二者用一共同的尺度，來衡量實際的單位，各爲多少。所以我們在上面所舉的例子中，總是說，單以勞力與資本二種要素而論，綢布生產所需要的資本，比勞力多；黃豆生產所需要的勞力，又比資本多。也就是說，綢布生產所需資本對勞力的比率，大於黃豆生產所需資本對勞力的比率。即

$$(K/L)_{綢布} > (K/L)_{黃豆}$$

我們現在可以回轉頭去看前面的第 7-7 圖。在此圖中，顯示綢布與黃豆二者之等量曲線圖(即各由數條不同的等量曲線所組成的圖形)，以及在某種可能的要素價格比率之下所產生的兩條拓展路徑。在各種生產

水準與要素價格比率之下，綢布生產所需資本對勞力的比率，總是大於
黃豆生產所需資本對勞力的比率。倘使兩者之生產函數皆屬於同態的，
則一種產品所用資本對勞力的比率，將會常常大於另一種產品資本對勞
力的比率。但是要素之密集度，在不同的產出水準與同一的相對要素價
格之下，如果至少有一種生產函數不是同態的話，可以產生一種要素比
率顛倒的現象。如第 7-13 圖所示， 在產出水準較低情形之下， 綢布生

圖 **7-13**

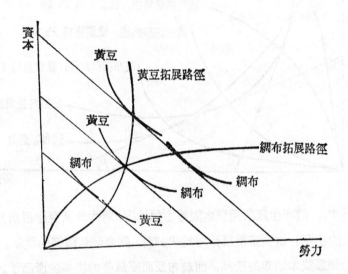

產，屬於資本密集行業，黃豆生產，屬於勞力密集行業。等到產出水準
較高時，乃一反過去情形，黃豆生產，反而變爲資本密集行業，而綢布
生產，則變爲勞力密集的行業了。

　　以上分析，乃就同一的要素價格而言。倘使在不同的要素價格之下，
其情形又當別論。要素密集度顛倒的現象，可在不同的相對要素價格之
下發生。 如圖 7-14 所示，我們只描繪了一條綢布等量曲線和一條黃豆
等量曲線，但是要素價格比率，則分爲二種，P_1 與 P_2。倘使要素價格

圖 7-14

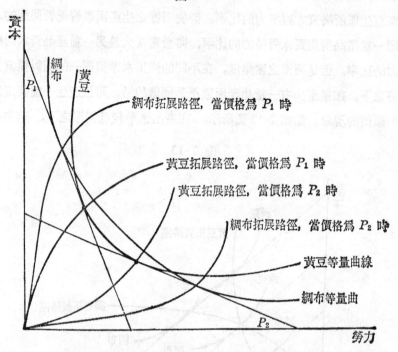

資本

綢布

黃豆

P_1

綢布拓展路徑，當價格爲 P_1 時

黃豆拓展路徑，當價格爲 P_1 時

黃豆拓展路徑，當價格爲 P_2 時

綢布拓展路徑，當價格爲 P_2 時

黃豆等量曲線

綢布等量曲

P_2

勞力

比率爲 P_1，綢布生產所用資本對勞力的比率，將大於黃豆生產所用資本
對勞力的比率。當要素價格比率爲 P_2 時，就會發生顚倒的現象。此時
黃豆乃變爲資本密集的產品，而綢布反而變爲勞力密集的產品了。即使
兩種產品之等量曲線都是同態的，要素密集度由於要素價格變動所引起
之顚倒現象，仍舊可以發生的。

　　生產要素密集度與國際貿易至爲重要，爲便於分析，首先我們假定，
兩種產品的生產函數，同爲線型齊次函數，但並非完全一致的。其所產
生之和合曲線，乃變爲一條曲線，而非一條直的對角線，亦即表示兩種
產品的要素密集度是不相同的。在齊次函數假定之下，其所產生之和合
曲線，會全部落在對角線之一旁，不會發生要素密集度顚倒之現象。

　　從第 7-15 圖下半段艾基渥斯箱形圖所表示的綢布與黃豆二種產品生產情形觀之,認定生產以 C 點為準,則資本與勞力對於二者生產所投入之數量,乃由 C 點之位置來決定。黃豆生產使用 CF 資本, FO_b 勞力,因而產生資本對勞力的相對要素密集度為 CF/FO_b。綢布生產,利用資本 CG,勞力 GO_c,形成資本對勞力的比率為 CG/GO_c。再由兩個原點

圖 7-15

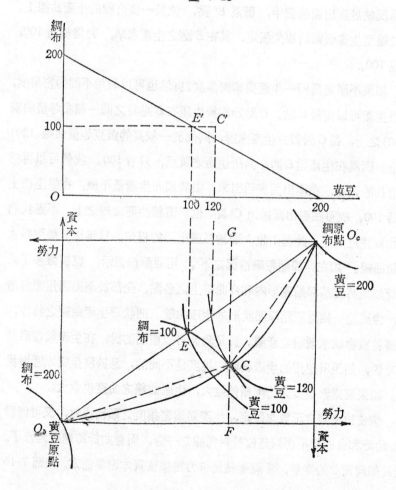

用直線與 C 點連接,其兩條直線的斜率,卽分別爲 CF/FO_b 與 CG/GO_c。但從圖中可以看出, CF/FO_b 與 CG/GO_c 二者之比率, 並不相等。亦卽表示兩種產品生產所用之要素密集度, 是不相同的。

如果我們對於兩種產品之生產要素密集度,堅持主張必須是同一的,而不是不相同的, 那麼生產會發生於對角線 O_bO_c 上之任何一點。假定資源平均分配於綢布與黃豆二者之生產,而以 E 點爲投入面之位置,再將 E 點反映於產出面的圖中, 卽爲 E' 點, 位於一條直線的生產曲線上。由於線型生產函數的事先假定, 其在 E 點之生產水準, 乃爲綢布 100,黃豆 100。

如果不限定爲同一生產要素密集度,自然也可以利用不同的密集度,因而生產可以定於 C 點。C 點乃位於生產在 E 點時之同一綢布等量曲線 (100) 之上, 但 C 對黃豆生產來說, 則位於一較高的黃豆等量曲線 (120) 之上。因爲在生產點 E 時, 其所生產之黃豆, 只有 100。我們可以再把所增加的黃豆, 在產出面表示出來。由於綢布生產量不變, 在縱座標上仍爲 100, 故可在產出面繪出 C' 點, 位於直線生產曲線之上。不過我們在此要注意的是, 此種由投入面繪製產出面的程序, 只適用於線型齊次等量曲線。如在非線型報酬情況之下, 用圖解法表示, 就複雜多了。同時如果將艾基渥斯箱形內和合曲線上之各點, 全部於產出面用圖解繪出, 會產生一條對原點呈凹狀形的生產曲線。凹狀形生產曲線之特性, 爲屬於機會成本遞增之產業。於是我們可以概括的說, 在生產數種商品的時候, 如果所使用的生產要數密集度是不同的, 易於發生成本遞增現象。如果要素密集度之比率相差愈大, 生產曲線之曲度也愈大。

倘使放棄齊次函數之假定, 生產要素密集度之顚倒現象, 又可能發生。此時和合曲線不再只是位於對角線之一旁, 而會曲折跨越對角線了。至於如何彎曲的穿越, 端視產品爲勞力密集或資本密集而定。如圖 7-16

圖 **7-16**

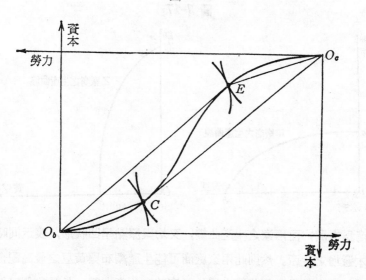

所示，當黃豆與綢布二者之總產量甚低時，使用勞力較多；當產出水準提高以後，採用資本密集方法，又較爲經濟。如果生產定於 *C* 點，則黃豆之生產，屬於勞力密集產業，綢布爲資本密集產業。倘使生產定於 *E* 點，其要素密集之程度，又恰好相反。

(6) 綜合生產曲線：截至現在爲止，大家都已明白，什麼叫做生產曲線。所謂生產曲線，乃表示在一定的資源與技術知識水準之下，對於兩種商品能夠生產最高額的一種組合。以上例題，每每提到生產曲線，概指一國之生產曲線而言。事實上，一國之生產曲線，即爲國內各個生產單位生產曲線之總和。然則此一綜合生產曲線究係如何形成的呢？似有加以說明之必要，特再補充用圖解分析如下。

設如圖 7-17 所示，有甲乙兩家廠商，彼此均在一定的資源與技術知識之下，生產綢布與黃豆。但從兩條生產曲線 *bc* 及 *b'c'* 觀之，甲廠商對於黃豆之生產，顯較乙廠商爲有利；乙廠商對於綢布之生產，又較

圖 7-17

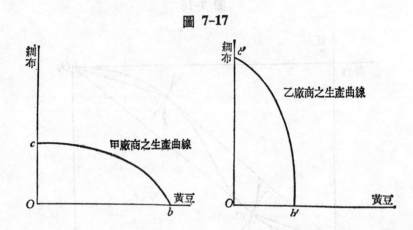

甲廠商爲有利；而兩家之生產曲線，又均與原點呈凹狀形，表示同時均
屬成本遞增之生產。然則此兩家廠商可能生產綢布與黃豆之最高配合額
當爲幾何？也就是我們想要求得的兩家綜合生產曲線。於是我們可以先
用圖 7-18 來表示。甲廠商之生產曲線，依照一般正常之位置來描繪，
而以 $O_甲$ 爲其原點。乙廠商之生產曲線，則上下顚倒，左右反轉，以 $O_乙$
爲原點。黃豆生產，從右往左看，以示數量之增大。綢布生產，則從上
往下看，以示增加之數量。同時並令兩家之生產曲線彼此互切於 P 點，
此點即代表兩家生產綢布與黃豆之配分點。於是甲廠商生產 $P_C^甲$ 之綢布
與 $P_B^甲$ 之黃豆，乙廠商生產 $P_C^乙$ 之綢布與 $P_B^乙$ 之黃豆。兩家綢布之生產
總量爲 $O_甲M$，與 $NO_乙$ 相等；黃豆之生產總量爲 $O_甲N$，與 $MO_乙$ 相等。
因此兩種產品之綜合產量，從原點 $O_甲$ 觀之，可用原點 $O_乙$ 表示出來。
同時布豆二者之生產，當任何一面達到最大產量的時候，也會同時使另
一面達到了最大的生產。

圖 7-18

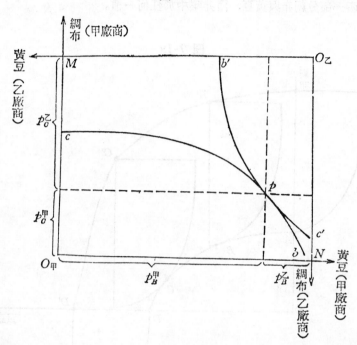

我們如果將上述圖解的程序重複下去，即可求出甲乙兩家廠商所有生產綢布與黃豆組合的軌跡，連接各點，便得到一條綜合生產曲線。如圖 7-19 所示。我 們只要將乙廠商的生產曲線沿着甲廠商的生產曲線上下滑動，而使兩條曲線始終彼此相切，如 A、B、C、D 各點所示，同時並令乙廠商坐標保持原有的正直形態，又始終與甲廠商的坐標彼此平行，然後從乙廠商原點所經歷的各點，可以繪出一條新的綜合生產曲線，即兩家共有的生產曲線，如 A′ B′ C′ D′ 所示。假如照此程序重複下去，就可求出多家廠商的生產曲線，乃至一個國家的生產曲線。從圖中的 A 點，我們可以看出，此時兩家廠商都以其全部力量生產綢布，而使綢布之總生產量達到 OA′。反之，其在 D 點，又表示兩家廠商共同生產黃豆，而

使黃豆總產量達於 OD'。其在 B 與 C 之間各點， 則顯示兩家廠商同時各生產一部分綢布與黃豆，而非集中於任何一種。

圖 7-19

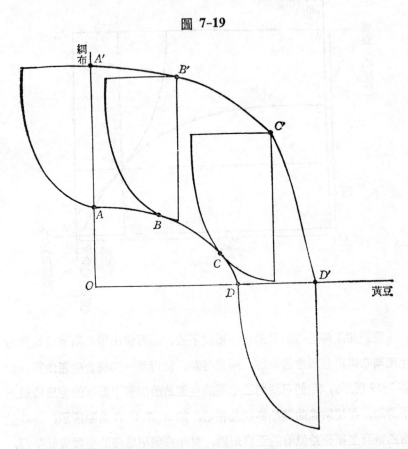

再從成本不變的情況觀之， 假定甲乙兩家廠商的生產曲線， 如圖 7-20 所示， 然後仿照上述成本遞增情況下之過程， 將乙廠商之生產曲線，沿甲廠商之生產曲線上下滑動， 如圖 7-21 所示， 其結果兩線並非彼此經常相切，而爲稜角與直線上一點之不斷接觸。例如彼此遇在 A 點的時候，甲乙兩家廠商都專門生產綢布，其生產總量爲 OA'。如在 B 點

圖　7-20

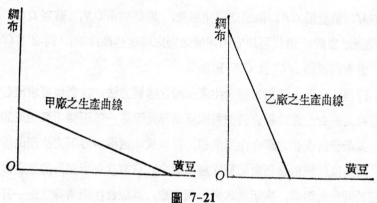

甲廠之生產曲線

綢布

黃豆

乙廠之生產曲線

綢布

黃豆

圖　7-21

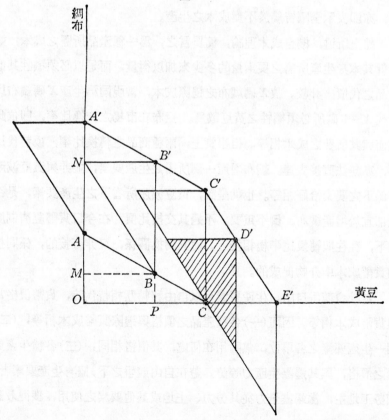

綢
布

黃豆

相遇，乙廠商專門生產綢布，其量爲 BB'，而甲廠商則生產二者，綢布爲 OM，黃豆爲 OP。兩家之總生產量，則爲綢布 ON，黃豆 OP，如 B' 點所示者然。最後可以看出兩家廠商之綜合生產曲線，爲 $A'B'C'D'E'$，由兩段直線 $A'C'$ 及 $C'E'$ 所組成。

同理，依照上述兩家綜合生產曲線之繪製方法，我們也可求出若干家廠商之綜合生產曲線。倘使每家廠商都是遭遇一種不變而又相異的成本，其最後所產生之綜合生產曲線，當與成本遞增情形下之生產曲線相似。因爲直線段落會相對的變成愈來愈小。只有當每家廠商的生產曲線都屬於同樣的斜率，表示成本完全相同時，其綜合生產曲線才是一條直線，亦卽表示全國皆屬於不變成本之生產。

總上所述，機會成本理論，簡單言之，爲一種產品所需之成本，並非就其本身生產所需之要素量的多少來加以衡量，而是以必須犧牲其他產品之代價來計較。故 X 碼綢布之邊際成本，當視同爲生產 X 碼綢布以替代 $X-1$ 碼所必須犧牲之黃豆數量。豆布在市場之交換比率，卽依此義而與其所費之成本相等。但事實上，兩種商品之轉換比率，或替代比率，亦無法直接表達。綢布增產一碼所需之生產要素，並非與黃豆減產所餘下之要素恰好相等。也就是說，黃豆減產所省下之生產要素，是否全部宜於增產綢布，倒不重要，不過其交換比價，在今日貨幣經濟制度之下，往往與轉換比率極相接近。而其轉換關係，又非直接的，係間接由貨幣成本中介物促成的。

當社會競爭自由，生產要素可以自由移轉互相替代時，貨幣價格當與貨幣成本相等。因而(一)各種產品之價格與邊際貨幣成本相等；(二)同一生產要素之各單位，無論用在何處，其價格相同；(三)各種生產要素之價格，與其邊際生產力等值。蓋在自由競爭之下，擁有生產要素者，如勞工地主，當竭盡全力從其勞力、土地或其他要素之使用，獲得最高

之酬報；而且隨時準備將所保有之生產要素，從報酬低之事業轉移至報酬高之事業。另在企業家方面，亦無不設法以最有效之方式，配合運用此項生產要素，希冀在生產技能許可條件之下，獲致最大的利潤。倘使某種生產要素用在某一企業，其邊際生產力反低於其應有之邊際生產力，企業家當摒除一部分該項要素單位，而使成本之減少，大於收入之減少。此項摒棄之生產要素，可能轉移至其他產業，發生較高的生產力。反之，如果某種生產要素用在某種企業方面，其邊際生產力較價格為高，公司必樂於多多雇用此種要素單位，而使收入之增加，大於成本之增加。如此進行，可使每一生產要素之邊際生產力與其價格，在任何生產事業都能完全相等。

　　由於每種生產要素之價格與其邊際產品等值之故，任何要素之少量部分，在邊際境界時，似可用以代替任何其他要素具有同一價值的數量。其替代之完成，可能為直接的，也可能須將要素重新配備。又因每種產品之價格與其邊際生產單位所需各種要素之價格等值，則一碼綢布可用以交換在邊際境界時所需等值要素生產之黃豆數量。亦即任何兩種商品之交換比率，當與其替代比率或轉換比率相等，或機會成本相等。

叁、生產要素之移用性

　　兩種商品在市場之交換價格，如上節所述，係按生產成本來決定，但其價格之變動，則又與市場之需要及生產要素是否適宜製造各種產品有關。亦即需要與供給之關係。需要增加，則價格可能上漲；需要減少，價格可能下跌，此為千古不易之法則；可適用於以任何方式計算成本之商品。惟需要究係因何而變動？此又牽涉到慾望滿足問題，容俟第二節續加論述。茲先就生產要素之移用性分述如下。

　　生產要素有的適宜於製造多種產品，有的則具有特殊性，只能適於某種用途；或一經移用，其生產力即行減退。其特殊性或為無法轉變的，

或者經過長時期以後，尚可能改變的。如果可能利用之生產要素大部份並無特殊性，可適宜於製造多種產品，則當兩種產品數量改變之後，其對於價格之影響，自甚輕微。因為當市面需要從甲商品轉移至乙商品時，則製造甲商品之要素，可以立刻轉移至製造乙商品。當甲商品減產以後，其價格不致續跌；乙商品增產以後，其價格亦不致上漲。倘使生產要素大部分具有特殊性，則當市面需要從甲商品轉移至乙商品以後，即無法將製造甲商品之要素移轉作為製造乙商品之用。乙商品既不能增加生產，以應需要，價格自當上揚無已。至宜於製造甲商品之要素，既不能轉移作其他生產之用，唯有繼續留作甲商品之用；甲商品之價格以供過於求。自當大為跌落。同時對於此生產甲商品特殊要素之酬報，亦將隨之大減，也可以說，此種特殊生產要素，除非甲商品大量製造，足以全部使用，實無價值可言。

上述生產要素之移用性或大或小，如用生產曲線表示，亦極顯著。設在 *AB* 兩種產品之中，生產要素可以互相移用，其生產曲線 *ab* 當如圖 7-22 所示，非常平坦。如果在 *AB* 兩種產品之中，生產要素不便互相移用，其生產曲線 *ab* 當如圖 7-23 所示，突出甚大。此時之 *A* 可能為一種農產品，*B* 為一種工業品；兩者之中，其唯一共同的生產要素當為勞力。但勞力在短期之內，對於此兩種產業而言，即不便於轉移。其急轉點 *P* 表示，即當 *A* 產品大為減產以後，*B* 產品亦不能大量擴展。或當 *B* 產品大為減產以後，*A* 產品亦無法擴大生產。雖然，此一曲線，尚係代表其中仍有一極小部分生產要素可以轉移使用。假使生產要素毫無移用之可能，其替代曲線當如 *a'Pb'* 九十度角形線所示。當 *A* 產品減少生產以後，*B* 產品絕無增產之可能。所以當市面需要發生變動以後，其對於商品價格之影響，在生產要素具有特殊性者，遠較非特殊者為大；亦即前者價格之變動，遠較後者為大。

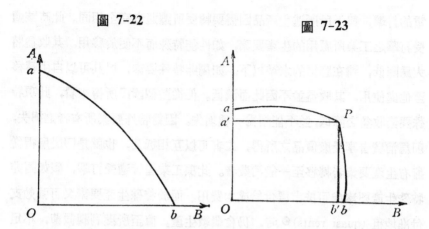

圖 7-22　　　　　　　　圖 7-23

再從時間方面來看，生產要素在短期內，屬於特殊性者，經過相當時間以後，可能變爲具有一般適應性的要素。倘使容許生產適宜於一種新局面的時間愈長，其生產曲線愈趨平坦。因爲在短期內，大部分生產工具，如廠房設備，甚至連勞力在內，都具有特殊性。經過長時間以後，工廠與設備，都已陳舊不堪使用，資本又可經由汰舊換新辦法，作爲其他投資之用。勞工也可從新訓練，使年輕的一代接受新的訓練，從事新興企業工作。所以在短暫期內，需要如果發生變動，企業家對於生產設備，無法立刻調整。在需要增加之工業，必假以較長時日，訓練員工，增加資本，擴大設備，增加生產，因此物價隨之上漲，企業家可以大獲暴利。至在需要減少之工業，以生產設備特殊，不能隨意移作其他生產之用；或卽能移用，損害亦大。如能勉強維持成本，亦唯有繼續開工；但由於需要減少，價格自當慘跌，產品亦大量減少。不過曠日持久，情形又當略爲改變。此時由於新產品之增加及舊產品之減少，舊產品價格之下跌，自當較最初一段時間爲少。

　　爲保護本國工業之發展，政府常採用提高進口稅政策，如一旦將進口稅取消，則進口貨以其價格便宜，將使本國相與競爭之工業，受到嚴

重的打擊，與上段所述生產品因需要轉變所遭遇者完全相同。此時該遭受打擊之工業所雇用的生產要素，如性能特殊而不便於移用，其收益將大為降低，遠在應得的水準以下。如屬非特殊要素，以其可以自由轉移至他處使用，其收益並不因此而減低。但從整個國民所得來看，此項特殊要素收益之降低，並不能謂為一種損失。因為特殊要素所有者之損失，即為消費者享受廉價品之所得，二者可以互相抵消，也就是國民所得從擁有生產要素者轉移至一般消費者。此項工業儘管遭受打擊，假如對非特殊生產要素尚可按市價付給成本費用，而於特殊生產要素又可強勉支付准地租 (quasi rents) ❸ 時，仍會繼續生產。直至所獲利潤微薄，不足以支付非特殊要素按市價給付之成本；或者所有設備業已陳舊不堪使用，唯有關門大吉，其所有之特殊生產要素，亦將毫無價值可言。但從整個國家來看，並非一種損失。國民總生產額並不因此而減退。其非特殊要素部分，仍可轉移使用，按照市價獲得酬報。其特殊要素擁有者之損失，又將為消費者之增益所抵消。故從整個國家來看，顯為國民所得之重分配，而非國民損失之發生。假定政府為維持此項工業，採用關稅保護政策，或給以其他補助，才是一種真的國民損失。

肆、國際貿易原則不變

兩種商品在市場交換之價格，依據上所分析，既係與其生產的轉換比率或替代比率相等，則其在國際貿易方面所應用之原則，似可完全引用前述之比較利益法則。不過對於勞工價值理論的各種簡單假定，須一律摒除，而不可採用。對於每個國家的種種商品，我們可以排定一系列的價格，代表不同的貨幣成本，也就是各種轉換比率，各國自當專門生產比較有利之商品。換言之，即就其成本最低之商品多多生產，然後以此項產品運往他國交換成本最高的商品。其交換條件，當不超出比較

---

❸　按准地租一詞，出自 Marshall，指利息及生產設備之折舊費等。

成本之限度；　而其實際成交價格，　則又視雙方相互需要而定。設如圖
7-24 所示，在成本遞增經濟之下，未與美國通商以前，我國黃豆價格，
以綢布表示，　爲 PP 直線，　是恃豆布二者之生產額爲 bc 生產曲線上正
切於 PP 線之 Z 點。假定通商以後，用黃豆表示之綢布價格，由 PP 上

圖 **7-24**

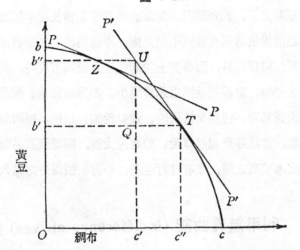

升至 $P'P'$（因 $P'P'$ 線之斜率顯較 PP 線陡峭），我國自應利用原生產黃
豆之資源生產綢布，而使生產由 Z 移至與 $P'P'$ 線正切之 T 點。以剩餘之
綢布，交換美國黃豆，當較本國自行生產者合算。國民從此可以多食用較
便宜之黃豆。假定消費沿 $P'P'$ 線上之 T 點左移至 U 點，我國自當生產
Oc'' 之綢布及 Ob' 之黃豆，以多餘之 $c'c''$ 綢布運往美國，換回 $b'b''$ 之
黃豆。全國之消費額，當提高爲黃豆 Ob'' 與綢布 Oc'。但 $c'c''$ 等於 QT，
$b'b''$ 等於 QU，故能與價格 $P'P'$ 吻合。

　　在成本遞增條件之下，依照比較利益法則，兩國通商以後，專門生
產比較有利之商品，有一相當限度，自不如成本不變情況之下，可以澈
底做到。因爲當綢布生產增加以後，其不大適宜於綢布生產之要素，均

已儘量使用，依據報酬遞減法則，致使每碼之成本遞增。同時因為黃豆減產，其不十分適宜黃豆生產之要素，又已從農村撤走，豆的成本自會趨跌。至在美國，其所演變之情形，恰與我國相反。故兩國間之成本比率，在任何一國從事專門生產一種商品以前，即早已均等了。

　　國際貿易，除考慮國內生產成本以外，尚有運費關稅等須一併核計。在自由貿易制度之下，如無關稅、配額或外滙管制辦法從中阻礙，國際商品在一國之市場價格與在他國不同之處，不過兩地間之運費而已。如果一國商品可以轉運海外，而事實上並未能進入國際市場時，其在國內與國外價格之差額，當較兩地間之運費為小。如另有關稅、配額或外滙管制妨礙自由貿易時，情形又當別論。進口稅加征以後，兩國間商品交易價格之差額，當為運費加進口稅。如關稅太高，則國際貿易即無法進行。在生產成本較高之國，唯有自行生產，不再依賴國外之輸入。

第二節　利用無異曲線 (Indifference curves) 解析

　　國際貿易之條件，既係根據兩國人民的相互需要，需要即是慾望的具體表示。人們對於物質有種種慾望，如何取得物質，滿足慾望，又與價格及生產大有關係。故欲將物價、生產與消費同時說明，唯有利用無異曲線。無異曲線，正如地形的等高線一樣，代表人民對於兩種財貨不同組合的滿足水準。在此曲線上之任何一點，表示兩種財貨不同數量的組合，對於某一消費者具有同等的滿足感。因此該消費者或取得 6 斤黃豆與 6 碼綢布，或 8 斤黃豆與 4 碼綢布，或任何其他數量的組合，都會同樣的樂意稱心。一般消費者以收入有限，如多買黃豆，必減少綢布之需要；如多買了綢布，又當放棄一定量的黃豆，對於慾望的滿足而言，其所失去的財貨部分，當與所獲得的財貨部分完全相等。但從圖 7-25 表

圖 7-25

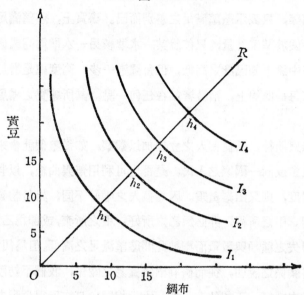

示，I_1 無異曲線與原點 O 成凸圓形狀，兩端逐漸平坦，而與兩軸末端成爲幾近線。亦卽表示，到了某一定點以後，消費者不願再放棄黃豆以取得更多的綢布，因爲他已經有了足夠的布。或從另一方面觀之，他是不願再以希貴之綢布換取更多的黃豆。消費者選擇兩種財貨時，自與財貨之價格大有關係。如兩種財貨可以互相替代，則當甲物價格下降時，可多購甲物，減少乙物之購買。故在一定價格之下，消費者對於兩種財貨消費之數量，當爲價格直線與其實際所得相當之無異曲線上相切之一點。

　　無異曲線又可集若干條而構成一無異曲線圖 (indifference map)，如圖 7-25 中之 $I_1 I_2 I_3 I_4$ 等線所組合者是。此等曲線呈平行狀，彼此各不交叉。如從 O 點至 R 按 45 度角形連成 OR 線，其線必通過各無異曲線；線與線間之距離 $h_1 h_2 h_3$ 等，卽表示慾望滿足之高低程度。例如 I_2 線對消費者滿足慾望之程度，較 I_1 線爲大，I_3 線又較 I_2 線爲大。也就是說，

每一續接曲線，代表能消費更多的財貨數量，不過 h_1h_2 與 h_2h_3 間之距離，無需相等，只表示慾望滿足之差別而已。事實上，慾望滿足之高低程度，亦不便於準確計量，只能說某一水準較另一水準為高或低。正如登高山者在中途不知己身之高低，但每躍進一步，高度總是增加，要無疑義。至在每一曲線上，消費者站在任何一點，其所感覺之滿足，則完全相同。

上述無異曲線，係從個人之立場加以觀察，如從整個社會來探討，對於同一社會或同一國家之人民，是否也可利用無異曲線，以判別其慾望滿足之程度，則又困難重重。因為個人之嗜好不同，對於物質得失之觀念亦不同。甲之所得，非必為乙之所好；甲之所棄，或即為乙之所喜，自不能以得失之種類與數量而觀彼此間慾望滿足之高低。但為便利生產、消費與價格關係之說明，從而研判兩國貿易之關係，我們不妨假定：同一社會人民之嗜好，正如個人一樣，大致相同；且在所得分配方面，亦無變動，則大眾無異曲線，正如個人無異曲線，亦可作為分析的最佳工具。

因此我們可以仿照前述綜合生產曲線描繪的方法，根據個人無異曲線，畫出一條大眾的無異曲線(community indifference curve)來。先從圖 7-26 看起。此圖代表甲乙兩人之無異曲線。甲之無異曲線，仍按一般習俗畫法，以 $O_甲$ 為原點，其所需用之綢布，以縱軸表示，黃豆則以橫軸表示。一組實線，代表甲之無異曲線。而乙之坐標及無異曲線，則用反方向表示，以 O_z 為其原點。其所需用之綢布，以縱軸衡量，自上而下；所需用之黃豆，以橫軸代表，由右至左。一組虛線，代表乙之無異曲線。假定我們說，甲乙二人之無異曲線 $I_1^甲$ $I_1^乙$ 彼此相切於 M 點，由於二人在自己無異曲線上之任何一點，均代表消費達到相等的滿足水準，那麼在此兩線相切的情形之下，即是告訴我們，資源如再重新分配，而

圖 7-26

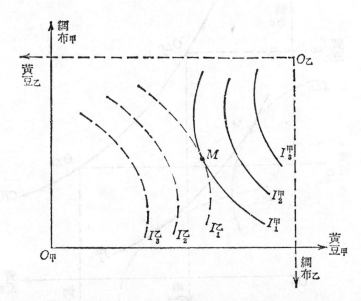

使其中之一位享受更好，未有不同時損害另一位的消費的。故就一定的財貨分配而言，此一相切之點，即代表一種最合適的分配水準。

　　現在我們可以進一步將此兩條相切之無異曲線上下滑動，永遠保持相切於某一點。同時並令甲之坐標固定不變，而乙之坐標，則始終與甲之坐標維持平行之位置，如圖 7-27 所示。乙之原點，最初為 O_{ZP}，二人所消費之綢布與黃豆數量，則以 M 點表示，同時位於 $I_1^{甲}$ 與 I_{ZP} 兩條無異曲線之上。現在當乙之坐標與無異曲線圖向下向右移動之後，而達於新相切點 N，此時兩人之消費，仍在同一無異曲線之上，如最初之 M 點然。但二人所消費之布豆數量，則與以前不同了。因此二人共同消費之布豆綜合數量，則以 O_Z 對 $O_甲$ 所顯示之各點來表示。O_Z 移動之後，即很自然的產生了 O_{ZP}，O_{ZR} 各點所形成之軌跡。亦即代表二位消費者在同一無異曲線上所需要之布豆組合的總量。由於在此進行過程當中，甲

圖 7-27

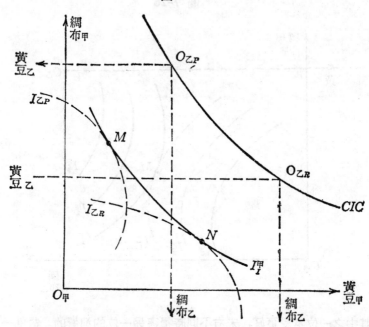

乙二人始終個別停留在同一無異曲線之上，那麼由乙之原點移動所產生之各點，卽代表種種布豆的組合。而此種種消費品的組合，對甲乙兩位合起來說，享受都是一樣的。因此連接此所有商品組合的各點而形成的一條線，卽屬兩位消費者的共同無異曲線。

當最初甲乙兩條無異曲線相切於M點時，兩條曲線之斜率，彼此相等。綢布對黃豆的邊際替代率 (marginal rate of substitution in consumption)，對於甲乙兩位消費者個別來說，都是一樣。那麼對兩位合起來說，其邊際替代率，當然也會是一樣的。因此甲乙二人之大衆無異曲線在 O_{ZP} 之斜率，與甲乙二人個別的無異曲線在 M 點的斜率，是一樣的。同理，大衆無異曲線在 O_{ZR} 點之斜率，又與兩條個別無異曲線在 N 點之斜率相同。

　　依據上所分析，如果我們再以繼起的第三者無異曲線，沿着甲乙二
君所組合的大衆無異曲線上下滑動，又可形成一條新的大衆無異曲線。
若按此程序週而復始，即可繪出一條人數更多的大衆無異曲線。擴而充
之，即可代表一國的無異曲線。

　　假定中美兩國生產，一如前所舉例，只有綢布與黃豆二者，且同受
收益遞減法則之支配。綢布生產在我國較美國合算，黃豆在美國生產，
又較我國合算；同時兩國人民之嗜好又復相同。則當兩國尙未通商以前，
我國生產綢布與黃豆的力量，如圖 7-28 所示，可以生產曲線 bc 上之任
何一點來代表。另一方面，代表國民需要的，爲最高大衆無異曲線上之

圖 7-28

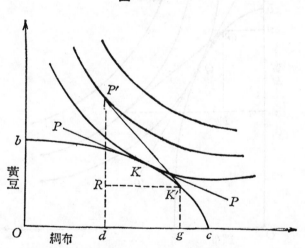

任何一點。但生產量應與需要量恰好相等，亦卽消費方面的邊際替代率
與生產方面的邊際轉換率，對兩種產品來說，都是相等。然後布豆之交換
比率，可以得到一個均衡價格。其價格直線 PP，當與生產曲線及無異
曲線兩相正切於 k 點。此爲自給自足經濟下的生產情況。但爲改善國民
生活，我國應多多生產綢布，以一部分換取美國之黃豆。設在最高效用

原則之下，綢布生產沿生產曲線右移至 k' 點，雙方協議之交換價格，當
爲與此 k' 點及另一較高享受之無異曲線相切之一直線 $k'P'$。亦卽表示消
費邊際替代率與生產邊際轉換率二者均與國際貿易條件相等。此時我國
可以少量之綢布，交換更多的黃豆。在綢布總產量 Og 中，可以 Od 留
供本國之用，dg 運往美國。至所消費之黃豆總量爲 dP'，其中 Rd 可以
自行生產（因 $k'g$ 等於 Rd），$P'R$ 則由美國輸入。

　　同理，關於美國之生產與對我貿易，亦可用圖 7-29 表示。在未與

圖 7-29

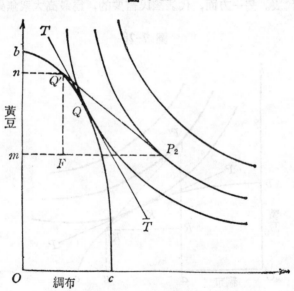

我通商以前，美國豆布之生產比額及消費量爲 bC 生產曲線與最高大衆
無異曲線相互正切於價格直線 TT 之一點 Q。通商以後，美國可增加黃
豆生產至 On，減少綢布生產至 nQ'，然後以黃豆 Om 留給本國食用，
mn 運往我國交換 FP_2 之綢布。

　　中美兩國通商以後，豆布交換價格相同（運費暫且不計在內），美

國運出之黃豆，即爲我國所輸入之黃豆；我國輸出之綢布，即爲美國輸入之綢布，然後兩國國際收支可以均衡，兩國人民之生活水準，亦普遍提高矣。如將圖 7-28 與 7-29 合併而成圖 7-30，表現更爲淸晰。由於交換價格相同，故 $Q'P_2$ 當與 P_1K' 平行；由於 兩國之進出口彼此完全相等，故 $Q'F$ 必等於 P_1R，FP_2 必等於 RK'。也就是說，$Q'P_2$ 必等於

圖 **7-30**

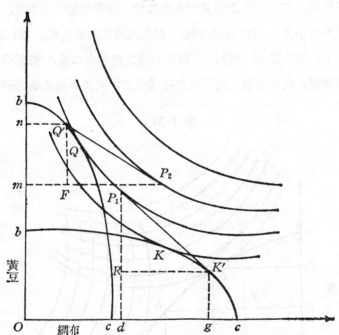

P_1K'。

　　由是吾人可以得一結論，當兩國生產要素不盡相同（即生產曲線有別），而國民嗜好相同 （即無異曲線相同）時，通商以後，可使兩國在生產方面更爲專業化，各就最有利的要素增加生產，生產曲線上之生產點，即係沿此方向移動(由 K 至 K' 及 Q 至 Q')。至於消費，反可均勻發

展，而不偏重於本國之特產。如照上圖所示，在一定的曲線之下，消費點則沿另一方向移動。因爲通商以後，由於進口之故，原所短少之物資，現在價格也便宜了。

假如兩國生產要素相同，而人民之嗜好不同，國際貿易亦可發展，而於彼此有利。例如中美兩國，由於氣候相同，土質相同，都能生產小麥與大米；惟我國人多喜米食，美國人民則偏愛麵包，故米價在我國總較麥子爲高，而麥子在美國又較大米爲貴。兩國如能平均生產，以其所餘，易其所不足，可使價格降低，提高國民之消費水準。茲以圖 7-31 表示如下。圖中之 ab 曲線，爲兩國共同之機會成本線，兩組不同之大衆無異曲線，代表兩國人民不同之生活愛好；其斜率較陡峭之一組適用

圖 **7-31**

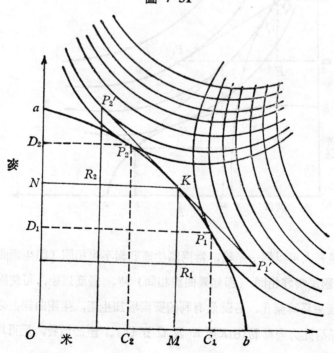

於我國，斜率較爲平坦之一組適用於美國。在未通商以前，兩國採用自給自足政策，我們生產 P_1C_1 之小麥，P_1D_1 之大米，消費亦與此生產量相等；故最高大衆無異曲線與生產曲線相切於 P_1 點。美國則生產 P_2C_2 之小麥及 P_2D_2 之大米，消費亦與生產量相等，而以 P_2 爲平衡點。也就是說，兩國儘量利用其土地生產其所愛好之食料。依據收益遞減法則，自然成本遞增，價格較貴。今如兩國同意交換米麥，各按土壤生產能力，對米麥作均勻之生產，而使米之生產額各等於 NK，麥之生產額各等於 MK，則在國際貿易均衡狀態之下，我國人民之生活享受，當可沿交換直線由 K 點右移達到最高效用點 P_1'；美國人民之生活享受，則可沿交換直線由 K 點向左移同一距離而達最高效用點 P_2'。在此生產消費情況之下，因 $P_2'R_2$ 等於 KR_1，KR_2 等於 $P_1'R_1$，我國可以 KR_1 之麥，交換美國 KR_2 之米。此種貿易之進行，能使兩國生產平均發展，消費則更偏向一面矣。

　　以上數例，係按成本遞增法則加以論述。在自由競爭之下，任何企業，如果成本遞減，生產自會擴大，故成本遞減或收益遞增，原無考慮之必要。不過事實上，由於國內或國外經濟的原因，以及競爭之不完全自由，收益遞增之現象，仍然存在，且爲促進國際貿易之最大因素。自不可不一併加以闡明。假定在成本遞減同一法則之下，兩國生產要素相同，人民之嗜好亦復相同，其生產貿易，可用圖 7-32 表示如下。其生產曲線 $aP'b$ 當與原點 O 呈凸形狀線，表示 AB 兩種財貨彼此以另一種財貨顯示之成本，在繼續生產時，皆可發生遞減現象。當兩國尚未通商以前，生產止於 P' 點，其交換價格直線 PP 並與生產曲線 $aP'b$ 及大衆無異曲線 I_1 共同相切於 P' 點。通商以後，兩國商人認爲生產增加，成本反可減輕，於是甲國之生產將沿生產曲線延伸至最大限度 a 點或 b 點；乙國之生產，也會同時擴展至 b 點或 a 點，兩國互相交換 AB 財貨，

圖 7-32

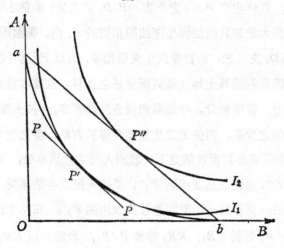

彼此有利，可以提高生活水準，促進國民消費至大衆無異曲線 I_2 上之
P'' 點。

第三節　全面分析國際貿易之均衡發展

以上各節，討論國際貿易之發展與均衡，須視兩國之生產與消費情
形而定。或則由於消費引起某種商品進口，或則由於生產引起某種產品
出口，或則由於兩種力量之推動。當貿易發生之後，又須從生產與消費
逐步調整，最後乃能獲得一合適之價格，平衡兩國間之進口與出口。而
且爲了便於分析，我們常常把一部分影響國際貿易的變數，假定不變。
對於國際貿易均衡之實際情形，很不容易體會。本節擬就各變數互相影
響對國際貿易均衡之決定，加以分析。不過在未正式分析以前，我們先
得就第六章第二節所提到的供需曲線，或稱需要曲線，或稱供給曲線
（其他書本，亦有稱爲提供曲線者），利用大衆無異曲線，再爲重新介

紹一下。因為它畢竟是一種很重要的分析工具。

上節已經一再提到，一國在未對外通商以前，如果只有兩種產品，其在市場交換之價格，與邊際生產轉換率及邊際消費替代率相等。所謂價格，即指兩種產品交換的比率。換言之，其價格直線，當與生產曲線及大衆無異曲線彼此相切於一點，代表當時之均衡價格。設使價格不同，兩種產品交換的比率變更以後，我們就會發現有種種不同的價格直線，分別與當時的大衆無異曲線一一相切於某一點，連接此所有相切之點，即得一供給曲線。或者是說，在任何一個價格比率之下，依照社會大衆願意提供甲商品與乙商品交換之數量，即可繪出一國之供給曲線來，而如下第 7-33 圖所示。

圖中上半段部分，為一般之需要曲線。當豆價為 P_3 時，大衆所需要之黃豆為 OQ_3，其全部支出，如陰影方塊 OP_3RQ_3 所示。設使一國只有布豆兩種產品，表示該國人民願意提供 OP_3RQ_3 等值之布，來交換黃豆。7-33 圖下半部之縱軸，代表綢布數量，橫軸代表黃豆數量。當黃豆以布表示之價格為 P_3' 時，該國人民願意以 EF 的布量交換 OQ_3 的黃豆。OP_3RQ_3 方塊所代表的綢布價值，與 EF 距離所代表的綢布數量等值。F 點即表示在 P_3' 價格線下的一個均衡點。同時大衆對豆布的無異曲線 I_1，亦必與此價格直線相切於 F 點。同理，在任何其他黃豆價格 P_1 或 P_2 情形之下，我們也可求出大衆在此不同價格水準之下，所需黃豆與願意提供綢布數量作為交換的種種比率，繪出一條供給曲線來。

依據上述供給曲線形成之原理，我們很容易看出兩國通商以後，價格決定的情形。茲再就 88 頁圖 6-1 所繪的中美兩國供給曲線，重新繪製如下圖 7-34。在假定我國盛產綢布美國盛產黃豆的大前提之下，圖中正常位置表示我國願意以綢布交換美國之黃豆數量，其對應之一方，表示美國願意以黃豆交換我國綢布之數量。通商以後，兩國所願意提供本國

圖 7-33

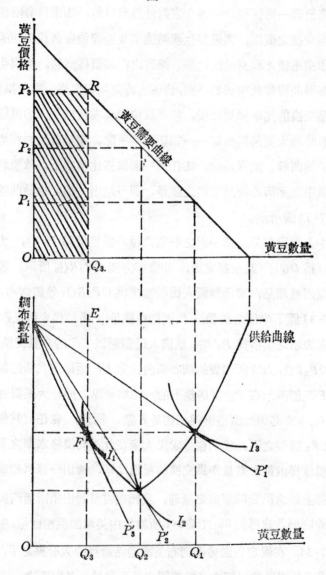

產品交換對手國產品的比率，必定落在各該國供給曲線之上。同時也希

圖 7-34

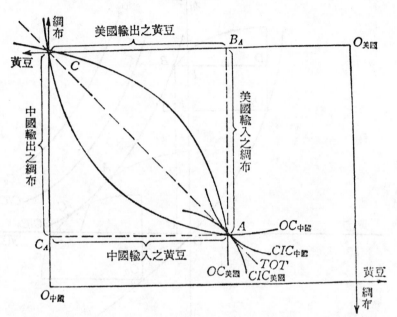

望兩國人民之生活享受，都達到最高大衆無異曲線之上。因此只有當兩國供給曲線相交於某一點，才能達成雙方的願望。此點如 *A* 所示，決定了雙方交易的價格 TOT (terms of trade)。我國願意輸出 *CC_A* 之綢布，交換 *AC_A* 之黃豆；美國同意輸出 *CB_A* 之黃豆，交換 *AB_A* 之綢布，而使兩國之進出口達於均衡。

壹、國外貿易無異曲線 (foreign trade indifference curve)

上述國際貿易價格之決定，以及進出口之均衡，主要係根據一國之大衆無異曲線與生產曲線。爲簡便計，莫如利用國外貿易無異曲線。或簡稱貿易無異曲線。所謂國外貿易無異曲線，乃指進出口種種不同的組合，對一國產生同等效用水準而形成的一條曲線。如圖 7-35 所示，就一個國家而言，橫軸由原點至右方向，表示黃豆之正數量，向左表示黃

圖 7-35

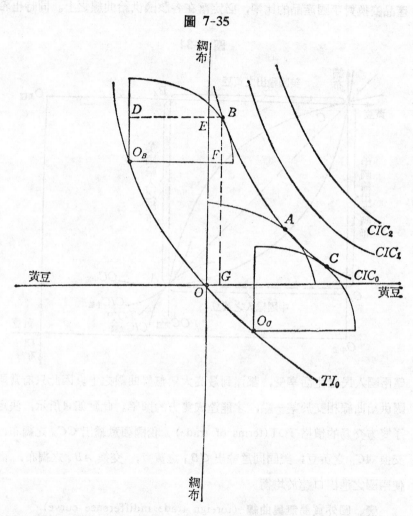

豆之負數量。同理，縱軸原點以上，爲綢布之正數量，以下爲綢布之負
數量。依照過去慣例，我們在右上方的象限內，描繪了一系列的大衆無
異曲線，其生產曲線並與最高大衆無異曲線相切於 *A* 點，此爲一國在閉
關自守時期的生產與消費情形。然後我們可以將生產曲線沿大衆無異曲
線 *CIC₀* 上下滑動，始終彼此相切於某一點；同時並令此生產曲線所依

據的坐標，也隨生產曲線而上下移動，始終與原坐標保持平行狀態。此
舉可使該國仍舊維持在閉關自守時代之效用水準。例如 *A*、*B*、*C*，即爲
生產曲線滑動以後與大衆無異曲線 *CIC₀* 彼此相切之點。現在讓我們隨
便選定 *B* 點的情形來加以觀察。此時該國會消費黃豆 *OG*，綢布 *OE*。
而其生產的數量，則概從新坐標 O_B 來衡量，爲黃豆 *DB*，綢布 *BF*。很
顯明的，黃豆生產太多，綢布生產太少，不能與消費配合，惟有從事國
外貿易，使生產與消費，達到均衡發展。因而輸出黃豆 *DE*，輸入綢布
FG。輸出部分，在圖中係以負號表示；輸入部分，係以正號表示。由

圖 7-36

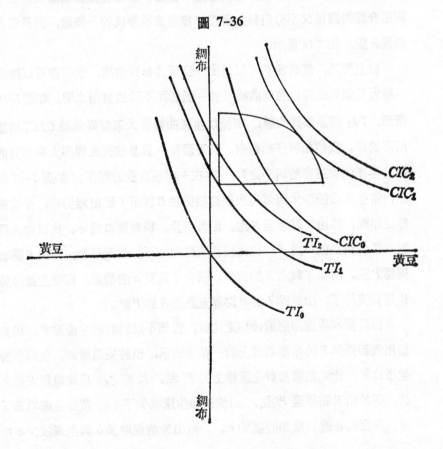

於 A、B、C 三點均在同一無異曲線之上， 亦即表示該國在此三種情形下的生產、消費，與進出口的調整，對該國國民的生活享受來說， 都是一致的。

當生產曲線沿大衆無異曲線 CIC_0 上下滑動之際， 我們從坐標的軌跡，可以定出一系列的點，如 O_C、O、O_B。這些點， 卽代表種種進口與出口的組合。在此不同的進出口組合中， 由於同樣可以滿足該國國民的生活享受，卽達到同樣的效用水準。因此對該國全體國民來說， 他們對於這些不同的進出口組合，感受都是一樣的。那麼將這些國際貿易量不同組合而對國民又不分軒輊之各點連接起來所形成的一條線， 便是貿易無異曲線，如 TI_0 所示。

依上所述，旣然我們可以繪出一條貿易無異曲線，也同樣可以繪出一組貿易無異曲線；每條曲線反映一國居民不同的效用水準。如圖7-36所示，TI_1 貿易無異曲線， 卽係以生產曲線沿大衆無異曲線 CIC_1 滑動所形成者。我們如再仔細觀察，又可發現， 貿易無異曲線與大衆無異線及生產曲線三者的斜率之間， 存在一種很直接的關係。 如圖 7-37 所示，當生產曲線沿大衆無異曲線自相切點 R 移至 P 點重相切時，生產曲線之原點，亦由 T 點移至 S 點。影響所及，綢布進口爲 e， 比以前大爲增加了；黃豆出口爲 f，也比以往大爲增加了。消費形態，亦由 R 點改變爲 P 點，增加了綢布 b 的消費，減少了黃豆 a 的消費。同時生產形態也重新安排了，由原點 T 的 R 點移至原點 S 的 P 點。

但爲便利生產形態前後期之比較，我們不妨將新的生產點 P， 仍舊借用最初原點 T 的生產曲線上的一點來表示，也許更爲清晰。依照新的生產位置，此點相當於舊生產線上的 P' 點。 換言之， 生產重新安排之後，等於由 R 點移至 P' 點， 而使綢布生產減少了 c， 黃豆生產增加了 d。那麼綢布進口增加的總量 e，乃是由於消費增加 b 與生產減少 c；

圖 **7-37**

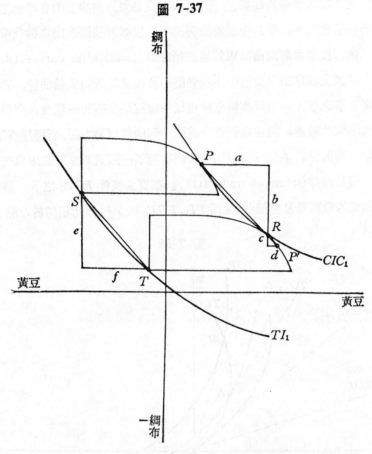

黃豆出口增加總量 f ，乃是由於黃豆消費減少 a 與生產增加 d 故也。在此情形之下，可以看出，連接 P 與 P' 之間的一條直線，定與 ST 線平行。但 PP' 係由 PR 與 RP' 兩段合成， 如果我們從很小很小， 甚至無限小的線段來說，那麼將生產曲線移動之後， PR 與 RP' 兩線的斜率，有接近於直線 PP' 斜率的趨勢。 同時 PR 與 RP' 的斜率， 也將接近於這些點的切線的斜率。於是我們可以得到這樣一個結論：大衆無異曲線的斜率， 與生產曲線的斜率相等，同時又與貿易無異曲線的斜率相等。

換言之，在大衆無異曲線、生產曲線，與貿易無異曲線上的各相應之點，消費邊際替代率，等於生產邊際轉換率，也等於邊際進出口替代率。

貳、從貿易無異曲線求貿易供給曲線 (trade offer curve-TOC)

在以上各章節之論述中，我們已一再提及，所謂供給曲線，乃指在各種價格之下，一個經濟單位願意以一種商品交換另一種商品所組合的種種不同的數量。現在我們就此義引伸到國際貿易方面，所稱經濟單位，即指一國而言。在圖 7-38 中，我們描繪了一組貿易無異曲線與種種不同的貿易條件(terms of trade-TOT)。在貿易條件 TOT_2 之下，該國可能達成的最高貿易無異曲線為 TI_1，TOT_2 與 TI_1 彼此相切於 O 點。在

圖 7-38

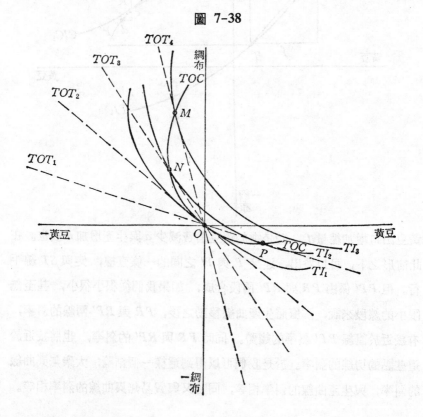

貿易條件 TOT_3 與 TOT_4 情形之下，該國可能達到的最高貿易無異曲線，分別爲 TI_2 與 TI_3，彼此相切於 N 與 M 各點。這些貿易無異曲線與種種貿易條件直線相切之各點，卽代表一國進出口的最適合狀態。在此最適合的進出口狀態之下，該國國民在享受方面，可以達到最高的效用水準，與國內消費形態、生產形態，以及貿易機會，皆能配合一致，而無不咸宜。然後我們將這些在各種貿易條件之下，代表最適合的貿易形態的各點連接起來，卽得國際貿易供給曲線，如通過 M、N、O、P 各點所形成之曲線是。

有了貿易供給曲線，一看便知一國在任何一種交易比率之下，願意按照種種不同商品之組合來進行交易，因此貿易供給曲線，又稱「樂意交易曲線(willingness to trade curve)」。同時該曲線又代表一國在任何交易比率之下，所願意付出一種產品的總支出（此處指出口而言），藉以獲得他種商品（此處指進口而言）一定的數量。於是又有稱之爲「總支出曲線(total expenditure curve)」者。更由於該曲線表示係以一種商品對另一種商品之需求，故又稱爲「相互需要曲線 (reciprocal demand curve)」。

叁、貿易供給曲線的彈性

一條貿易供給曲線，可以具備種種不同的彈性，或大，或小，或無。在第六章第二節裏，我們曾大致提到過，彈性的大小，不但可以從圖解看出來，也可以實際的數字算出來。設如第 7-39 圖所示，爲美國的貿易供給曲線。美國從國外輸入綢布，而以黃豆輸出爲之交換，其總支出卽以黃豆輸出來衡量。故綢布進口係以坐標的縱軸正方向來表示，黃豆出口以橫軸的反方向來表示。當黃豆輸出總量隨綢布輸入量之增加（由於綢布的相對價格降低）而增加時，此時之貿易供給曲線是有彈性的，如 O 至 F 間一段所表示之情況是。當黃豆輸出表示的總支出不再隨綢布進

圖 **7-39**

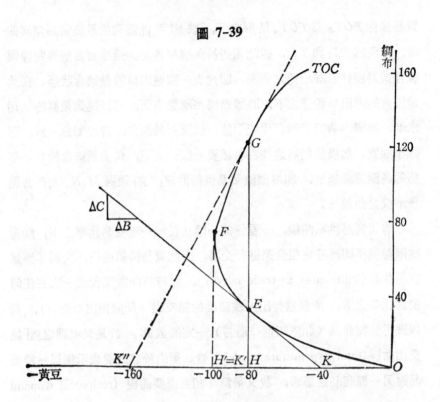

口量的變動而變動時，其彈性等於一，如供給曲線上 *F* 點所表示之情況
是。當黃豆出口所代表的總支出愈來愈少，而所換得的綢布進口量反而
遞增時，即表示無彈性，如供給曲線上 *F* 至 *G* 一段所表示之情況是。現
在讓我們來分析如何從圖上的數字看彈性的大小。

設定 *C* 為所需之綢布進口量，*B* 為所提供之黃豆出口量，*B/C* 表示
綢布價格，為對一單位綢布所必需付出之黃豆單位數量，ϵ 為貿易供給
曲線之彈性。如所週知，彈性為需要數量上所發生的百分比變動，對價
格上所發生的百分比變動的一個比率。在本例中，其彈性可按下式計算：

$$\epsilon = \frac{dQ}{Q} \bigg/ \frac{dP}{P} = \frac{dC/C}{d\left(\frac{B}{C}\right) \bigg/ \left(\frac{B}{C}\right)}$$

$$= \frac{dC}{C} \cdot \frac{B}{C} \bigg/ d\left(\frac{B}{C}\right)$$

$$= \frac{B \cdot dC}{C^2} \bigg/ d\left(\frac{B}{C}\right)$$

$$= \frac{B \cdot dC}{C^2} \bigg/ \frac{C \cdot dB - BdC}{C^2}$$

$$= \frac{BdC}{CdB - BdC}$$

$$= \frac{1}{\left(\frac{C}{B}\right)\left(\frac{dB}{dC}\right) - 1}$$

再從圖 7-39 來看，其所代表者各爲何？例如在 E 點，C/B 即相當於 $\frac{EH}{HO}$，同時 $\frac{dB}{dC}$ 又等於 $\frac{HK}{EH}$，以此代入上所計算之彈性公式內，得：

$$\epsilon = \frac{1}{\left(\frac{EH}{HO}\right)\left(\frac{HK}{EH}\right) - 1} = \frac{1}{\frac{HK}{HO} - 1} = \frac{1}{\frac{HK - HO}{HO}} = \frac{1}{\frac{KO}{HO}} = \frac{HO}{KO} = \frac{80}{40} = 2$$

由是我們可以知道，如欲從貿易供給曲線上之任何一點去求彈性之大小，可先畫一直線經過此點（上例如 E 點），而與橫軸垂直相交於某一點（上例如 H 點），然後再繪一直線與此點（即 E 點）相切於貿易供給曲線，又與橫軸相交於另一點（上例如 K 點）。同理可以求出在 F 點之彈性爲：

$$\epsilon = \frac{H'O}{K'O} = \frac{100}{100} = 1$$

在 G 點之彈性爲：

$$\epsilon = \frac{HO}{K''O} = \frac{80}{160} = \frac{1}{2}$$

肆、貿易均衡之條件

在圖 7-40 中，設定美國國內之大衆無異曲線，位於慣常安置之右上象限內，我國之大衆無異曲線，則與之對稱，而位於左下方之象限內，然後仿照美國貿易無異曲線產生之方式，繪出我國之貿易無異曲線。另外再繪入兩國之貿易供給曲線。在此兩條供給曲線之相交點 P，即爲中美兩國貿易之均衡點。因爲在此情形之下，(1) 由於貿易條件直線 TOT 表示，兩國對於綢布與黃豆，有一共同之交換比率。(2) 兩國均已達到

圖 7-40

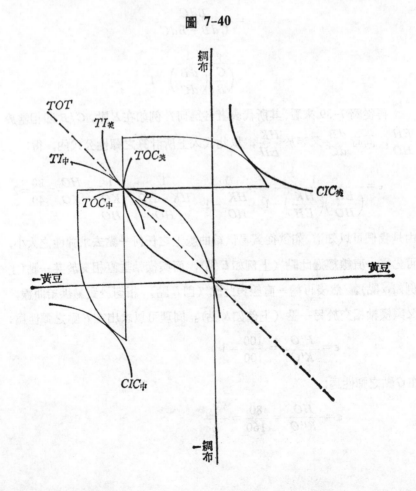

與此貿易條件一致之最高貿易無異曲線。(3) 美國輸入之綢布，與我國輸出之綢布相等。而美國輸出之黃豆，又與我國所輸入之黃豆相等。在此雙方願意供給曲線之下，如有任何其他相對價格出現，定必改變貿易條件。貿易條件改變之後，一國寧願多多輸出一種產品，超過他國所能輸入之數量。或則其所輸出，又不能滿足他國所需要的數量。在此情形之下，經濟社會定必產生一種制衡的力量，而使兩國之貿易條件直線，仍舊恢復到均衡之位置。此種情形演變之經過，我們在第六章第二節，曾經大致的提過了，讀者可以一併參考。

　　總上所述，可知國際貿易之導向，主要取決於供給與需要二者之相互作用。但是需要形態如果單獨改變，亦可能使貿易改變方向進行。例如一國對於某種產品，就成本費用而言，宜於輸出，但是由於國內需要之特別增強，最後可能導致進口，以補生產之不足。此種情形，在國際貿易方面，稱為「需要倒轉(demand reversals)」。舉例言之，假定綢布需要在我國非常旺盛，儘管就生產成本而言，是站在比較有利的地位，其價格可能由於需要增加而上漲，超過在美國國內之水準，我國反而有意從美國輸入一部分了。

　　伍、均衡與穩定之關係

　　國與國間之貿易，也可能有種種不同的貿易條件，都與均衡狀態同時並存不悖。例如在圖 7-41 中，中美兩國之供給曲線，代表雙方願意交換財貨之比率，又從三組國際貿易無異曲線，以及兩國供給曲線彼此相交於 P、Q、R 三點觀之，顯示兩國之進出口，在此三點中任何一種情況之下，皆可達到均衡。但是在 P 點與 R 點之均衡形態，又與 Q 點之均衡形態大不相同。其不同之點為何？可從均衡達成以後，經濟稍有變動所發生之後果體察出來。假如均衡之局面，經過一陣輕微的動盪以後，仍舊有恢復原來均衡的趨勢，那麼我們可稱最初的均衡，屬於一種穩定

圖 **7-41**

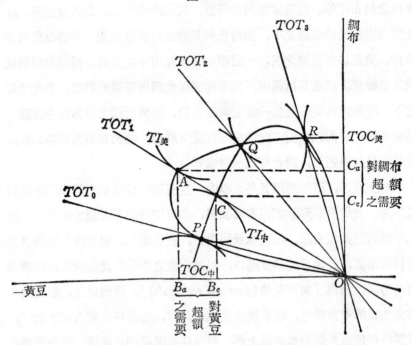

的形態。如果均衡局面稍微受點激動，卽會產生種種力量，而使局面愈來愈不穩定，那我們就可以判定原有之均衡，屬於一種不穩定形態。例如在圖中 TOT_2 均衡貿易條件情形之下，如果均衡之局面一旦受到外力之影響而被打破，產生了一種新的貿易條件 TOT_1，此時美國方面，發現它的一條貿易無異曲線，與其貿易條件直線相切於 A 點。由於美國對外貿易，仍舊依照前例，爲輸出黃豆，輸入綢布，而我國則爲輸出綢布，輸入黃豆，故在此時，美國當願輸出 B_aO 之黃豆，輸入 C_aO 之綢布。而我國由於有一貿易無異曲線與其貿易條件直線相切於 C 點，希望輸出 C_cO 之綢布，輸入 B_cO 之黃豆。因此很明顯的可以看出，美國輸出的黃豆數量，大於我國所擬輸入的黃豆數量；我國所擬輸出之綢布數量，

又小於美國所欲輸入之綢布數量。於是發生黃豆供給嫌多，綢布需要嫌多的現象，結果會引起黃豆價格之下跌，綢布價格之上漲。也就是說，黃豆的價格，用綢布來表示，比以前要便宜些，貿易條件直線，便會按照時鐘之反方向而移動，TOT_1 貿易條件直線，將與原有 TOT_2 貿易條件分離，而向左下方移動。由於原在 Q 點均衡之狀態，沒有恢復的可能，那我們可以說，Q 點之均衡，乃屬於一種不穩定的均衡。

當 TOT_1 貿易條件直線沿鐘錶指針之反方向移動以後，一直要等到一種新的均衡貿易條件 TOT_0 達成之後，才會停止下來。如在 P 點，表示一種新的均衡局面。此時貿易條件將不會再移動，超越 TOT_0 之範圍。即使有可能，經濟社會定會產生種種力量，互相激盪，而使貿易條件回復到 TOT_0 之均衡位置。於是我們可以稱 P 點代表一穩定的均衡點。同理，R 均衡點之情形也是一樣。倘使均衡的貿易條件在 R 點被打破以後，會有種種力量互相激盪，而使貿易條件回復至原有之位置，仍舊在 R 點達成均衡。

由此觀之，P 點與 R 點，都是代表穩定的均衡，而 Q 點則屬不穩定的。從圖解上看去，如果是一種穩定的均衡，兩國貿易供給曲線互相由下而上的方向相交。如從原點看去，則為由內向外相交。如果是一種不穩定的均衡，兩國之貿易供給曲線，會由上而下的方向彼此相交，或由外向內相交。而且每一不穩定的均衡點，往往被兩個穩定的均衡點所環繞。

一種均衡是否穩定，我們可以再從貿易供給曲線的彈性來判別。如圖 7-42 所示，令中美兩國之貿易供給曲線在均衡點 P 之斜率彼此相同，然後按照上述彈性測量方法，來計算這兩條供給曲線之彈性。其中美國之貿易供給曲線需要彈性顯示為：

$$\epsilon_{美} = \frac{HO}{KO}$$

圖 **7-42**

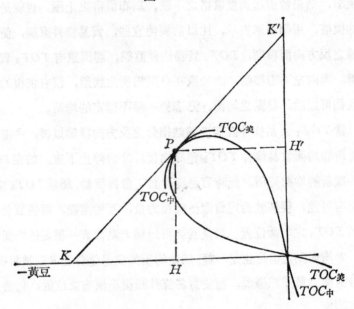

中國之貿易供給曲線彈性爲：

$$\epsilon_{中} = \frac{H'O}{K'O}$$

由於我國之需要彈性是以綢布表示，必先轉換爲以黃豆表示之後，才能與美國之彈性作一比較。又由於兩個三角形相似，故：

$$\frac{H'O}{K'O} = \frac{PH}{K'O} = \frac{KH}{KO}$$

兩國貿易供給曲線在 P 點之彈性之和，當爲：

$$\epsilon_{美} + \epsilon_{中} = \frac{HO}{KO} + \frac{KH}{KO} = 1$$

倘使兩國之貿易供給曲線係由內向外彼此相交，前已言之，屬於一種穩定的均衡。那我們可以這樣說，倘使兩國貿易供給曲線彈性之和，在其

均衡點大於一，乃是一種穩定的均衡。如圖 7-43 所示，　中美兩國之貿易供給曲線 $TOC_美$ 與 $TOC_{中2}$，係由下而上的方向相交。反之，　如兩國

圖 7-43

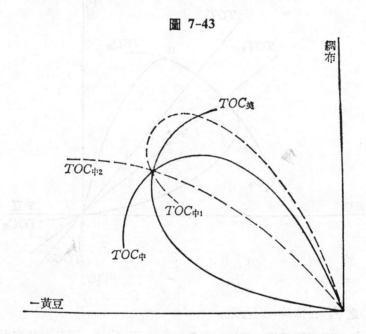

貿易供給曲線彈性之和小於一，　乃是一種不穩定的均衡。如 $TOC_美$ 與 $TOC_{中1}$ 所示者然。

　　此外尚有一種情形，也可能發生，那就是兩國之貿易供給曲線彼此重疊好一段距離，稱為「不便決定的境域(regions of indeterminacy)」。如圖 7-44 所示，中美兩國之貿易供給曲線，　有同一之斜率，而在 V 與 W 之間，　完全一致，　其彈性之和當為一。所有通過貿易供給曲線位於 VW 兩點間之任何一條貿易條件直線，都會代表一組穩定的價格。如將貿易條件直線由 TOT_0 移至 TOT_1，不會產生任何力量，使貿易條件直線離開的更遠，或使之回復至原有之位置。故在此一地段範圍以內，我們不能判斷，貿易條件究將如何自行調整。國際往來，可能在此無數貿

圖 7-44

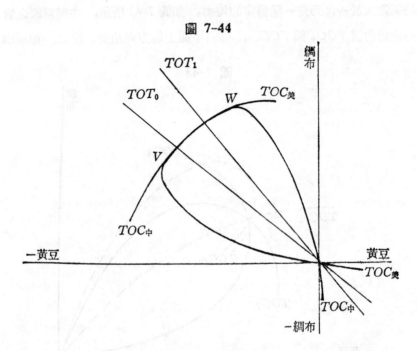

易條件之下，任擇其一而行之。

上述兩國國際貿易，可能有幾種均衡的局面出現，而且有些均衡又是穩定的，在此情形之下，當事國在貿易政策方面，究應如何考慮，關係十分重要。在上述 7-41 圖中，設使美國當時所面臨的貿易條件爲 TOT_0，其所擬輸出輸入之財貨組合，當如 P 點所示。即使經濟偶爾發生些微動盪，均衡局面被打破以後，仍舊可以回復至原來穩定的均衡貿易條件 TOT_0。因此我們可以這樣說，P 點是一個最適合的貿易形態。因爲資源分配，在此情況之下，最爲恰當。但是此外在較遠的地帶，尚有一個穩定的均衡點 R，假如貿易條件變更很大，照樣是可以達到的。設使美國利用市場大力的衝擊，能由 P 點將貿易條件 TOT_0 向右上方移動，超越 TOT_2 而抵於 TOT_3，那麼美國站在 R 點的地位，就可比以往

輸入更多的綢布，而所輸出的黃豆，反而減少了。因此貿易主管當局，
不能只是注意到最適合的邊際狀態，而且還要目光銳敏，高瞻遠矚，看
到全局的種種情況。同理，假如美國所遭遇的貿易條件為 TOT_2，我們
在前面已經指稱此種條件是一種不穩定的均衡。假如貿易主管當局處此
情形之下，還認為不錯，而要勉強維持下去，那麼最後一定會失敗的。
事實上，只要國際市場稍微發生一點干擾力量，就可使此一均衡貿易條
件移往 P 點或 R 點。倘使政府決策當局早已成竹在胸，洞悉當時所面臨
之局面，是不穩定的，那麼定會採取行動，而使之移動，達到圍繞在兩
側的任何一種更滿意的穩定貿易條件。假定一對外國貿易處於第7-44圖
中不便決定的困境，倒可將貿易條件自由移往在這一地段中任意選定的
一個位置，總以輸入最多輸出最少，對本國有利者為上策。不過要做到
這點，也不容易。只有當一國能自己認識是站在這樣一個不易決定的地
點，才能盡量利用這個機會。否則如果自鳴得意，認為當時的貿易條
件，是一種穩定的均衡局面，那就不會採取任何動作了。

陸、在不變成本情形之下

以上分析，對於貿易國兩種商品之生產，均就遞增的機會成本而言，
至在機會成本不變的情形之下，內容又略有不同，茲再簡單的分析如下。
如圖 7-45 所示，在其右上方的象限內，標示一國之國內大眾無異曲線
CIC_0，另由生產曲線 NM 所形成之區域 NMO，顯示屬於不變的機會
成本。當我們將生產曲線沿無異曲線上下滑動，藉以產生一條國際貿易
無異曲線時，即可看出其切點 P 並不在無異曲線上立刻變更其原有之位
置，因此其所產生之貿易無異曲線，在 RS 間之一段，乃成一條直線，
而與 NM 直線相平行。只有當生產曲線任何一端之頂點 N 或 M 與無異曲
線接觸的時候，其所產生之國際貿易曲線，才又形成習見之曲線狀態。
也就是說，從此時開始，該國生產，已經完全專業化，不可能再增加某

圖 **7-45**

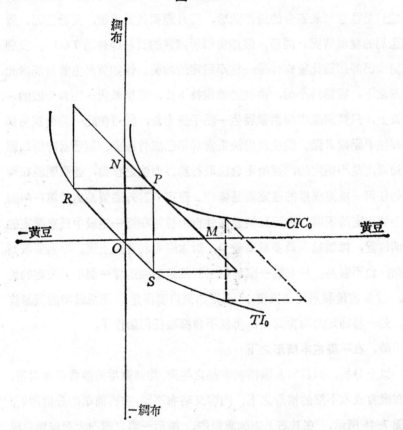

一種商品的生產了。其貿易無異曲線，至此開始與大眾無異曲線平行。

如已知一國一系列的貿易無異曲線，如圖 7-46 所示，我們即可據以求出該國的貿易供給曲線。其法一如上述，先求出種種不同的貿易無異曲線分別與可能達成的各貿易條件直線相切之點，然後連接各點而成一線即得。例如在 OA 段落內，其貿易條件直線 TOT_0 與貿易無異曲線 TI_0 之斜率完全相合，故貿易無異曲線與貿易供給曲線在此 OA 一段中，是一致的。又在貿易條件 TOT_1 之下，與貿易無異曲線 TI_1 相切於 B

圖 7-46

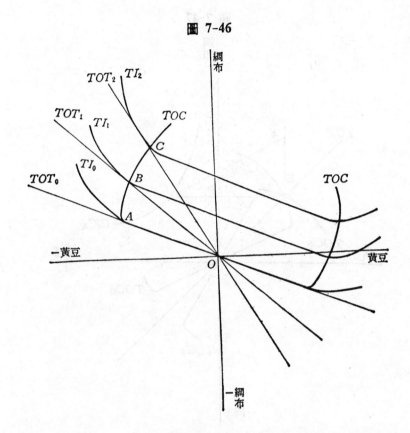

點；在貿易條件 TOT_2 之下，與貿易無異曲線 TI_2 相切於 *C* 點。然後連接 $OABC$ 各點，即得一國在不變成本之下的貿易供給曲線。此一貿易供給曲線，有一種很明顯的特徵，即其中之一段，會成直線狀態。

　　現在讓我們再舉幾個例子，說明在不變成本之下，兩個國家生產與交易進行之狀況。假定中美二國皆爲世界上的兩大國家，如圖 7-47 所示，二國之貿易供給曲線彼此相交於 *E* 點，亦卽表示在此均衡貿易條件之下，二國所願意輸出及輸入的商品數量。而且 *E* 點位於兩國供給曲線

圖 7-47

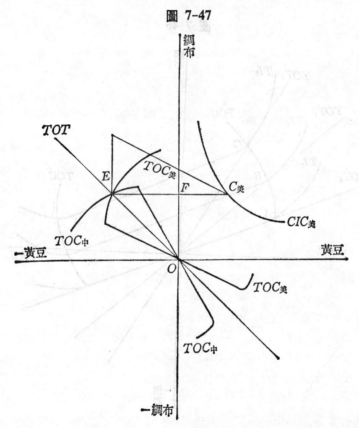

之彎曲部分,顯示兩國均已達於完全專業化生產之境域。我們先看美國,在此情形之下,美國願意輸入 OF 的綢布,以交換其所輸出的黃豆 EF,而使本國人民之消費可以達於最高大眾無異曲線 $CIC_美$ 上之 $C_美$ 點。同時美國生產曲線之一端,有一頂點正與此大眾無異曲線相接觸。如前所述,該國此時已達到了完全專業化的境域。只生產黃豆一種產品,其生產額為 $EC_美$,以 $FC_美$ 供國內消費, EF 作為輸出之用。而且值得我們注意的是,在未與我國通商以前,美國國內豆布交換之比率,亦與此生產曲線之斜率相吻合。舉一反三,我國的生產與貿易,在通商之後,正如

美國，也會專門生產一種綢布。然則貿易條件直線的正確位置，究係如何依照通商以前國內交換比率的範圍以內來決定，又與兩國國民的需要大有關係。

　　假定中美兩國，按照目前情形，一大一小，兩國之貿易供給曲線，彼此相交於美國供給曲線中之直線部分，則我為小國，可以從事完全專業化之生產，只有綢布一種。而在美國，站在大國的地位，將繼續生產二者，黃豆與綢布。如圖 7-48 所示，兩國貿易供給曲線彼此相交於 E 點，美國將生產 EG 之黃豆，$C_美G$ 之綢布，而以 EF 之黃豆輸出，換進 FO 之綢布，消費可達於大眾無異曲線 $CIC_美$ 上之 $C_美$ 點。國際貿易條

圖 7-48

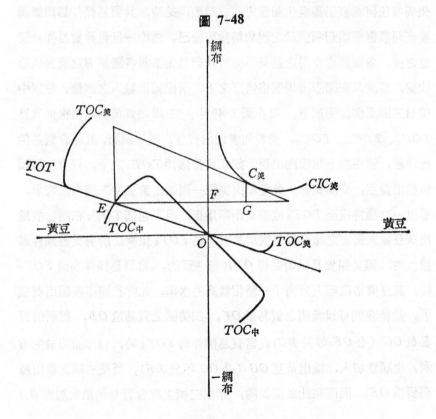

件，與大國美國之國內貿易條件相吻合。此蓋由於生產為不變成本，而大國又繼續生產兩種產品故也。由於大國可以按照原有成本增加黃豆或綢布之生產，任何改變，不會影響其在市場交換之比率。

　　假定現在有許多國家，均按不變成本生產兩種商品，綢布與黃豆，我們可以集合各國個別之貿易供給曲線，對這兩種商品，求出一條共同或世界性的貿易供給曲線。其中有些國家願意輸入黃豆，以綢布來交換；一部分國家，則願輸入綢布，而以黃豆來交換。前者可以聯合起來，產生一條綜合貿易供給曲線，而與綢布輸入之國家貿易供給曲線相交，其相交點即可決定綢布與黃豆之世界貿易條件。在世界貿易條件之下，如果尚有任何國家仍舊發生超額需要或超額供給時，其貿易條件必繼續調整至超額需要或超額供給之現象消除而後已。然則一旦世界貿易條件建立之後，各國願意交易之數量為何？我們必先察看各國原有之貿易供給曲線，審度其在國際市場價格情形之下，所願輸出輸入之數量。茲以中美日三國為例說明如下。設在圖 7-49 中，三國之貿易供給曲線依次為 $TOC_美$、$TOC_中$、$TOC_日$，先看何者輸出黃豆，輸入綢布，其綜合貿易供給曲線，當在左上象限內出現。如在貿易條件 TOT_1 之下，只有美國願意輸出黃豆，交換綢布。此種單由美國--國輸出黃豆輸入綢布之情形，可以一直維持遠至 TOT_2 直線之距離為止，但不包括 TOT_2 在內。故輸出黃豆輸入綢布之綜合貿易供給曲線，在 TOT_2 以次之所有貿易條件直線以內，與美國貿易供給曲線 OAB 是一致的。當貿易條件達到 TOT_2 時，黃豆價格已經上升到了一種相當高的水準，此時我國亦願輸出黃豆了。然後我們可以我國之貿易量 OF，加美國之貿易量 OB，得新的貿易量 OC（令 OF 等於 BC）。當貿易條件為 TOT_3 時，日本認為於它有利，也願意加入，輸出黃豆 OG（令 OG 等於 DE），而使三國之輸出總額變為 OE。因而在此象限以內，形成三國之綜合貿易供給曲線為 OA

圖 **7-49**

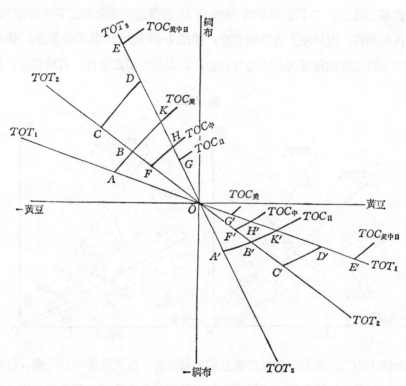

BCDE。

　　同理，我們可在右下方象限內，求出綢布輸出黃豆輸入之貿易供給曲線。但此時日本却變爲第一位輸出綢布的國家。待綢布對黃豆的相對價格上漲以後，又有我國及美國依次加入綢布輸出黃豆輸入之行列。最後組成三國之綜合貿易供給曲線 *EDCBAOA′B′C′D′E′*。 在此綜合貿易供給曲線當中，又可看出各國生產黃豆與綢布分別受到比較利益法則的支配。例如美國以生產黃豆最爲有利，生產綢布，最爲不利，因而變爲第一位黃豆輸出的國家。而我國則站在第二位。日本爲生產綢布最有利的國家，生產黃豆最不利的國家，因而變成了第一位輸出綢布的國家。

　　然則在此三國對外貿易進行當中，究竟何者實際輸出綢布，何者實際輸出黃豆？ 我們必須將圖 7-49 中綜合貿易供給曲線之下半部作 180 度的旋轉，而與左上方象限重疊，如圖 7-50 所示。 其直線部分， 係按照各國生產此兩種商品之比較利益，而定其等級之高低。例如貿易供給

圖 7-50

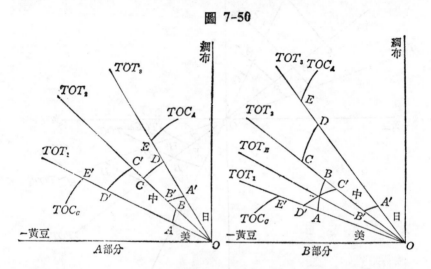

A 部分　　　　　　　　　　　　　*B 部分*

曲線 TOC_A，表示願意輸出黃豆輸入綢布者，依次為美中日三國。而在 TOC_C 貿易供給曲線，表示綢布輸出黃豆輸入之國家，依次為日本、中國，及美國。在圖7-50之 A 部分中，其均衡貿易條件 TOT_2，恰好為我國在未通商以前之國內貿易條件。美國可完全從事於黃豆專業化之生產，日本完全從事於綢布專業化之生產，而我國生產，則介在 B' 點與 C 點之間，得從事黃豆之專業化生產，或綢布之專業化生產，或同時生產二者。前此言之，倘使兩條綜合貿易供給曲線與其中之一的直線部分相交，即有一國不能達到完全專業化的境域。

　　另外有一種可能，即是兩條貿易供給曲線彼此相交於曲線部分，如圖 7-50 B 部分所示， 此時各國皆可從事完全專業化之生產。 例如美國

將以其全部資源生產黃豆，輸出黃豆。我國及日本則專門生產綢布，並輸出綢布。國際貿易條件TOT_E乃由此雙方之綜合貿易供給曲線相交而達成。

綜合貿易供給曲線彼此相交之形態，可能千差萬別，以上不過列舉二例，以示一般之簡單情形而已。當貿易國之數量增加時，綜合貿易供給曲線之直線部分，會相對的變爲更小了。因此其綜合貿易供給曲線形成一條近於勻稱的曲線。

第四節　新傳統貿易理論述評

新的傳統貿易理論說明國際貿易，正如傳統的貿易理論一樣，也是根據國際間成本比例的差別；不過所謂成本，並非勞力成本，強調機會成本。依據差別成本，爲發展對外貿易，各國當按其有利的生產條件，對種種產品，作適當的配合，盡可能增加有利的產品，減少不利的產品。當某種產品增加一單位時，其生產要素當由其他產品方面移轉而來。換言之，卽所增加某一單位產品之成本，係犧牲其他產品而獲得者。每種商品之價格，與其邊際貨幣成本相等；邊際貨幣成本又與邊際生產要素之價格相等。故在自由競爭之下，任何生產要素之各單位，無論用在何處，皆具有同一之價格。所以機會成本理論，特別注重價值之一面，對於各種生產要素之供應，顯已默許爲無彈性者然。

第 八 章

一 般 均 衡 理 論

(General equilibrium theory)

第一節　理論之依據

　　傳統的國際貿易理論，依據前所分析，其最大缺點，在於偏重勞動價值，而與實際情況大相逕庭。同時其理論又建築在一個靜態經濟的假定上，與變動不居的動態社會，亦有未符。因此有瑞典經濟學者伯梯、鄂林 (Bertil Ohlin) 先生應用價格理論，說明國際貿易，不過爲地區間商務之伸展。其價格之決定，受種種不同力量的影響，與一國境內價值決定的因素幾乎完全相同❶。各國在未通商以前，同種商品，在不同的國家，價格當然有所不同。迨一旦彼此同意往來，互通有無，國際商務之發展，乃勢所必然。因爲一部分商品在國外採購，遠較國內便宜，所以價格低廉，爲促成各地區間或國際間通商的主要動力。假如運費不計算在內，則國際貿易，可使全世界同種商品之價格，都能完全相等。

---

　　❶ 鄂氏著有 Interregional and International Trade, Harvard University Press 1933

在一國領土以內，物價究係如何決定的呢？鄂氏之現代理論❷，是以自由競爭，同一價格法則與從長期觀察爲基本要件。所謂完全自由競爭，是假定沒有獨占或類似獨占制度存在，價格不受任何買方或賣方之操縱。同一價格法則，乃指在市場上由於買賣雙方之競爭，物價可以統一。同種物品，概按同一價格出售，決無高低之別。如從長期觀察，對於市場之臨時混亂現象，可以不必計及。長期間之物價，適足以抵償邊際生產成本。唯有在上述條件齊備之下，才能產生均衡物價，使供給與需要恰好相等。物價旣係由供需雙方來決定，然則需要與供給又係如何決定的呢？需要乃是根據消費者的慾望及其貨幣購買力。對於某種商品是否特別感覺需要，又與嗜好及物價有關。至於有無此能力購買，則又視其貨幣所得，卽所掌握的生產要素而定。在供給方面，其所受的影響力量較爲複雜，當視市上價格與生產成本而定。而生產成本又特別重要；因爲從長期看，價格須足以抵償成本。也就是說，一個生產者，在一段相當長的時間以內，必須能夠付出工資、利息、地租等項。每一單位商品之生產成本，乃由種種不同生產要素的數量及其價格來決定。但每種生產要素究應使用多少，則又視生產要素之自然條件及其價格而定。故任何一種商品，可採用組合不同的要素比例。或多用土地與資本，少用勞力；或多用勞力，少用資本與土地。例如在北美、阿根廷、加拿大幅員遼濶地價便宜之國，可以普遍發展農作物，勞力少而收益大。在人煙稠密寸土寸金之歐洲大陸各國，對於土地，唯有採用深耕辦法，所費愈多，收益愈小。生產要素之市場價格，一如製成品，也是受到供給與需要兩方面的影響。如外界對某製成品之需要增加，則對該產品所用生產

---

❷ 近三十年來經濟方面之著作，應用價格理論說明國際貿易者，一般又稱之爲「現代理論」。

要素之需要,亦將同時增加。但生產要素可以適用之工業範圍極爲廣泛,對於某種要素之需要,自當視其所應用之各種工業製造品之需要力量而定。社會對於製成品之需要, 又與生產要素之價格有關。因爲一般人能夠獲致所得, 乃是由於掌握了生產要素。企業家對於生產要素所付之價款, 卽構成一般國民所得, 所得之大小及其分配, 當然影響一般人的購買力及其對於財貨的需要。生產要素之供給量, 與價格大有關係。當生產要素之價格提高時, 要素之供給量自然增加;價格降低時, 供給量亦隨之減少。同時生產要素之價格,又取決於要素之供給量。所謂供給量,並非指要素供給的絕對數字, 而指其對於使用上需要的多少而言。任何要素之所以能有價值, 乃在於供給數量不超過其有效利用之數量。如供給短少, 其價值當以其用在產生最大酬報方面來衡量。由是言之, 價格制度, 實一非常錯綜複雜之問題, 牽涉各種商品之供給與需要, 各種生產要素之供給與需要, 產品價格, 要素價格, 國民所得, 生產要素之組合運用, 彼此互相倚存, 互爲因果。所以任何一種商品之價格, 乃是由於商品及其生產要素在供給與需要兩方面的力量,恰好達於均衡狀態。依據上述價格基本理論, 我們便可進一步探討國際間物價不同與其貿易的原由了。

第二節　國際貿易原理

國際貿易之發生, 乃由於同種商品, 在各國之價格有所不同也。其價格不同之原因, 係由於生產成本不同與成本比率不同故也。生產成本在各國何以不同? 生產成本係照所支付的生產要素價格來計算的。所有工資、利息、地租等項之支出, 統屬價款, 其在市場, 一如其他物價, 受到供給與需要兩方面之影響。勞力、資本、土地之供給, 在任何一個

國家，經過長遠時期以後，當然有所變動，不過其變動是很緩慢的。故在短暫期內，我們姑且認定這些要素是一定的。企業家運用種種生產要素，乃由於要素有可供利用之價值。但按照收益遞減法則及生產增加價格有下跌之趨勢，可供利用之生產要素，如果供給增加，其報酬亦將遞減，乃勢所必然。設使同種要素在各國相應於需要之供給量有所不同，其價格自亦因之而異。如其供應量相同，其價格在各國亦當趨於一致。事實上，同種生產要素在各國之供應量，極不一致。如在我國，勞力較為便宜，但以資本缺乏，利率較高，美國工價極高，由於資本雄厚，利率較低。紐西蘭、澳大利亞地曠人稀，地價最為便宜；日本、香港人多地窄，地價最高。且以各種生產要素在國際間常不易於移轉，其供應不均之現象，亦往往屬於長期性的。土地壓根兒不能移動，勞工在國際間又受移民法之限制。路費之短少，鄉土觀念之保持，語言文字之不便，大多不願離鄉背井，遠適異國。資金比較流動性大，在滙兌自由制度之下，可由利率偏低之國家，流往利率較高之國家；或從利潤率較低之地區，輸往利潤率較高之地區。但自 1931 年各國取消金本位以後，國際滙兌受到種種干涉，資金亦不如前此之自由流轉矣。生產要素在各國之供應量既不一致，價格高低也不相同，從而生產之成本比率，也自然不同。各國當盡量利用產量較多價格又較便宜之生產要素，減少貴重部分之生產成本❸，而以廉價之產品，運往他國，交換他國價廉物美之產品。至於生產技術與方式，亦常在改變，不過我們也可這樣說，在一個短暫的期間內，其變動總屬有限的。因此以上所述之各國生產要素不同及成本比率有別，乃是根據一個假定，即各國對於生產同種商品，大致都用同一之生產技術與方式。例如發展畜牧事業，須有廣袤的牧場，而無需大批

---

❸ 生產要素千差萬別，本段所列舉之土地、勞力、資本，不過從簡用作代表耳。

的勞力；製造機械工具及電器設備，則需鉅額資本及技術員工，而無需很大的地皮。另有一部分產品，其生產要素，可以互相替代，究竟需用勞力較多，或土地較多，或資本較多，就很難說了。

　　成本比率不同，何以構成國際貿易的重要條件，我們不妨再舉一個例子來說明，也許更爲清楚。設在紙幣制度之下，甲乙兩國成本比率完全相同，但甲國成本又普遍較乙國爲低。如綢布、牛肉、黃豆每單位之價格，在甲國分別爲3元、2元、1元，在乙國按照滙價計算，則爲6元、4元、2元。在此情形之下，乙國當從甲國運進以上三種商品，而無任何商品輸往甲國，形成一面倒之貿易。此種貿易，當難望維持久遠。因爲乙國對甲國外滙需要增加以後，甲國貨幣在乙國市場之價格，必逐漸提高；外滙價格提高，卽表示進口成本增加。當乙國陸續向甲國購運進口，兩國間物價高低之差距，必愈來愈小，最後定必導致兩國間綢布、牛肉、黃豆之價格完全相等（運費暫不計算在內），乙國從此不再向甲國運進貨物了。所以成本比率相同而物價又屬一致的情形之下，國際貿易卽無法展開。很顯明的，比較成本理論與相互依存理論，有一個很重要的相同點：卽國際貿易，必須根據兩國間有關商品在成本上的差異。

　　國際貿易第二個重要條件，是因爲生產要素在各國之價格有所不同。生產要素價格不同，何以影響製成品價格？爲便於了解，我們不妨再舉一例，加以說明。設在中美兩國，三種生產基本要素之價格各不相同。美國之土地、勞力、資本，每單位分別爲5元、12元、2元，我國之土地、勞力、資本，每單位分爲12元、3元、6元；同時又假定生產黃豆80斤，需土地8個單位，勞力2個單位，資本1個單位；生產綢布50碼，需2單位的土地，8單位的勞力，3單位的資本。其生產黃豆與綢布在中美兩國的成本，當如下表所示：

每 單 位 成 本			黃豆八十斤之成本			綢布五十碼之成本		
	美國	中國	所需單位	在美國	在中國	所需單位	在美國	在中國
土 地	\$ 5	12	8	\$ 40	\$ 96	2	\$ 10	\$ 24
勞 力	12	3	2	24	6	8	96	24
資 本	2	6	1	2	6	3	6	18
總 值				\$ 66	\$ 108		\$ 112	\$ 66
每 單 位 成 本				0.825	1.35		2.24	1.33

在美國因爲土地便宜，便於種植黃豆，所需勞力與資本較少，每斤成本僅值 0.825 元。在我國則以地價較高， 每斤生產成本變爲 1.35 元。另在生產綢布方面，所需勞力較多，資本與土地較少，其生產成本，在兩國又恰好相反。美國以勞力較貴， 每碼生產成本爲 2.24 元， 我國以勞力較爲便宜，每碼生產成本僅費 1.33 元。

關於生產技術與方式，上面我們業已提到,假定各國大致是相同的，但事實上，也不完全相同。例如在東方國家製造地毯，大部利用手工，在美國則盡量利用機器。緬甸泰國每年大量產米外銷，全靠人力種植，美國同樣有米出口，則多利用機械大規模生產。故在生產技術方面，各國當盡可能利用其成本最低的辦法。如果對於某種產品，採用最低成本製作方法，連同其他生產要素，其總成本仍較其他國家用最低成本方法所製造者爲輕時，該國自當集中力量，生產是項商品，另向其他國家輸入本國運用最低製造成本仍較他國爲高之產品。如仔細加以比較，各國所採用之最低成本生產技術方法，亦復千差萬別。

本章第一節中我們曾經提到，生產要素之供給量，並非指它的絕對數字，而是就其所需要能提供的數量而言。其影響國際貿易者爲何？我們似有再加以說明的必要。假定兩個國家所具備的種種生產要素，其比率完全相同，但其對於要素之需要則不相同，其有關要素之價格，自亦

因之而異。例如我國幅員與巴西土地面積幾乎相等，但在我國地價較貴，因我國人口眾多，對地的需要迫切，所以土地尚不夠分配。而在巴西人口不過我國十分之一，土地大半荒廢，無人開墾，賣價自然極低。反之，如兩國生產要素所具備的條件並不一致，但其條件不一致的狀況，恰好爲對於要素的需要有所不同而抵消時，兩國有關生產要素之價格，也可能趨於一致。不過事實上，生產要素具備的絕對不同，乃爲各國成本比率不同的主要原因；因爲要素具備條件之不同，並非必然爲需要的不同而加以抵消。所以嚴格說來，一切價格的決定，以及國際貿易之往來，也就是生產要素供給與需求的關係。

國際貿易發生以後，我們所要研究的問題，不是某國勞工成本對土地與資本成本之關係，而是該有關國家某些生產要素較其他國家價格較爲便宜之點。也就是說，國際市場生產要素成本之低，乃指其絕對便宜而言。假定在紐約一技術工人每日工資 80 美元，普通工人每日工資 40 元；同時在臺灣的技術工人及普通工人每日所得分別爲臺幣 1,000 元及 400 元，則兩國間的工資，在技術工人顯較普通工人爲高；但兩國之工資，究竟何者絕對的高，或者何國絕對的低？但以兩國貨幣價值不同，單從上述數字，尚無法比較。假定按照滙價 美元合臺幣 25 元，即可得知我國勞力遠較美國工人便宜。

當各國生產要素價格及滙價明瞭以後，則在何國某種生產要素價格爲低，並應充分利用生產，輸往外國，即易決定。我們也可舉例說明如下。設有 ABCD 四種要素，在中美兩國之價格如下表所示，由於滙價不同，要素的絕對價值，亦因之而異。

生產要素	中國市價	美國市價	按照滙價以臺幣表示之美國要素價格		
			U. S. $1= N. T. $ 40	U. S. $1= N. T. $ 20	U. S. $1= N. T. $ 60
A	N. T. $ 40	U. S. $ 0.25	N.T. $ 10.00	N. T. $ 5	N. T. $ 15
B	40	0.50	20.00	10	30
C	40	1.00	40.00	20	60
D	40	2.00	80.00	40	120

當滙價爲 1 美元合臺幣 40 元時，AB 兩種要素之價格，在美國遠較我國爲低，美國應盡量利用此二種要素，作爲種種生產之用，減少 CD 兩種在生產要素上之比率。至在我國，則當生產利用D要素最多的商品。如滙價改爲美金 1 元合臺幣 20 元，則美國生產要素之價格下跌一牛，ABC三種要素在美國均較我國便宜，美國可充分利用此三種要素，從事有關之生產。而在我國，相形之下，則無一絕對較便宜之要素。D之價格，與美國之價格，又復相等，因此國際貿易將成爲片面的。只有美國貨可運往中國，我國則無貨可運銷美國矣。如滙價爲美金 1 元合臺幣 60 元，AB 兩種要素在美國仍較便宜，而在我國，CD 兩種要素又極便宜，此時美國之生產，可盡量使用 AB 要素，另從我國方面輸入 CD 要素成分較多之商品。在滙價爲美金 1 元合臺幣 40 元或 60 元情形之下，中美兩國間之貿易是否可以達於均衡狀態，似可不必計較。因爲我們上面所作之分析，無非表示當滙價變動以後，生產要素的絕對價格，亦將隨之變動矣。在自由滙市之下，滙價當由兩國對於財貨之相互需要來決定，假定其他無形項目暫且不包括在內。促進兩國進出口相等之滙價，普通稱爲均衡滙價。均衡滙價，並不改變國際商務量之流向，或決定國際商品之價格；不過爲調整國際貿易之中介物，其本身完全由兩國對於商品的相互需要來決定。在均衡滙價之下，兩國間之國際收支，卽可相等。

第三節　運　　費

以上所述國際貿易理論，爲簡便起見，對於商品交換之比價，運費一項，尚未包括在內。事實上，運費一如其他生產成本，當一併計算在價格之內。進口財貨，加上運費❹，遠較其在出產地之成本爲高。出口財貨，把運費計算在內，其價值亦大爲降低矣。所以國際貿易，由於運費一併算作成本，便縮小了兩國間價款的差距，也就是縮小了貿易的範圍。儘管外國貨之生產成本遠較本國貨爲低，但如加上運費，可能反較本國貨爲貴。必須兩國間商品生產成本之差額，大於運費，國際貿易才能進行。這是很明顯的道理。我們如用下面的圖解表示，也許更爲清楚。

爲便於表示，暫以單一商品爲例；通商以後，影響供給與需要兩方面者，亦以此種商品爲限；有關所得，滙率及其他物價等項變動隨以俱來之影響，概不加以計較。因此據以分析之國際貿易平衡，當然是不完

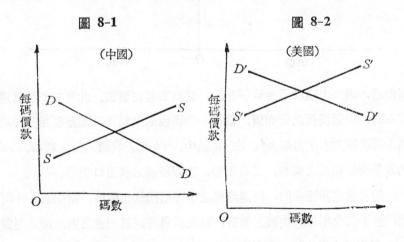

圖 8-1　　　　　　　　　　　　圖 8-2

（中國）　　　　　　　　　　　（美國）

整的，屬於局部的，這是我們首先要加以指出的。假定中美兩國在未通
商以前，對於綢布之供給與需要，按照一定之價格（或折合國幣計算，
或折合美元計算，均無不可），其情形如圖 8-1 及 8-2 所示，顯示綢布
在美國之價格，遠較我國爲高。通商以後，我國之綢布價格，當因外國
需要關係而提高；美國之綢布價格，當因供給增加而降低。兩國原有綢
布供需之兩圖，似可合而爲一，如圖 8-3 所示，共一垂軸。則我國之供

圖 8-3

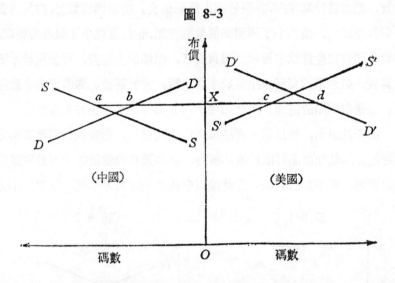

需曲線，與 8-1 圖所示者恰好相反；當從右往左看去。此時如不計算運
費在內，則通商後之新布價，當爲一平衡我國剩餘及美國差額相交於兩
國供需曲線之水平直線 *ad*。在 *ad* 線中，*ab* 代表我國剩餘之綢布，*cd*
代表美國所缺乏之綢布，二者相等，亦卽兩國之進出口相等。

如將運費計算在內，則通商後之中美兩國綢布價格，當如圖 8-4 所
示，並不完全相等。美國之價格，較我國爲高，其相差之數，卽爲運費
wt；但兩國之進出口，仍按此均衡價格而相等值，卽 *ab* 等於 *cd*。

倘使運費 *wt* 如圖 8-5 所示，大於兩國價格之差額，則中美兩國卽

圖 8-4

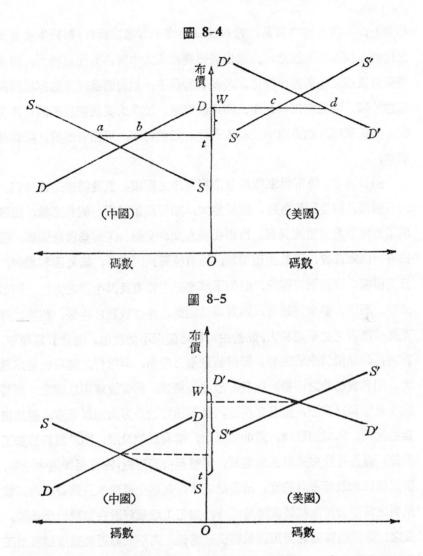

圖 8-5

無通商之可能。即使綢布生產之條件在中國再優越，亦無考慮之餘地矣。

　　由上所述，我們知道，國際貿易，一面須根據生產要素，一面又要考慮運費，顯示運費在國際貿易中所占地位之重要,幾與生產要素相等。

事實上，一部分國際貿易，常以運費爲唯一考慮之條件，對於生產要素之比例，反而不大注意；此蓋由於運費在成本中所占的比重極大，而生產要素價格之差別甚小故也。最顯著的例子，如德國曾經從北部以鋼鐵運往法國，而在南部則又從法國運進鋼鐵。加拿大從西部以石油運往美國，另從東部又由委內瑞拉輸入石油。如此轉運，可節省運費，降低總成本。

運費成本，通常與生產地及市場兩地之距離，以及轉運是否便利，大有關係。兩地距離愈遠，運費愈大，如何縮短路程，便利運輸，已經成了國際貿易的重要課題。市場由於人文、交通、工商業種種關係，往往有一固定位置，至於生產場地，除有特殊原因者外，儘可因利乘便，接近市場。因此研究運費，必先了解產品之特質及其生產之方法。例如米麥、石油、鑛苗等運費，與其價值相比，往往較輕；生果、蔬菜、磚瓦運費所占之比率則較大，此蓋由於轉運便與不便故也。運費計算標準，亦有從商品價值來着眼的。即價值愈高之產品，其所付之運費比率亦愈大。如名貴植物之運費，遠較一般泥沙爲貴。另從設廠場地觀之，則當就生產原料之來源，產品之性能，及製造方法多方面加以考慮。例如鑛苗的開採，木材的砍伐，原油的吸取，唯有就地設廠。關於原料的加工提鍊，廠房可設在原料供應地區，可移至市場附近，亦可另擇適中地點，當以總成本最低者爲適宜。所謂總成本，包括生產成本及運費在內。當原料之轉運費用遠較製成品爲高時，加工工廠最好設在原料供應地區。反之，如原料運輸之費用遠較製成品爲低，則不如靠近消費市場設置工廠。例如木材砍伐以後，附近又有河流，可以直達市場，則鋸木工廠自可設在市場附近。因大塊木料沿河順流而下，所費甚微。如林場與市場相隔甚遠，又無水路可達，轉運費用至爲可觀，則鋸木工廠仍以設在林場附近爲宜。小麥運輸，遠較麵包方便，麵包工廠，泰半設在市區，小

麥則多由遠道運來。鋼鐵之提煉，耗煤甚鉅，爲降低運費成本，煉鋼廠自可設在煤礦區附近。美國之匹玆堡 (Pittsburgh) 及德國之魯爾(Ruhr)，產煤最富，同時又爲有名之鋼鐵工業中心，以此故也。設使製成品之運輸費率，高於重量減損之原料，則兩者在轉運時，又當如何計較，須從重量減損之程度及費率之差額兩方面加以考慮。如果原料1噸經加工製成產品以後，淨重減至0.6噸，而運費又規定爲原料每噸10元，製成品每噸15元，兩相比較，此項製成品共需運費9元，顯較原料運費便宜。如製成品每噸運費改爲20元，則共需運費12元，又較原料品運費爲貴。商品製造，往往使用數種原料，如原料來源地區彼此相隔甚遠，距離市場亦復遙遠，則設廠地址當擇定在總運費成本最低之處。原料加工製成產品以後，體積亦多擴大，運輸至爲不便，費用自然加大。爲節省費用計，關於此類產品，其最後完成之工廠，亦大半設在市場附近；汽車工業，便是一個最顯著的例子。所有零件猶星工廠，設在其他便利生產之處，裝配則集中總廠辦理。此外如酒類及其他飲料之裝瓶，增加產品重量，裝瓶工廠，亦多遷就消費者，設在市區近地。另有一部分企業，如百貨店、影戲業、服裝社、銀行業等，必須設在市區，便利顧客觀賞選購，又可節省配銷費用。爲便利水陸運輸，加工產品，往往就港口附近設置工廠，以所輸入之原料，加工製煉以後，隨時裝運出口，減少費用。更有一部分工業，在加工製造過程當中，對於原料重量及容積之減損，非常輕微，運費亦屬有限，其設廠地址，自可就其他因素加以考慮，不必注重運費成本。在這方面，紡織業便是一個突出的例子。英國的棉毛紡織業，依照天時地利，無論設在北部盈寧山地 (Pennines) 的任何一邊，均有好處。棉紡織業向以曼徹斯特(Manchester)爲中心，因爲山地西部空氣潮濕，棉線不易折斷。原棉又多取自印度、埃及、美國，而以利物浦(Liverpool)爲輸入港，故利物浦也是一個理想的加工區域。毛織

品工業設在盆寧山地東部之產毛地區，固然方便；設在供給燃料之約克郡(Yorkshire)煤鑛區，也有便利之處。所以關於棉毛紡織工業，可從海外運進原棉羊毛，製成棉布棉衣毛線毛料，再運往國外銷售，等於勞務輸出。其最大的原因，便是運輸方便，運費低廉。日本從敍利亞(Syria)運進原棉，加工製成布衣以後，運往中東銷售。英國從澳大利亞及紐西蘭運進羊毛，在里子(Leeds)及布萊德佛德(Bradford)加工以後，再運往安替坡第玆 (Antipodes) 及遠東地區出售。臺灣不產棉毛，我國近年以來，對於棉毛紡織品加工外銷，不遺餘力，增加外滙收入，亦頗可觀。此外關於礦油的提煉，也不大變更重量及容積。煉油廠或設在油井附近，或設在市場郊區，當從其他方面加以考慮。例如美國的石油製煉廠，有的設在產區德克薩斯州 (Texas)， 有的設在新澤西州之貝雲 (Bayonne)城。歐洲以往多從加賴比海(The Caribbean) 區域國家及中東輸入石油，但自第二次大戰以後，煉油工業轉向歐洲發展。一方面由於歐洲國家用油不再專重輕油一種，二則由於各國情勢轉變，商業政策亦有所更張矣。

第四節　生產要素之質的不同及其原因

國際貿易之發生，在以上各節，我們曾一再分析，其主要原因，乃由於兩國間生產要素之不同，因而各就其天賦最厚成本較低者多多利用生產，互相交換，彼此可以獲利。例如幅員廣濶者，宜於種植；人力充沛者，宜於勞作。似此論述，顯然對於土地人力，過於重視量的一面，而忽視了質的差別。因為土地有肥沃磽瘠之分，勞工有賢愚不肖之別，其生產能力，大為不同。不但國與國間同一生產要素之本質不盡相同，即在同一國內，亦因地區不同而可能發生大的差別。我國的勞力，就不便與美國的勞力相提並論。在我國工資較為便宜，美國工資最貴，但美

國一位技工的生產能力，可能高出我國者若干倍，其對某種財貨之實際生產成本，也許反較我國爲低。所以我們比較國際間任何一種生產要素，必須本質完全相同，然後價格有別一語，才能顯示眞的意義。至在土地，更容易看出。山地平原，大有差別。例如我國之西北高原，地曠人稀；東南沿海，沃野千里，其生產能力，決不可同日而語。若論資本，問題比較簡單。此處所稱資本，乃指自由尚未使用之資本而言。其成本之高低，可完全以利率來衡量。至於資本財貨，如機械工具之類，從其質料及效能方面觀之，則又千差萬別。手搖紡紗機與電動紡紗機之生產效能相差甚遠，人工織布機與機器織布機之速度，又不可以道里計。然則各國何以又採用不同之生產工具呢？當與生產要素之價格及其供應量有關。在資本缺乏之國家，利息一定高昂，從事生產，自以儘量減少資本要素爲原則。添置設備，以價格低廉者優先；再配備大部分工資低微之勢力，即可產生價廉之產品。不過也有例外。英國在第二次大戰以前，資本並不感覺缺乏，但英國在紡織業方面所用之機器設備，即不如美國工廠所用者效能之高。日本工資，遠較英國爲低，而日本之紡織工業設備，在1930年代，即勝過英國。此外英國之煤鑛開採設備，亦遜於美國。此種不合常理之措施，我們只能說與社會生產環境大有關係。又如勞工在低度開發之國家，其生產能力，往往不如工業國家之技工，而落後國家人民之智慧，並不低於先進國家之國民；甚或超過他們，其在工作上所表現之差別技能，完全與社會環境有關，生產處境不如人家，文化水準不如外國，工作效能，也就隨之低落了。

　　所謂社會生產環境，範圍相當廣泛。國民的生活習俗與傳統，與勞工便有密切的關係。例如在印度信奉多神教的人民，思想極不一致，形成種種不同的團體與階級。職業不同，彼此不相往來。上層社會的人，輕視工商業界。正如我國過去的舊觀念，同樣看不起商人。所以企業家

不容易在這種環境裏培養出來。英國的紳士派作風，重視專門職業，文武官吏，也阻抑了青年們投身企業界的志趣。美國歧視黑人，不許黑人有同等社會地位，經營大規模企業的機會都被剝奪了。只有從事等而下之的工作。黑人也並非表裏一致，個個頭腦簡單。企業家、技術員工並不是天生的。有設備完善的高等學府，優良的師資，人才就可班班輩出。美國今日工商業如此蓬勃發展，國民富於進取心，固然大有關係，而教育的完備，社會多方面的鼓勵，都是很重要的因素。若說美國人一定智慧超羣，那未免太自暴自棄了。

在落後的國家，國民生活窮困，收入短少，營養不良，健康欠佳，體力無法作長時間的支持，生產效能自然減退。生產者認為工資低廉，成本減輕了，占了大的便宜，實際上，效果不佳，進度遲緩，思考欠週，都是一種無形的損失。工資低廉，對於老弱傷殘以及童工，可能有一種鼓勵作用，對於精力充沛之有為青年，却是一種大的阻力。

此外如租稅之繁重，可以增加生產成本，阻礙生產事業之發展。降低進出口稅，即可減輕成本，鼓勵生產。尤其當一國需要外資的時候，對於外國人投資減免租稅，可以獎勵資金進口，發展本國工業。勞工組織，對於工資之固定不變，也會影響生產成本。1925年英國恢復金本位後，黃金陸續出口，國內物價並不因此而降低，也就因為勞工組織之堅強，工資無法降低；以及戰後繼續採用重稅政策，商品成本不易降低，使價格機能失掉了彈性作用。這是一個最好的例證。不過工資提高，有時反可促進生產。假定工資由最低水準而逐漸提高，便會增加生產效能。對於企業家而言，却是利潤率的提高，而非負擔之加重。在第一次大戰以前十幾年當中，美國鋼鐵工業之迅速發展，有人說，當時鋼鐵業工會之組合非常脆弱，可能是一個很大的因素。因為生產技術之改進，並沒有遭遇到技工的強烈反對。而在英國，情形就兩樣了。

第五節　競爭與獨占

　　以上所述國際貿易理論，都是建立在一個假定之上，即有關經濟社
會，概處於完全競爭 (Pure competition) 狀態之中。何謂完全競爭，也
只提到了它的意義，並未作扼要的說明，其與價格的關係，似有再加以
闡明的必要。所謂完全競爭，乃指某種工業，係由多數廠商經營；每一
廠商之出品，又復完全相同；廠商之間，彼此並無任何串通或協商情事。
因此任何一家廠商，增加生產也好，減少出品也好，不會影響市場價格。
因爲一家廠商的力量，在整個供給方面來看，是微乎其微的。品質旣然
劃一，購買者對於任何一家之出品，都會同樣看待，價格上也不致發生
差異。在此同一物品，同一價格的公平競爭原則之下，每家廠商出品在
市面的需求彈性，都會變爲無窮大，而成一條水平直線，如圖 8-6 所示。
每家廠商可按市價在其生產能力許可範圍之內出售商品，而其最適度之

圖 8-6

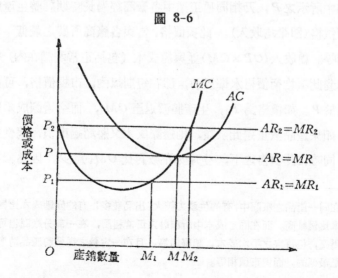

產量，當為邊際成本與平均成本概與市價相等的時候。所稱平均成本，乃指最低平均成本❺，包括正常利潤在內。此時邊際成本曲線，必相交於平均成本曲線之最低一點，即以此故。需要曲線，不論為對一家廠商之需要，或對該工業全體的需要而言，總是匡計平均收入。因為線上之任何一點（即某定量可以售出之價格），表示對一家或多數廠商每單位產品出售之酬報。所以需要曲線，又常指平均收入曲線(Average revenue curves)。圖中之水平線標名 *AR* 者，其故在此。在此統一價格無量數需求者爭相購買情形之下，如某家廠商稍微將價格提高一點，市面對於他的產品需要，就會降落至零點，而轉向其他相與競爭之廠商方面購進。同理，如該廠商將價格略予降低，則能生產多少，便可賣掉多少。又如本圖所示，平均收入當與邊際收入相等。所謂邊際收入，乃指每增加一單位產品出售後之收入。因為任何一家廠商之生產力量，不足以影響市場價格，故每增加一單位產品出售之後，其收入當與未增加前各單位出售之所得完全相等。

圖中所示之 *P*，乃指同種工業中各廠商經過長時期調整生產所獲致之均衡價格(即平均收入)。此項價格，當與各廠商所費之最低平均成本恰好相等。總收入($OP \times OM$)並與總成本（包括正常利潤在內）等值。在未達到此項均衡價格水準以前，即在短期以內，市場價格，可能高於 *P* 或低於 *P*。如價格為 P_1，生產將減退至 OM_1，而令邊際成本與市價相等。如果產品數量過此限額，則邊際成本又將超過市價，蒙受更多的損失。同時在此價格之下，生產亦不致再比 OM_1 為少。因為低於此一

---

❺ 在同一產品之廠商中,有的生產力較大,出品較多;有的變動成本比例較低,固定成本比例較高。而在固定成本中所核計之正常利潤,在一部分廠商也可能較其他廠商為高,但每家之平均成本,總歸相等。且在一定量之需要與產品情形之下,也應當是最低的,而與市價相等。

限度之生產，其價格又將超過邊際成本，定必擴大生產至 OM_1，而增加總收入也。但以 P_1 價格較平均成本爲小，在此情況之下，經營的廠商，不能獲得正常的利潤，其所受之損失，自亦以此生產限額爲止。曠日持久，一部分廠商不再汰舊換新，讓設備用完，生產也就停止了。當一部分廠商退出此產業以後，生產減少，市場價格又將逐漸上升達於均衡價格 P。設在短期內市價高於正常水準而達 P_2，廠商定必增加生產至 OM_2，而令邊際成本與市價相等。由是觀之，當生產者調整生產致令邊際成本等於邊際收入時，可使利潤達於最高點，或損失降至最低限度。這個原理，在此地表現最爲清楚。圖中之市價，在三種可能生產額度情況之下，概與邊際成本相等。但以產銷屬於完全競爭，故 AR（或稱物價）$= MR, MC = MR$。當物價爲 P_2 時，廠商可以獲致暴利；因而擴充設備，增加生產；並誘導一部分新的廠商加入生產行列。生產增加以後，物價又可趨跌，回復至 P 之境界，利潤亦降低至正常水準矣。

　　完全競爭之反面，即爲完全獨占 (Perfect monopoly)。完全獨占，係由一家生產商擔負某種產品全部的供應量。獨占者本人即代表此一產業，所以市面對於該公司之需要曲線，也就是對該產業之需要曲線。當然，獨占品也會因其他產業之競爭而產生代用品，不過事實上，在品質上並沒有絲毫不差的代用品。如 8-7 圖所示，在完全獨占之下，其邊際成本曲線與平均成本曲線，一如在普通競爭下的廠商，生產開工以後，平均成本逐漸下降，等到生產設備業已充分使用，又會逐漸提高，致令邊際成本曲線仍交於平均成本曲線最低之一點。但與普通競爭下廠商不同之處，可由平均收入與邊際收入兩條曲線看出來。此時市面對於該廠商產品之需要（或稱平均收入），不再是一條水平直線，而爲一條向下傾斜的線了。其彈性之大小，乃由需要者的嗜好來決定。同時獨占者自行變更產量以後，也可影響價格。與完全競爭下一家生產廠商隨意變更生產

圖 8-7

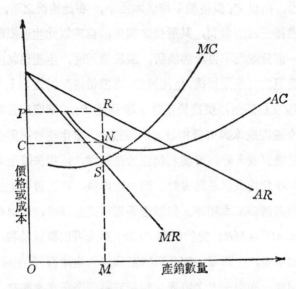

數量而不影響價格者截然不同。在完全競爭之下，邊際收入與平均收入始終相等；在獨占之下，多賣出一單位之產品，價格便會隨之降低，不僅所有售出部分每單位的平均收入減少了，其在增售部分收入的減少反而更大了。我們不妨舉例來說，也許更為清楚。設某獨占商在每件價格80 元之下，可以出售五件，總收入為 400 元；如將價格降低至 79 元，可以多售出一件，即共售出六件，可得總收入 474 元。其增售一件對原有收入之增加，即邊際收入，不過 74 元，尚不及六件之平均收入 79 元。儘管第六件價格也是 79 元，但以其中一至五件按照新價，只能售得 395 元。故從第六件收入中以 5 元抵補前五件因新價出售所遭遇之損失後，其邊際收入就只有 74 元了。邊際收入往往小於平均收入，以此故也。圖中之邊際收入曲線上的任何一點，均低於平均收入曲線，更是一目了然。

　　獨占廠商追求最高利潤，同樣可仿照自由競爭下廠商的生產限度，達到邊際成本等於邊際收入之時爲止。在第 8-7 圖中所顯示者即爲 *OM*，此時之邊際成本與邊際收入同與 *MS* 相等。產量 *OM* 並可按 *OP*（亦即 *MR*）之價脫售，得總收入 *PRMO*，減去總成本 *CNMO* 後，可獲獨占利潤 *PRNC*。如生產小於 *OM*，其邊際成本又較邊際收入爲小，自以擴大生產爲得計。如生產超過 *OM*，則邊際成本又將大於邊際收入，反不合算。

　　事實上，完全獨占之產業，並不多見。當獨占商品出現以後，又有替代品與之競爭。反之，完全競爭也不易於存在。競爭性最大的產品，首推農產品，產量較大，品質也比較劃一，而需求者也是無量數。至於工業產品，多數都站在完全競爭與完全獨占之間，一般稱爲不完全競爭 (imperfect competition)，或獨占性競爭 (monopolistic competition)。在不完全競爭之下，購買者在市場上，對於物價與品質，通常都認識不清；而出售者所供應之產品，復不完全一致。即使外表相同，而實質上多少有點差異。單是一塊香肥皂，就可分爲無數種價格，其間差別在色澤上及質料上極爲有限。牙膏亦復如是。香味不同，顏色不同，價格上亦大有出入。其他類此日常用品，種類繁多，生產商亦成千累萬，彼此鬥智，爭奪顧客。另有一部分工業，生產商很少，而在產品上或略有差別，或竟毫無差異之處。前者如汽車工業及機械用具，後者如鋼鐵生產、製鋁工業等是。此種歸少數生產商掌握之市場，一般稱爲寡頭壟斷 (oligpoly)。在寡頭壟斷者當中，有一降低價格，即可影響其他壟斷者之產銷，故亦稱爲不完全競爭。不完全競爭，乃是由於下列種種原因促成的。第一，習慣的關係。當買賣雙方對於某些產品的價格日久習慣以後，即使一旦供需發生變化，對於價格的影響，可能並不太大。如果價格上漲了，一部分銷售商人，寧願犧牲自己的利益，而不願提高價格，引起顧客之反

感。另外一部分商人，可能偸工減料，仍按原價出售。如果物價下跌了，一部分銷售商人未必立刻減價出售；因爲價格一經降低，顧客們可能採取觀望態度，俟跌定後再行購進。如屬勞務之供應，一旦價格降低，可能引起顧客懷疑，乃是由於技術水準之降低。卽使價格普遍降低。在銷售商方面，也不會達到同一水準。因爲有些顧客只認識商號，信任商號，而不十分注意價格。第二，奇貨的關係。有些商品，例如古玩字畫，不易重製，其價格全由買賣雙方討價還價來決定。生產成本與價格毫無關係，完全由效用與需要來決定商品的價值，所以價格的差距，亦遠較完全競爭市場之價格者爲大。第三，場所的關係。在完全競爭情況之下，同一產品在不同市場價格之差異，乃由於運費之故。產銷商對於市場之推廣，有的重面，有的重點。前者範圍較爲遼濶，業務分散；後者集中某一地區，效果易見。故在某一適當中心地區，如有某廠商捷足先登，占了近水樓臺的便利，其他商號也就望塵莫及了。往往兩家商號價格之差異，便反應了顧客們對於採購便與不便的看法。假使價格相差不太大，一般人當就近而貴捨遠而便宜的採購了。第四，商標的關係。商標對於價格的關係很大。商標可以代表產品的質料。同一產品，往往因商標不同，價格也可能發生差異。最普通的質料，由於商標的奇異，反易引起人們的興趣，卽在牌號不同質料也不相同的商品，其間質與價究竟相差有多大，顧客們也只有一個很模糊的觀念。

　　由是言之，在不完全競爭之下，成本與價格之關係，並不表現得十分清晰。儘管類似產品的銷售商很多，在供應方面，並沒有做到集合統一。各人只是擔負一個市場或一部分消費者的需要；而且每一產銷商在相當的限度以內，尙可用調整供應量或推銷方法來控制產品的價格。假如甲商以減價方法來推銷，可以引起乙商採取同樣的報復手段。如果某人採用加強廣告宣傳吸引顧客的辦法，大家也可同時模仿，效果自然會

互相抵消了。所以說控制是有限度的。至在需要方面，也不完全站在獨立的地位，受銷售商的推銷技術、價格及廣告政策的影響力很大。從短期看，廠商爲了競爭業務，吸引顧客，削價傾銷，乃屬常事。如何利用廣告，便利採購，變更品質，改善經營，也是大家一致努力的目標。生產的限度，當然仍舊以邊際收入等於邊際成本爲理想的境界。不過推銷費用等項，可作爲固定成本，也可作爲變動成本，很不容易劃分清楚。而市面需要又隨時可以改變，所以邊際成本與邊際收入如何才算恰好相等，對於廠商來說，却是一個難題。依照一般慣例，往往先就平均變動成本估計之後，加上一部分固定成本，連同預期利潤，就得了一個大概的價目。其不準確，可想而知。也可以說，由銷貨所得減去變動成本以後，便可看出利潤的大小。再從長期發展來看。不完全競爭之產業，般而論，只要有利可圖，任何廠商都願隨時加入。設使舊有廠商家數不多，資本極爲雄厚，產品在社會亦負有盛譽，製造方法精巧，不易模仿；甚或原料亦有所控制，則新廠商自不易加入，舊廠商將永遠享受價格超過平均成本之厚利。寡頭壟斷，即屬此類。假定產品之差別極小，經營之廠商又多，新廠商之加入亦絕對自由，此時之市場情況，幾與完全競爭無異。每一產銷商之出售價格，將與平均單位成本相等，但並非最低成本。不完全競爭，也以此種形態最爲普遍，玆以圖解表示如下。從8-8圖中，我們可以看出，當新廠商加入以後，搶去了舊有廠商一部分的生意，迫使舊廠商產品在市面的需求曲線向左下方移動，利潤逐漸減少，直至平均收入等於平均成本爲止。AR 線與 AC 線相切於 N 點，此時之 OM 代表最適度之產銷量。價格爲 NM，總收入爲 $PNMO$。原所享受之獨占利潤，至此已全部消失矣。8-8圖乃代表某種產業任何一家廠商繼續經營下的情況。每家廠商出賣的價格，彼此不必相同，成本曲線也無需一致，但每家的平均收入曲線，只有一點與平均成本曲線相切。

圖 8-8

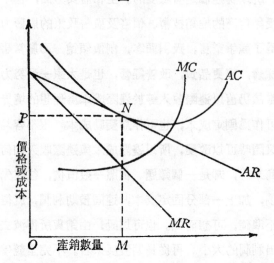

前已言之，在完全競爭之下，廠商的需要曲線爲一條水平直線，與平均成本曲線之最低一點相切，表示生產在此時已發展到最高限度，價格也最公平合理。在不完全競爭之下，需要曲線並未能切於平均成本曲線最低的一點，也就表示生產並未達到理想的限度，價格也較高。平均收入曲線向下傾斜，亦卽表示廠商可以自由調整生產而影響價格，或增加生產而降低價格，或減少生產而提高價格，但以邊際收入等於邊際成本時爲最理想的境域。

在寡頭壟斷之下，從短期看，以新廠商不易加入，對於產品，爲爭取最大的利潤，往往儘可能以高價出售，遠超過自由競爭下的價格水準。從長期看，爲避免因厚利而引誘新廠商加入與之競爭，對於價格，則又不會過分提高。

我們旣然承認不完全競爭的存在，乃是一個事實，則以上所述的國際貿易理論，是否應加以修正呢？一種工業的發展，如前所述，有其必具的條件。任何一個國家，如果技術優良，市場廣大，資本雄厚，員工

充沛，投資環境宜人，卽可創辦同樣的企業。例如汽車工業，在德國、法國、義大利、英國，一如在美國，也可同樣發展。但有一部分生產事業，能在某些國家特別發展，獨享厚利，乃是一種偶然的機會。最初創辦的人，對於場所，也許未曾多加考慮，但一經開工以後，由於經濟環境的轉變，左右逢源，技術的改善，日新又新，事業進展非常神速，其他地區，以形格勢禁，想要趕上，也就來不及了。在國內市場廣濶的國家，很明顯的，可以享受大規模生產的利益；如國內市場太小，就非向外發展不可。但向外發展，又可能遭遇關稅壁壘等種種的阻礙。故在貧困或蕞小之國，企業發展，是比較困難的。在不完全競爭之下，產品出售價格，固常較完全競爭之下者爲高，但在國際貿易上，價格並非決定貿易的唯一條件。美國人甚至寧願捨本國貨而購買法國名酒及英國瓷器，認爲價格高的，質料一定也是上等。日本玩具，價格便宜，美國人也同樣看不起，價廉物卽不美。多少人就存有這份偏見。寡頭壟斷者爲了避免政府的干涉，社會之反感，及同業之競爭，對於價格，亦不可任意提高。科學發達，代用品愈來愈多了。自塑膠及尼龍品問世，市場已大爲改觀。人造纖維已有取代絲棉織品之趨勢，電與煤氣，又在家庭用燃料市場開始競爭。所以從各方面加以考慮，就不難了解，不完全競爭所產生的國際貿易形態，與完全競爭下之情勢，也不會相差太遠。國際間競爭性最大的交易，當推農產品、畜產品、自然纖維，以及飲用原料，交易量也最大。有些寡頭壟斷之產品，其價格甚至比完全競爭下還要低廉。因爲大規模生產，成本大爲降低了。所以產品些微不同，對於市場之影響，很難仔細核計；其所發生的力量，在各方面的比重是一樣的。國際貿易，就在這種互相激盪的巨浪下進行着。

第六節　國際貿易之功效與利得

各國通商以後，如果把運費及其他一切阻礙撇開不談，其最顯而易見之現象，即爲各地物價之拉平。因爲彼此以有易無，以多易少，供需平衡，物價也自然普遍地平穩了。不但物價如是，即生產要素之價格，也受到了同樣的影響。當一國儘量利用產量豐富價格便宜的要素增加生產之時，即表示國際間對於該項要素之需要增加。反之，該國對於量少價貴之生產要素，則又轉請其他國家供應，不啻增加了本國的供應量。由於此種相互需要之轉向，各國比較便宜的生產要素價格提高了，稀且貴的要素反而下跌了，導致國際間所有生產要素的價格更趨一致，縮短了貴與賤的距離。例如英國與澳大利亞洲，便是兩個生產要素極端不同的地區。在英國土地面積不大，而勞工與資本比較量多；澳洲地曠人稀，資本也感缺乏。兩國在未對外通商以前，英國的資本與勞力比較便宜，地價最貴；澳洲的資本與勞力較貴，而土地又最便宜。通商以後，兩國的出口貨物，都會充分利用彼此最便宜的生產要素。英國所輸出者爲工業生產品，澳洲則爲農產品；英國工業產品的輸出，即表示對英國資本與勞力需要的增加，超過了英國國內市場的需要；農產品的輸入，即表示對英國土地需要的減少，從而提高了英國的利息與工資，降低了英國的地租。在澳洲所表現者，則爲地租之上漲與利息及工資之下降。

國際貿易發展以後，生產要素之價格，可望趨於均等。倘使各國對於生產的專業，只是比較上利多利少的問題，而非絕對的限於某一產業；且天賦的要素相差尙不太遠，運費根本就不存在，技術知識及其適應性在各地區並無不同，則各國生產要素之價格，最後可能完全相等。但事實上，自由制度下之國際貿易，並不能促使各國生產要素的價格趨於均

等。因爲生產專業化，在若干部門是屬於全部性的，而非局部性的。例如在某些國家，其所輸入之商品，乃爲該國根本所不能生產者。如果成本不變，此種集中趨勢，更易形成。此外運費就是一項不易克服的困難，阻礙國際貿易，莫此爲甚。何況各地區天賦的生產要素，相差太遠了。即使全世界齊向印度我國購買偏重勞力的產品，也不能促使中印兩國之工資提高，其他地區之工資降低，而達到均等的境界。在勞力艱貴的國家，對外勞力的需要，也只是一部分；因爲生產是勞力、資本與資源的總結合。勞力一項，並不能發生決定性的作用。又由於生產方法之不同，國際間對大量生產要素需要所導致的平價效果，也會冲淡的。例如稻穀生產改用偏重資本設備的方法以後，對於緬甸泰國勞力的需要，便有一部分轉向而仰仗外國的資本了。可是話又說回來，國際貿易，由於種種障礙，固不能促使生產要素的價格趨於完全均等，但產量充足的要素價格，隨國際貿易而逐漸提高；稀罕要素之價格逐漸降低，要爲無可否認之事實。再從全世界生產要素的供給方面觀之，各種的平均價格都提高了；但從一國方面觀之，其稀罕要素的價格却又降低了。

　　國際間商務往來，彼此分工合作，充分利用生產要素，講求效能，擴大生產，從而增加國民實際所得，改善人類生活，乃是社會最大的利得。倘使全世界能像一個國家一樣，地區相隔不遠，生產要素相差也不懸殊，生產效能自可發揮到最高點，實際所得也可盡量提高。但事實上，各國分散在若干不同地區。在此情形之下，如果生產要素能在各地區間自由移轉使用，生產效能仍然可以發揮到最高點。例如移民南美洲，即可增加勞工的邊際生產效能。農業國家無須勉強製造工業產品，工業國家也無須兼營農業產品，然後同一要素，可在各地獲得相同的報酬，整個財貨的生產量，自可達到最高限額。可惜的是，生產要素並不能在國際間自由移轉，而且有的根本就不能移轉，最高生產效能，也就無從達

到了。但是由於財貨的交換，却可補償這方面一部分的缺陷。我們可以仍舊就上述英國澳洲的例子，再加以說明。當澳洲的土地不能移轉至英國，英國的勞力也不易移往澳洲的時候，澳洲可從英國輸入工業產品，而以從事工業之勞力轉營農業；英國可以從澳洲購進農產品，轉移農業方面之勞力至工業界，不是等於澳洲土地間接地利用了英國的人工，英國的勞力使用了澳洲的土地嗎？兩國在某方面生產要素缺乏的情形，從此都可改善了。在本節第一段，我們曾經提到，英澳兩國通商以後，英國的地租與澳洲的工資都下跌了，不是對於這些生產要素在兩國反而不如未通商以前嗎？是又不然。因為通商以後，兩國國民之實際所得都增加了。雖然某種要素的價格下跌了，但在整個國民所得中，前後相較，其所佔的比例仍舊是增大了。假定澳洲因通商而使工資在國民所得中的比重由八十降至七十，地租由二十增至三十，國民所得較前增加了百分之二十，則在現有國民所得中，勞工所得變為八十四，與以往八十相比，還是增加了百分之五。至於地租由二十增至三十六，較前增加了百分之一百八十。在若干情形之下，通商以後，某一特定生產要素之絕對所得與相對所得，可能同時都降低了，但由於其他要素所得之增加，而且其增加之數，又往往大於所失之部分，故從全體要素之財貨價值觀之，其總值仍然是增加了。

由國際貿易所獲之利得，與生產成本大有關係。如果生產成本不變，則當出口品增加生產以後，對於每一單位之生產成本，仍舊保持不變。反之，進口增加以後，其在國外之邊際成本也不會變動。生產可以按照需要，儘量擴展，而無所顧慮，其所獲之利得，至為顯著。倘使生產成本遞增，情形就兩樣了。在成本遞增情況之下，不論外國生產商擴充生產，或本國製造商增加生產，其邊際成本都會提高。進出口成本增加以後，國際貿易，當視下列情形而定。倘使進口品之製造，屬於遞增成本，則

當增購一單位產品之價格，較在國內生產此一單位之邊際成本為低時，總以盡量輸入為合算。蓋在此限度以內，所輸入之成本，較國內自製者為低故也。所以一國所需之財貨，如能在國外採購，其價格又較在國內生產任何一部分之邊際成本為低時，自以全部輸入為得計。設使國內生產某一定量之邊際成本，亦與輸入之一部分同樣低廉時，則國內可以自行製造一部分，反較全部自己製造或全部由外國輸入為合算。再從出口方面觀之，如果出口品之製造，也是屬於遞增成本，則當出口品成本提高以後，是否又將廉價進口所獲之利得全部抵消呢？我們的看法是這樣。在本國市場上，此兩種進出口商品，如果同時在國內自行製造，其交換價格，依照前述價格理論，往往近於國內生產之成本比例。當進出口貿易條件較在本國生產此進口品之成本比例優厚時，以進口品價格低於國內自製之成本，總以輸入為得計。故當一面輸出，一面輸入，如此繼續進行，直至生產擴充致令國際交換之價格與國內生產之邊際成本比率相等而後已。所以當兩種商品均屬遞增成本，甲乙兩國對於每種產品自行生產達到一定限額時，即可達成此種均衡狀態。過此均衡之點，國際貿易如再繼續進行，固無利可獲；但在未達到此均衡點以前，是值得互相往返，提高國民真實所得。

　　關於進出口貿易條件 (terms of trade) 這個名詞，我們在第七章，即早已一再提到，讀者大致都已明白了。我們不妨在這裏補充幾句，以免再有任何疑義。所謂進出口貿易條件，乃指一國在出口方面所獲之價格及進口方面所應付之價格的關係。倘使出口價格高而進口價格低，貿易條件自然於我有利。反之，如果出口價格低而進口價格高，貿易條件即於我不利。但進出口品價格時在變動，貿易條件亦常在轉變之中，我們又當如何來觀察貿易條件的利與不利呢？最好選定某年為基年，在此基年內，一般進出口品之價格比較穩定，基本指數各定為一百，若干年後，

再從進出口品價格變動之指數加以比較。其表示之公式如下：

$$貿易條件 = \frac{出口品在某指定年之價格指數}{出口品在基年之價格指數} \Big/ \frac{進口品在某指定年之價格指數}{進口品在基年之價格指數}$$

如在某基年我國進出口品價格指數各為 100，五年以後，出口品價格指數上升至 230，進口品價格指數上升至 360，我國對外貿易條件，當轉變為

$$\frac{230}{100} \Big/ \frac{360}{100} = 64$$

在此五年當中，因為進口品價格上漲之程度，超過了出口品，故貿易條件變為於我大不利了。也就是說，在一定量的出口品，我們所換得的進口品，要比以往少了百分之三十六。或在一定量的進口品，我們要比以前多付出百分之五六・五的出口品。

貿易條件之轉變，即表示貿易利得之轉向。但在解說貿易條件轉變時，我們尚須注意下列兩點。第一，如果一國出口價格之變動，係由於生產能力之改變，例如出口品價格因生產技術之改進，而使成本降低百分之五，進口品平均價格仍保持原價不動，則按照上述指數變動之法則觀之，對外貿易條件顯已立於不利地位；但事實上則不能如此解釋。儘管此時一定量之出口品所換得之進口品要減少百分之五，但該批出口品在製造費用上也比率地降低了。所以真實的進口成本，仍舊未變。第二，當進出口品的質料有所改變時，其情形亦當別論。例如聯合國曾經出版研究調查報告[6]，謂依據指數之變動，關於初級產品與工業製成品之交易條件，在 1876-80 年至 1936-38 年一段期中，已由指數 100 降低至 64 了。換言之，在上述末段期內，只要期初百分之六十四的製成工業品價

---

[6]　見 United Nations, Economic Commission for Latin America, The Economic Development of Latin America and Its Principal Problems.

值，即可換進一定量的初級產品。殊不知在 1938 年出口之初級產品，與 1875 年相較，在質料上並無多大差別，但所換得的工業製成品，則與前大不同了。今日之尼龍絲襪，與往日之人造絲襪，在美觀與耐久上，就不可比擬。其他若干現代工業產品，更不是當年所能想像得到的，無法採用指數來先後比照了。由於長時期生產技術之改進，品質之提高，上述依照指數變動解釋貿易條件之法則，也就只能適應短時期的情形了。

第七節　一般均衡理論述評

現代貿易理論，係依據商品的貨幣成本，即生產要素的價格，各國當就成本最低者加以生產出口，其交易量又取決於供給彈性與需要彈性。設無其他阻礙，同種商品在世界各地之價格，最後將趨於一致。鄂林氏之理論，一如李嘉圖氏之比較利益說，乃建立在一個產業自由競爭的假定上。但以國際間生產要素不能自由移轉，其理論分析，事實上即受了許多的限制。李嘉圖氏之國際貿易理論，注重比較成本，而鄂氏所論述者，又與亞丹斯密氏相仿，似指絕對成本而言。甲國在某些產品上，貨幣成本較低，乙國在其他的產品，貨幣成本又較甲國為低，因此兩國之貨幣成本，乃有一絕對的差額，而非比較差額。但構成此項貨幣成本之差異，是否存有一種比較真實成本的差異，就不容易判明了。鄂氏所討論者，概係引用貨幣價格資料。因為貨幣價格資料，比較易於蒐集研究，而真實價值資料，則無法獲得也。各國生產貨幣成本，何以有高低之別，乃原於生產要素的具備條件不同，有多有少，因而各就所長，專門經營特種產品。斯密氏之理論，只注意勞工一個生產要素，在國際間勞工又不易移轉，而鄂氏所指之生產要素，乃屬多方面的，包括勞力、資本、土地等項。勞力、資本，在國際間固亦不易移轉，而運費更是均衡價格

的最大障礙。除了生產要素不同以外，社會生產環境，同時也影響生產
的成本。所以國際間生產要素價格的不同，原因至爲複雜。鄂氏引用一
般需要價格與供給價格原理，闡明國際貿易理論，較古典學派自然勝了
一籌。而在採用多種生產要素及如何決定供給價格兩點，復與機會成本
理論相吻合。不過機會成本對於成本一詞之解釋，着眼點有所不同耳。

　　最後我們尙應補充說明一點。現代國際貿易理論，最初係由瑞典經
濟學家海克斯喀 (Eli Heckscher) 所提出，然後再由其弟子鄂林先生加
以發揮，所以一般敎本，又稱爲海克斯喀—鄂林理論 (Heckscher-Ohlin
Theory)。由本章以上各節所述，得知此一理論之要點，在闡述國際貿
易之發生，乃源於各國生產要素之天賦有所不同。在某種生產要素得天
獨厚之國家，對於該項要素組合之產品，即可多多生產，獲得比較利
益。從而輸出成本較低之產品，輸入成本較貴之產品，最後可使各國間
生產要素之價格，也趨於相等。例如在工業發達之國，資本雄厚，勞力
艱貴，宜於輸出資本密集之產品；落後國家，往往地曠人稀，或勞力充
沛，宜於輸出農產品。但事實上，依據專家學者晚近的分析，亦未必盡
然。即資本雄厚之國，不一定輸出資本密集之產品，輸入勞力密集之產
品。第一位從事這方面的研究學者，爲 1973 年諾貝爾經濟學獎得主李
昂替夫 (Wassily Leontief) 先生。其在輸入與產生方面之研究，貢獻
最大。依據李氏的研究，以美國工業爲例，竟發現美國乃一輸出勞力密
集產品，輸入資本密集產品之國家 ❼。顯與海克斯喀—鄂林理論不相吻
合。

　　但是李昂替夫對於他本人之研究，曾提出如下之解釋。認爲美國有
高人一等之企業家，高水準敎育基礎，以及生產開創的一般社會氣候，

---

❼ 見 W. Enders‧H. E. Lapan 著 *International* Economics, Printice-Hall,
1987, pp. 113-122

無形中促使美國勞工的生產力比外國要高。一個勞工年，等於外國勞工年三倍之大。因此從美國及世界其他各國原有資本勞力相對數量比較觀之，美國每一與之同等勞工的資本供給，比其他國家勞工的資本供給，就變爲小了，　而不是多了，　所以李昂替夫認爲他的研究結果，　在基本上，　仍與海克斯喀—鄂林的見解不相牴觸。

第 九 章

用所得理論
解析國際貿易

第一節　乘數原理

　　以上各章所述國際貿易理論，自亞丹斯密、李嘉圖、米爾，以迄鄂林諸氏，概以充分就業爲當時之經濟背景。在充分就業情況之下，所得穩定，物價變動不居。但依據凱恩斯 (John Maynard Keynes) 的看法，經濟社會未達充分就業者，所在多有，我們應設法利用人力及資源，發展生產，增加國民所得。在未充分就業的社會，物價比較穩定，所得可以變更，與傳統經濟學者的立場，顯然不同。凱恩斯的所得理論，原係針對不景氣的有效方單，其與國際貿易之關係，在凱恩斯本人，並未曾深加研究，却被其他學者發揮得淋漓盡致了❶。

　　所得理論如何應用到國際貿易方面，我們當先就投資與所得之關係說起。假定在一個閉關自守的經濟社會裏，資源尙未全部利用，物價亦

---

❶　如 Fritz Machlup, International Trade and the National Income Multiplier; J. E. Meade, The Palance of Payments.

極平穩，其國民所得水準，乃以對消費財貨與投資財貨的總合需要來決定；如以公式表示，當爲 $Y = C + I$。全部產品出售之收入，用以支付生產要素之成本，卽構成國民所得。國民所得到手以後，一部分用之於消費，一部分節儲不用，故所得又等於消費加儲蓄。如以公式表示，卽爲 $Y = C + S$。但 $Y = C + I$，故得 $C + S = C + I$。以 $C = C$。又得 $I = S$。故唯有在均衡所得水準之下，投資與儲蓄才完全相等。任何需要的自動增加，可以引起所得之增加；而且所得增加的累積數，可爲原有支出的若干倍。例如投資增加以後，立刻引起資本財貨工業方面生產要素所得之增加；其所增加之所得，一部分用之於消費，一部分節省下來。其用在消費方面者，可稱爲「邊際消費傾向(marginal propensity to consume)」，以 $\dfrac{\Delta C}{\Delta Y}$ 表之；用在儲蓄方面者，可稱爲「邊際儲蓄傾向(marginal propensity to save)」，以 $\dfrac{\Delta S}{\Delta Y}$ 表之；兩者之和，必等於一。卽 $\dfrac{\Delta C}{\Delta Y} + \dfrac{\Delta S}{\Delta Y} = 1$，理至顯明。當投資增加($\Delta I$)以後，其第一回合所得增加之收入者，可增加消費 $\dfrac{\Delta C}{\Delta Y} \cdot \Delta I$；當此項增加之消費支出由他人收到以後，又以一部分轉付他人；假定邊際消費傾向均相同，其第二回合收入者所支出之數當爲 $\left(\dfrac{\Delta C}{\Delta Y}\right)^2 \cdot \Delta I$；如此繼續循環，俟達 n 回合時，其消費增加之數，當變爲 $\left(\dfrac{\Delta C}{\Delta Y}\right)^n \cdot \Delta I$；對於所得增加之總數，當爲一 n 項等比級數的總和。按 n 項等比級數總和之公式爲 $S = \dfrac{a(r^n - 1)}{r - 1}$；式中之 S 代表總和，a 爲級數之首項，r 爲公比，n 爲項數，將有關各項代入此公式，卽得

$$S = \dfrac{\Delta I\left[\left(\dfrac{\Delta C}{\Delta Y}\right)^n - 1\right]}{\dfrac{\Delta C}{\Delta Y} - 1}$$

式中之 n 可演變至無窮大之數字，但當 n 至無窮大時，$\left(\dfrac{\Delta C}{\Delta Y}\right)^n$ 可以略去不計，而得

$$S = \Delta I \left(\frac{1}{1 - \dfrac{\Delta C}{\Delta Y}} \right)$$

故投資增加以後，所得增加之總和，當爲

$$\Delta Y = \Delta I \left(\frac{1}{1 - \dfrac{\Delta C}{\Delta Y}} \right), \ 或 \Delta Y = K \cdot \Delta I$$

K 表示乘數，與 $\dfrac{1}{1 - \dfrac{\Delta C}{\Delta Y}}$ 相等。又因 $1 - \dfrac{\Delta C}{\Delta Y} = \dfrac{\Delta S}{\Delta Y}$，故乘數非他，即爲邊際儲蓄傾向的倒數。茲再以數字舉例說明，當更爲淸晰。設投資增加十萬元，國民邊際消費傾向一律爲四分之三，表示所得收受者將以新增所得四分之三用之於消費，四分之一節省不用，乘數當爲四；其最後所得增加的總和爲四十萬元。如邊際消費傾向爲三分之二，乘數爲三，則十萬元之新投資，可增加所得達三十萬元。如邊際消費傾向爲二分之一，乘數爲二，則可增加所得二十萬元。故當邊際消費傾向愈大，或邊際儲蓄傾向愈低時，乘數的價値也愈大，在所得增殖過程當中，邊際儲蓄傾向，可作爲「漏量 (leakage)」看待。因爲在每階段所得支出時，其所省下之貨幣，即從所得川流中撤退矣。假如沒有此漏量之存在，其最初增加之投資，將導致所得無限的增大；蓋此時之乘數爲漏量之倒數，已變爲無窮大矣。更値得注意的，當投資增加以後，在整個所得增殖過程中，果能逐步順利達成，則最後所節省的總額，又與最初投資增加的金額完全相等。所謂投資與儲蓄相等，這便是一個例證。

投資對於所得的乘數功效，亦可用圖解表示。在 9-1 圖中，C 曲線代表一般消費支出函數，並假定邊際消費傾向爲二分之一。$C+I$ 曲線

圖 9-1

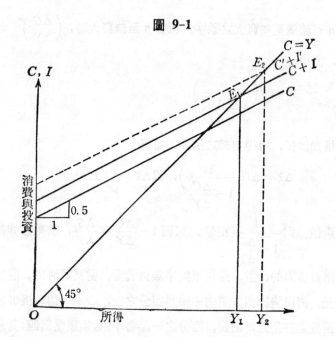

代表人民在各種所得水準之下擬用於消費及投資之總數，故位於 C 曲線之上；其與 C 曲線平行，則表示在各種所得水準中，其投資之總數常相等。又因所得等於投資加消費，故 $C+I$ 曲線與 $C=Y$ 線相交於均衡點 E_1，而得一均衡所得水準 Y_1。假定現因種種其他原因，致令投資可以繼續增加爲一等於 $C+I$ 與 $C'+I'$ 兩曲線垂直距離之數，則 $C'+I'$ 曲線當代表一新的投資函數。此新消費與投資曲線相交 45° 線於 E_2 點，而得一新所得水準於 Y_2。此時之新所得水準大於舊所得水準 Y_1Y_2，恰等於 $C+I$ 與 $C'+I'$ 兩曲線距離之二倍。其他邊際消費傾向爲三分之二或四分之三者，皆可同樣以圖解表示之。

　　乘數不但可以向前運行，發生加倍擴展的功效，也可向後倒退，發生加倍緊縮的作用；其向前向後之運轉，則視最初投資變動的方向而定。設使投資突然減少十萬元，則從事消費財貨生產者的所得將大爲減少。

如邊際消費傾向仍為二分之一，乘數為二，則在每一收支回合中，消費支出當按百分之五十比率而減少，直至國民總合所得減少至二十萬元乃止。如邊際消費傾向為五分之四，其最後所得減少之數當為五十萬元。所以邊際消費傾向愈高，對於所得累減的總額也愈大。也就是說，一個儲蓄傾向愈高的社會，其所受乘數反作用的損害，遠較儲蓄傾向低的社會為小。

　　投資減少對於所得的影響，如用圖解表示，亦極明顯。在 9-2、9-3 兩圖中，投資曲線概繪成水平直線，以示不受任何影響之永恒特性。

圖 9-2

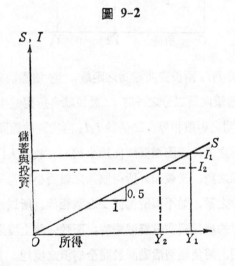

9-2 圖中之儲蓄曲線向上傾斜，適合於邊際儲蓄傾向二分之一； 9-3 圖中之儲蓄曲線向上傾斜，適合邊際儲蓄傾向五分之一，但在兩圖中投資減少之數，則完全相同，各為十萬元，等於 I_1 與 I_2 兩投資曲線間之距離。由儲蓄曲線與新的投資虛曲線相交所示之均衡所得水準，遠較原有所得水準為低。當邊際消費傾向為五分之四，或邊際儲蓄傾向為五分之一時，最後總合所得減少五十萬元，適等於 9-3 圖中水平軸上 $Y_1 Y_2$ 間

圖 9-3

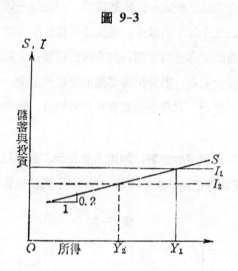

之距離，五倍於 I_1I_2 兩投資曲線間之距離。當 邊際消費傾向爲二分之一， 或邊際儲蓄傾向爲二分之一時， 最後總合所得減少二十萬元，與 9-2 圖中 Y_1Y_2 間之距離相等，二倍於 I_1I_2 兩投資曲線間之距離。

在正常情況之下，邊際消費傾向總小於一。故當人民增加所得時，其消費支出增加之數，常較額外所得收入之數爲小；當所得減少時，其對消費支出減少之數，並不與所得減少之數相等。所以邊際消費傾向小於一，可使所得的累減額在投資減少時，不致永無止境之下降；否則乘數原理之反作用，將使經濟活動瀕於完全崩潰之境地。

第二節　所得理論在國際貿易上之應用

當一國與外國發生往來關係以後，同樣可利用乘數原理，說明國際貿易差額之變動，如何影響一國之均衡所得水準；以及所得水準變動以後，又如何影響國外貿易差額。在此國際通商情況之下，我們仍舊假定

兩國間的物價水準不變，滙價穩定，資源均未充分利用；則當一國因需要增加而擴大生產時，物價可以不致上升。我們不妨先就所得水準對國外貿易之影響來加以分析。假定一國之所得水準對其整個出口價值，不發生任何作用；卽在任何所得水準之下，其出口為一常數，不隨所得之變動而變動。例如一國之出口品，在國內毫無市場可言；或卽有消費，其消費也是一種不具所得彈性的。但其進口，則視所得水準而定。正如上節所述，在一個閉關自守之國，所得如有變動，消費亦隨之變動。當一國對外通商以後，所得如有變動，其進口亦會很自然地加以調整。因為進口計劃，往往根據過去的所得水準而製定的。邊際消費傾向，為消費變動對所得變動的比例。同理，進口變動對所得變動的比例，可稱為「邊際進口傾向 (marginal propensity to import)」，以 $\dfrac{\Delta M}{\Delta Y}$ 表之。如所得增加十萬元，進口亦同時增加一萬元，則邊際進口傾向當為十分之一，或 0.1；亦卽表示邊際進口傾向大於零。如果邊際進口傾向大於零，則當一國之所得水準提高以後，對於國際貿易差額顯屬不利。因為上面我們已經假定，出口不變，而進口却增加了。反之，當外國所得水準提高時，定必增加對我國之採購，而使我國出口增加，我國對外貿易差額，又將改善矣。其次，吾人尚須了解，進口支出，一如儲蓄，並不能直接創造國內之所得。因為購買外國商品，不過增加外國產銷商人之所得，其支出並未在國內所得川流過程中，發生任何關係；正如儲蓄從所得支出的系統中漏落了。進口之效果，旣與儲蓄相同，出口之效果，似與投資無異。投資數額，並非取決於現有之所得水準，而係由其他因素來決定的；例如生產技術是也。同理，出口之大小，也並非由出口國的所得來決定，而係由國外的所得水準來決定的。假定其他一切不變，一國出口之變動，其方式又與投資變動完全相同，對於國內所得之變動，亦可假乘數原理作加倍的增減。因為出口增加，就是對本國財貨需要之增加，

從而導致生產者所得之增加；生產者所得增加以後，支出又可增加，如此繼續循環，而使國民所得增加，發生乘數的功效。反之，當出口減少或進口增加以後，如果其他情形不變，對於國內所得，亦可發生加倍緊縮的後果。

事實上，一國之出口，正如投資，常間接地隨國內所得水準而變動；因為受了國外所得變動反作用的原故。其間經過，較為錯綜複雜，為便利分析，茲就國外貿易乘數不受國外影響者先論之。一國貿易之所以不受國外反響作用，往往因為本國範圍較小，對其他各國不容易發生影響力量，從而亦無多大的反擊力量從國外來到本國，發生激盪的作用。關於此一問題，我們的分析方法，又如閉關自守之經濟，須先考慮均衡所得水準存在的必需條件，然後再去研究均衡局面打破以後，又係如何再回復平衡的。其論證要點，並無特別新奇之處，不過將閉關經濟所依據的各點加以引伸罷了。

在自由貿易經濟之下，一國均衡所得水準保持之基本條件，仍舊是儲蓄與投資相等，不過此時之投資，當分為兩部分，一為國內的投資，可以 I_d 表示，一為國外投資，以 I_f 表示，故 $S = I_d + I_f$。但國外投資為出口財貨及勞務與進口財貨及勞務之差額，以公式表示，可書為 $I_f = X - M$，代入上式，得 $I_d + X - M = S$，或 $I_d + X = S + M$。故在對外自由貿易下之經濟，唯有當國內投資與出口總值等於儲蓄與進口總值時，國民所得乃能達於均衡狀態。四種變數之中，如有一項發生變動，均衡所得水準即將打破。故均衡所得乃視邊際儲蓄傾向，邊際進口傾向，公司行號投資之意願，以及外國人購買之出口價值而定。前面業經指出，進口之效果與儲蓄相同，出口之效果，與投資無異。假定在任何所得水準之下，國內投資為一不變之常數，則當出口增加以後，可以導致新所得作倍數的增加。其乘數即為邊際儲蓄傾向與邊際進口傾向兩項相加的

倒數。即，

$$K = \cfrac{1}{\cfrac{\Delta S}{\Delta Y} + \cfrac{\Delta M}{\Delta Y}}$$

漏量乃由此兩種傾向構成。設邊際儲蓄傾向爲十分之一，邊際進口傾向亦爲十分之一，二者之和，爲十分之二，乘數當爲五。如出口增加一萬元，其最後對於本國所得的增加將達五萬元。如邊際儲蓄傾向爲十分之一‧五，邊際進口傾向爲十分之一，二者之和爲十分之二‧五，乘數爲四，其最後對於本國所得增加之數將爲四萬元。故本國邊際儲蓄傾向與邊際進口傾向愈高，出口增加以後，對於本國所得的乘數功效卽愈小。其計算公式，可寫爲：

$$國內所得的變動 = \cfrac{1}{\cfrac{\Delta S}{\Delta Y} + \cfrac{\Delta M}{\Delta Y}} \times 出口變動$$

　　由上例我們更可看出所得增殖之過程。當出口自然 (autonomous) 增加以後（所謂自然增加，並非由於國內所得的變動，而係由於顧客偏好的轉變，生產條件的變更，運費或關稅的改變等），國內所得隨之增加；所得增加以後，又導致儲蓄與進口之增加。在邊際儲蓄傾向與邊際進口傾向各爲十分之一時，如出口增加一萬元，儲蓄與進口自第二週期開始各增加一千元，以後繼續增長，直至最後各達五千元，亦卽兩項相加之數等於每期出口增加之數額爲止。故當儲蓄與進口兩數增加之和小於出口之數時，所得將繼續增加，同時也導致儲蓄與進口之增加。當儲蓄與進口兩項增加之數趕上出口額時，所得乃達到了一個新的均衡水準。也就是說，當所得經常增加之數全部由新增的儲蓄與進口兩項抵消時，所得也就停止繼續增長了。

　　同理，如果國內投資發生變動，其對於所得變動的函數關係，正與

出口變動所發生者無異。同時，上述公式之應用，尚有一個假定，即所有增加之投資支出，係全部用以購買本國生產之財貨；所有進口品也全部直接供國內人民消費使用，而不作爲出口品的原料。

上述公式 $I_d + X = S + M$ 如移項，可變爲 $X - M = S - I_d$。出口大於進口，代表貿易順差，與國外淨投資之數相等；包括在國外新增的不動產與動產在內。儲蓄超過國內投資，代表國內居民新增財富總值與留在國內新增財貨連同生產設備部分之差額。其不留在國內之部分，當然會保留在海外。所以公式之兩邊必然相等無疑。

以上所述，係假定本國爲一小國，對外通商以後，未曾受到國外的一種反擊力量。因爲本國進口增加以後，並不能促進外國所得之增加；即或對國外所得大有影響，倘使外國人之邊際進口傾向甚低，其對本國之反響，仍極有限。如本國爲一大國，情形便兩樣了。當本國投資增加以後，由於所得增加，引起消費支出之增加，自然導致進口之增加。本國之進口，即爲外國之出口，一國出口增加以後，如上所述，可以促進國內經濟之繁榮，提高國民所得，增加支出，因而又增加了外國人對我國之購買，擴大本國之出口。出口增加以後，國內經濟更趨繁榮，進口又復增加，外國經濟益形發展。因果循環，彼此受惠，利莫大焉。在此情形之下，維持均衡所得水準之條件，復與上述簡單變化者無異，不過此時所牽涉者爲兩個國家。每一國家之儲蓄加進口必等於投資加出口；而且一國之進口必與他國之出口相等。故當經濟擴展以後，兩國之所得水準，最後都會提高的。不過在此調整過程當中及達於最後均衡狀態時，國際貿易順差，從本國立場觀之，反不如以前了。因爲本國出口增加以後，本國人的所得固然增加了，但同時外國人的所得便作等量的減少了。外國所得降低以後，就會減少外國人對本國貨物之採購。所以從本國立場觀之，此種國外之反擊力量，構成了第三種漏量。故在計算本國最後

所得增加時，當與邊際儲蓄傾向及邊際進口傾向一併看待。設如前例所示，出口增加一萬元，邊際儲蓄傾向為十分之一，邊際進口傾向亦為十分之一，另加外國人對我國出口減少十分之〇‧五，則乘數當為四，其最後對於本國所得的增加，就只有四萬元了。

　　一國出口發生變動以後，對於國內所得水準之變動，事實上並不如上例所說之簡單。因為出口增加導致所得增加以後，儲蓄可能同時增加，在對方貿易國由於進口增加國民所得降低以後，儲蓄又可能減少。本國儲蓄增加以後，進口又有減少之趨勢；外國儲蓄降低以後，對於進口之減退，又可能發生一部分抵消作用，因此兩國通商以後，即彼此有進口又有出口，互相發生反擊的力量，則當一國投資增加以後，其對於各該國所得水準之提高，乃視兩國之邊際儲蓄傾向及邊際進口傾向而定。當一國之邊際儲蓄傾向與邊際進口傾向甚小時，其最後對於本國所得水準變動之數當較大。因為由儲蓄與進口所發生之漏量旣小，則對於財貨需要之增加，唯有導致國內經濟之擴展。倘使漏入儲蓄與進口之部份在國內者較大，在國外者較小，則最後均衡所得水準之提高，在外國者又將較本國為大。因為在外國境內對於財貨需要之增加，遠較國內為大故也。假若最初投資之增加，是在國內發動的，國內所得之提高，又往往大於國外。其次當投資或出口增加以後，如果同時又發生國外的反擊力量，則本國所得水準之提高，如上所述，自較不受外國影響者為大。因為受了國外力量的激盪，國內經濟可以更趨繁榮。國外來的反響比例(reflection ratio) 愈大，國內的擴張力也愈大。所謂國外的反響比例，乃指外國人的邊際進口傾向對邊際儲蓄傾向的比例而言。設在國外之邊際進口傾向相對的大，而邊際儲蓄傾向又相對的小，則反響比例必大。外國境內人民支出所漏落之部分，當用以購買我國之產品，而於我國有利。

　　假定國際貿易只有甲乙兩國，乙國國內投資現在自然增加了，雖然

邊際進口傾向大於零，但並不依賴進口物資作爲投資之用。所有因投資擴大所得增加導致之進口，概屬消費財貨。同理，甲國出口增加以後，國民所得增加，引起進口之增加。而在兩國邊際儲蓄傾向同爲正數，所得增加以後，儲蓄在兩國也同時增加了。爲簡便計，又假定兩國國內投資，並不受進出口變動之影響。在此情形之下，甲國所得之增加，完全由於出口增加而引起；所得增加以後，儲蓄的能力也同時加大了，直至新貿易順差與增加之儲蓄相等時，所得才停止增加，而達於均衡狀態。如以公式表示，則爲：

$$S_A Y_{A,\infty} = M_B Y_{B,\infty} - M_A Y_{A,\infty} \tag{1}$$

式中之 S_A，代表甲國之邊際儲蓄傾向，$Y_{A,\infty}$ 代表甲國所得最後增加之數額，M_B 代表乙國之邊際進口傾向，$Y_{B,\infty}$ 代表乙國之最後所得增加額，M_A 代表甲國之邊際進口傾向。上式移項得：

$$Y_{A,\infty} = M_B Y_{B,\infty} \frac{1}{S_A + M_A} \tag{2}$$

另在乙國，其所得之增加額，乃爲國內投資，加誘導之消費與出口。當所得達於均衡狀態時，如以公式表示，即爲：

$$Y_{B,\infty} = I_B + C_B Y_{B,\infty} + M_A Y_{A,\infty} \tag{3}$$

式中之 I_B，表示乙國投資每期自然增加之數，C_B 爲乙國之邊際消費傾向。

(3) 式又可書爲

$$Y_{B,\infty}(1 - C_B) = I_B + M_A Y_{A,\infty} \tag{4}$$

但以 $S_B + M_B + C_B = 1$，故以 $(S_B + M_B)$ 代 $(1 - C_B)$ 代入(4)式，另以(2)式同時代入(4)式，得：

$$Y_{B,\infty}(S_B + M_B) = I_B + \frac{M_A M_B}{S_A + M_A} Y_{B,\infty} \tag{5}$$

或　$Y_{B,\infty}\big[(S_B+M_B)-\dfrac{M_A M_B}{S_A+M_A}\big]=I_b$　　　　　(6)

故　$Y_{B,\infty}=I_B\dfrac{S_A+M_A}{(S_A+M_A)(S_B+M_B)-M_A M_b}$　　　(7)

於是吾人可以了解，當乙國投資自然增加以後，其最後所得增加之數，可用(7)式求出，其乘數可書爲：

$$K_B=\frac{S_A+M_A}{S_A S_B+S_A M_B+S_B M_A}=\frac{1+\dfrac{M_A}{S_A}}{S_B+M_B+S_B\dfrac{M_A}{S_A}}$$

$$=\frac{1+\dfrac{M_A}{S_A}}{M_B+S_B\left(1+\dfrac{M_A}{S_A}\right)}$$

　　設乙國自然增加之投資每週期爲 100 元，邊際儲蓄傾向爲 0.1，邊際進口傾向爲 0.15；甲國之邊際儲蓄傾向爲 0.2，邊際進口傾向爲 0.3，乙國最後所得之增加額當爲：

$$Y_{B,\infty}=100\times\frac{0.2+0.3}{(0.2+0.3)(0.1+0.15)-0.3\times0.15}=\$625.00$$

　　如上所述，在對外通商經濟之下，一國投資變動以後，可使國民所得作倍數的變動。但是除了投資以外，尚有其他因素，同樣可以導致所得之變動，改變國際貿易的形態；其中最重要的一項，便是由於國民對國內財貨或國外財貨需要的改變。此項變動，自開始以迄新均衡局面之達成，其間經過步驟及其表現之特質，與上述吾人所了解者大致相同。卽變動一經發生，非至兩國境內儲蓄與進口之和等於投資與出口之和，不會停止。此種國民嗜好之轉變，對於兩國財貨之需要，可發生直接的功效；但其功效是彼此相反的。卽對一國之產品需要增加了，而對另一國產品的需要却減少了。在此需要轉變情形之下，雙方的反擊力量又係

如何互相激盪，影響所得及貿易，這便是我們需要加以分析的。當一國
因其產品需要增加經濟擴展以後，進口也會同時增加；進口增加，對於
他國因產品需要減少而緊縮之效果，可以抵消一部分；不會使緊縮如想
像之惡劣。同時他國以產品需要減少，生產緊縮，國民所得降低，從而
減少進口；進口減少以後，對於對方經濟擴展國家之進度，又將發生一
部分牽制作用，不能收到登峯造極的效果。其間經過乘數演變的作用，
到最後均衡局面達成之時，在國際貿易改善之國，生產比以前增加多了；
而在貿易減退之國，生產也降低了。很顯明的，此種需要的轉變，互相
發生干涉的作用，對於原有的轉變，可以對消一部分，但不能作180度
的扭轉。再從兩國國際貿易之均衡情勢觀之，其最後達成均衡局面之變
動，較最初直接影響時之變動爲小；但自始至終，其轉變之方向，則未
嘗改變。在經濟擴展對外貿易改善之國，由於進口增加，抵消了一部分
出超；在經濟緊縮對外貿易逆轉之國，由於進口減少，又緩和了逆差的
程度。此種互相牽制的功效，當所得定額變動致令進口變動愈大，以致
所得變動愈大時，亦最顯著。而且此種情勢，在邊際進口傾向愈大及邊
際儲蓄傾向愈小時，最易促成。

　　至於兩國最後新的均衡所得水準，乃係根據下列兩個原則：第一，
依照上所論述，當一國之邊際儲蓄傾向與邊際進口傾向愈低時，即所漏
入儲蓄與進口之數額愈小時，一國生產額之變動（無論爲增加或減退）
幅度也愈大。因爲當邊際儲蓄傾向與邊際進口傾向不太大時，則對於本
國財貨需要之任何轉變，概可導致國內經濟大量的擴展或緊縮。其次，
我們仍舊要借重前述的反響比例。不過此時情形不同之點，是一國的生
產正在擴張，他國的生產則又同時緊縮。所以當他國之反響比例愈小時，
本國生產水準之變動將愈大。所謂小的反響比例，亦即表示外來的力量
對任何一國內部所導致的變動，只是冲淡了一小部分。當他國之邊際儲

蓄傾向較邊際進口傾向爲大時，其反響比例也就小了。

　　爲具體表示起見，我們也可仿照前述國際貿易不受國外衝擊力量之簡單公式，求出在此複雜情勢下的乘數來。當甲國所得變更以後，可以影響乙國的所得；乙國所得變更以後，又可影響甲國的所得。倘使甲國的出口，即爲乙國的進口；甲國的進口，即爲乙國的出口，則兩國之所得，會陸續受到外力導致出口變動的影響。乘數公式，原爲便利計算等比級數的總和，在此兩國所得變動交相影響情形之下，等比級數亦互相鈎結。此種連結的等比級數，對於所得水準在任何一個週期後的變更數額，很不容易求出一個公式，憑以計算。但是對於最後所得變動之數，仍舊可以用公式表達出來。因爲經過無數週期演變之後，每一國家之所得，會達到一個新的水準；此一新水準的到達，正是該國儲蓄或反儲蓄 (dissaved) 之數與國際貿易差額相等的時候。在此我們仍先假定，在任何所得水準之下，國內投資爲一不變之常數。則在國際貿易方面投資或反投資(disinvestment)之變動額，乃成爲對儲蓄或反儲蓄唯一可以抵消之數。又因爲在兩國之間，國際貿易差額定必相等，互爲正反之數，則在兩國境內儲蓄與反儲蓄之數也會恰好相等；並與各國之邊際儲蓄傾向相適稱。因此在經過一無限長的時期以後，兩國儲蓄變動之數，可用下列公式表示：

$$S_A Y_{A,\infty} = -S_B Y_{B,\infty} \tag{8}$$

式中之 S_A 代表甲國之邊際儲蓄傾向，S_B 代表乙國之邊際儲蓄傾向，$Y_{A,\infty}$ 代表甲國所得在乘數充分運用後增加之數，$Y_{B,\infty}$ 代表乙國所得在乘數充分運用後增加之數。

　　其次在乘數作用演變過程當中，每一週期所得增加之數，不外一種自然的出口額，加上國內對所得之消費部分，再加國外導致之出口減少部分（此一部分，當以負數表示）。又因爲國外影響出口減少之部分，

須與外國之邊際進口傾向相適稱，因而可用公式表示甲國所得最後增加之數爲：

$$Y_{A,\infty} = X + C_A Y_{A,\infty} + M_B Y_{B,\infty} \tag{9}$$

式中之 X 代表甲國自然的出口額，C_A 代表甲國對本國產品之邊際消費傾向，M_B 代表乙國之邊際進口傾向。Y_B 爲負數，故方程式右邊之第三項自當變爲負數。

又(8)式可書爲 $Y_{B,\infty} = -\dfrac{S_A}{S_B} Y_{A,\infty}$，代入第(9)式，得：

$$Y_{A,\infty} = X + C_A Y_{A,\infty} - M_B \frac{S_A}{S_B} Y_{A,\infty}, \text{移項得：}$$

$$X = Y_{A,\infty}\left(1 - C_A + M_B \frac{S_A}{S_B}\right)$$

或　$$Y_{A,\infty} = X \frac{1}{1 - C_A + M_B \dfrac{S_A}{S_B}} \tag{10}$$

以 $S_A + M_A$ 代 $1 - C_A$ 代入(10)式，得甲國最後所得變動之數爲：

$$Y_{A,\infty} = X \frac{1}{S_A + M_A + M_B \dfrac{S_A}{S_B}} \tag{11}$$

得知甲國之乘數爲：

$$K_A = \frac{1}{S_A + M_A + M_B \dfrac{S_A}{S_B}}$$

同法又可求得乙國所得最後變動之數爲：

$$Y_{B,\infty} = -X \frac{1}{S_B + M_B + M_A \dfrac{S_B}{S_A}} \tag{12}$$

其乘數　$$K_B = \frac{1}{S_B + M_B + M_A \dfrac{S_B}{S_A}}$$

設甲國之邊際儲蓄傾向爲十分之二，邊際進口傾向爲十分之三；乙
國之邊際儲蓄傾向爲十分之一，邊際進口傾向爲十分之一‧五，當甲國
出口增加 100 元後，其最後所得增加之數，當爲：

$$100 \times \frac{1}{0.2+0.3+0.15 \times \frac{0.2}{0.1}} = \frac{100}{0.8} = \$125$$

而在乙國，其最後所得變動之數，當爲：

$$-100 \times \frac{1}{0.1+0.15+0.3 \times \frac{0.1}{0.2}} = -\frac{100}{0.4} = -\$250$$

在此最後均衡所得水準達成之際，亦卽甲國儲蓄或乙國反儲蓄之數，與
其國際貿易差額相等之時。如以公式表示，當爲：

$$X_{A,\infty} - M_{A,\infty} = S_A Y_{A,\infty} \tag{13}$$

式中之 X_A 表甲國增加之出口，M_A 表甲國增加之進口。但以

$$Y_{A,\infty} = X \frac{1}{S_A + M_A + M_B \frac{S_A}{S_B}} \text{（如上第(11)式），代入(13)式，}$$

得：

$$X_{A,\infty} - M_{A,\infty} = X \frac{S_A}{S_A + M_A + M_B \frac{S_A}{S_B}} = X \frac{1}{1 + \frac{M_A}{S_A} + \frac{M_B}{S_B}} \tag{14}$$

設如上例，甲乙兩國之邊際儲蓄傾向仍爲十分之二及十分之一，邊
際進口傾向分爲十分之三及十分之一‧五，則當甲國每週期新增出口
100 元後，最初貿易順差爲 100 元，以後每週期陸續減退，其最後新均
衡所得水準下之貿易淨順差當爲：

$$100 \times \frac{1}{1 + \frac{0.3}{0.2} + \frac{0.15}{0.1}} = 100 \times \frac{1}{4} = \$25.00$$

同時乙國最初之貿易逆差爲 100 元，最後之貿易淨逆差卽變爲：

$$-100 \times \frac{1}{1 + \frac{0.15}{0.1} + \frac{0.3}{0.2}} = -100 \times \frac{1}{4} = -\$25.00$$

第三節　滙價變動對貿易及所得的影響

　　上節所述貿易方面的所得理論，係假定滙價不變，則當進口貨物在國外之價格未曾變動時，輸入以後，價格仍舊不會變動。同時又假定兩國均未達於充分就業狀態，任何一國之財貨需要增加以後，也不會影響物價之變動。事實上，物價會變動的。假定物價發生變動以後，對於兩國間之貿易，又將影響如何？對於國民所得又有如何影響？這是我們想進一步加以探討的問題。如果我們仍然假定，進口財貨作爲直接消耗之用，而不作爲製造成本，則價格變動，可能採用下列兩種方式：一爲滙價變動，引起進口品價格之變動（儘管在產銷國之價格並未變動。）；二爲任何一國之國內物價發生變動。除非上述兩種價格之變動適足以互相抵消其作用，則不論何種變動，皆足以使兩國國內物價與進口物價之關係發生變化。本節擬先就滙價之變動加以論述。

　　在正常情形之下，物價提高，則購買量減少；物價降低，則購買量增加。進口商品可以外幣表示價格，也可以本國貨幣表示價格。當外幣價值提高以後，進口品以本國貨幣表示之價格卽同時提高了，出口品以外幣表示之價格，反而便宜多了。如一國採用貨幣貶值辦法，其對於國際貿易的實際影響將如何，當從兩國對於進出口之需要彈性與供給彈性加以觀察。請先從需要方面言之。貨幣貶值，往往由於國際收支不能平衡，其目的在擴展出口，增加外滙收入，或至少維持原有收入；同時並使進口外滙支出減少。爲達成第一項任務，外國之需要彈性必大於一，

或等於一。其理由很簡單。因為本國貨幣貶值，無異降低出口品以外幣表示之價格，如果國外需要彈性等於一，僅足以增加出口而達原有外幣收入之水準。唯有在國外需要彈性大於一的情形之下，出口總值才能增加。為達成第二項任務，只要本國對於進口之需要彈性大於零即可。因為以外幣表示之進口品價格，並未曾有所變動；如果對於需要量稍微減少，即可減少外滙之支出。如果進口需要的彈性愈大，其對於外幣債款之減少額也愈大，然則需要彈性又係如何決定的呢？外國人對於本國出口品需要的彈性，與出口品的本質及其在國外與同種商品競爭之力量大有關係。譬如美國生產威士忌酒，蘇格蘭也釀造威士忌酒，蘇格蘭酒輸往美國的銷售情形如何，當然要看美國人的需要彈性；其彈性之大小，又視威士忌普遍跌價以後，一般美國人之反應為何，以及當蘇格蘭威士忌較美國威士忌便宜時，美國人是否對前者會發生偏好而立刻購進。按照一般情形，奢侈品價格下跌以後，美國人總會很快的多買一點。甚至這樣想，蘇格蘭威士忌比美國酒更美。這個例子，很明顯地告訴我們，一般對製造品的需要彈性較大；如果又是奢侈品，其需要彈性更大。對於必需品如食品及原料，其需要彈性較小；也可以說毫無彈性。像英國德國的出口，都是高度工業化的產品，進口又以初級產品為主，其出口品在國際市場的需要彈性自然最大，而對於進口品可說沒有什麼彈性。貨幣貶值如欲發揮最大的功效，最好貶值國的出口品在國外的需要彈性甚大，同時本國對於進口品同樣也富於需要彈性。可是事實上，魚與熊掌，往往就不容易兼而有之。

　　另從進出口品的供給方面觀之，同樣也會受貨幣貶值影響而終於改變了國際貿易的收支。且先看出口。倘使國外對於貶值國出口品的需要彈性等於一，即表示外國貨幣的支出總額不變，因此以本國貨幣計算之出口價值，與出口品之供給彈性無關，但按滙價降低之比例而增加。設

使國外對於出口品的需要彈性小於一，則當出口品之供給彈性愈小時，貶值國之出口品價值將愈增大；如出口品之供給彈性爲零，則出口價值之增加，可說是最大的。如果國外的需要彈性大於一，則當本國出口品之供給彈性愈大時，出口品價值之增加也會大。一國出口品供給之彈性，與出口品之本質也大有關係。例如農產品之供給彈性比較小，需要發生變化以後，價格波動亦最激烈。工業製成品之供給彈性比較大，國外之需要發生變化以後，國內價格之反應倒極輕微。因此當需要彈性不大時，出口品之價值也因供給彈性小而受惠；蓋可提高價格而抵消需要彈性小之一部分反效果也。當需要變化甚大時，出口品之價值，又可因供給彈性無限大而增至最高點，不會採用提高價格辦法以減少需要。我們再看進口，供給彈性也是同樣重要。舉例來說。當國外供給彈性爲無窮大時，外國市場之價格，自然不會有什麼變動，但進口品之價格，則因貶值而上漲；其上漲之程度，當不僅止於貶值部分已也。設使國外之供給沒有彈性，外國市場之價格降低以後，國內進口品價格雖因貨幣貶值而上漲，但其上漲之程度，亦不致與貶值同比例也。故當國外供給與國內需要同具彈性時，則貨幣貶值是合算的；如果進口需要之彈性小於一，同時國外之供給彈性也不大的話。倘使國內之進口需要彈性大於一，同時國外的供給彈性也很大，實施貨幣貶值，也可改善國際收支。

供給彈性，不但對於貶值國的進出口品價值具有直接影響，且以國外價格變動以後，進口品又與本國境內之其他產品發生競爭作用，從而減少對於國產品之需要，變更國產品之價格。倘使因進口需要減少而轉移購買力至國內生產之競爭財貨，反可刺激國內物價之上漲。所以供給彈性不但影響貶值國進出口品之價格，同時對於該國內外與進出口相競爭之其他商品價格，亦同時發生影響力量。競爭品之供給彈性愈大，貨幣貶值之功效亦愈大。以增加出口而論，其需要乃隨以外幣表示之價格

降低而增加。倘使國外生產財貨之供給彈性相當大，則外國對於本國出口品之需要彈性也愈大；因為當國外對於當地產品之需要轉向以後，不致引起外國產品價格之下跌。以減少進口而論，如果國內產品之供給彈性大，則對於進口品之需要彈性也會大；因為一旦需要從進口品方面轉向以後，不致引起國內物價之上漲。由是言之，貨幣貶值如欲達到預期之功效，最好能具備下列三個條件：

(1) 本國對於進口品之需要富有彈性——不但對所需進口之商品伸縮性很大，同時國內生產與進口競爭之財貨，也要具有供給彈性。當外國貨之供給彈性愈大時，貶值之效果愈益顯著。

(2) 國外對於本國出口品之需要也富有彈性——不但外國人所需我國之出口品具有伸縮性，同時外國生產與我國出口競爭之財貨復具供給彈性。當我國出口品之供給彈性愈大時，貶值之功效最為卓著。

(3) 貶值國之國際收支差額尚不算大——倘使進口超過出口太大，則貶值以後兩者變動之比例，尚不足以抵消收支之差額。比方說，如果所具彈性致令進出口雙方以國幣表示之價值作等比之增加時，則當進口大於出口時，其在進口方面所增加之絕對數字，必大於出口。故當收支差額甚大時，所需之進出口彈性也要特別大，才有改善的希望。

事實上，進出口之需要與供給彈性交相作用，情形亦極複雜，假如讀者不嫌繁複，我們不妨根據上面的分析，再為概括的結論如下。為簡化起見，假定國內國外的供給彈性都是無窮大，則貨幣貶值對於國際貿易之功效，乃視下列情形而定：

（甲）設使對於進口之需要彈性大於一，貨幣貶值，一定可以改善國際貿易差額。因為如以本國貨幣計算，進口總值可望降低；同時即使國外對我出口品的需要沒有彈性，出口總值按照國幣計算，仍舊可以維持不變。

（乙）萬一進口之需要彈性小於一，如果國外對我出口之需要彈性又高至足以抵消進口外滙之增加部分而有餘時，國外貿易，也可望改善。

（丙）即使國內與國外之需要彈性都小於一，貨幣貶值，也有改善國際貿易的可能。因為事實告訴我們，如果一國對於進口之需要彈性與外國對於該國出口之需要彈性的和大於一，貨幣貶值往往可以改善貶值國之收支差額。如果二者之和等於一，國際收支將維持不變。如果二者之和小於一，則國際收支不但不能改善，反而更壞。傳統的國際支付理論，認為兩國間收支差額由於物價變動，供需發生協調作用，總可長期維持於均衡狀態，似乎把問題看得太簡單了一點，忽視了雙方的需要彈性。所謂兩國需要彈性之和大於一，即指合於前項乙的意義。所謂兩者之和小於一，即當進口需要彈性小而國外對於我國出口之需要彈性又低至不足以抵補進口外滙增加之部分。

讀者至此可能又要追問，當兩國需要彈性之和大於一，小於一，或等於一，對於貶值國貿易呈好轉，逆轉，或不變之情勢，能以數字舉例說明否？請試言之。設英美兩國之貿易，原處於均衡狀態（此與實際情形當不相符合，但為便利說明，又以如此假定最易對照說明。），英美之滙價為英金 1 鎊合美金 4 元，美國之輸出總值 4,000 元，合英金 1,000 鎊；英國之輸出 1,000 鎊，亦合美金 4,000 元，收支恰好相抵。茲假定美金貶值百分之一，變為 4.04 元合 1 英鎊，則（一）當英國對美國貨之需要彈性為二分之一，美國對英國貨之需要彈性為四分之一時，英國貨上漲百分之一以後，美國人即減少需要百分之〇‧二五；但以英鎊計算，英國貨之價格，固未嘗有所變更也。故英國貨之出口總值，較原來減少百分之〇‧二五，變為 997.5 鎊。如以美元計算，英國貨上漲了百分之一，但以美國人少買了百分之〇‧二五，故實際上英國出口以美金表示之淨值，只增加了百分之〇‧七五,而為 4,030 元。同時美國之出口品,

由於價格降低，英國人多買了百分之〇・五，合美金 4,020 元；如以新匯價計算，約合英金 995 鎊。故美國之國際收支，以美金表示，反短少了 10 元；以英鎊表示，即差了兩鎊半。(二)當英國對美國貨之需要彈性為四分之三，美國對英國貨之需要彈性為四分之一時，美元貶值百分之一以後，英國出口總值為 997.5 鎊，合美金 4,030 元。同時美國之出口總值又為 4,030 元，亦合英金 997.5 鎊。故從美國來看，國際收支恰好相抵。不多一文，不少一文。(三)當英國對美國貨之需要彈性為二分之一，美國與英國貨之需要彈性亦為二分之一時，美元貶值百分之一以後，英國出口總值變為 995 鎊，合美金 4,020 元；美國出口總值亦為 4,020 元；合英金 995 鎊。國際收支，仍舊不變。(四)當英國對美國貨之需要彈性為一，美國對英國貨之需要彈性為二分之一時，美元貶值百分之一以後，英國貨之出口總值 995 鎊，合美金 4,020 元；美國貨之出口總值 4,040 元，合英金 1,000 鎊。美國之國際收支，此時才改善了，增加了 20 元或 5 鎊。

根據上述彈性法則及實際例證，我們又可得到一項新的簡則，即貨幣貶值百分之一以後，直接對國際貿易往來所引起的百分比變動為：

本國消費者對外國貨之需要彈性＋外國人對本國貨之需要彈性－1

假如一國對外貿易最初並非處於收支平衡狀態，出口不與進口相等，其情形便不若上述之簡單了。兩國需要彈性之和往往近於一，也可能在零與二之間的任何一點。當最初之差額愈大時，兩者之和不是近於零，便是近於二之極端。而且對於貿易差額之變動，如以本國貨幣表示，其所具需要彈性之和，又與以外幣所表示者復不一致。也就是說，當最初國際收支不相等時，由於貨幣貶值引起價格之變動，根據需要彈性再去求貿易差額之變動，是一件更困難的工作。在這錯綜複雜的變化過程當中，尚有一點，我們也是不可忽視的。如上所述，匯價變動以後，交往

國進口品與出口品之價格關係也同時轉變了；此種關係之轉變，也就是貿易條件之轉變。當一國進口品之價格相對的降低，或出口品價格相對的提高，貿易條件即屬改善；反之，即屬貿易條件的惡化。以本節所討論之情形而論，貿易條件對貨幣貶值國總是不利的。貶值多少，吃虧便有多大。因為出口品價格以國幣計算，並未曾有所改變，而在進口品則當滙價降低百分之一以後，其價格也同時上漲百分之一。進口品價格提高以後，正如個人，他所買進的東西價格上漲了。如果收入不變，他的真實所得便降低了。此時貶值國的生產總額如果不變，進口品價格之提高，無異國民真實所得之降低。而在貿易對方國，其國民真實所得，反而提高了。

上述甲乙丙幾點推論，乃是根據一個假定，即國內與國外的供給彈性為無窮大。假如我們去掉這個假定，情形又當別論。設使兩國之供給彈性甚小，兩國需要彈性之和甚至又小於一，對貶值國來說，貿易差額仍舊可以改善的。因為國外供給彈性甚小，則當進口需要略為緊縮時，即可促使進口品之價格下跌，從而減少進口外滙之支出。同理，倘使出口之供給彈性甚小，則當出口需要略為擴張時，即可提高出口品之價格，增加出口外滙之收入。但是我們又不要忘記，彈性之限度與就業大有關係。當一個社會尚未達於充分就業時，彈性最好，因為物力人力尚可源源供應。一旦達到充分就業，彈性便降低了，供給已到了一定的限度。

其次我們再看價格變動對於所得的影響。貨幣貶值以後，除非貿易國雙方的總合需要不變，國民所得沒有不受到很大的影響的。貨幣貶值果能達到調整收支的目的，亦未有不經由所得之變動而使國際往來繼續發生變化者也。假定兩國對於進口的需要彈性之和大於一，則貨幣貶值可以增加貶值國的外滙收入；由於收入的增加，自然提高了本國人民的所得，降低了外國人的所得。倘使兩國進口需要彈性之和等於一，國際

貿易將一仍舊貫，未曾有所變動。貶值國之出口價值與進口價值，都按等值提高了。在一定額貨幣所得之下，我們可以這樣假定，由於儲蓄不變，進口增加以後，唯有對本國生產財貨之支出，作等額之減少；但國內與國外對本國財貨支出之總額，則未嘗有所變動也。因此對於本國經濟，既不會按照乘數原理引起加倍的擴張，也無緊縮的現象可以發生。同理自可適用於貿易對方國。如果兩國之進口需要彈性小於一，貶值國之貿易差額，將愈趨嚴重，經濟活動將更形緊縮。而在貨幣增值國，經濟反有擴展之趨勢。在此國際貿易一為順差一為逆差情形之下，其最後所達之均衡所得水準，將如上第二節所述由於嗜好轉變所發生者然。對於貿易有利之國，始終維持此種優勢；對於貿易不利之國，最後仍處逆境之中。前者可以擴展經濟，提高所得；後者迫使經濟緊縮，降低國民所得。其最後影響所得及進出口之限度，則又視兩國之邊際儲蓄傾向與邊際進口傾向而定。

　　滙價變動，如上所述，可以導致一國出口之增加，進口之減少；或進口之增加，出口之減少。在此進出口變動之際，自然影響國內一部分產業之擴展或緊縮，改變生產形態及其組織，乃衆所週知之事實。但尚有一點，更不容吾人忽視。那就是說，即使國際貿易不引起兩國經濟發生乘數原理的作用，對於兩國產品之結構，仍舊會發生變化。比方說，當國內與國外對於本國產品之總支出不變時，貶值國之進口品價值，如以本國貨幣表示，比以往提高了，從而對國內其他產品之支出，自然也會減少。同時由於出口增加之故，一部分生產要素如人力物力會轉移到出口工業，但總生產額仍舊不變。在貿易對方國，由於出口滯銷，生產要素又將從出口工業轉移場地。故在兩國由於進口之改變，對於一部分工業影響甚鉅。

　　生產結構改變以後，所得分配也同時受到影響。例如在貶值國出口

品及進口競爭財貨之生產者收入轉佳，而在增值國之同樣生產者則每況
愈下。此種所得分配之轉變，又會影響儲蓄與投資，可能改變一般之經
濟活動。在貶值國從事出口貿易生產者之所得，旣然高於一般工商業者，
儲蓄能力也較大。如果一部分人所得特別提高，其他業者又降低時，總
儲蓄可能增加。大多數人所得降低，會引起經濟之緊縮；少數生產者財
富之增加，又會導致投資之增加。倘使後者增加之力量，大於前者減少
之力量，社會經濟無疑的將步入佳境，益臻繁榮。

第四節 滙價物價同時變動對貿易及所得的影響

上節所述滙價變動以後，對於貿易國之國際收支及國民所得之關係，
乃是根據一項假定，即兩個國家之國內物價並未變動；現在我們又擬再
進一步探求，假定當滙價變動以後，兩國物價也同時發生變化，其情形
又當如何？此一問題，自然比以上所述者更爲複雜。而最大之困難，乃
在於不能同時衡量滙價變動之間接影響，及貶值國其他物價變動程度不
同之情形。我們現在擬採用的研究方法，首重出口品供給彈性。很顯然
的，在一個工業國家，如果人力物力尚未充分利用，出口財貨之供給彈
性最大。因爲當生產量變更以後，不會引起價格之激烈波動。設使一國
已達充分就業，人力物力業經盡量利用，若欲增加生產，自不易按照正
常價格移轉使用，唯有提高價格，乃能增加出口。故在此種情形之下，
供給彈性較小。其次供給彈性又與兩國國內生產與消費之替代能力大有
關係。設當出口品價格略微上漲而其他產品價格並不同時上漲時，自會
吸引人力物力從其他生產事業轉移到出口工業，增加出口工業之生產。
此種情形，稱爲高度的生產替代力。出口品在各國往往又屬於一部分內
銷品，如果出口品在國內之價格略微提高而其他產品並不漲價時，國人

將相率減少對外銷品之消費，從而增加外銷品之供應。事實上外銷品此時並未增加生產，或甚至根本不能增加生產，而供給彈性依然很大。此外出口品之內銷市場與外銷市場大小之關係，亦甚重要。假定內銷市場相對的大，對於出口品之供給彈性也會大些。我們如果這樣說，當出口品價格上漲百分之十以後，國內消費即同時降低百分之十。假定有兩種產品，其一國內與國外市場之大小相等，其二國內市場為國外市場之三倍；前者國內國外之銷售量各為 100，後者兩地之銷售量為 300 與 100。按照第一種情形，價格上漲百分之十，即可減少消費 10 單位，增加出口市場百分之十的產品。依照第二種情形，可減少消費 30 單位，增加出口供應百分之三十。此一例證，也同時告訴我們，即在充分就業之地區，出口品之供給彈性，不一定是很低的。

　　對於可能影響供給彈性的環境有了一個認識以後，我們現在可以再看，滙價變動，往往引起外銷品價格之變動，但其他國內產品之價格，可能不同時變動。其故為何？此種情形，大半由於出口工業限於設備，或其他技術條件，不容易擴展，無法從其他方面吸引生產資源。而在其他生產事業，人力物力又極充沛，利用厚生，方興未艾。或者當進口品與出口品漲價之後，並不大量轉移國人的需要到其他的國產品上去。或者由於出口品只是佔全國產量的一小部分，儘管產銷者的所得增加，對於整個經濟而言，仍舊微乎其微。再從貿易對方國觀之，由於滙價變動而使出口品價格上漲，需要隨以減少。如屬工業產品，需要減少，並不引起價格之激烈下降；只有當供給彈性甚低，屬於初級產品之國，出口需要減退以後，容易引起價格之下跌。為適應上述之條件，兩國之出口供給彈性均不宜高，最好其中有一國為初級品生產之出口國家。當一國外銷之財貨為極有限度之初級產品，且又不生產多種與進口品直接競爭之其他財貨時，乃是最適當的例子。既然低度的出口供給彈性為最適合

我們分析的條件，且看在此情形之下，其所獲的結果如何。當兩國出口供給彈性甚低時，影響兩國貿易品之價格者，不外三種力量：一爲滙價之變動；二爲甲國出口財貨國內價格之變動；三爲乙國出口財貨國內價格之變動。貨幣貶值百分之一，貶值國之進口品也上漲百分之一，對外貿易當然不利。同時出口品由於國外需要增加之故，在國內之價格也會同時上漲。至於對方國家，由於需要之減少，其出口品之國內價格反而降低了。但此後者兩國物價變動力量之交相作用，可能高至足以抵消滙價變動在貿易條件方面不利之影響而有餘，終於改善貶值國之貿易條件，反使對方國家處於不利地位。此種扭轉常態之現象，在兩國出口供給彈性等於零時，尤爲顯著。當兩國之出口品供應極爲有限時，任何需要之增加，皆足以引起價格之上漲，而使需要不能增加上去。任何需要之減少，將導致價格之下跌，而使需要回復原有之水準。故在最後均衡狀態之下，本國出口品以外幣表示之價格，仍舊等於沒有變動。因爲貨幣貶值百分之一以後，需要增加，而本國出口品供給彈性又爲零，自然會引起國內價格之上漲；如以國幣表示，其上漲之程度，正好亦爲百分之一。同理，我們也可推知，舶來品以本國貨幣表示之價格，最後也沒有什麼變動。因爲在外國之出口價格，也降低了百分之一。故在最後均衡狀況之下，本國出口品之價格與外國出口品之價格相比，是提高了，貿易條件也就轉爲對貶值國有利了。其有利之程度，與貶值之百分比恰好相等。

　　低度供給彈性對於貿易往來之效果，尙可以另一簡單法則表示出來。倘使兩國供給彈性低至足以改善貶值國對外之貿易條件，則貶值國之貿易差額也會同時改善。此種效果，當兩國供給彈性等於零時，表現最爲明顯。因爲在最後達於均衡狀態時，兩國對於進口品之需要，正如當初一樣，未嘗有所變動；蓋進口品以各該國貨幣表示之價格未有變動故也。同時貶值國以國幣表示之出口品價格則已上升。故出口收入增加了，而

進口以國幣表示之支出，仍未有變動。

以上所述，如以數字舉例，當分外分明。設英美兩國之滙價原為一鎊合美金 4 元，美國對英國之出口總值為 4,000 美元，計 10 單位，每單位價格為 400 元；英國對美國之出口總值為 1,000 鎊，計 40 單位，每單位價格為 25 鎊。在此情形之下，美貨以英鎊表示之價格，每單位合 100 鎊；英貨以美元表示之價格，每單位合 100 元。國際收支恰好相抵。茲假定美元貶值百分之一，兩國之出口供給彈性又都為零，兩國之出口品數量當依舊不變；惟美貨出口價格上漲至 404 元，英貨出口價格下跌至 24.75 鎊；但美國貨以英鎊表示之價格，及英國貨以美元表示之價格，仍未嘗變動。最後從國際收支來看，美國反餘存了 40 美元，進出口物資數量並未有改變；也就表示美國對英國的貿易條件改善了。

上述兩國出口彈性均較需要彈性為低之假設條件，可以作為理論上之分析，但實際上與此符合之例子，並不多見。通常最容易遇見的情形，是一國的供給彈性甚低，他國之供給彈性甚高；也就是初級品生產國與工業國家間之貿易。當一國對出口品之供給彈性為零，而另一國對外之供給彈性為無窮大時，採用貨幣貶值，並不能改善貿易條件。事實非常顯明。如本國之出口品供給彈性為零，採用貨幣貶值辦法以後，其出口品以國幣表示之價格固然提高了，但以外幣表示之價格，仍舊不會變動。同時外國對於出口品之供給彈性又非常大，需要如有轉變，亦不致引起舶來品在國外價格之變動。在此情形之下，對於貿易支付有何影響，則又全視貶值國對進口品之需要彈性而定。因為本國之供給毫無彈性，以外幣表示之國貨出口價格始終不變，外滙收入也照樣不變。故外國之需要彈性無關重要，不足據以討論，作為解決本問題之要素。唯有當本國對洋貨之需要彈性大於零，進口貨價格一經提高，便足以減少一部分進口，從而減少進口外滙之支出，也就是改善了對外貿易的收支。一個大

量依賴初級產品輸出之國，遇到國際收支困難，往往採用貨幣貶值辦法，其故在此。尤其當經濟不大景氣時，貶值之法，更易為人採用。藉以提高物價，改善收支，並假乘數原理，促進繁榮。

上面所提出之分析，乃就滙價變動，兩國出口品之價格亦同時變動，因而對於國際貿易可能發生之影響而言。但是事實往往尚不如此單純。我們現在可以這樣構想，滙價變動以後，最易影響國內與進口競爭的商品價格；同時其他產品（包括出口品）之價格可能不動。此種情況，對於貿易之後果，自與上述者大異其趣。貶值之國在貿易條件上所受之損害，將與貶值之比例相等，同時國際收支也將陷於逆境。由於僅有與進口競爭之商品價格上揚，其他物價一律不動，此時所必需具備之經濟條件，亦與上述出口品價格變動，其他物價不動者正復相同。譬如增加與進口同一類型財貨 (import-type goods) 生產之可能性就不太大；其他工業尚未利用之生產資源為數可觀；或則進口品及與進口同一類型財貨價格之上漲，復不能大量轉移人民之需要至其他國產品上面去。在此特殊情況之下，貶值國內與進口同一類型財貨價格之上升，將與幣值貶低成等比例；而在貿易對方國家，此種財貨價格降低之比例，亦復相同。又因為業已假定兩國之其他物價不變，故貿易條件不利於貶值國者與貶值成等比例。蓋進口品價格業已按貶值之比例提高，而出口品則始終未動故也。反之，在貿易對方國，亦即貨幣增值之國，其貿易條件之改善，又當與增值之比例相同。貶值國處此進口品價格上漲出口品價格不變的情形之下，國民真實所得損失慘重；其在貿易收支方面，仍難望改善，而且有變本加厲每況愈下之趨勢。為什麼？理由也很簡單。當進口品與進口同一類型產品二者與其他國產品之間，既無替代之可能性，亦即表示此種進口同一類型財貨在兩國之供給彈性為零，因此任何一國輸入品之數量，亦決不會有所變動。也就是說，兩國所交換之財貨數量，不會

有什麼變動。同時價格又於貶值國不利，按貶值之比例而提高了。故最後國際收支，也於貶值國不利。假定最初兩國之貿易是均衡的，其最後收支之差額與原貿易額之差距，亦將與貶值成等比例。

　　滙價變動以後，我們已經假定了幾種情形可能發生：或則兩國之國內物價不變，或則只有出口財貨價格變動，或則只有與進口競爭之財貨價格變動。但事實告訴我們，滙價變動以後，兩國國內之物價水準，可能全部波動。物價全面波動，影響貿易者大，影響國民所得者更大。這是我們最後所要分析的，也可以說是最重要的部份。以上數段所列舉的例證，有些近於極端。事實上物價波動，往往呈一種中和現象，一部分比較激烈，一部分比較溫和。我們現在且看全面物價波動，對於一國之貿易條件及收支影響如何。倘使在貶值國之產品價格一律上揚，或在對方貿易國之產品價格一律下跌，或則一國上漲一國下跌之現象同時發生，其對於兩國貿易條件與國際收支的影響，在最後達於均衡狀態時，與貶值甚微物價不動時所發生者完全一樣。因為滙價變動對於貿易支付的功效，乃是兩國國內物價與國外物價關係的轉變。倘使兩國由於物價之全面波動而冲淡了國內與國外物價變動的關係，其對於貿易條件與國際收支之影響，不是與貶值甚微國內物價不動者一樣嗎？最適合於我們現在討論的例子，有兩種國家：一為工業品生產國家，一為初級品生產國家。此一工業國家應當已達充分就業狀態，如再增加需要，不論來自國內或國外，都有引起通貨膨脹之可能。在初級品生產國家，其價格富於彈性，受需要之變動而變動。且在分析本問題時，我們尚須記住一項法則，也是前面一再提到過的。在普通情況之下，貨幣貶值，對於貶值國之國際收支，固有長遠的改進功效，但於本國人民可能享受的財貨量則永遠減少了。此種財貨數量的減少，即是一般生活水準之降低。也就是貿易支付改善所付出的一項代價。本章第三節所列舉國內物價不變的情況，便

是一個最簡單的例子，與此法則最相吻合。當幣值降低百分之一以後，進口貨卽按國內消費者需要彈性大小之百分值而減少，出口貨則按外國消費者對本國貨需要彈性大小之百分值而增加。此種進出口之變動，乃是對國內財貨供應量之減少。倘使國內生產額仍舊維持原狀而不變，則國內財貨減少之數量，當爲兩國原交易量的百分之 $(\epsilon_h + \epsilon_f)$ ❷。

其次比較複雜的例子，也是我們前面已經提到過的，就是兩國之國內物價一部分有所變動。如兩國出口品之價格波動相當激烈，而其他財貨之價格則守靜不動；或卽有變動，亦極輕微。貨幣貶值以後，貿易條件將於貶值國有利，國際收支亦可望改善。但以貿易條件改善之處與國際收支改進之效果恰好可以抵消，滙價變動，對於生產者生活水準之淨效果，可以說是等於零。

我們再看，兩國國內產品價格如果一律變動，其總效果如前段所述，與滙價變動甚微其他物價一概不動者相同。因此我們可以這樣推斷，如果本國貨幣貶值百分之一，國內物價一律上漲百分之〇‧二五，國外物價一律下跌百分之〇‧二五，其效果正與貶值百分之〇‧五，兩國物價概未變動者無異。換言之，國內產品之價格水準，與外國產品相較，降低了百分之〇‧五。對本國生產者而言，他們的生活水準，更不如以前了。講到這裏，使我們聯想到一個問題，生活水準之降低，是否會引起兩國物價水準變動發生累積的作用？此一問題，須從兩方面加以觀察。倘使貶值國尚有大量生產資源未予利用，生產者生活水準降低以後，不會發生很大的反響作用。生產者雖然企圖恢復貶值前的生活水準，殊非易易。因爲人力物力未盡充分利用，有財貨或勞務出賣者，卽不易於提

---

❷ ϵh 代表國內消費者對輸入品之需要彈性，ϵf 代表國外消費者對本國出口品之需要彈性。

高價格。設使貶值國需要增加以後，亦無休閒之人力物力可資利用，情形又當兩樣。在此充分就業情形之下，國內財貨價值既已降低，同時進口品以國幣表示之價格又已提高，很容易演成通貨膨脹之現象。此時生活水準之降低，社會上大部分人將蒙受其害。為顧全其本身利益，必相率採取自衞行動。或提高其所出售品之價格，或要求增加薪資，或向外舉債，或減少銀行存款，以維持原有之生活水準；其結果必令交易之對方，又處於不利之地位。其對方為維護本身利益計，又將採取同樣之措施。而出口生產業者由於貨幣所得之增加，增加支出；其餘一部分買進賣出非淨受害人又非淨受惠人，亦維持其實際支出額於不變，也擴大了貨幣支出。假定此時政府又未採取有效的信用緊縮政策，一定會導致國內物價之全面上漲。此種物價循環上漲之作用，必使各階層之生活享受，恢復至原有之水準乃已。至此滙價變動之全部效果，也就消失殆盡了。假定國外之物價此時尚未變動，國內物價上漲之程度，將與貶值之比例相等。國內物價與國外物價，又回復到了貶值前的關係。也就是說，貿易條件與貿易支付的情況，與貶值前並無不同。生活水準照樣提高了，國際收支的困難依舊存在（貨幣貶值之目的，大半為了改善收支。）。所謂改進貿易，改善國際收支，也不過一時之景象耳。由是言之，我們可以得到一個很重要的啓示：一個充分就業國家，如欲利用貨幣貶值解決國際收支問題，只有該國一部分或全體從事生產的大眾，對於實際支出，寧願減少一部分，降低生活水準，方克有濟。唯有在此情形之下，滙價變動，才不致為通貨膨脹的力量所中和。

以上分析的結果，也可適用於初級品生產國家。這種國家要沒有大批的失業者存在，而以充分就業為正常的現象。然後物價與工資極富彈性，漲跌可以自如。倘使貨幣貶值，價格與工資將有上漲之趨勢；因為社會大眾都想維持實際所得及支出而不變。其演變之結果，自與上段所

述者無異。不過初級品生產國家採用貨幣貶值辦法，不但爲改善國際收支着想，尚有穩定國內物價之意願存焉。設使一國出口品在國際市場之價格下跌了一半，該國便有降低幣值一半的可能，藉以維持國內物價。此時政府所採之金融政策，當然不會是反通貨膨脹，也許還是助長通貨膨脹，阻遏國外傳來的跌風。反之，如果初級品生產國採用貨幣增值辦法，國內物價將有下跌之趨勢。由於影響範圍太大，最後對於幣值變更之效果，又將抵消。按照一般情形，物價下跌之現象一經發生，往往不如上漲時之激烈。在充分就業之工業國或農業國，如果採用貶值政策，很容易導致國內物價之變動，對於貶值之效果，也很快地就會抵消。理財當局，如不能盱衡全局，展望未來，採用飲鴆止渴的辦法，可能得不償失，是不可不慎焉。

第五節　國際物價變動擴展的原理

以上數節，關於價格變動，影響一國對外之貿易條件與收支，從而改變國民所得，根據需要及供給彈性法則，均已略爲論列。惟一國物價變動以後，何以影響對方貿易國之一般價格，終至互相激盪，因果循環，愈演愈烈，其間經過，似有再加以闡明之必要。爲便利說明，僅提出兩個例子：一爲兩充分就業工業國間之貿易，一爲初級品生產與尚未充分就業之工業生產國間之貿易。在前一例中，如果需要增加，產品無法增加，唯有導致物價之上漲。在後一例中，如果需要增加發生在工業國家，可以增加生產，而不致提高物價。如果需要增加發生在初級品生產國家，生產不能增加，唯有助長物價之上漲。爲簡單明晰起見，我們討論這兩個例子，又假定貿易條件對於一般人民從定額貨幣所得中願意消費與儲蓄之總額，並未有任何影響。老實說，國際通貨膨脹擴展的理論，也不

過對一般通貨膨脹理論補充說明，加以引伸而已。我們不妨就最常見的現象來加以觀察。在兩國均達充分就業情形之下，一國政府支出增加以後，由於生產不能增加，物價必定上揚；生產者爲維持實際生活水準，增加支出，徒激起國內物價之循環上漲。再從貿易對方國觀之，本國政府支出增加以後，定必導致進口之增加；本國之進口，卽爲他國之出口。由於他國亦已達於充分就業，需要增加以後，亦唯有引起物價之上漲。在此我們所要特別注意的是，兩國物價雖然同時上漲，但其上漲之情形，並非完全相同。如果物價在一國漲得快，在他國漲得慢，兩國在貿易支付上卽將有所轉變。設使兩國需要彈性之和小於一，在物價上漲較慢之國，其國際收支將發生差額。如果兩國需要彈性之和大於一，該國之國際收支又將產生盈餘。按照一般情形，在收支發生盈餘之國，其所遭受通貨膨脹之壓力將愈來愈大。也就是說，該國物價之上漲，必較他國爲**速**。當兩國之需要彈性大於一時，物價上漲落後之國，又將增加速度，逐步高升；最後兩國物價上漲之程度，可能趨於一致。反之，當兩國需要彈性之和小於一時，物價上漲快速之國，其速度更爲增加，而在他國之價格則反而下降。兩國物價一前一後，其變動之差距將愈來愈大。

　　如在其他地區尚有一部分人採取守勢態度，不論其進行方式如何，則國際間一旦發生通貨膨脹現象，可望逐漸抑低，化爲烏有。所謂採取守勢，乃指一國當通貨膨脹現象發生以後，對於國際貿易條件，寧願處於不利之地位。由於生產已經到了最高限度，只有降低眞實所得與支出，藉以抑低物價。假如通貨膨脹之演變，將令一國之外滙基金逐漸枯竭，則該國不得不採取降低物價辦法，爭取國際市場，增加外滙收入，改善國際收支。此種抑低物價所採取之金融或財政政策，可以減少對世界資源之需求，降低通貨膨脹之壓力，而使物價趨於穩定。世界正如一個大的國家，經濟關係互相倚存，任何一地區對於需要之減少，皆可發生阻

抑通貨膨脹之功效。如其減少之力量能與當初促成經濟不穩定之力量相等時，便可消弭通貨膨脹於無形了。

其次我們再就初級品生產國與工業國間的例子來加以考慮。首先我們看，當一國的需要總額增加以後，其演變情形爲何？需要增加，可能由於政府支出增加，可能由於投資之增加，又假定一般人爲維持正常生活水準，在初級品生產之國，勞力均已充分利用，需要增加以後，唯有促使物價及工資之上漲。在對方工業國家，以尚未達於充分就業境界，需要儘管增加，而工資與物價仍然依舊不變。且爲簡明起見，我們也只能就簡單之情況加以考慮。因此進口品在任何一國，都不介入本國產品之成本以內，然後進口品價格之變動，與國產品不發生直接關係。又兩國間之貿易與收支，最初均呈平衡狀態，都在預先假定之中。根據上面這些假定，我們就可開始加以分析。在本例中，似可考慮兩種情形：一爲需要之增加，首先發生於初級品生產國家；一爲需要之增加，首先從工業國家發生。當新均衡狀態達成時，物價如何變動，經濟活動如何發生變化，兩國間之貿易支付又有如何變化，這都是我們在兩種情況之下所要瞭解的問題。這些答案，有的非常顯明，一望可知。在假定中，我們業經提到，在初級品生產國中，經濟活動不會有什麼變化；在工業國家，本國產品之價格水準也不致有何變動。其餘我們所要探討的，非作進一步的研究不可。先就需要變動發生於初級品生產國家者論之。

在這初級品生產國家，早已假定達於充分就業，生產品概已按照現有之人力與技術達到了最高限額，不能因需要增加而增加了。在新的均衡狀態之下，正如經濟未曾擾亂以前一樣，財貨的產銷量，不會有任何變動。但需要增加以後，該國從事生產之大衆，爲了維持實際支出，都想增加財貨之購買；政府及投資支出，也要按照實際需要而增加。其法爲何？唯有從工業國增加進口，或者由工業國家減少從初級品生產國

之輸入，或二者同時並行，藉以增加初級品生產國家之財貨；因此該國在國際收支方面，必然發生差額。在供需達於均衡狀態之下，其所產生的貿易差額之數，當與該國總支出最初增加之數值相等。

在經濟轉變過程當中，影響進出口變動的，不外兩種原因：一為初級品生產國家總支出增加對進口的直接效果，二為兩種間接效果：工業國的經濟活動產生變化，初級品生產國家的物價水準也發生了變動，從而影響有關之國內與國外物價。工業國家經濟活動之變化，完全以該國之邊際儲蓄傾向及初級品生產國家當初總支出增加之數額為轉移。一如在閉關自守情形之下，一國經濟之擴張，利用前述簡單的乘數公式，以邊際儲蓄傾向除一，即可求得出來。這個理由，非常清楚。我們如果把世界經濟作為一個整體來看，則當任何一國之實際支出提高以後，唯一可以發生之漏量，乃為工業國漏入儲蓄之數。對初級品生產國家財貨支出之任何改變，只能導致該國物價之變動，而不能對該國從事生產者之實際總支出有任何改變也。故促進國際經濟活動的主要因素，乃為初級品生產國家最初支出增加之數及工業國漏進儲蓄之比率。

在新的均衡水準之下，初級品生產國物價水準究係如何變動，又視兩國彼此對於進口品的需要彈性而定。如果兩國需要彈性之和大於一，在初級品生產國家遇到需要增加，物價就會上升。何以故呢？因為初級品生產國家最初支出增加以及工業國所導致的所得水準提高的效果，在在都足以增加整個世界對初級產品的需要。而初級產品之供給又屬有限，為了阻遏過度需要，只有提高物價。這是很容易想像得到的。反之，倘使兩國需要彈性之和小於一，其唯一可能的均衡狀態，乃是當需要在初級品生產國增加以後，該國之物價普遍下降。

初級品生產國家物價的波動，既受兩國需要彈性的影響，但其波動的幅度究有多大？如何決定？除了上述的需要彈性以外，與兩國的邊際

進口傾向及邊際儲蓄傾向也很有關係。設兩國需要彈性之和大於一，則當其和愈大時，價格變動愈小。蓋彈性之和旣大，價格稍微變動，卽可導致需要之大轉變。同時如果工業國之邊際儲蓄傾向愈大，邊際進口傾向又愈小時，初級品生產國之物價變動也愈小。因為邊際儲蓄傾向大，工業國之經濟活動當不會擴展；邊際進口傾向小，則不論工業國之經濟活動如何擴展，對於從初級品生產國之進口影響也會很小。最後我們更要補充說一句，當初級品生產國家生產者支出（會立刻用在進口方面的）最初增加之比例愈大時，物價變動之幅度也愈小。

其次我們再看需要變動如果發生在工業國家，其演變情形又當如何。對於此一問題之解答，似較上述需要變動發生於初級品生產國者略為簡單。在新的均衡狀態之下，國際收支仍舊維持原有之平衡地位，而無剩餘與差額發生。因為生產品在初級品生產國家旣無法增加，故當工業國在均衡狀態對初級產品之需要增加時，唯有減少初級品生產國家人民對於該國產品等量之購買，而以此購買力轉移使用，從工業國輸入等量之工業產品。所以兩國之國際收支，最後仍舊可以不變。但在產銷調整過程當中，影響兩國之進出口者，一如前段所述，一為工業國由於支出增加對進口的直接效果，二為工業國所導致的經濟活動變動，及由初級品生產國家價格水準變動所引起的有關價格變動的兩種間接效果。在工業國所導致的經濟活動轉變，常與最初需要變更之方向相同。如果邊際儲蓄傾向愈小，經濟擴展也愈大。其擴展之限度，正如一個閉關自守之國，不受外力之影響，為需要變更之數，乘以邊際儲蓄傾向的倒數。至在初級品生產國家，其物價變動之方向，又與兩國需要彈性之和有關。如其和大於一，在新均衡狀態時，初級品生產國家之物價則較以前提高，國際收支亦賴以恢復至原有之水準。

如本章第二節中所述，設使最初需要之變更，原於嗜好之轉變，由

一國財貨之需要，變換爲對另一國財貨之需要，情況也比較單純。其最初需要之變更，對於世界經濟方面支出之總數，並未有任何改變，不過把支出易地使用罷了。因此在生產方面不會有新的變動，無需利用邊際儲蓄傾向與邊際進口傾向，作爲說明之依據。重要的變化，只有一點。卽有關物價之變動，致令對初級產品過度需要或過度供給之現象不再存在。根據前面的假定，貿易條件對於定額貨幣所得者的總支出沒有任何影響。亦卽表示工業國原有產品之數量，也可全部售出，國際收支仍舊回復原有狀態之意。價格調整，全由物價在初級品生產國內發生變化而達成；其方向與幅度之大小，又視兩國需要彈性之和的大小而定。如果彈性之和大於一，則初級品生產國家之物價，當因需要之增加而上漲，需要之減少而下降。如果彈性之和小於一，均衡只有當物價按相反之方向移動時才能回復原狀。但在上述兩種任何情況之中，當需要彈性之和愈接近於一的時候，矯正不均衡現象所必需之物價變動的幅度也愈大。

第六節　所得理論述評

應用國民所得理論說明國際貿易，乃係以出口之增加，比擬於國內投資之增加。投資增加，可以利用乘數原理，擴大經濟活動，提高一般人之所得；出口增加以後，其對於國民所得之影響，正與投資增加者相同。所得增加以後，又可導致進口之增加。本國之進口，卽爲他國之出口，互爲因果，可以發展國際經濟，惠及全民。各國如能利用休閒之人力物力，增加生產，造成自然之輸出，而不損害本國國民之實際支出與所得，當然最爲理想。不過國際貿易，從整個世界來看，應以維持國際收支之平衡爲原則；卽各國之進口與出口總額應當完全相等。但如以增加出口爲提高國民所得之手段，旨在改善國際收支，事實上不一定能如

願以償。因爲出超所獲致的繁榮，往往爲他國入超犧牲有以致之。當一國鼓勵出口之際，他國可能採用抵制辦法，提高關稅，規定配額，減少進口，或禁止進口。國外即不採取報復手段，出口之貨，是否爲國外人士所愛好，樂意購買，亦未可必。因此各國如一面鼓勵出口，一面又限制進口，最後在國際貿易上所呈現之收支，常與當初並無多大出入。整個世界貿易，難有起色，地區分工、特產推銷相互爲利之功效，也不易促進。1930 年代各國政府鼓勵出口，天下同心，而終未有所獲者，以此故也。故在經濟不景氣時代，人爲的鼓勵輸出辦法，切不可隨便嘗試。出口自然的增加，可以提高國民所得。如太勉強而採用人爲的手段，可能反降低進出口與國民所得。二者之不同也在於此。儘管根據自然的出口，應用所得理論，說明出口的功效，令人無可置疑，但以所得理論闡釋國際收支之平衡，並不能在所有的國際環境下應用，也是無可否認的事實。

第 十 章

經濟成長與國際貿易

上一章依據所得理論解析國際貿易，主要之點，在利用乘數原理，說明對外貿易發生盈餘或差額以後，如何影響一國之均衡所得水準；以及所得水準變動以後，又如何影響對外貿易。例如一國出口之增加，正如國內投資之增加，可以擴大經濟活動，提高一般人之所得，所得增加以後，又可導致進口之增加。本國之進口，即為他國之出口，彼此互為因果，最後可以導致國際經濟之全面發展。但是國際貿易在價款方面，又牽涉到外滙支出，滙價如有變動，可以直接影響商品之價格；同時一國對外通商以後，國內物價，受到供給與需要的影響，也可隨時發生變動。當滙價與物價變動以後，又可影響一國對外貿易之收支，從而變更一國之國民所得。所以在上一章，我們曾經以數字舉例，將上述所有經過，及其對所得可能發生的變化，作了一次相當詳細的說明。不過所得與生產，是一種相對的名詞，一國之生產毛額與國民總所得相等，其所

生產的財貨與勞務，在自由經濟制度之下，除了一部分供應國內使用之外，其餘即可輸出，賺取外滙收入。假定輸出所佔的比率甚大，可以加速國內經濟的發展。反之，如果一國之輸入大於輸出，以外國財貨替代國內生產之比率愈大，又可使本國經濟趨於萎縮。然則經濟成長與國際貿易之關係爲何？本章所述，其着眼點，在解析生產要素由於量或質的改變，也就是生產要素在先天賦與方面發生變化，或生產技術方面發生變化以後，如何影響一國經濟成長及其對外貿易❶。討論經濟成長，自然離不開所得，但是由於本章以生產爲出發點，其所論述，與上章不會雷同。也許當我們把兩章互相對照之後，也就是對於一個問題，從不同的角度去考慮之後，對於國際貿易與生產及所得之關係，更能融會貫通的了。我所以不厭其煩，在講述所得以後，再提出經濟成長與國際貿易這個問題，理由也就在此。

第一節 希克斯 (Hicks) 對經濟成長與貿易理論的啓示

當代著名經濟學家希克斯 (J. R. Hicks) 在 1953 年曾就英國貿易條件與貿易差額的長期發展，發表專文，指出 1940 年代後期以及 1950 年代初期之英國，一如西歐諸國，在國際貿易方面,遭遇了長期性的逆差，其原因顯與美國在經濟成長方面之轉變大有關係。乃以一般常用的兩國貿易模式來加以說明。希氏之言曰,「假定現有甲乙兩個國家，甲國經濟持續成長，乙國經濟停滯不前，其所演變之後果當爲何？設使在甲國之

---

❶ 本章取材，大部分出自 Bo Södersten, University of Lund, International Economics, pp. 111-203.

生產力一律蓬勃發展，即所有工商業按照同一成長率擴張，很可能對乙國有利。爲什麼？假定甲國之貨幣所得，隨經濟生產力之增加而作等比率的提高，同時乙國之所得，則依舊未變，那麼，甲國由於生產增加，物價理應普遍下跌，但是這些好的效果，都被所得提高而破壞無遺了。因此在甲國之物價，仍舊不會變動。而在乙國由於經濟沒有什麼變動，所以物價也沒有什麼變動。乙國國民之貨幣所得，旣沒有變動，乙國也就沒有理由要向甲國購買比以往多些或少些之貨物。但是由於甲國的所得提高了，從而會增加甲國國民對於進口之需要。在此情形之下，貿易差額，將於乙國有利。爲回復貿易平衡，乙國出口品之相對價格，勢必提高，從而改善其對外貿易之條件，也就是改進了乙國之眞實國民所得。」

　　如上所述，甲國工業生產力普遍提高，並不偏重於某一方面的情形，可稱爲中和性的經濟成長 (neutral economic growth)。假定甲國生產力之增加，集中在出口事業方面，希克斯乃稱之爲出口導向的經濟成長 (export-biased growth)。在此情形之下，國際貿易，將於乙國極端有利。其故爲何？設使所得在兩國未曾有所變動，乙國之出口品價格，由於乙國經濟沒有什麼變化，當然不會有什麼變動，但是甲之出口品價格，將會降低，因此貿易條件將於乙國有利。然則甲國輸往乙國之產品數量將爲何？又視需要情形而定。設使乙國對甲國之產品需要沒有彈性，甲國出口之價值將會減少，而在量的方面，却會增加。在此情形之下，甲國全部生產所獲的利益，都會奉送給乙國了。似此出口導向的經濟成長，很顯明的，是於甲國最不利，而於乙國最有利。

　　反之，倘使甲國生產力之增加，乃是集中在進口競爭品這方面，那麼甲國之經濟成長，則屬進口導向的經濟成長 (import-biased economic growth)。此時國際貿易將於甲國最有利，而於乙國最不利。何以故？

假定所得在兩國照舊不變，甲國進口競爭品之價格將趨下跌，於是甲國市場大部分財貨將由國內生產所取代，而減少了進口。乙國之出口，既由國外需要減少而下降，乙國對外貿易，勢必發生逆差。爲達成貿易平衡，並與國外競爭起見，乙國唯有降低出口品之價格，從而貿易條件對乙國不利，而在甲國，則可享盡生產之利得，對外貿易條件，也從此改善了。

第二節　蘇得斯登 (Bo Södersten) 模式

上述經濟成長與國際貿易之關係，希克斯只作了一個非常概括的說明，爲使讀者澈底了解經濟成長對國際貿易之功效起見，我們在此特別就蘇得斯登先生近年對於此一問題研究之心得，介紹於次。蘇氏解析經濟成長對貿易條件之功效，仍以甲乙兩國以及兩種財貨爲例，建立了下面一個簡單的均衡模式：

$$\frac{dP}{dt} = \frac{(R_{1m}S_{1m} - R_1 E_{1m} C_{1m}) - (R_2 E_{2x} C_{2x} - R_{2x} S_{2x})}{\dfrac{C_{1m}}{P} e_1 + \dfrac{C_{2x}}{P} e_2 + \dfrac{S_{1m}}{P} s_1 + \dfrac{S_{2x}}{P} s_2}$$

此一模式，又係由下列五個方程式，包括五個未知數 S_{1m}, S_{2x}, C_{1m}, C_{2x}, P 及一個外在變數 t 導出來的。

$$S_{1m} = S_{1m}(t, P(t)) \tag{1}$$

(1)式中之 S_{1m}，指甲國對進口競爭財貨在國內之產出量或供給，t 表示經濟成長，P 爲甲國之貿易條件，卽 $P = \dfrac{P_x \text{（出口品價格）}}{P_m \text{（進口品價格）}}$。反之，可以看出乙國之貿易條件，當爲 $\dfrac{1}{P}$。故 (1) 式表示甲國進口競爭財貨之供給，爲經濟成長及有關價格之函數。

$$C_{1m} = C_{1m}(y_1(t), P(t)) \tag{2}$$

(2)式中之 C_{1m}，指甲國對進口品之消費，y_1 指甲國之國民所得。故(2)式表示甲國進口品之消費，為該國國民所得及有關價格之函數。換言之，此式為一簡單之需要函數形態。同理，我們可以寫出乙國之函數為：

$$S_{2x} = S_{2x}(t, P(t)) \tag{3}$$

(3)式中之 S_{2x}，指乙國出口品之供給。故本方程式表示乙國出口財貨之產量，為經濟成長與有關價格之函數。

$$C_{2x} = C_{2x}(y_2(t), P(t)) \tag{4}$$

(4)式中之 C_{2x}，指乙國國內對出口品之消費，y_2 指乙國之國民所得。故 (4) 式表示乙國對出口品之消費，為該國國民所得及有關價格之函數。

$$S_{1m} + S_{2x} = C_{1m} + C_{2x} \tag{5}$$

(5) 式表示，設定甲國之進口財貨，卽乙國之出口品，故在均衡狀態之下，此種財貨之需要與供給相等。

　　假定上述各方程式中之 t 可以求得一解，那我們可以就 (5) 式對 t 加以微分，得

$$\frac{d(S_{1m} + S_{2x})}{dt} = \frac{d(C_{1m} + C_{2x})}{dt} \tag{6}$$

亦卽

$$\frac{\partial S_{1m}}{\partial t} + \frac{\partial S_{1m}}{\partial P}\frac{dP}{dt} + \frac{\partial S_{2x}}{\partial t} + \frac{\partial S_{2x}}{\partial P}\frac{dP}{dt} = \frac{\partial C_{1m}}{\partial y_1}\frac{dy_1}{dt} + \frac{\partial C_{1m}}{\partial P}\frac{dP}{dt}$$

$$+ \frac{\partial C_{2x}}{\partial y_2}\frac{dy_2}{dt} + \frac{\partial C_{2x}}{\partial P}\frac{dP}{dt} \tag{7}$$

分解上式，得

$$\frac{dP}{dt} = \frac{\left(\dfrac{\partial S_{1m}}{\partial t} - \dfrac{\partial C_{1m}}{\partial y_1}\dfrac{dy_1}{dt}\right) - \left(\dfrac{\partial C_{2x}}{\partial y_2}\dfrac{dy_2}{dt} - \dfrac{\partial S_{2x}}{\partial t}\right)}{\dfrac{\partial C_{1m}}{\partial P} + \dfrac{\partial C_{2x}}{\partial P} - \dfrac{\partial S_{1m}}{\partial P} - \dfrac{\partial S_{2x}}{\partial P}} \tag{8}$$

(8) 式卽表示經濟成長對貿易條件之功效。為便於解析起見，我們可以

用種種成長率與彈性的名稱來替代，而如下述各定義所示:

以 $R_{1m} = \dfrac{\partial S_{1m}}{\partial t} \dfrac{1}{S_{1m}}$ 表示在一定的貿易條件之下，甲國進口競爭產品部門之成長率。

以 $R_1 = \dfrac{dy_1}{dt} \dfrac{1}{y_1}$ 表示甲國國民所得之成長率。

以 $E_{1m} = \dfrac{\partial C_{1m}}{\partial y_1} \dfrac{y_1}{C_{1m}}$ 表示甲國所得對進口品的彈性。

以 $R_2 = \dfrac{dy_2}{dt} \dfrac{1}{y_2}$ 表示乙國國民所得的成長率。

以 $E_{2x} = \dfrac{\partial C_{2x}}{\partial y_2} \dfrac{y_2}{C_{2x}}$ 表示乙國所得對出口品的彈性。

以 $R_{2x} = \dfrac{\partial S_{2x}}{\partial t} \dfrac{1}{S_{2x}}$ 表示乙國在不變的貿易條件下出口部門的成長率。

以 $e_1 = \dfrac{\partial C_{1m}}{\partial P} \dfrac{P}{C_{1m}}$ 表示甲國依據貿易條件對於進口財貨的需要彈性。

以 $e_2 = \dfrac{\partial C_{2x}}{\partial P} \dfrac{P}{C_{2x}}$ 表示乙國依據貿易條件對於出口財貨之需要彈性。

以 $s_1 = -\dfrac{\partial S_{1m}}{\partial P} \dfrac{P}{S_{1m}}$ 表示甲國依據貿易條件對進口品之供給彈性。

以 $s_2 = -\dfrac{\partial S_{2x}}{\partial P} \dfrac{P}{S_{2x}}$ 表示乙國依據貿易條件對出口品之供給彈性。

然後利用上述各定義，將 (8) 式重寫，即得本節最初所提出之基本模式。現在讓我們就此一基本模式說明如次。

本模式仍以兩個國家兩種財貨為例，兩國同時皆生產兩種財貨，所以兩國之生產，均未達到完全專業化。由於時序推進，兩個國家之生產

能力，自然均在持續成長之中。但是究竟由於何種原因而成長，或為生產要素增加，或為生產技術改進，我們暫且不去管它。此處所謂經濟成長，乃指生產力在一國或兩國之增加，從而導致一種產品或兩種產品供給增加。生產增加，也就是所得的增加。所得增加以後，又會引起需要之增加。但是各種財貨供給與需要增加之數量，未必恰好相等，因此為了便利行銷，貨物全部賣光，有關價格，必須加以變更。比方說，假定乙國出口財貨供給之增加，大於需要之增加，由於供給過多，其價格必須予以降低。所謂有關價格之變更，即指貿易條件之轉變。本模式建立之目的，旨在說明經濟成長以後，如何影響貿易條件轉變之方向及其幅度。進而說明一旦當我們了解經濟成長對貿易條件有何影響之後，也就同時了解其對於真實國民所得之影響為何。

　　從上述基本模式，可以看出貿易條件究應如何決定，須視若干因素而定。例如兩國國民所得之成長率為何？成長發生在那一部門？從所得彈性來衡量，其需要之發展又為何？這些因素，都非常重要,列在模式之分子部位。其次，從需要與供給彈性來衡量，數量與價格之相互關係，更是重要，可以產生決定性的力量，列在模式之分母部位。首從分母部分觀之，假定兩種財貨，在兩國用之於消費方面，皆可互相替代，分母當為正數。其中第一個彈性 e_1，表示甲國對於進口品之需要，當有關商品價格變動之後，將發生如何的變化。如果 P 值增大，即表示進口品相對的便宜，消費者會多購買此便宜之進口品，用以代替其他的產品，作為消費之用。果如此，e_1 將為正數。同理，我們可以知道第二個彈性 e_2，為測量乙國對出口品之需要，在貿易條件轉變以後，如何發生變化。倘使 P 值增大，即表示貿易條件於乙國不利。因為乙國出口品之相對價格降低了，也就是乙國國內對出口品之消費增加了，故 e_2 為正數。剩下來在分母部位尚有兩個彈性，是屬於供給方面的。其中第一個 s_1，表示

甲國當有關價格變動之後，其對於進口競爭品之生產，將發生如何的變化。當 P 值增大時，顯示進口品有關的價格下降了。倘使進口品價格下跌，進口品之供給也將隨之減少了。因為生產者將以其資源移轉作為其他生產之用，那麼 s_1 當為正數。為什麼我們說，當一種產品價格降低以後，供給就會減少呢？因為在本模式中，已經假定商品與生產要素兩個市場，都是處於競爭的狀態；生產曲線與原點呈凹狀形，生產者係按一般人所期待之方式來經營的。倘使一種產品的有關價格下跌了，他們就不會再繼續去增加他的生產了。同理，我們可以知道 s_2 也不是負數。s_2 彈性係用以衡量乙國出口品之生產，當有關價格變動之後，將發生如何的變化。倘使 P 值之變動為一負數，即表示貿易條件於甲國不利，於乙國有利。當乙國之出口品價格提高以後，生產者將受到鼓勵而增加生產，在此情形之下，s_2 總歸為正數。

上述兩種產品之生產，可以任意競爭，消費也可以彼此代替的兩項假設，當然是相當勉強。如果我們同意這兩個假設可以存在，模式之分母將為正數。而其中四個彈性之大小，為適應兩個貿易國的經濟情況，倒是很重要的。至於貿易條件轉變之方向，則視分子部分的因素而定。但是貿易條件究應變更多少，才能達到一種新的均衡狀態，主要又視分母部分供給與需要之彈性而定。倘使彈性愈大，也就是兩個貿易國之經濟愈能適應，其達到新均衡，必須在貿易條件方面之變動會愈少。何以故呢？很明顯的，當需要彈性甚大時，表示兩種產品在消費上便於互相替代，因此當有關價格發生任何變化以後，將導致消費量相當大的變動。同理，供給彈性如果很大，也容易使生產調整。因為供給彈性愈大，兩國之生產者遇到有關價格變動之後，自然更會願意而且能夠轉變其生產形態。由是觀之，我們可以大致的這樣說，本模式分母的價值愈大，貿易條件從任何因素所引起的變動當愈小。而在兩國之生產者與消費者對

價格變動所要作的調整工夫，也更容易。所以說，分母部分的幾個彈性，是非常重要的。從其價值之大小，可以看出兩個貿易國家經濟的適應能力及其生產資源重新分配的力量。要是這幾種彈性的價值變爲無窮大，那麼貿易條件方面的轉變，就微不足道了。

　　上述基本方程式之分母如爲正數，貿易條件究將如何演變，又視下列情形而定。

$$R_{1m}S_{1m} - R_1E_{1m}C_{1m} \gtreqless R_2E_{2x}C_{2x} - R_{2x}S_{2x}$$

如果此方程式之左邊大於右邊，貿易條件將於甲國有利。其對外貿易由於貿易條件改善所獲致之一部分利得，會與經濟自然成長併在一起。倘使右邊大於左邊，貿易條件將於乙國有利。設使兩邊相等，在經濟成長過程當中，貿易條件將不會改變。

　　在兩個國家以內，不同部門之成長率與所得彈性，是兩項重要的因素。因爲經濟成長對供給與需要之功效，都從這些地方表露無遺。爲強調此基本模式涵蓋面的廣泛，我們可以假設乙國的經濟在停滯不前，而甲國則爲唯一的成長國家，那麼 R_2 與 R_{2x} 都變成了零，模式之分子部分，就只有左邊那段可以發生利害關係了。在這些假設之下，貿易條件演變爲何，又視加權的進口競爭品生產成長率 $(R_{1m}S_{1m})$ 大於或小於加權的所得對進口品需要的彈性 $(R_1E_{1m}C_{1m})$ 而定。倘使前者大於後者，亦卽 $R_{1m}S_{1m} > R_1E_{1m}C_{1m}$，貿易條件將於甲國有利。因爲在此情形之下，經濟成長將導致進口品供給之增加，大於需要之增加，而使甲國發生進口品在原有價格之下，供給過多。爲淸除市上陳貨，進口品價格必須下降。換言之，甲國對外貿易條件，乃從此改善了。倘使 $R_1E_{1m}C_{1m} > R_{1m}S_{1m}$，貿易條件將於甲國不利。因爲在此情形之下，甲國對於進口品之需要，將大於進口品之供給，而使甲國進口品在原來價格之下，發生需要過多的現象。乙國之出口商發現他們產品需要增加之後，爲求市面

供需達到平衡，自當提高出口品之價格。所以說，貿易條件，將於甲國不利。

現在我們可以根據上述蘇氏模式所分析的結論，與上節希克斯所提示之幾點加以比較。希蘇二氏的論斷，在大的方面上，是相同的。不過由於希克斯沒有注重需要的種種因素，所以他的論斷，嚴格說來，還是不很明確的。希氏之言曰，「出口導向的經濟成長，會引起貿易條件對於該國不利；進口導向的經濟成長，會改善該國之貿易條件。」那麼依照蘇氏的說法，希氏所謂的出口導向，即指 $R_{1x}S_{1x} > R_{1m}S_{1m}$；進口導向，即指 $R_{1m}S_{1m} > R_{1x}S_{1x}$，但這只是從兩個部門加權的成長率加以比較而已。倘使出口品供給的成長大於進口品供給的成長，此種經濟成長，謂之出口導向。反之，如果進口品供給的成長，大於出口品供給的成長，則此種經濟成長，謂之進口導向。故從希氏出口與進口導向的定義，還看不出一國的貿易條件究應如何轉變。但是依照蘇氏的基本模式，倘使 $R_{1m}S_{1m} > R_1 E_{1m}C_{1m}$，甲國的貿易條件，就會改善了。我們不妨假定所得對進口品需要的彈性 E_{1m} 等於零，則當進口競爭品生產部門有任何成長的話，貿易條件常於甲國有利。在此情形之下，很可能 $R_{1x}S_{1x} > R_{1m}S_{1m}$。或者依照希克斯的說法，經濟成長，屬於出口導向，而貿易條件，仍舊對該國有利。理由很簡單，由於經濟成長所增加之所得，會全部用在出口品方面。而且當進口競爭品生產部門始終出現部分成長時，經濟成長常會導致市面有進口品供給過多，及出口品在原有價格之下，需要過多的現象。為使市場供給與需要相等，達到一種新的均衡狀態，進口品之相對價格，必須下跌，也就是貿易條件於該國有利。

倘使我們要想採用出口導向與進口導向這類名稱，而且對於導向與貿易條件轉變之間，指出一種明確的關係，那我們當就這些術語重新下個定義。假如我們指明出口導向的經濟成長，是指對出口品供給的增加，

大於其需要的增加。也就是說，倘使 $R_{1x}S_{1x} > R_1E_{1x}C_{1x}$，那麼出口導向的經濟成長，會導致一國貿易條件的轉壞。同理，如果我們指明進口導向的經濟成長，爲 $R_{1m}S_{1m} > R_1E_{1m}C_{1m}$，那麼進口導向的經濟成長，常會暗示一國貿易條件的改善。

以上所論，係假定乙國經濟停滯不前。假定我們現在反過來說，甲國經濟停滯不前，乙國經濟持續成長。其所得之結論，又當完全相同。乙國出口導向之經濟成長，亦即 $R_{2x}S_{2x} > R_2E_{2x}C_{2x}$，將導致該國貿易條件之轉壞。而進口導向之經濟成長，即 $R_{2m}S_{2m} > R_2E_{2m}C_{2m}$，又將改善該國之貿易條件。

設使甲乙兩國經濟均持續成長，貿易條件將如何演變，又視經濟成長之形態而定。倘使兩國均傾向於進口導向之經濟成長，換言之，假定 $R_{1m}S_{1m} > R_1E_{1m}C_{1m}$，以及 $R_{2m}S_{2m} > R_2E_{2m}C_{2m}$，其中進口導向進度最大之一國，將獲得貿易條件之改善。倘使兩國均屬出口導向之經濟成長，其出口導向進度最大之一國，將處於貿易條件轉壞之境地。倘使甲國爲出口導向之經濟成長，乙國爲進口導向之經濟成長，貿易條件常於甲國不利。當經濟成長率愈快速以及導向愈大（無論爲何國）時，甲國貿易條件之轉壞，也更快速。

第三節　經濟成長對國民所得之功效

設使一國之國民生產成長年率爲百分之三，同時對外貿易條件也無變化，則該國之國民所得，也會增加百分之三。倘使一國之經濟成長足以使其貿易條件轉趨惡化，那麼是項所謂自然的成長率 (autonomous growth rate)，即按成長以前價格計算之成長率，一定大於實際所得到的成長率。因爲經濟成長之一部分，乃以貿易條件不利的方式輸出去了。

反之，如果經濟成長足以改善一國之貿易條件，那麼該國實際所得到的成長率，一定大於自然的成長率。因為除了國內所產生的經濟成長以外，由於貿易條件的改善，該國之真實國民所得，也同時改善了。由是言之，倘使我們知道了經濟成長會如何影響一國之貿易條件，也就是知道了經濟成長如何影響一國之國民所得了。如上節所述，假定一國以其經濟成長集中於出口部門生產事業，可能遭遇貿易條件之惡化，但實際演變如何，又視對手國之情況而定。倘使對方貿易國之經濟也同時成長，而且其對進口品需要之所得彈性也大時，那麼對手國之進口需要，可望快速增加。在此情形之下，原先集中出口發展之國家，只要稍微降低一點價格，即可增加出口。於是該國之經濟，由於出口事業大量擴展，而益趨繁榮滋長矣。反之，設使對手國之經濟停滯不前，或者其對於進口品需要之所得彈性也很低，那麼其賴出口擴張以達經濟成長之第一個國家，將遭遇種種困難。因為在此情形之下，第二個國家，即貿易對手國，對於進口之需要，也許只增加一點點，或者根本就不增加。那麼第一個國家想要以其增產之出口品售與第二個國家，唯有降低價格，也就是承受不利的貿易條件。此時我們可以看出，第二個國家對於進口品需要之價格彈性，如前述蘇氏模式分母上所表示者，乃是非常重要的。倘使此種彈性甚低，第一個國家也許不可能從出口方面增加收入，其欲依賴出口而獲致經濟成長，無異緣木而求魚。

經濟成長以後，到頭來反而造成一種悲慘的局面，此種成長，人多稱之為「貧困的成長 (impoverishing or immiserizing growth)」。此蓋由於一個國家在經濟成長以後，國民真實所得反而降低了。因為貿易條件轉壞所遭遇的損失，大於生產增加所獲得的利益。此種貧困成長的可能性，早年由經濟學家艾基渥斯 (F. Y. Edgeworth) 讀了米爾 (John Stuart Mill 1806-1873) 對出口工業生產改進之功效的分析論文以後，曾經在其

有關國際貿易著述中，提出了這個問題。艾氏倡導貧窮成長的理論，非常簡單。他列舉一個模式，假定有兩個貿易國家，在消費與生產方面，完全做到專業化。每一個國家，只生產一種財貨，其所生產之財貨，又全部輸出，而不在國內消費；其所消費之財貨，則又全部仰賴輸入。在此種特殊情況之下，國外需要彈性非常重要。其所以造成貧困成長的條件，非常簡單，只要是項需要彈性小於一即可。假定其中之甲國經濟持續成長，乙國之經濟停滯不前。又假定國外對於甲國出口品需要之彈性小於一，那麼由於經濟成長，全部出口收益，將會低落。又由於該國之國民所得與全部出口收益相等，所以甲國當經濟成長以後，反而變得更貧困了。

上述貧困成長的例子，似乎並不常見，不過至少它告訴我們一個事實。有很多因素可能促使一國經由國際貿易所導致之經濟成長，是一條走不通的途徑。那就是說，如果一個國家面對出口品在國外市場的需要非常微弱，經濟成長集中於出口工業部門，而其適應經濟轉變的能力又很低，在此情形之下，一國依賴貿易之成長，將會徒勞而無功。

反之，進口導向的經濟成長，總歸是有利的。因為它可以改善一國之貿易條件，對於國民所得之增加，大於經濟之自然成長額。倘使該國對於本國出口財貨之需要，有一高度的所得彈性，而其對方貿易國經濟的適應能力又差，那麼此種進口導向經濟成長的良好功效，愈益加強了。

第四節　生產要素增加與國際貿易——雷賓贊斯基原理之解析

在本章第二節介紹蘇氏模式時，我們曾經申明，兩國生產能力積年累月以後，均在持續成長之中，但是究竟由於何種原因所促成，為生產

要素之增加，抑或生產技術之改進，則未曾有所指明。本節擬仍就勞力與資本兩種生產要素爲例，說明一國如果當勞力或資本增加以後，對於兩國間之貿易，將會發生何種變化。現在讓我們根據雷賓贊斯基原理(Rybczynski theorem- 見 T. M. Rybczynski, "Factor Endowment and Relative Commodity Prices,", Economica, November 1955, pp. 336 ff.)，加以解析。所謂雷氏原理，簡單言之，在兩種產品同具兩種生產要素情形之下，倘使其中一種要素增加，而另外一種不變時，在產品價格與要素價格均不變更前提之下,其中利用此累積生產要素密集之財貨生產量，將會絕對的增加，而另外一種財貨之生產量，會絕對的減少。雷氏之立論，如用圖解分析，較爲明顯。在分析過程中，我們仍舊如前所舉例，假定商品與生產要素之市場，都處於競爭狀態之中，同時生產函數，也都是一次齊次函數。但生產函數在兩個國家，倒不需要假定是一樣的。我們又假定甲乙兩國同爲貿易國，甲國如圖 10-1 所示，處於均衡狀態。

圖 10-1

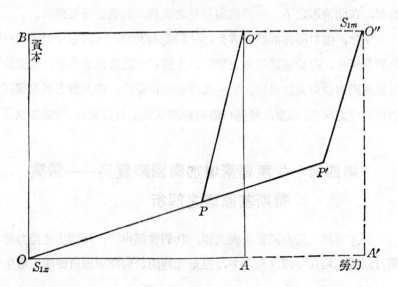

在經濟未曾成長以前，　該國原有之生產要素資源總量，　以艾氏箱形圖 $OAO'B$ 來代表。縱軸表示資本總量，　橫軸表示勢力總量。該國出口財貨之生產 S_{1x}，從左下角衡量，　其進口競爭財貨之生產 S_{1m}，　則從右上角較量。於是可以很明顯的看出，出口財貨，屬於勢力密集工業，進口競爭財貨，屬於資本密集工業。設甲國在經濟成長以前，生產位於和合曲線上之 P 點，其用在出口品生產方面之要素密集度，當為 OP；用在進口競爭品生產方面之要素密集度，則為 $O'P$。現在假定甲國勢力增加了，而資本不變，其所增加之勢力，以 AA' 距離表示之。然後新的箱形圖乃擴大變為 $OA'O''B$ 了。　其對於生產量有何影響？　對於貿易條件又有何影響呢？為解答這些問題，我們先假定商品價格不變。要維持商品價格不變，我們又必須假定生產要素價格不變。要維持生產要素之價格不變，每條生產線之邊際生產力也必須維持不變。由於生產函數同為齊次一次函數，邊際生產力之比例，也只是對要素密集度的一個函數罷了。當要素密集度未曾變更時，邊際生產力之比例，自然也不會變更。於是在新箱形圖中，表示生產要素仍照原有比例結合，一如 P 點者，就只有 P' 點一點了。OP' 之要素密集度，很明顯的，與 OP 之要素密集度相同；$O'P$ 之要素密集度，又與 $O''P'$ 之要素密集度相同。

　　其次我們再看 P' 點。究竟此點是否落在新箱形圖中之和合曲線上呢？應當是的。為什麼？因為 OP' 射線與出口工業各等量曲線相交之點，皆具同一的斜率（不過圖上沒有明顯繪出罷了。）。又由於 $O'P$ 與 $O''P'$ 平行，並同與進口品競爭工業各等量曲線相交之點，具有相等的斜率（亦未明顯繪出。）。因此邊際生產之比例，在 P 點者，當與在 P' 點相同。所以在 P' 點之生產，可以達到最適宜之境界，而位於 $OA'O''B$ 箱形圖中和合曲線之上。

　　依據以上分析，維持物價不變，對於產量有何影響，就可很明顯的

看出來了。由於生產函數為線型齊次函數，商品之生產量，可從原點投出任一射線之距離來衡量。圖中 $O''P'$ 之距離，一看就比 $O'P$ 要短，所以在 P' 點進口競爭品之生產，小於在 P 點之生產。同理，P' 點距原點 O 較 P 點為遠，所以出口品之生產，在 P' 點又較在 P 點者為大。凡此乃在說明一個事實。假定在兩種生產要素當中，一種增加，而另一種不變，如果物價不變，其屬於增加生產要素密集之財貨生產的絕對量會增加；同時另一種財貨之生產量，則會絕對的減少。

以上所論，牽連甚廣，我們不妨簡單的重述如下。物價不變的假定，即暗示生產要素價格不變。要素價格不變，即暗示兩種工業中勞力對資本的比例不變。但是當其中一種要素之數量增加以後，又何以還能維持二者之比例於不變呢？那就只有對兩種生產事業的資源重新加以分配，才能達成。當勞力總量增加以後，其新增加之勞工，全部將參加勞力密集工業，為維持舊有生產要素之比例於不變，我們必須從資本密集工業方面抽出一部分資本，而使之與新增加之勞力結合在一起，而且除了從資本密集工業撤出一部分資本外，還要從資本密集工業撤出一部分勞工，轉入勞力密集之工業。故當勞力一直在增加時，我們必須從資本密集工業方面陸續將兩種生產要素轉移至勞力密集工業。這也就是說，勞力密集工業之生產必須擴張，而資本密集工業之生產自然緊縮了。假如此種轉移生產要素之過程無限地進行下去，那麼該國的生產，很明顯的，會全部走上專業化的道路了。

可是話又說回來，以上所述，有一個大前提，乃是假定產品價格不變。不過這個假定，只是為了便於推理而設定，却很難與一般均衡的經濟相配合。現在讓我們把這個假定放棄，試看在一般均衡情況之下，這些重要變數之間，又是一種如何的關係。那麼我們首先要問，在何種情況之下，P' 點才算是真實的一般均衡點呢？當甲國勞力增加以後，即是增

加了該國的生產力，從而也增加了該國的國民所得。但是當生產位於 P'
點時，進口競爭品財貨的消費，比以前減少了。換言之，所得增加以後，
反而使兩種財貨中之另一種的需要降低了。這也就很明顯的暗示，進口
財貨，乃是屬於一種低級的產品。所以 P' 點只有當兩種財貨中之一種
是低級品的時候，才是一個可能的均衡點。倘使我們堅守本章第二節所
作的假定，放棄低級財貨的設想條件，那我們還不能承認 P' 點是一個
可能的新均衡點。換言之，物價不變的假定，是一般均衡理論所不容許
的。為便利分析，那我們只好再以圖解說明。

　　在第 10-2 圖中，生產曲線 TT 是仿照前第七章第一節生產曲線描
出方法，從第 10-1 箱形圖中 $OAO'B$ 引發出來的。此時之國際貿易條

圖 10-2

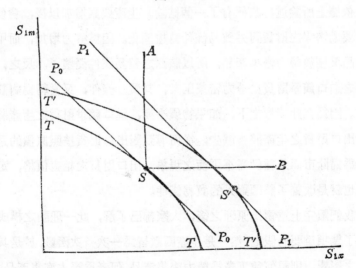

件，以與 TT 曲線切於 S 點之價格直線 P_0P_0 來表示。現在我們要問，
當勞力增加以後，從擴大之箱形圖所引發出來的新生產曲線，又是怎樣
一種形態呢？我們所能夠說明的應當是，一條價格直線如 P_1P_1 者，與

P_0P_0 平行，並在 SB 直線之下，與新生產曲線相切。何以故呢？正如前段所云，在價格不變情形之下，出口財貨比以往生產的較多，而進口競爭財貨，則比以前生產的少。所以如果從第 10-1 箱形圖 $OA'O''B$ 中引伸一條新生產曲線 $T'T'$，當如圖 10-2 所示者然。

在上段我們曾經說過，如果放棄低級財貨的假定，S' 就不能當作一個均衡點了。因為一國之勞力增加以後，即表示國民所得之增加；所得增加以後，對於兩種財貨的需要都會增加。所以新的均衡點，必落在新生產曲線 $T'T'$ 被直線 SA 及 SB 所切斷出來的那一段上；而在此一段生產曲線上的斜率，又不如生產曲線 TT 上位於 S 點斜率之陡峭。那無異說明，進口競爭財貨 S_{1m} 之相對價格，在新均衡狀態之下，會比以往要高。換言之，勞力增加以後，其結果反使一國對外之貿易條件變壞了。

依據上所論述，我們有了一個結論。生產要素增加以後，會使採用累積要素密集之財貨對外貿易條件轉趨惡化。因為勞力增加，而甲國之出口品又屬於勞力密集產品，所以該國之貿易條件變壞了。反之，倘使甲國之進口競爭財貨為勞力密集工業，其貿易條件，又當轉為對該國有利了。因為在此情形之下，如果物價不變，進口競爭財貨之生產將會增加，出口財貨之生產將會減少，從而導致對出口財貨按照原價的過度需要。為掃除市面此種供需不平衡之現象，出口財貨之相對價格，定必提高，也就是改善了該國對外的貿易條件。

我們讀完上述雷氏原理之後，大家都已了解，此一理論之構成，是根據了幾項重要的假定。第一是生產函數皆為一次齊次函數，於是其對於物價之影響，則視何種工業為勞力密集產品，何者為資本密集產品而定，不能以其論斷普遍應用到限制較少之生產函數方面。至於生產函數未特別指明者，相對物價究應如何變動，並未明白指出，須視一連串的第二次微分係數而定。生產函數所以假定為線型齊次函數，還有一點也是非

常重要的。即生產數量與國民所得，又視累積者為何種要素以及要素之密集度而定。比方說，假定陸續增加之生產要素，是密集的用在出口工業方面，出口品產量固然會增加，但是進口競爭財貨之產量，會不會增加，就不能確定。也許會增加；尤其當國民所得對進口競爭財貨之需要彈性很大的時候。反過來說，設使所增加之要素是密集地用在進口競爭財貨方面，進口競爭財貨之產量，當然會增加；而出口品之生產，也可能要增加一部分，道理是一樣的。當累積要素密集地用在進口競爭工業時，經濟成長對於真實國民所得，將發生非常有利的效果。此種正效果，係來自經濟成長的兩方面。倘使增加之要素，密集地用在出口工業方面，其對於國民所得成長之效果，就不會這樣明確的顯示。此時會從出口工業方面發生一種反效果，而對於國民所得成長之正效果，也許不會很大。倘使出口工業佔國民所得之比率甚大，這些必須承擔之風險，也隨之增加了。出口所佔之比率大，表示一國有大批新的出口品供應對方之貿易國。在此情形之下，由於貿易條件對供應國不利，也就無異對該國之真實國民所得成長，反映一種相對重大的反效果。此外彈性也是一項值得考慮的重要因素。倘使彈性甚大，其從出口事業方面所發生的反效果，有被中和或抵消之可能。因為經濟對物價之變動，是非常敏感的。可以利用生產與需要型態之轉變，來對付物價之變動，而不致發生很大的衝擊。當兩國對於兩種產品的替代可能性愈大時，其經濟成長之一國，由於出口導向成長招致傷害的風險，也就愈小了。

　　至於生產要素增加以後，對於要素報酬方面的效果，卻是很容易看得出來的。倘使資本累積而勞力不變，則真實工資會提高，而資本報酬反而降低了。所得分配，也會於勞工有利了。因為此時勞工可以利用更多的機器生產，其邊際生產力自然增加了，所以工資也就提高了。

第五節　生産技術改進與國際貿易

壹、生産技術改進的類別

　　影響國際貿易的第二個重大因素，即爲生産技術之改進。事實很明顯的告訴我們，這個世界能由十八世紀農業經濟社會轉變而爲現代工業經濟，乃是由於生産方面不斷的創新與發明。不過古典經濟學者與新的傳統經濟學者對於經濟發展，一向重視人口增加，而對於技術改進，倒很少加以注意。然則技術改進如何影響國際貿易，值得我們仔細加以研究。首先讓我們來說明技術改進的類別。在此我們仍舊仿照前所論述，採用同一生産函數形態，以勞力與資本爲兩種投入量，並假定生産函數爲齊次一次函數。然後得知技術改進，即指從一定量的投入量中，獲得更多的産出量。或者是說，以少量的投入量，可得同樣的産出量。因此我們可以仿照經濟學家希克斯(J. R. Hicks)之分類方法，依據技術改進對生産要素邊際生産力的功效，而分爲下列幾種：一爲中和性的創新(neutral innovation)。指兩種生産要素的邊際生産力，按照同一比例而增加。二爲勞力節省的技術改進 (labor-saving technical progress)。指資本邊際生産力之增加，大於勞力邊際生産力之增加。三爲資本節省的創新 (capital-saving innovations)。指勞力邊際生産力之增加，大於資本邊際生産力之增加。兹先就中和性創新對生産函數之效果，解析如後。不過在此我們首先要加以申明的，是希克斯之分類法，嚴格說來，是依據不變的生産要素投入量，而在下面所描繪的幾何圖形中，我們又要以投入量減少，仍舊維持生産量不變來表示技術改進，就不會很明顯的從圖中可以看得出來。換言之，其用幾何表示之方法，頗爲勉強。

　　在圖 10-3 中，假定等量曲線 I_0 表示資本與勞力當生産技術未曾改

圖 10-3

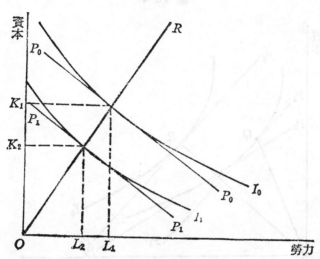

進以前，如何組合生產一單位之財貨 A，如果生產要素之價格以 P_0P_0 直線來代表，企業家當沿 OR 射線組合生產要素，使用 OK_1 之資本與 OL_1 之勞力。其中另一條等量曲線 I_1，表示生產技術改進以後，對財貨 A 的新生產函數。此一新等量曲線，全部位於舊線之下，表示在生產技術改進以後，生產一單位財貨 A 所需要的勞力與資本，都比以前減少了。假定此時生產要素相對的價格仍與從前一樣，P_1P_1 當與 P_0P_0 平行。那麼當生產技術改進以後，生產要素仍會按照舊有比例而組合，所以 P_1P_1 與新等量曲線 I_1 相切於此曲線與射線 OR 相交之一點。故在技術改進以後，可以 OK_2 之資本與 OL_2 之勞力來生產一單位之財貨 A。似此兩種生產要素之邊際生產力，均按同一比例而增加，故稱之為中和性的創新。當生產要素價格不變時，要素組合的比例，自然也不變更。故勞力與資本組合的比例，在技術改進前後，都是相等的。

　　其次關於勞力節省之生產技術改進，以圖 10-4 來表示。I_0 為生產技術未曾改進以前之等量曲線，當時生產要素之價格比例，以 P_0P_0 來

圖 10-4

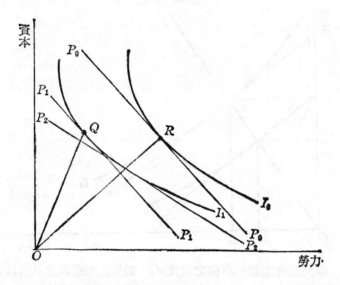

代表。其用在生產方面的資本與勞力之比例，當如 OR 射線所示。待生產技術改進以後，產生了新的等量曲線 I_1。由於生產技術之改進，爲勞力的節省，也就是資本的邊際生產力此時相對的大於勞力的邊際生產力。我們可以從下列兩種方式中之任一表達看得出來。假定在技術改進之後，生產要素價格仍舊維持原有比例，那麼生產要素使用之比例，當如射線 OQ 所示，而非 OR 所示的了。其所採用之生產方法，將運用更多的資本，因爲 P_1F_1 與 P_0P_0 平行故也。此時資本的邊際生產力，將較技術改進以前者爲大。但是由於資本的相對價格仍舊和以前一樣，於是生產會相對的多用資本，較爲有利。其次假定資本與勞力的組合比例，在技術改進前後，都是一樣，爲達成新的均衡水準，資本價格定必提高。因爲依照舊有資本對勞力的比例，資本的效用提高了，資本的價格，自然也會同時提高。關於此點，可從圖中要素價格直線 P_2P_2 切於新等量曲線與 OR 射線相交之一點觀察出來。因爲 P_2P_2 顯已不如原有要素價

格直線 P_0P_0 之陡峭。

　　同理，我們可以圖 10-5 來解析資本節省的技術改進，顯示勞力的邊際生產力相對的增加了。設使生產要素價格比例，在技術改進以前與技術改進以後者相同，我們可以從事勞力密集更多的生產方法，如射線 OQ 所示，而不再如 OR 所示的了。因為 P_1P_1 與 P_0P_0 平行，又與新等

圖 10-5

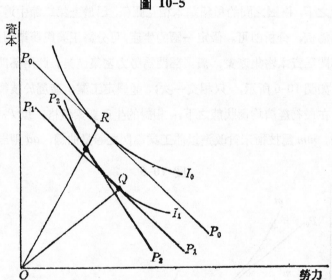

量曲線 I_1 切於 Q 點。亦卽表示勞力的邊際生產力，比技術改進以前者為大。但是由於勞力的相對價格，並未變更，於是生產者將使用更多的勞力，其生產方法，也變為勞力密集的更多了。直至勞工的邊際生產力，重與當時之工資相等，如 Q 點所示者然。

　　表示資本節省技術改進功效之另一方法，乃是假定資本對勞力的比例，在技術改進前後，都是一樣的。由於勞工邊際生產力已經相對的增加了，勞力現在對生產者比以往更有吸引力，於是生產者必多多雇用勞

工。勞工需要增加之後，工資會相對的提高。此可從圖中 P_2P_2 要素價格直線較原有要素價格直線 P_0P_0 陡峭，而又與新等量曲線切於與射線 OR 相交之一點看得出來。亦卽表示勞力的待遇，比以往相對的改善了。

貳、中和性技術改進與貿易條件

研究技術改進對國際貿易的功效，我們仍舊只能使用兩個國家皆生產兩種財貨，消費兩種財貨，並使用兩種生產要素之標準貿易模型。在此條件之下，兩國之間的種種基本相互關係，已於上第二節中述及。茲僅就一國爲例，分析卽可。假定一國的生產，可分爲工業與農業兩個部門，工業部門爲資本密集產業，農業部門爲勞力密集產業。此兩部門之等量曲線，如圖 10-6 所示，只相交一次；並假定工業生產屬於技術改進之事業。在最初經濟均衡狀態之下，相對的生產要素價格，以 P_0P_0 直線來代表。mm 爲技術未曾改進以前工業部門之等量曲線，aa 則爲技術未

圖 10-6

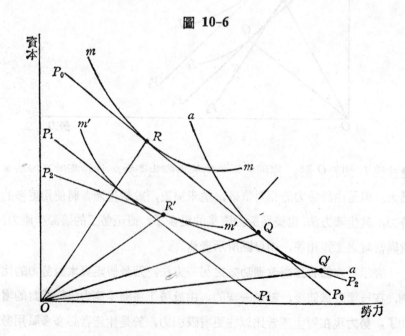

曾改進以前農業部門之等量曲線。資本對勞力的比例,用於工業方面者,以 OR 射線表示;用於農業方面者,以 OQ 射線表示。當工業部門中和性新的生產技術引進以後, 其生產函數, 乃以 $m'm'$ 等量曲線來代表。此中和性之技術改進,可從下面事實看得出來。 因為價格直線 P_1P_1 與 P_0P_0 平行,表示在生產技術改進以後, 要素價格依舊未變。 所以資本對勞力使用的比例,在技術改進前與改進後,都會是一樣的。

為便利闡述,我們假定產品價格不變,然則工業部門中和性之技術改進,對於生產又將發生如何的效果呢? 要維持產品價格不變,生產要素之價格必須變動。此一新的要素價格比例,可以描繪一條要素價格直線, 同時與新的工業等量曲線及舊的農業等量曲線相切,就會很明顯的表示出來了, 此線即如圖中 P_2P_2 所示。從 P_2P_2 的斜率, 得知資本的相對價格,由於中和性技術改進發生在工業生產部門,將會提高。此一現象, 另從經濟觀點來看, 是這樣的。因為技術改進,所以在工業部門,兩種生產要素之邊際生產力, 都同時提高了。此一部門之生產者,自願按照不變之要素價格, 使用更多的生產要素。但是由於工業生產屬於資本密集產業,生產者渴望吸引更多的資本,所以資本的相對價格將隨以提高。當資本價格上漲以後,在工業與農業兩個部門之生產者,又當設法以勞力來代替資本,於是在兩個部門之生產,又將轉變為較多的勞力密集產業。其所產生的新資本對勞力的比例,在工業部門,將如 OR' 所示,在農業部門,將如 OQ' 所示。

至於工業部門中和性生產技術改進對於產量之影響,我們還是利用箱形圖來表示的好。在圖 10-7 中, 農業生產從左下角來衡量, 工業生產從右上角來衡量, 和合曲線以 OO' 來表示。 由於農業屬於勞力密集部門,所以和合曲線位於對角線之下端。在最初技術未曾改進均衡狀態之下,生產以農工兩部門之兩條等量曲線彼此相切於 S 點來表示。資本

圖 10-7

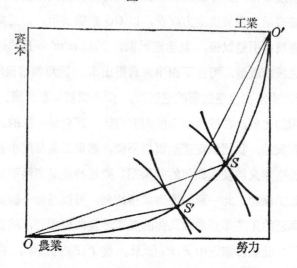

對勞力的比例，用在農業方面者，如 *OS* 所示；用在工業方面者，如 *O'S* 所示。首先我們也許要問，當生産技術改進以後，*S* 點是否仍舊落在新建立的和合曲線之上呢？由於技術改進屬於一種中和性形態，因此新等量曲線 *m'm'* 在 *S'* 點的斜率，將與舊等量曲線 *mm* 在 *S* 點者相同。而農業等量曲線在生産技術改進以後，由於此一部門未曾發生任何變化，自與技術改進以前者完全相同。所以此兩條等量曲線在生産技術改進以後，一如技術改進以前，彼此仍在 *S'* 點相切，所以 *S* 點必定落在新和合曲線之上。

其次我們再看技術改進對於産量之影響將爲何？在上述 10-6 圖中，業經明白顯示，爲保持物價不變，必須變更生産要素之價格，而生産方式，在兩種產業界內，也變爲更多的勞力密集了。換言之，新的生産點，將落在和合曲線上 *S* 點偏左之某處。此一可能出現之生産點，在圖 10-7 中，即爲 *S'* 點。當生産位於 *S'* 點之時，農業生産減少了，此蓋由於資本與勞力用在農業方面者，比以前減少了，而農業生産技術又未加以

改進之故。但在 S' 點之工業生產，則較以往增加了。一則由於資本與勞力用在這方面的，比以前增加了；再則由於工業生產技術改進，所以勞力與資本的效用都提高了。因此當工業部門中和性技術改進以後，在產品價格不變大前提之下，會促進工業生產品絕對數量之增加，與農業生產品絕對數量之減少。

不過 S' 點也不能算是一個眞正一般的新均衡點。假定依照賽依斯法則 (Say's Law)，每種生產的財貨，都會消費掉的話，那麼生產技術的改進，將導致國民所得的增加。我們旣不承認有次等財貨的存在，社會對於兩種產品的需要，便會同時增加。也就是說，當產品價格不變時，對於農產品會有過度需要的現象。爲達成市場供需之均衡，農產品之相對價格，將因之提高；工業產品之相對價格，又將下降。倘使工業生產屬於出口產品，中和性技術改進以後，將招致一國貿易條件之轉壞。倘使工業生產屬於進口競爭產品，那麼在這方面中和性技術改進以後，又將導致一國貿易條件之改善。

由是言之，中和性生產技術改進，如果發生在一國之出口工業方面，將使一國之貿易條件趨於惡化；如果發生在進口競爭工業方面，又將改善一國之貿易條件，事實至爲明顯。然則其令貿易條件變壞變好之程度究有多大呢？又視需要彈性而定。當所得對進口品的需要彈性愈低時，在不利的情形之下，貿易條件轉壞之程度愈輕；在有利的情形之下，貿易條件之改善的幅度愈大。何以故呢？因爲如果進口彈性甚低，卽表示由於技術改進所增加之所得，將主要導致對出口品需要之增加。這也就是說，倘使其他情形均不變更，出口盈餘，依照旣定貿易條件，在不利情形之下，比較的小；而對於進口競爭財貨超額之供給，依照旣定貿易條件，在有利情形之下，比較的大。其次兩個貿易國家經濟的適應能力，根據本章第二節所述蘇氏基本方程式分母中供給與需要彈性審度的情形

觀之，亦極重要。倘使適應的能力愈大，也就是供給與需要的彈性愈大，其對於貿易條件的轉變將愈小。

叁、資本密集工業發生資本節省技術改進之影響

當資本節省技術改進發生在資本密集的製造工業以後，其所產生之影響，可用圖 10-8 來解析。在最初經濟均衡情況之下，以 mm 等量曲線表示製造工業之生產函數，aa 等量曲線代表農業之生產函數。生產要素之相對價格如 P_0P_0 直線所示。資本對勞力的比例，用在工業方面者，如 OR 射線所示；用在農業方面者，如 OQ 射線所示。一旦當資本節省

圖 10-8

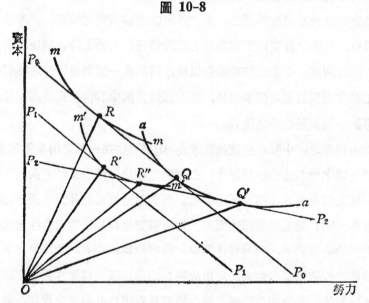

技術改進在製造工業，即資本密集產業發生以後，其生產方法，當生產要素價格不變，如 P_1P_1 與 P_0P_0 依舊平行所示，乃變爲多的勞力密集了。新的 OR' 射線，位於舊 OR 射線之右方。因爲此時勞力之邊際生產力，已比資本的邊際生產力增加多了。爲便於說明理由，產品價格假定

不變。在此情形之下，要素價格之變動，將於資本有利。此可從新的要素價格直線 P_2P_2 不如原有要素價格直線陡峭之形態看得出來。當資本價格相對的提高以後，勞力密集的生產方法，將在兩種產業方面用的更多，於是新的資本對勞力的比例，在工業生產部門，將如 OR'' 所示，在農業生產部門，又如 OQ' 所示。

為顯示製造工業資本節省技術改進以後在產量方面所發生的影響，可用箱形圖來表示。當技術未曾改進以前，生產之均衡點，如圖 10-9 所示，位於和合曲線上之 T 點。OT' 為用在農業方面資本對勞力的比例，

圖 10-9

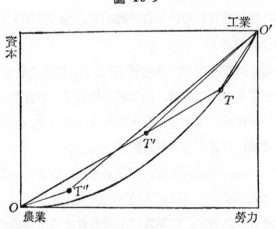

$O'T$ 為用在工業方面資本對勞力的比例。但如圖 10-8 所示，當技術改進以後，要素價格不變之時，製造工業將變為較多的勞力密集產業了，而在農業方面之要素密集度，由於生產技術在農業方面未曾有所變動，當要素價格沒有改變以前，將不會有所改變。故在工業方面，新的資本對勞力的比例，與農業方面原有資本對勞力的比例，相遇於 T' 點。由於農業與工業兩部門之生產函數，皆已假定為齊次一次函數，我們可以斷定，在農業等量曲線之中，必有一條與新的工業等量曲線中之一條彼此

相切。因而推定 T' 點必然落在技術改進以後所建立的新和合曲線之上。

當生產位於 T' 點時，顯示工業生產已經增加了。因為資本與勞力在此一部門，比以前都使用的多了。又由於技術改進，勞工的生產效能，也比以前提高了。至在農業部門，由於技術未曾改進，以及兩種生產要素用在此一部門的也減退了，於是農業生產，反比以往減少了。

上述生產能達於 T' 點，乃是假定生產要素價格依舊不變所致。但是要素價格不能長期固定不變。為維持產品價格不變，要素價格必須有所變動。所以資本價格，乃比以往提高了。於是促使農業與工業兩個部門之生產，變為多用勞力了。而如 T'' 點所示。正當 T'' 點時，農工兩個生產部門之兩條等量曲線，又再彼此相切，故 T'' 點定必落在技術改進以後之和合曲線之上。

從上述生產過程，得知生產位於 T'' 點時，儘管農業生產較在 T' 點時為少，但在工業方面之生產，則比過去增加了。因此假定產品價格不變，我們可以這樣說，工業部門資本節省之技術改進，將導致工業產品絕對數量之增加，與農業產品絕對數量之減少。

由是觀之，從生產技術改進，到重新建立一種新的一般均衡態勢，其間可能涉及之問題，大致已經很清楚的表現出來了。技術改進，可以導致一國國民所得之增加。如果我們不認為有次等財貨的存在，技術改進，尚可導致對兩種財貨需要之增加。亦即表示，當產品價格不變，對於農產品，將出現超額需要之現象。因為需要已經增加，而供給反而減少了。所以農產品的相對價格定必上揚，藉以達成市場供需之均衡。次就技術改進對貿易條件而言，其效果亦非常顯著。倘使資本節省技術改進發生在資本密集之出口工業，其貿易條件，將轉為對該國不利。如果資本節省技術改進發生在資本密集之進口競爭工業，又將改善該國之對外貿易條件。至於貿易條件變壞或變好之程度如何，又視兩國需要彈性

及經濟適應能力而定。正與上述中和性技術改進所表現者相同。當所得對進口需要之彈性在技術改進之國愈小，而在技術未曾改進之對手國愈大時，對技術改進國愈為有利。當兩國之經濟適應能力愈大時，為達成新均衡狀態，在貿易條件上所必須變動之幅度愈小。

肆、資本密集工業發生勞力節省技術改進之影響

勞力節省技術改進發生在資本密集製造工業方面的效果，可仿照上述方式，闡釋如下。在圖 10-10 中，當技術未曾改進以前，工業部門之等量曲線，以 mm 表示；農業部門之等量曲線，以 aa 表示。生產要素

圖 10-10

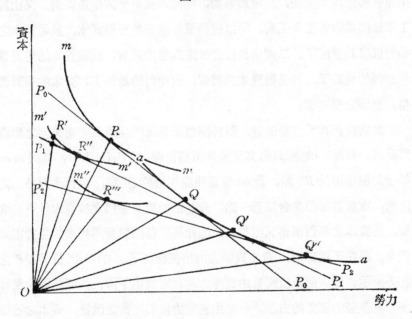

價格直線，以 P_0P_0 代表。資本對勞力之比例，用在工業方面者，如 OR 射線所示；用在農業方面者，如 OQ 射線所示。當勞力節省技術改進發生在製造工業以後，其新等量曲線，以 $m'm'$ 表示。當要素價格未曾變

動以前，由於勞力節省技術之改進，製造業所使用新的資本對勞力的比例，將如 OR' 表示。因為一條新的要素價格直線（未曾繪出。）與 P_0P_0 平行者，與 $m'm'$ 相切於 R' 點故也。此蓋由於生產技術改進之後，資本之邊際生產力，已比勞力增加的多。因此生產者，當要素價格未曾變動之際，願意使用一種資本密集更多的生產方法；因為資本的效能，現在已比過去相對的提高了。

假定產品價格不變，我們再看技術改進對生產量的影響將為何？為維持產品價格不變，必須變更生產要素之價格，因此資本乃變為相對的更昂貴了。其原因有二：一則由於技術改進發生在工業部門，成本降低，生產者勢必擴大生產，以增加利潤，從而需要更多的生產要素。又由於工業部門為資本密集工業，所以他們更希望能夠獲得資本，於是資本之相對價格乃提高了。二則由於技術改進為勞力節省，反映資本的生產效能相對的提高了，於是對資本的需要，也相對的增加了；資本的相對價格，也因之提高了。

其次我們再看技術改進，對於兩種產業部門生產要素密集度之影響將為何。當技術改進以後，其新要素價格直線，以 P_1P_1 表示，並與 $m'm'$ 等量曲線相切於 R'' 點，及 aa 等量曲線相切於 Q' 點，故資本對勞力之比例，在農業部門又會降低一點。此蓋由於農業部門之技術未曾有所改變，而資本之相對價格又已提高，因此農業部門將變為更多的勞力密集產業。但在工業部門，資本對勞力的比例提高了，如 OR'' 位於 OR 之左方所示者然。何以故呢？由於勞力的相對價格下降，從而誘導生產者使用更多勞力密集的方法。但是由於勞力節省技術之改進，資本之邊際生產力，已相對的增加了，於是又引起生產者願意採用更多資本密集的生產方法。但如本例所示，後者之趨勢，遠較前者為強，因此即使資本是相對的更昂貴了，而在工業部門，仍舊會採用資本密集更多的生產方

法。

　　當然上述之結論，也並非必須如此。倘使技術改進，降低成本更多，其新的等量曲線，將與原點更接近，其所演變之結果，又當兩樣。此一新等量曲線，在圖 10-10 中，以 $m''m''$ 表示。假定產品價格依舊不變，而生產要素價格必須變更，且於資本有利，其理由正與上述者相同。於是新的要素價格直線，以 P_2P_2 表示。由於資本比以前昂貴了，而在農業部門又無技術改進，於是農業部門將使用更多的勞力密集生產方法。如圖所示，新資本對勞力的比例 OQ''，位於原有資本對勞力比例 OQ 之右方，新要素價格直線 P_2P_2，則與等量曲線 $m''m''$ 相切於 R''' 點。資本對勞力的比例，在工業部門，將如 OR''' 所示，位於技術改進以前資本對勞力的比例 OR 之右方。因此新的生產方法，在工業部門，也變為更多的勞力密集了。理由很簡單。因為即使資本的邊際生產力，由於技術改進，已經相對的提高了，但以資本價格相對的更昂貴了，使用資本，仍舊不如勞力的合算，因此權衡利害，在工業部門，也採用更多的勞力密集生產方法。

　　現在我們再看勞力節省技術改進對於產出量之影響為何。為便於說明，又得借用箱形圖來解析。如第 10-11 圖所示，農業生產，從左下角來衡量；工業生產，從右上角來衡量。在技術未曾改進以前，生產均衡點如 U 點所示。資本對勞力之比例，用在農業方面者，如 OU 所示；用在工業方面者，如 $O'U$ 所示。為解析技術改進對產量之影響，我們仍舊假定產品價格不變。設使技術改進，如上 10-10 圖第二種情形所示，在工業部門，導出一條新等量曲線 $m''m''$。在此情形之下，資本對勞力的比例，在農工兩個生產部門都降低了。因此兩種生產都變成更多的勞力密集了。此種情形，與圖 10-11 中生產點由 U 移至 U' 點所示者，至為吻合。在此情形之下，產量將如何轉變，便可一目瞭然了。當生產止於

圖 10-11

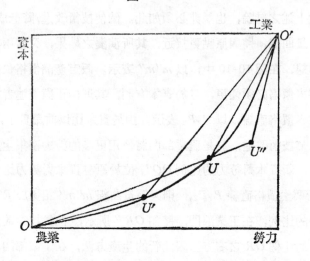

U′ 點時，農業之生產量減退了，而工業的生產量則增加了。此與前述資本節省技術改進以後，價格不變，對農產品將有超額需要之情景，如出一轍。因此農產品之相對價格，勢必提高，以滿足市場的需要。倘使工業產品為出口財貨，國際貿易條件，將於技術改進之國不利。倘使農業生產屬於出口事業，貿易條件，又將於技術改進之國有利。

　　上所推論,並非資本密集工業發生勞力節省技術改進所必有的後果。因為在本例中，我們曾經討論過，此項技術之改進，將使資本對勞力的比例，在工業部門增加，在農業部門降低。所以勞力節省技術改進發生在資本密集工業以後，往往導致資本相對價格之提高，資本對勞力比例在勞力密集工業之降低。當成本由於技術改進而節省的愈少，資本對勞力所增加的比例，在製造工業方面將愈大；而在農業方面，資本對勞力所降低的比例則愈小。在圖 10-11 中，　U″ 點表示在農業部門資本對勞力的比例，未有變化，而在工業生產部門,則為資本對勞力比例的增加。雖然，此點並非一個可能的一般均衡點。另有一點，却與之無限接近，

且合於新均衡點之條件，代表工業生產部門高度的資本對勞力的比例，農業部門低度的資本對勞力的比例。當生產正位於此點，而產品價格又不變更之際，農業部門之產出量定必增加，工業部門的產出量定必減少。因此又會發生對工業產品的超額需要，工業產品的相對價格，反將因此而上漲矣。

由是言之，勞力節省技術改進發生在資本密集部門以後，對於相對價格，能發生任何影響，其對於貿易條件之影響，則又與上述中和性及資本節省技術改進發生在此部門者不同，而是一種不能斷定的。因此綜合以上所述，我們可以重複申述如下。中和性技術改進，對於技術改進所發生之部門生產財貨的相對價格，有一種反效果。倘使此種中和性技術改進發生在進口競爭工業部門，將改善該國對外之貿易條件；如果發生在出口工業部門，將使該國對外之貿易條件轉壞。至於資本節省技術改進發生在資本密集部門，以及勞力節省技術發生在勞力密集部門之影響，也都非常顯明。同時技術改進部門產品之相對價格定必下跌。因此倘使出口生產屬於資本密集工業，而資本節省技術又在此一部門發生，該國之貿易條件將從此變壞。同理，倘使進口競爭財貨屬於勞力密集產業，而勞力節省技術又發生在此一部門，將改善該國對外之貿易條件。其次，勞力節省技術改進如果發生在資本密集工業，以及資本節省技術改進如果發生在勞力密集生產部門，其所產生之影響，就難以斷定。改進部門之產品相對價格，可能提高，也可能降低。故從理論觀之，殊難提供明細之結論。

伍、不指明生產函數情況下之技術改進與貿易條件

以上分析，有一個重要的假定，就是在兩個生產部門之生產函數，同為一次齊次函數。此一假定，為分析生產要素成長對貿易條件之影響而達成一些定性的結論，倒是必需的。但是對於分析技術改進對貿易條

件之影響，而想達成明顯的結論，就不是一個必需的假定了。如果採用
一般不加以明白確定的生產函數，反而可以得到若干結論。而且應用經
濟的術語，也容易闡明這些結論。所以我們對於技術改進與貿易條件，
再為補充說明如下。

關於生產函數一詞，我們早已指出，為各種生產要素投入量與一種
財貨產出量之關係。而在以上各章剖析貿易理論，對於一種財貨之生產
要素，又多半限於勞力與資本二種，並一再提及「邊際生產力」一詞。
如稱勞力邊際生產力，則為當勞力增加一單位後，假定資本量不同時變
動，對產出量之增加。同理，資本邊際生產力，為當勞力不變，資本增
加一單位後，對產出量之增加。如以 Q 代產出量，L 代表勞力，K 代
表資本，則生產函數，可以下式表示:

$$Q = f(L, K) \tag{1}$$

假定此生產函數可以微分，那麼上式微分之後，即得如下式:

$$dQ = \frac{\partial Q}{\partial L} dL + \frac{\partial Q}{\partial K} dK \tag{2}$$

式中 Q 對 L 之第一偏微分係數 $\frac{\partial Q}{\partial L}$，表示勞力的邊際生產力，$\frac{\partial Q}{\partial K}$ 表示

資本的邊際生產力。我們又假定 $\frac{\partial Q}{\partial L}$ 與 $\frac{\partial Q}{\partial K}$ 同為正數，其意即指倘使勞

力增加而資本不變，總產出量將隨以增加，這也是我們所期望的。因為
在一定的機器設備之下，增加勞力，自然希望生產也能夠增加。正如以
一定量的勞力，增加機器設備，希望生產增加的情形，是一樣的。倘使

我們將 (1) 式繼續微分，可得第二微分係數。例如 $\frac{\partial^2 Q}{\partial L^2}$ 即表示勞力的邊

際生產力，當資本量仍舊不變，勞力繼續增加以後，又將如何發生變化。
但是我們假定此第二微分係數為負數。表示勞力的邊際生產力，將逐漸
減退。因為資本不變，而勞力繼續增加，勞工必感覺機器的使用愈來愈

不夠分配，所以勞工增加的愈多，其最後加入的一位的生產力，也就更低了。同理，我們也可推知 $\dfrac{\partial^2 Q}{\partial K^2} < 0$。

其次我們也可取混合的第二微分係數 $\dfrac{\partial^2 Q}{\partial L \partial K}$，表示當資本繼續增加以後，勞力的邊際生產力又將如何發生變化。同理，$\dfrac{\partial^2 Q}{\partial K \partial L}$ 表示勞力繼續增加以後，資本的邊際生產力又當如何發生變化。假定生產函數爲齊次一次函數，第一偏微分係數又是正數，則以上兩個第二偏微分係數，當同爲正數。因爲假定勞工人數不變，機器設備增加以後，勞工的生產力自然會提高了。假定機器設備不變，勞工增加以後，他們可以把機器維護的更周到，資本的邊際生產力也會提高。其次當生產函數爲齊次一次函數，兩種生產要素始終按照同一比例配合時，兩種要素之邊際生產力，便會永遠不變。

以上係就生產函數具有兩種生產要素之特質而言。當技術改進發生之後，生產函數可以下式表示：

$$Q = f(L, K, t)$$

式中之 Q, L, K，一如前式，分別代表產出量、勞力、資本，而 t 則表示技術改進。現在依舊仿照上述法則，先就對 t 之部分加以微分，得 $\dfrac{\partial f}{\partial t}$。此一偏微分係數，描繪生產函數之轉變。當技術改進發生以後，用一定的投入量，究竟能夠增加多少的產出量，當視技術改進的程度而定。而此一偏微分係數，即爲衡量技術改進的尺度。就其含義而言，此一偏微分係數，常爲正數。因爲技術改進，即表示生產力之增加。

我們也可取其他兩個對 t 之偏微分係數 $\dfrac{\partial^2 f}{\partial L \partial t}$，$\dfrac{\partial^2 f}{\partial K \partial t}$。其中第一個表示技術改進對勞力邊際生產力之功效，第二個表示技術改進對資本邊際生產力之功效。

以上三個偏微分係數，在決定技術改進對貿易條件及貿易模式中其他變數的功效，乃是非常重要的。一旦當我們對於這些係數前面的符號有所知時，也就了然於技術改進對貿易條件的影響了。當然其他的因數，也很重要。但上述第二微分係數前之符號，在決定貿易條件轉變之方向。假定我們只有在出口工業部門發生技術改進，亦卽表示以一定量的投入量，可以生產更多的出口品。或者是說，$\dfrac{\partial f}{\partial t}$ 為正數。倘使技術改進對兩種要素的邊際生產力同為正面的影響，亦卽表示 $\dfrac{\partial^2 f}{\partial L \partial t}$ 與 $\dfrac{\partial^2 f}{\partial K \partial t}$ 皆為正數，暗示貿易條件將於該國不利。何以故呢？技術改進之本身，係以 $\dfrac{\partial f}{\partial t}$ 來代表，其對於出口品之產出量，在價格不變時，當為一種正面的影響。因為以一定的投入量，生產比以前增加了。倘使勢力的邊際生產力由於技術改進而提高，更多的勢力，就會吸引到此一生產部門，從而對於產出量又有一種正面的影響。倘使資本的邊際生產力由於技術改進而提高，於是更多的資本會投入此一生產部門，從而對於產出量又發生一種正面的影響。因此三種生產要素將按照同一方向進行。當價格未曾變動以前，出口品將發生超額供給之現象。為達成市場供需之均衡，出口品價格將趨下跌，因之貿易條件將於該國不利。

技術改進如果發生在進口競爭工業方面，又將發生同樣的效果，假定勢力與資本兩種邊際生產力由於技術改進而提高的話。在此情形之下，三種要素又按同一方向進行。且在物價不變情形之下，進口競爭品比以前生產多了，該國國內之生產商，將佔有進口品大部分市場，對於外國出口品之需要因而降低。為使市面供需達於平衡，技術改進國家進口競爭財貨之價格將趨下跌，也就是貿易條件之改善。

由是言之，重要之點，乃在於邊際生產力絕對價值之變更。當一種要素之邊際生產力由於技術改進而始終在增加時，此種要素，將從其他

未曾有所創新的生產部門，吸引到此一改進之生產部門。此項邊際生產力絕對價值之轉變，對於生產要素之重新分配，是很重要的。希克斯對於生產技術改進之分類，只注意到了邊際生產力的相對變動。要了解希氏之分類，我們不可忘記一個事實。他的本意，是在想藉此來研究技術改進對於所得分配的功效。如所週知，就所得分配而言，邊際生產力的相對變動，是很重要。但從對產出量、物價，與生產要素之分配而言，邊際生產力的絕對變動，又大有關係。故當技術改進一直可以增加兩種生產要素之邊際生產力時，其對於產出量與相對價格之影響，倒是非常顯明的。但是技術改進，也並不保證此種效果定必發生。一種要素或兩種要素之邊際生產力，由於技術改進，可能先就下降。假定有此情形出現，其對於貿易條件之後果，就不可能再判定了。舉例言之，假定在出口工業發生技術改進，又假定此項創新，為增加勞力的邊際生產力，與減少資本的邊際生產力，於是產生了兩種力量，背道而馳。當物價與生產要素價格不變時，勞力將被吸引參加此一部門工作。因為此時勞力的邊際生產力，超過了當時的工資成本，從而增加此種財貨的生產量。同時，資本又將從此一部門減退，因為此時資本的邊際生產力，又低於當時資本的報酬。從而對於此種財貨的產出量，又發生反面的影響。但是另外尚有生產函數本身向上變動 $\dfrac{\partial f}{\partial t}$ 的一個力量，我們也要加在裏面。此一偏微分係數，對於財貨之供給，往往產生一種正面的影響。因此是項技術改進，對產出量有兩種正效果與一種反效果，也就不可能再推定其對產出量與相對價格之效果究為何了。

　　陸、技術改進對國民所得與所得分配之影響

　　技術改進對真實國民所得之功效，與對於貿易條件之功效，有很密切之關聯。技術改進，如能改善貿易條件，對於真實所得之成長，有很強烈的正面效果。如果技術改進導致貿易條件之轉壞，其情形就複雜多

了。倘使在貿易條件方面之所失，頗為重大，卽足以抵消大部分在所得成長方面預期的利益。設使技術改進發生在出口工業部門，而其改進又足以使生產要素的邊際生產力減退或不變時，此項技術改進，對於國民所得，定必發生正面的效果，倘使革新導致生產要素邊際生產力的增加，而且往往可能是這樣，對於真實國民所得，將從出口工業部門帶來一種反面的效果。如果該國之出口生產佔國民生產毛額之比率甚大，此種反效果也愈大。反之，如果技術改進發生在進口競爭產業部門，對於真實國民所得，往往發生正面的效果。所以技術改進發生在出口工業或進口競爭工業，其影響亦因之而異。重要之點，亦卽在此。

　　由是言之，在我們想像當中，最有利的例子，應當是這樣。技術改進，儘可能大部分集中於進口競爭之工業。而在出口工業部門，如有任何技術改進，最好能夠降低此一生產部門要素之邊際生產力。然後所有重要的變數，例如生產函數之提高，邊際生產力之變動，對於真實國民所得，統統發生一種正面的效果。在此情形之下，一國對外貿易之倚存度如果甚大，其所獲得的利益也大。尤其當兩個貿易國在重新分配資源與調節需要對價格變動兩方面之可能性甚小時，顯示彈性價值不大，此種技術改進，對於創新之國，在貿易條件方面，將有大的改善；真實國民所得，也增加的很快。反之，如果技術改進集中在出口工業部門，而勞力與資本的邊際生產力，由於技術改進，又增加的很多，革新對真實所得的貢獻，很容易經由貿易而煙消雲散了。倘使一國出口生產所佔的比重甚大，經濟的適應能力又低，上述情況發生之機會，也就更多了。此種技術改進，可能導致一種嚴重的局勢，如前第二節所云，產生貧困的成長。

　　因此，大凡足以增加進口競爭產品數量與改善一國之貿易條件的一般因素，同樣對於國民所得的成長，也發生強大的正面功效。反之，其他足以增加出口產品數量，敗壞一國之貿易條件的因素，在一定的條件

之下，將使革新對眞實所得之正面效果，變得比較的微弱了。不過我們要特別強調的是，上述效果，主要又視兩國經濟之適應能力而定。其能力如何，可由前第二節所述基本模式分母中彈性的大小衡量出來，倘使是項加權的彈性甚大，貿易條件可說具有一種主導的作用，相對物價輕微的變動，即足以引起消費者與生產者快速及有效的反應。在此情形之下，貿易條件儘管在成長過程當中變動很小，而對於生產量與國民所得之影響則甚大。所以在此成長過程當中，究竟是那些因素影響貿易條件，值得我們重視。

技術改進，又可影響生產要素的報酬與所得分配。倘使技術改進是一種中和性的，其對於要素報酬的影響，又視要素在革新部門使用的密集度而定。如爲勞力密集工業，中和性技術改進，將導致工資的相對增加。反之，如爲資本密集工業，中和性技術改進，將導致資本報酬的增加。倘使技術改進是屬於某一方面的，其所發生之效果，至爲明顯。例如勞力節省技術之改進，即於資本有利。因爲主要在增加資本之邊際生產力。資本節省之技術改進，則於勞力有利，因爲可以增加勞力之邊際生產力。因此資本節省技術改進發生在勞力密集生產事業，乃是對勞力最有利的一種改進。同理，勞力節省技術發生在資本密集生產事業，對於資本報酬，當產生最有利的效果。這些效果的經濟意義，很容易看得出來。因爲資本節省技術改進，對勞力邊際生產力之增加，大於對資本邊際生產力之增加，自然鼓勵生產者多用勞力。倘使此項技術改進之部門，又是勞力密集工業，當更增加對勞力之需要，從而引起工資之上漲，超過其正常之水準。言念及此，不禁想起了瑞典經濟學家威克塞爾 (Knut Wicksell 1851-1926) 先生的至理名言。他說：「資本家節省者，是勞工的朋友；然而技術革新者，就不是他少見的敵人。(The capitalist saver is thus, fundamentally, the friend of labour, though the technical innovator is not infrequently its enemy.)」假定勞力不變，而資本累積增加，其對於真實工資，當具有正面的效果。就此含義而言，資本家節省者，是勞工的朋友。但有些技術改進，對於真實工資，易於發生反面的效果。例如一種勞力節省創新，足以減退勞工的邊際生產力者，特別當是項革新發生在資本密集生產事業時，易於導致真實工資之降低。從此涵義觀之，好的工程師，可能是勞工的敵人。

假如我們再就生產要素成長一併加以考慮，很顯然的，如果資本累增比人口成長還要快速，真實工資當較真實地租增加為快，所得分配，將於勞工有利。倘使資本節省革新之程度愈大，以及技術改進之速度愈快，則真實工資之提高也愈大。設使此項革新發生在勞力密集生產事業，而生產要素彼此之替代可能性又有限時，上項發展，將益形增加。

第六節　貿易條件發展理論

以上各節，我們已就新古典學派對於貿易條件的理論，有了一個扼要的闡述。本節擬再就近 200 年來貿易條件發展理論方面的兩大學派，分別介紹。其一為英國學派(British school)，其二為沁格 (Singer) 與普勒比基(Prebisch)學派。前者代表英國經濟學者之思想，認為貿易條件，隨經濟之發展，將於開發的工業國家不利。後者則認為經濟發展以後，貿易條件，將於低度開發國家不利。茲分述如後。

壹、英國學派

英國學派，起源於英國古典經濟學家之全盛時代。當時一般經濟學者，對於農業生產報酬遞減的法則，均深信無疑。而農業報酬遞減，又為李嘉圖所得分配理論最重要之依據。由於農業報酬遞減，故所得分配將於地主有利。何以故呢？因為人口自然增加，工資將維持在一勉為餬

口之水準，資本家將受到剝削，唯有地主可以坐收一種遞增之地租，永遠享受悠閒的生活。此一農業報酬遞減法則，對於英國的對外貿易條件，也有不利的影響。早在 1821 年，托倫斯(Robert Torrens)在其 Essay on the Production of Wealth, London 一文中，曾經這樣說過：「當一些國家的財富及人口增加以後，他們彼此間之商務關係，逐漸變為不大重要與有利了。本來最有利的國外貿易，為一偏重原料生產之古老國家，與一偏重工業生產之新興國家間的交易。現在新興國家由於人口增加，對於次等土地之開發利用，提高了原料品獲得之成本；而分工制度之推行，則又減少了生產的費用。因此在所有新興的國家，由於原料品之價值遞增，出口逐漸減少；工業製成品之價值遞減，阻抑了產品的輸入。最後國與國間之貿易，只有限於一些特殊財貨，其生產乃為一國在天然環境永遠處於有利的一面。」所以托倫斯認為工業製成品的價格，以食品及原料來比，將一直降低。工業國家輸出製成品，其在貿易條件方面，將蒙受不利。英國在當時，首當其衝，最後國際貿易將減少至一彼此可以容忍之限度以內。

　　此一理論，至為簡單。從邏輯上講，相當完整。但其最大缺點，在未考慮技術改進。假如我們無視於技術之改進，而同時又假定工業生產的報酬不變，只是農業生產報酬遞減。而且在此成長過程當中，主動的力量，又為資本與勞力之增加，那麼托倫斯所述的後果，是可以出現的。在十九世紀，此一理論，為英國經濟學者普遍所推崇。即在本世紀，凱因斯亦讚許備至。認為歐洲國家之人口將繼續增加，如果對於食物進口，所費成本太高，工業生產所需原料價格太貴，貿易條件，將於歐洲國家長遠不利。世界經濟發展，亦將陷於癱瘓狀態。現在讓我們再根據本章第二、三、四節所述理論，對於此一理論之價值，加以評估。

　　首先我們仍採用兩個國家、兩種產品、兩種生產要素模式，並假定

歐洲為工業產品輸出國家，其生產係採用資本密集方法，生產函數為齊次一次函數。倘使人口繼續增加，而其他生產要素不變，貿易條件將於歐洲國家有利。其所發生之後果，與凱因斯所想像者，適得其反。此一結論，有個重要的假定，卽是報酬不變。但在凱因斯，則不會接受這個假定。因為他對於工業生產報酬不變，可以同意，但對於農業生產報酬遞減法則，視為理所當然。果如是，事情倒變為很複雜了。人口增加之效果，究竟如何，就很難以明白的判斷了，須視生產函數的準確形態而定。不過一般的推測，仍舊會認為在其他假定條件之下，貿易條件，將於歐洲國家有利。

由是言之，我們對於上述理論，似可作成這樣一個結論。凱因斯在當時對於貿易條件之發展，似未曾仔細加以推敲,其所預期的長遠結局，乃是根據一項不完整的脆弱的直覺的想法。在他本人，對於國際貿易的看法，乃是屬於新古典的傳統，殆無異義。如果完全依照新古典學派理論，凱因斯如有所結論，又會與上述者完全相反。事實上，凱因斯的悲觀預測，並未實現。英國在第一次世界大戰以後，以及第二次世界大戰發生以前一段期間以內，經濟方面可能遭遇若干困難問題，但其對外之貿易條件，在 1920 年代，則已大為改善矣。

古典學派如李嘉圖及托倫斯，對於貿易條件發展的思想，可以參照本書前所論述，再為剖析如次。他們列舉工業與農業兩個生產部門模式為例，並非特殊，不過他們沒有想到技術改進罷了。所以他們所說的例子，似與下面一種情況非常接近。卽在工業國家,勞力與資本同時增加，不過資本為經濟發展之主要原動力，而且也增加的最快。倘使工業製造部門為輸出與資本密集產業，我們可以預期貿易條件，將於工業國家不利。或者換言之，卽使依照我們論述的方式，古典學派的結論，又與古典理論的假定大有關係。

　　說來說去，我們對於英國學派所不滿意的，是他們把事情看得太簡單了。他們重視一種或兩種生產要素，而忽視了其他的要素，使得英國學派的見解，不夠寬宏大量。托倫斯就是一個這樣的例子。其對於成長原因與生產函數的一些不切實際的假定，造成傳統的分析，不易發生實際的效果。至於凱因斯以及他少數的生徒，儘管他們原則上是以新古典學派理論作爲依據，也不見得好到那裏。

　　然則在什麼情況之下，會使工業國家的貿易條件變壞，我們不妨根據本章前述理論，舉出幾個例子來說明好了。第一個我們要說的，乃就托倫斯所引述者而言。假定其所說的第二個農業國家，經濟停滯不前，而資本累積在工業國家，其出口品又爲資本密集工業，貿易條件，將於工業國家不利。第二個例子，則爲工業國家在出口產品部門發生了技術改進，從而導致生產要素邊際生產力的提高。是項改進，亦將招致該國貿易條件之惡化。第三個例子，爲一國之出口生產部門，卽工業產品部門，屬於資本密集工業，而資本節省技術改進，正發生在此一部門，亦足以招致該國貿易條件之轉壞。

貳、沁格與普勒比基理論

　　沁普二氏之發展與貿易理論結構，比英國學派要複雜多了。其基本部分，乃指成長而言，固然很簡單，但所面臨的種種理論，如商業循環對貿易條件之影響，生產要素報酬與貿易條件之相互關係，不同市場形態對貿易條件之影響，均未明白交代，或嚴謹的陳述。故在研討其主要立論時，很難把握其要點，究竟何所指而云然。因此對於二氏之理論，殊難明白表達與考證。現在讓我們概述如下。

　　沁普二氏之研究，係從南美洲經濟問題開始。普氏在其「低度開發國中商業政策(Commercial Policy in the Underdeveloped Countries)」一書中曾云，南美洲加速經濟成長之唯一可行途徑,在設法達成工業化。

假如南美洲國家試圖增加初級產品，如原料與食品之供應，即會遭遇貿易條件之降低。因為國外市場對於他們出口品之所得與需要彈性甚低，所以他們應從發展過程當中，提高出口所得，因為他們的邊際進口傾向甚高。沁普二氏理論之重點，亦即在此。倘使國外對於低度開發國家出口品之所得彈性甚低，就價格而言，供給與需要，又無彈性，那麼增加出口，又何益焉。不論國內此項出口工業發展如何迅速，其生產利益，大部分將隨貿易條件之降低同時輸出，為外人所得矣。此與本章前面各節論述所獲致之後果，完全相符。不過二氏之理論，並不如是之簡單可取，尚有一大堆見解，加在上面。

普氏第一個論點，為商業循環對貿易條件之影響。在商業繁榮時期，利潤、工資，與物價，全面提高。但利潤之提高，大於工資；而物價之提高，在其外圍的國家(低度開發國家)，又比這些工業國家(中心國家)為高，因此初級產品生產者之利潤，又較工業國家之利潤甚至更大。在商業衰退時期，情形並非完全對稱的出現。利潤、工資，與物價，此時將全面下降。但是由於工資下降受到一些約束，在工業國家，不會同時減低，於是利潤在這些工業國家，受到了工人的剝削而減少了。企業家為恢復他們認為應得的利潤，將從外圍國家去爭取。在初級產品國家，勞工沒有堅強的組織，於是工資與利潤，在這些國家，又將降低的更多，藉以補償中心國家的利潤，不致落到很低的水準。

以上所引述普氏第一部分理論，含混不清，無法加以深究。例如外圍國家在經濟不景氣時，何以物價降低，又較景氣時上升相對的多？工資與物價二者，在功能方面，又如何可以糾纏在一起？其著眼點係從短期觀察，而與經濟成長之關係，似乎不很重要。現在我們可以就市場組織與貿易條件理論部分來分析，也是贏得社會讚美的部分。

普氏曾經強調一個重要事實，謂在工業國家，獨佔市場的組織，非

常普遍，而在大多數低度開發國家，出口工業，又處於競爭狀態。此種看法，是否正確，殊難斷言。由於我們主要之點，在分析普氏理論之一貫性及其主張所牽涉之部分。也就是說，獨佔市場，從長期看，是否將改善一國之貿易條件？自由競爭市場，是否將敗壞一國之貿易條件？所以普氏對於市場組織的觀點，或是或非，就不是很重要的了。若干經濟學者認為，獨佔可使一國在貿易條件方面較自由競爭國家為優，乃是當然之事。此種論斷，係應用一種簡單比較靜態的價格理論。認為在自由競爭之下，產品供給，將較獨佔情況之下擴展快速。因為獨佔為維持一定價格，可以限制生產，而在自由競爭之下，供給常常擴展，直至價格與成本相等乃已。此一簡單理論，對於我們現所遭遇之問題，尚難迎刃而解。我們所需要的，乃是市場組織與經濟成長理論，提供不同市場組織對生產力的影響的一種設想。

可是在目前，還沒有這樣一種公認的理論存在。不過有一部分經濟學者，如蒲摩(W. J. Baumol)、賈布納斯 (J. K. Galbraith)，已經着手進行。其立論亦極簡要。首先認為在自由競爭情況之下，廠商規模遠較獨佔條件之下者為小。但是創新及引進新技術之可能性，與廠商之規模大有關係。技術改進，不再是小人物的聰明表現了。因此技術改進率，在獨佔市場情況之下，比在自由競爭之下為高。即使在短暫期內，成本降低了，價格並未降低。但從長期看，生產將擴大。產品供給的成長率，在獨佔情況之下，將比自由競爭者為高。唯有大規模廠商，才有力量從事研究與發展，降低成本，推出新產品。

上所論述，似與普氏之設想，完全相反。我們所關心的，不是市場組織的本身問題，而是市場組織對產品供給成長的影響。生產成長愈快，假定其他事物不變，對該廠產品相對價格的發展，愈為不利。準此，吾人如欲設法指出市場組織對貿易條件之影響，其結論當為，一國在出口

工業部門之獨佔產品愈多，其貿易條件之遠景將愈壞。此一結論，顯與普氏所設想者相反。

當然，如上所述，我們也不能說，普氏之立論，是錯誤的。只是闡明在這方面，目前尚無定論罷了。總之，普氏的論斷，不可能佔得優勢，要無疑義。

其次，依照沁格與普勒比基二氏之意見，低度開發國家貿易條件之敗壞，在於工業國家的勞工組織，遠較其外圍國家為強。低度開發國家因為沒有工會的組織，工資可以隨意降低，從而導致產品價格之降低，貿易條件之轉壞。此種說法，似乎尚有部分理由。不過關於制度問題，很難擺在一種透澈的理論裏面。我們所需要的，是在本質上一般均衡的理論。而一般均衡模式所採用的變數，有一定的限度，因此我們不可能建立一個很合適的模式，同時又要考慮不同制度措施的效果。

老實說來，影響貿易條件的一個重要因素，還是技術改進。因為技術改進，可以降低生產成本，增加利潤。在自由競爭之下，技術改進，可以導致生產擴大，其對於價格之影響，則視需要情況而定。所謂需要，又當從兩方面加以觀察。其一，為對於出口品需要之成長。此種需要，又為進口國家所得成長的一個函數。段使對手貿易國所得成長不是很快，或者其邊際進口傾向甚低，或等於零，那麼對於此項革新工業產品的需要，不會增加很多。其次，即為需要彈性。段使對於是項產品之需要彈性甚低，即小於一，亦不可能藉價格之降低，而使需要量有所增加。在上述兩種條件之下，即使生產增加，而出口工業之總所得，可能還要下降。似此經濟成長，甚至使一個國家變得更為窮困了。

經濟發展果係如此，勢必導致出口工業部門勞工人數之減少。倘使技術改進，主要是屬於一種資本節省的導向，又當別論。出口工業部門勞工減少，工資又將下降。其所解雇之工人，可望在其他工業部門找到

工作，其他部門之成本因而降低。影響所及，其他部門之生產，又可能轉變而爲出口工業。倘使國外對於這些新興之出口產品需要彈性也是很小，該國在貿易條件方面，當更爲低落。

由是言之，當一國技術改進，貿易條件反而轉壞，其基本原因，乃是需要條件背道而馳。工會對此國際市場之需要情況，顯係無能爲力，加以改變。卽使發生影響，亦極有限。

不過一國果有工會組織，其情形又與壓根兒無此組織者頗爲不同。我們不妨從兩個不同生產部門模式來加以考慮，就可明白了。假定其一爲資本家操作之出口產業部門，技術改進發生在此。其一爲國內民生必需品生產部門，其生產方法沿襲陳規，未有改進。倘使工人精通技術改進，又有堅強的工會組織，他們必能比照生產力的增加，要求提高工資，從而增加此種工業之成本，比沒有工會組織之情況下所能增加者爲多。於是生產利潤勢必降低，資本累積率同時下降，要是利潤大部用作再投資的話。此種工業之生產成長，亦將減速。倘使對於此種產品之需要情況，又與上例所述者相同，出口品價格之下跌，當較無工會組織者爲少。何以故呢？此蓋由於國內產業與出口產業兩個部門工資有所不同。也就表示勞力供給對工資不發生影響。

現在我們對於沁普二氏的理論，大致有了一個認識。在某些情況之下，工會對一國貿易條件，能夠發生好的影響，是可以想像得到的。但是要就工會對工資可能發生的影響納入完整的成長與貿易理論中，的確十分困難。如上例所述，需要情況，是如此之不利，出口工業任何成長，皆屬徒勞而無效。在此情形之下，對低度開發國家敗壞貿易條件之一種論述，無需將工會缺乏組織，一併牽扯在內。

然則沁普二氏之理論，究有何值得闡揚之處？根據本章二、三、四節所述原理，我們唯有拋開市場組織，工會組織影響不談，單從貿易條

件何以對低度開發國家不利，以及經由貿易所產生之經濟成長，何以又證實對這些國家徒勞而無功幾點，加以分析，就很容易說出所以然來了。假定沁普二氏之主要論點在此，那麼要達成二氏之結論，必需具備下列三個條件。第一，成長必須限於出口工業。第二，經濟適應能力甚低，因此需要與供給彈性的價值甚小。第三，對於該國出口品之需要成長甚慢。通常第一第二兩個條件，均視爲當然存在，決定性環境，在於需要之成長。設不具備上述三個條件，沁普二氏之理論，就無法建立了。現在我們可以舉幾個例子，來加以證實。

我們仍舊採用兩國模式，其中一國爲低度開發的農業國家，一爲已開發的工業國家，先就前第二節所述一般性的成長模式觀之。設使低度開發國家的所得彈性，只等於工業國家的三分之一。又假定在兩國之出口工業部門規模都很大，因此低度開發國家全部成長率，大致只能爲工業國家的三分之一。倘使大於三分之一，農業國家將遭遇不利的貿易條件。當然，此種發展，又與出口量及眞實國民所得有關。如果出口量會增加，則該國對國外貿易之倚存度也會增加。當兩國同時產生出口導向的成長時，其影響國民眞實所得最重要的因素，爲出口產業規模之大小，與所得彈性之價值。當出口佔農業國家（卽外圍國家）生產之比率愈大，而工業國家對於進口品的所得彈性又愈小時，貿易條件，將於外圍國家愈不利。同時該國之國民眞實所得成長將愈少。至其貿易條件轉壞之程度爲何，主要又視需要與供給彈性而定（詳見前基本方程式中分母部分）。就本例而言，此兩種彈性，一定都低。當需要與供給之彈性愈低，其貿易條件敗壞的更大。在此情形之下，低度開發國家成長的可能性，大部分將隨對手富有國家之經濟發展來決定。倘使工業國家成長愈快，農業國家成長之可能性也愈大。但是當發展達到某一限度時，兩個國家的成長率將勢均力敵，成爲一種平衡的發展，不致引起貿易條件之轉變。

最合於本例之條件，均列在前第二節基本方程式中，讀者可以復按。設使其中貧困國家的成長率，低於此一水準，該國將經由貿易條件之改善，而導向成長。反之，假定該國致力於增加自然的成長率，超過此一水準，終會領悟咎由自取。原來這是一種失敗的嘗試。因為由於貿易條件低落所遭受之損害，將使其一番特別辛苦所得來的利益減退了。

其次我們可就成長的原因來加以區分。依照本章第四節所述理論，舉一個屬於生產要素增加的例子。在本例中，生產函數為齊次一次函數的假定，非常重要。勞力或資本增加對貿易條件之功效，又視要素之密集度而定。如所周知，一般低度開發國家之勞力成長較為快速。假定在一個低度開發國家，勞力的供應，得天獨厚，於是我們可以想像的到，該國定必輸出勞力密集的產品。勞力增加以後，將導致該國對外貿易條件之轉壞。同時其貿易條件之轉變，又與該國進口之需要彈性大有關係。倘使是項彈性甚大，對於貿易條件，將發生一種反面的效果。因為當該國經濟成長以後，其所需要的財貨，仰仗於進口者愈來愈多。例如若干低度開發國家需要輸入資本財貨，從事經濟開發工作，這是顯而易見的事實。至在需要與供給兩方面使用替代品之可能性為何，也很重要。如果能夠代替的可能性甚小，其對於貿易條件之反效果更大。

一種出口導向的成長，如其成長的原因又為生產要素自然的增加，往往導致出口量的增加，從而對國外貿易的倚存度也甚大。其對於真實國民所得的效果，又視貿易條件之態勢而定。倘使對貿易條件之反效果愈大，其成長可能獲致之大部分利益，將隨輸出而送與外人了。倘使該國出口所佔的比重愈大，其所負擔如此不利之風險亦愈大。

設使成長的原因為技術改進，其效果又將如何？依照前第五節所述，技術改進之效果，主要又視其發生在何部分而定。沁普二氏集中注意力於出口部門。倘使技術改進，果如所期而發生在出口部門，則依照前第

五節圖形之表示，大部分出口部門之創新，對於一國貿易條件，將發生反面的效果。

就一般情形而言，即生產函數不明確標示者，其貿易條件結局爲何？取決於三種重要因素。一爲技術改進發生以後生產函數向上之移動。二爲勞力邊際生產力轉變之方式。三爲資本邊際生產力由於創新轉變之方式。其中第一種效果，對貿易條件，常爲一種反效果、第二第三兩種，在正常情形之下，假定由於創新而邊際生產力提高，亦復如是。因此我們可以說，如果技術改進發生在出口部門，貿易條件，總歸會轉壞的。至於轉壞多少，又與下列因素有關。當邊際生產力由於技術改進增加愈多，以及生產函數由於創新而提高愈多時，貿易條件之轉壞也愈大。此外需要情形，也照常佔了一個重要的地位。當所得對進口的彈性愈大，以及彈性因素價值愈小時，對貿易條件改善之希望愈微。當出口工業部門成長甚快，對進口品的邊際消費傾向又高，而兩國在供給與需要兩方面對相對價格變動之反應又不大時，足以助長貿易條件快速的變壞。

至於眞實國民所得，由於技術改進，又將如何受到影響？又與貿易條件之情況大有關係。段使貿易條件對進步國家轉壞之情形十分嚴重，眞實所得之增加就很少。此種情形，尤其當一國出口所佔比率甚大時，最爲顯著。倘使一國之適應能力甚低，對國外貿易之倚存度甚大，而出口工業又爲經濟唯一改善之部分，該國將以其生產利潤大部分拱手讓與外人之風險更大。在此情形之下，經濟成長，很容易變爲自己找來的失敗。

叁、比較利益理論與經濟成長理論之不同面

在本書第六章裏，我們曾經闡明比較利益理論。一個國家，依照比較利益法則，可以從事專業化生產，拓展對外貿易，而得到利益。在本章以上各節，我們又已指出，一個國家，由於對外貿易所產生之經濟成

長，對於該國之國民福祉，又將有種種不同的效果。甚至在某些情況之下，是項成長，對一國不但無益，而且有害。然則比較利益理論與貧困成長實例之間，是否有些矛盾存在呢？現在讓我們冷靜的來考慮一下。比較利益理論，是一種百分之百的靜態理論。只是比較兩個國家在一種設定的靜態情況之下，然後說，假定在通商以前，兩國國內物價有所不同，兩國可經由貿易而彼此獲得利益，根本沒有考慮到任何經濟發展的因素在內。設使生產情形發生變化，例如人口增加，或技術改進，在比較利益理論裏面，就沒有提及，當生產情況如此轉變以後，一個國家應當依舊保持原有專業化的形態。事實上，當經濟發生變化以後，進入了一種新的境界，我們對於新環境，必須重新加以評估，對比較利益形態，當重新加以核計。然而比較利益理論，並未明顯指出，在生產情況變更以前之出口產品，當經濟發生變化以後，照樣應當輸出。普尼比基曾經說過，一個國家在某一時期，對於輸出某一種產品，享受比較利益，並不表示當生產要素供給增加以後，應當仍舊發展是項財貨之生產。所以當我們對任何一種產品擴大生產以前，必須對各種產品預期的邊際所得增加之數，加以衡量。此種看法，自與比較利益理論不相衝突。因為在比較利益理論，就從來沒有打算要對這些問題有所答辯。

　　比較利益理論，既沒有斷言，一國在某一時期，對某種產品享有比較利益，應當繼續擴展是項產業。另從上述成長與貿易理論，我們已經了解，經濟成長，對於貿易國之真實國民所得，有種種不同的效果。某種形態之成長，可以導致貿易條件之改善，以及對國民所得之成長，發生很大的正面效果。在此情形之下，該國從事對外貿易，自然大有利得。但是另有一些成長，可以嚴重損害一國對外的貿易條件，而對於國民所得，即使發生正面的效果，也微乎其微。在此情形之下，經濟成長，如果仍舊依賴原有產品對外交易，顯然不是一種獲利的嘗試。

在 19 世紀的時候，很多國家經濟，呈現一種長遠的與穩定的特色。例如擁有某些原料與初級產品或技術，而是項技術知識之傳授給其他國家，又非常緩慢，因此貿易乃建立在一種獨特的與變動甚慢的基礎上面，從而產生一種長遠的比較利益局面。即在今天，大部分貿易，仍舊含有此種特質。但是比較利益，現在已逐漸轉變建立在高深技術之上。而是項技術想要保密，也只能維持一個短暫的時間，從而導致了一種比較利益多變的形態。唯有那些宜於、志願、並且能夠發展與研究新技術的國家，才可獲得國際貿易的充分利益。現在讓我們看看十九世紀以來國際貿易發展之實況如何。

第七節　十九世紀與二十世紀國際貿易之發展

壹、一般情況

國際經濟，到了 19 世紀，呈現空前的發展，這是盡人皆知的事實。例如在 18 世紀，英國算是一個經濟成長最突出的國家，但在 1700 至 1780 年之間，其成長率每十年僅百分之五。每人所得，在同期內，每十年只增加百分之二。迨至十九世紀百年期內，英國人口增加了三倍多，國民所得增加了七倍多。他如美國，在 19 世紀，尤其在後半期，經濟成長率，更有過之而無不及。歐洲幾個大國，經濟發展，亦復如是。在此經濟發展過程當中，國際貿易成長，是很重要的一面。計在 1750 至 1820 年之間，世界貿易，每十年增加百分之一〇，相當遲緩。大約從 1820 年拿破崙戰爭以後，世界貿易，乃加速發展。計在 1820-1830 年至 1850-1860 年，以及 1850-1860 年至 1880-1889 年兩個時期以內，前後相隔約 30 年當中，每 10 年之成長率，為百分之五〇。其次在 1880 年代至第一次大戰開始之 30 年期中，國際貿易，仍在繼續成長之中，不過成長率

略見緩慢。如在 1881-1885 年至 1911-1913 年期內，　每 10 年增加百分之三七。如從 1820 年代至 1913 年長時期觀察，世界貿易成長率，每 10 年為百分之四六。如以國外貿易增加與國家生產增加比率觀之，在若干國家，國外貿易成長，較國民所得成長快速。國外貿易佔國民生產毛額之百分比，通常稱為國外貿易比率。計在 1840 年左右，英國國外貿易之進出口總值，佔國民生產毛額百分之二○。及第一次世界大戰爆發，是項成長比率，已超過百分之四○。其他歐洲國家成長情形，大致相同。例如法國之國外貿易總值，在 1859 年，合國民生產毛額百分之二一·九，至 1910 年，增至百分之三五·二。唯有德國例外，在 19 世紀後半期，國外貿易比率相當穩定。新興國家如日本，其國外貿易比率成長，一如歐洲國家，非常快速。在 1880 年左右，是項比率，僅佔國民生產毛額百分之一○，至第一次大戰發生，高達百分之三○。其他新興國家，如美國、加拿大、澳大利亞，對外貿易成長比率，較為穩定，甚或略微下降。

　　一般言之，國外貿易比率之變動，乃由於兩方面競爭力量所促成，一為導致國內生產成長的力量，一為導致進出口產品成長的力量。很明顯的，在 19 世紀時代，促進貿易成長的因素，非常強烈。因為就若干國家而言，貿易成長，遠較國內生產成長快速。歐洲國家，尤其是英國，就是一種出口導向形態的成長。唯有美國例外。即在 19 世紀，美國還是一種進口導向形態的成長。19 世紀貿易與經濟發展之主要原因，可分為幾方面：

　　第一，19 世紀，正值交通運輸事業劃時代的革新。由於鐵路的興建，開發了若干新地區。例如在美國西部，以及加拿大、阿根廷、澳大利亞等國，一些低度開發地區，一時都變成了農產品輸出地帶。內地交易，也可通行無阻。在歐洲也由於鐵道的鋪設，增加了國內與國外的貿易。海洋運輸工具發展以後，又增加了歐洲與海外國家間之貿易。

第二，以往經濟封閉地區，陸續被吸引加入了世界貿易網，擴大了國際貿易範圍。日本就是一個最顯明的例子。除了日本及上述新興之美國、澳大利亞、加拿大、阿根廷外，其他國家，並未因貿易而導致國內經濟強有力的成長。因此若干低度開發國家，始終一籌莫展，至多變為開發中國家的貿易駐點而已。

第三，自由經濟政策，大有關係。在 19 世紀大部分時期，英國為世界經濟領袖國家。因為自從工業革命於 18 世紀中葉發生以後，英國一躍而為世界經濟中心。由於英國四面環海，本國資源有限，不得不從事對外貿易之發展。加以比較利益學說於 19 世紀初期強調貿易利得，英國對外經濟政策，也就很自然的走上了自由貿易途徑。且在當時國際貿易暢通無阻，更有利於世界貿易之成長。

英國經濟發展，集中於製造工業，屬於一種出口導向的成長。而原料及農產品，又都依賴國外輸入，分別由美國、中歐、加拿大、阿根廷、烏拉圭、南非、澳大利亞、紐西蘭、瑞典、挪威、丹麥、冰島等國供應，所以同時又促成了這些初級產品供應國家經濟的成長。而在低度開發國家，受惠更大。

依照比較利益法則，國際貿易，可以達成現有資源之合理分配及貿易利得。但是此種靜態貿易理論，未曾涉及經濟成長，只是告訴我們，在某一時點，資源應當如何分配。當以往交通運輸大為改進，貿易政策性的障礙拆除，國與國之間互相進行交易的時候，靜態貿易理論，的確值得吾人玩味。但是當各國一旦已經開始通商，重新分配資源以後，又將發生何種變化呢？靜態理論，就很少繼續說下去了。依照當時實際情形，乃是世界經濟的中心國家——英國，經濟穩定成長，而進口成長甚至更為快速。因此其貿易伙伴國家，也就是外圍國家，出口擴張，極為迅速。依照比較利益理論所設想之形態，繼續成長不已。但靜態理論本

身，倒沒有期望任何的成長出現。

迨至 20 世紀上半期，世界貿易，雖然繼續成長，但較以往緩和多了。從 1913 至 1960 年，每 10 年僅增加了百分之二一，不過爲 19 世紀的一半。其次，自第一次世界大戰以後，世界貿易發展，極不穩定。在 1920 年代，每年成長率，約爲百分之一。在 1930 年代，完全陷於停頓狀態。在 1940 年代，又有溫和的成長。至 1950 年代，變爲很快速的成長，每年超過百分之八。其主要原因，乃是由於 20 世紀的前半段期內，國際局勢變化太大。從 1913 年起，50 年之間，有整整 10 年，爲兩次大戰所佔據。另外一個 10 年，又爲經濟蕭條所籠罩了。兩次大戰之後，又有幾年爲復興時期。而對於遭遇戰爭損害嚴重的國家來說，簡直是痛苦的年歲。至於 19 世紀，則爲太平盛世，國際貿易，一帆風順，20 世紀當然無法與之比擬。由於 20 世紀處在一個分裂的時代，所以對於國外貿易比率的發展，殊難加以衡量。若干重要工業國家，在第一次世界大戰期間，國外貿易比率，似乎都受到了低落的損害。而在此以後之 30 年中，每下愈況，低落更甚。例如美國在 1920 年代之國外貿易比率，爲 10.8，至 1950 年代，已跌至 7.9 矣。其在英國，在同期內，則由 38.1 跌至 30.4。法國由 51.3 跌至 41.2。義大利由 26.3 跌至 25.0。日本由 35.5 跌至 18.8。

由是觀之，我們可以這樣說，在 20 世紀的前半段期內，主要工業國家，對於國外貿易的倚存度，已顯著的減輕了。世界貿易量，雖有兩次大戰與經濟蕭條之出現，仍在繼續成長之中；但其成長率，則較國民所得成長率受到的阻力爲大。其次，在此期內的另一個特徵，則爲共產黨國家之露面，從而減少了對外貿易。例如蘇聯出口對國民所得之比率，在 1913 年，約計爲百分之一〇·四，至 1950 年代，降低爲百分之二左右。

貳、第二次大戰以後

依據上面分析，得知 20 世紀的世界貿易，就整個時期而言，並非發展的很快。但自第二次大戰以後，則成長相當迅速。在 1945 至 65 年中，每年成長率，高達百分之七至八。然而這種發展，却是一面倒的，主要為工業開發國家的出口。至於由低度開發國家的出口，其年增加率，不過為百分之四至五而已。因此工業國家在這 20 年當中，由於世界貿易的擴展，獲益甚大。而且其貿易成長，大於國民所得之成長。產品結構，又以製造品佔大部分。至於低度開發國家之出口，仍舊以原料、農產品為主。而對此等初級產品的需要成長率，相形之下，自然偏低。然則低度開發國家之國民所得成長速度又為何？由於統計資料之缺乏與可靠性不大，很難提出具體的答案。不過大部分低度開發國家在此時期，經濟均在持續成長之中，要無疑義。由於低度開發國家人口之增加率比較大，如就個人所得成長率而言，當較開發國家為低，亦屬事實。在 19 世紀時，一部分開發中的外圍國家，其經濟成長，常由對外貿易所促成。但在 20 世紀，除了產油國家外，其對外貿易，從 1920 年代開始，反而日益低落。因此在早年世界貿易停滯時期，低度開發國固然落在後面，及至日後世界貿易復興，他們也來不及迎頭趕上，與開發國家一爭短長。這就無怪今日世界貿易，乃是開發國家的天下。開發國家彼此間之貿易，自然以工業產品為主，貿易政策，也以工業產品優先考慮。而開發國與低度開發國家間之貿易，固然也不可完全忽視，不過其價值尚不及國際貿易的三分之一。在低度開發國家，則以與開發國家之貿易，遠較他們彼此間之貿易來得重要。

從 1966 年至 1978 年的十餘年當中，又可分為兩個不同的階段。世界貿易在 1966 至 73 年，每年成長率平均高達百分之十，但自 1973 年下期起，又開始衰退。一則由於農產品之歉收與價格之上漲，二則由於

十月六日中東戰爭爆發，石油輸出國家聯合採取禁運加價運動，至 1974 年，國際貿易結構，乃完全改觀了。由於油價每噸由原有之 20 美元上漲至 77 元，石油輸出國家的收入，在 1974 年，亦由 1973 年之三百二十億美元，增至一千一百五十億美元，除以進口抵銷一部分外，其在經常帳款之淨盈餘，高達 700 億美元。而在 1973 年，是項盈餘，尚不滿 50 億美元。石油國家之盈餘，大部分爲工業國家之差額。經濟合作與發展組織 24 個會員國在 1973 年之國際貿易盈餘，爲 20 億美元，至 1974 年，乃轉變爲差額 300 億美元矣。至其他非產油之開發中國家，所受石油漲價發生之支付差額，儘管較工業國家爲小，但其所遭遇之困難，反而更爲嚴重。其收支差額，由原有之 80 億美元，增至 250 億美元矣。

　　1975 年 7 月以後，國際貿易開始好轉，惟鑒於近年通貨膨脹與物價上漲，影響國民所得甚大，所以工業國家均採審愼態度。按世界經濟年成長率，在 1965 年至 1973 年之間，平均爲百分之五，而以 1973 年爲最高峯，達百分之六・一。但至 1974 年之年增加率，降至百分之一・一。1975 年又減爲負百分之〇・五。如單以工業國家而論，在 1974 年，其年增加率爲零。至 1975 年，其增加率又變爲負百分之一・〇。1976 年開始好轉，其年增加率爲百分之五・五。1977 年，又降爲百分之三・七。1978 年，維持百分之三・五。至在開發中國家，首先看石油輸出國家之經濟成長率，在 1974 年爲百分之八，1975 年爲百分之〇・一，1976 年爲百分之一二・九，1977 年爲百分之六・三，1978 年爲百分之五。其他非產油國家之經濟成長率，在 1974 年爲百分之五・三，1975 年爲百分之四・一，1976 至 78 年平均爲百分之五。經濟成長減退，自然影響國際貿易之進行，如以貿易量年成長率爲準，1974 年世界貿易增加了百分之五・五，至 1975 年降至負百分之五，1976 年又大爲改善，

增加了百分之一二。1977 年又降至百分之五， 1978 年仍為百分之五。1979 年，上半年石油價格又上漲了百分之六〇， 無疑的， 對國際經濟影響甚大。在此之前，工業國家， 由於通貨膨脹率高居不下，業已嚴重影響生產，連帶也阻遏了國際貿易。迨油價再一次變動之後，工業國家及發展中國家所受打擊更大。 但事實上， 在 1979 年之經濟成長，緊隨1978年之後， 尚能維持相當水準。計在工業國家之成長率為百分之三‧四， 發展中產油國家為百分之二‧九， 非產油國家為百分之四‧六。同年國際貿易， 在工業國家， 降為負百分之三， 發展中石油輸出國家增至百分之二‧九， 非產油國家降為負百分之二‧五。

　　一九八〇年至一九八二年，世界經濟連續低迷。在此三年之中，工業國家之經濟成長率，依次為百分之一‧三，百分之一‧六，負百分之〇‧二，國際貿易成長率， 分別為百分之三‧七， 百分之三‧四， 負百分之二‧二。發展中國家之經濟成長率，依序為百分之三‧四，百分之二‧四，百分之一‧六，國際貿易， 分別為負百分之二‧六，負百分之四， 負百分之七‧二。

　　一九八三年國際經濟開始復興， 由於通貨膨脹率及利率之降低，需要增加， 以及美國財政政策之擴張， 工業國家經濟， 由前一年之負成長， 增加為百分之二‧六，國際貿易，亦由上一年之負成長， 轉為百分之二‧四。開發中國家同年經濟及貿易成長， 分別為百分之一‧五及百分之〇‧九。

　　一九八四年， 經濟繼續好轉， 超過預期標準， 工業國家生產毛額平均高達百分之四‧九， 為 1976 年以來最高之成長率。開發中國家為百分之三‧七。同年國際貿易成長， 前者為百分之九‧九， 後者為百分之八‧〇。

　　一九八五年，世界生產繼續維持百分之三‧二五，但自一九八六年

開始轉弱，降為百分之二‧七，國際貿易成長率，就出口觀之，亦由 1985 年之百分之四‧三，降為百分之二‧六。開發中國家經濟成長，在 1985 年為百分之二‧八，一九八六年為百分之二‧九。國際貿易方面，由於初級產品收穫豐碩，價格下跌，自1984年下半年開始，至1985年，已下跌百分之二〇，至一九八六年繼續下跌百分之一五，從而影響到貿易條件之不利與進口之減退。同時，產油國家之出口，由於油價過分高漲，自一九八〇年，卽已開始衰退，故在一九八五及一九八六兩年，產油國家之出口貿易，已分別降為百分之〇‧三及負百分之〇‧一，非產油國家，則分別為百分之四‧七及百分之五‧八。

一九八七年國際經濟，又較一九八六年略微好轉，計在工業國家生產成長率，回升至百分之三‧三，國際貿易成長率，高達百分之五。開發中國家經濟成長率為百分之三‧四，出口貿易成長率為百分之八‧六。

一九八八年國際經濟繼續好轉，遠較預期為佳。主要原因，在於一九八七年下半年華爾街股市下瀉之後，對於需要之影響，並未如預期之嚴重。同時投資活動，又出乎意料之強勁。投資增加，乃是由於生產技術之改進，高科技資本財成本之降低，以及工資之持平，與油價及其他產品價格之下跌，從而提高企業界的信心。計在工業國家生產成長率超過百分之四，開發中國家國內生產毛額，高達百分之四‧二。開發中國家此種經濟蓬勃現象，為過去十年來所僅見，尤以亞洲四條龍一韓國、我國、香港、及新加坡，平均幾達百分之一〇。由於生產增加，出口亦隨以高長，同年世界貿易擴張超過百分之九，為一九七六年以來最高之成長率。開發中國家對外輸出，亦同時受惠。

第十一章

關　稅

　　以上各章，吾人討論國際貿易之發展，有一大前提，即財貨與勞務，概以自由交易爲原則。各國如能按照生產要素之特質，低廉的成本，就其所長，分工生產，彼此交換，必能互相爲利，豈止繁榮本國經濟，抑且增進世界之福利於無窮也。惟事實上今日各國所採取之對外貿易政策，並非按照前述的理想法則，針對貨暢其流的目標，却用盡種種方策，限制財貨的交流。或徵收關稅，或禁止購銷，或採用配額制度，或實施外滙管制辦法，或訂立清算協定，或用貼補辦法，在在皆足以阻遏財貨之通路。自其本國立場觀之，容有迫不得已之苦衷，但從整個世界福利觀之，則其損害將無法估計。例如英國在十九世紀中葉至第一次大戰前夕一段時間，完全採用自由貿易政策，戰後也改行保護政策了。至在出口方面，若干國家都是採用鼓勵外銷辦法，由政府予以種種便利，實施出口津貼，國外市場調查與研究，降低運費。此一觀念，又係因襲舊的重

商主義，只重輸出，不重輸入。認爲唯有輸出可以提高國民所得，增加就業機會。在這方面表現最徹底的，要算美國。美國對外標榜自由貿易，乃以關稅壁壘高築，進口自然減少了。進口減少，出口也會大受影響。個中道理，我們在前面已經說明白了。由是言之，國際貿易政策之合適與否，不僅關係本國經濟之發展，抑且繫世界之盛衰安危。吾人對於貿易理論獲得概念之後，自當進一步對各種政策之利害得失加以檢討；如何使政策配合理論，以求盡善盡美，乃爲吾人所追求之目標。限制貿易之方式旣有多種，而實施最普遍者，莫如關稅。請先言關稅。

第一節　關稅之本質與種類

關稅爲對商品通過國境時所征收的一種稅金。由於商品種類的不同，稅率也千差萬別。對於進出口財貨，各國往往分門別類，制訂一種稅則明細表，作爲征收之準則。但就關稅的種類而言，可大別爲三類：一爲轉口稅(transit duties)，有稱爲通過稅或過境稅者，二爲進口稅(import duties)，三爲出口稅 (export duties)。其征收之目的，不外增加政府稅收，或保護本國工業。前者稱爲財政關稅 (revenue duties)，後者稱爲保護關稅(protective duties)。但財政關稅與保護關稅，事實上往往很難分得清楚。若干稅收之目的，在於保護民族工業，以其允許貨物繼續輸入，仍舊可以增益國庫收入。其他以純收入爲目的者，又可產生保護作用。例如我國一向不產白蘭地酒（現在公賣局也生產一部分），對於進口之白蘭地征收輕微之財政稅以後，一部分消費者當以白蘭地價高而改用本國之高粱酒，無形中對於本國飲料工業產生了一種保護作用。臺灣由於氣候關係，不產蘋果，海關對於日本韓國蘋果進口課稅，同樣也保護了本地的水果業。然則財政關稅與保護關稅果無法可以截然劃分乎？

是又不然。依據哈伯勒教授之意見：財政關稅與保護關稅之辨別，須從客觀方面來看，而不可受立法者或有關方面意志之支配。也就是說，須從國內與國外兩方面的供給是否發生差別作用來判斷。倘使國內產品所負擔之稅與同類進口品所徵收者相等；或者徵收進口稅之財貨並非在國內可以生產者；同時在國內又無其他產品可以替代時，此種關稅，當然不能稱為保護關稅。倘使徵稅以後，可使生產從出口工業轉移至被保護之工業，或其他替代品工業，此種關稅，即屬保護關稅。故純粹以財政收入為目的之關稅，不會導致生產要素轉移至負稅品或其替代品之生產，但可能從出口工業轉移一部分生產要素至政府所需要之財貨與勞務的生產，以及一般國民因需要轉變而必須增加生產的事業❶。保護關稅制度如能徹底施行，可以杜絕進口，毫無收入可言。財政關稅之對象，如屬於大眾所需要之消費品，可以使進口略為減少，達到大宗收入之目的，但於本國工業，則又毫無保障可言。所以財政關稅與保護關稅，在本質上，二者是對立的，任何一種稅收，決不能同時達到財政與保護的目的。進口品徵稅以後，會減少到何種程度，又與本國人對於該進口品之需要彈性有關。同時進口品漲價以後，可以刺激國內生產；國內產品可以增加多少，也會影響進口數量。如果大眾需要而在國內又不生產之消費品，當為課徵進口稅增加國庫收入的最好對象。倘使進口之財貨在國內也可以生產，為收入計，所徵之進口稅，最好能與國內產品之消費稅完全相等。為了兼顧財政與保護兩個目的，一國往往選擇幾種國民普遍需要之消費品，徵收輕微之進口稅，以免生產資源轉移使用，生產進口財貨或其他替代物品。對於其他有意禁止進口之商品，則採寓禁於徵之辦法，提高稅率，阻止進口，保護國內工業。

---

❶ 可參閱 Haberler, The Theory of International Trade, Macmillan, 1956, pp. 238-239

前者可以英國稅制來說明。英國自取消貿易自由政策以後，選擇進口之糖、茶、咖啡、煙酒為課稅之理想對象，稅率甚輕而收入甚大。後者可以美國來代表，被稅之進口品種類愈來愈多，稅率也愈來愈重。按照 1789 年之關稅制度，其進口稅率平均達百分之八‧五。及 1930 年何利、斯摩特關稅法案 (Hawley-Smoot Tariff) 訂立，平均稅率提高至百分之四一。

　　轉口稅為對貨物由他國出口經過本國港口運往他國所征收的一種稅金。在昔重商主義時代，極為盛行，直至 19 世紀才慢慢地被人放棄。法國是在 1842 年取消的，德國至 1861 年才取消，奧地利延至 1862 年始行取消，希臘於 1884 年廢止不用，蘇俄則延至第一次大戰始行放棄。故在今日轉口稅已失去其重要性。因為自從鐵路交通發展以後，陸上運輸事業在各國競爭非常激烈，為便利貨物之過境，爭取收入，自以不加征稅款為得計。且自 1850 年以後，各國通商條約，大致都有類此規定，互不征收轉口稅。很明顯的，轉口稅最大的影響，在於提高進口國舶來品的價格，減少國際貿易的交易量。倘使一國的進出口大部分必經過鄰國境內，處處收稅，其經濟負擔之繁重，可想而知。早年德國之國際貿易，在來因河與易北河一帶的對外通路，大部受了普魯士的控制，征收轉口稅，便是一個實例。故在 1818 年以後，即訂立了德國關稅同盟，解脫轉口稅的枷鎖，近代德國經濟之所以能崛起，蓋有由也。

　　進口稅在關稅中為最普通的一種，或為收入而征收，或為禁止進口而征收，或兼為收入與保護民族工業而征收，乃隨各國之貿易政策而定。立法當局認為進口稅是一種最方便的稅收，可以適應經濟需要，對於負實負擔者亦不十分顯著。惟以進口稅是一種間接稅，大半由消費者負擔，故在貧苦階級的負擔，反較富有階級的負擔為重；與征稅應按照能力支付之公平原則，顯有未符。由於稅制的發展由間接稅而步入直接稅，進

口稅在近代產業發達的國家，已逐漸失去其重要性。以往幾一致視爲政府收入之重要來源，而今則偏重所得稅、遺產稅及國內的消費稅了。同時又由於國際市場對於工業產品競爭之激烈，若干國家須從海外運進原料與食料者，爲減輕成本，都自動降低了進口稅率。政府爲平均財富，應付兩次大戰的經費支出，養老濟貧扶艱救困等社會福利工作之推行，在在需要大宗收入，亦決非關稅一項所能負荷，何況進口稅額，極不穩定；其收入之大小，固與貿易量有關，而影響貿易量的因素又極複雜，簡直不可捉摸。假如我們爲收入着想，認爲提高稅率，可以增加稅收，事實上可能因爲負擔加重，進口減少，而收入更減少了。如果降低稅率，由於刺激進口之故，稅收反而可以增加。假定一國對於進口稅係採用保護政策，更不能倚賴關稅作爲政府之財源。由是言之，落後國家與先進國家之分野，單從關稅收入一項來看，也就夠明顯了。

出口稅是一種最古老的稅，在希臘羅馬時代，可以說在中世紀時代的歐洲各國，政府皆以出口稅爲重要的收入。英國早於 1275 年以法律規定，對羊毛皮革之出口，征收出口稅。歐洲大陸各國，從 13 世紀至 17 世紀中葉，一致仿行。計在 1660 年以前，英國征收出口稅之貨物，即達 212 種之多。考出口稅之所以風行一時者，乃基於一個信念：出口稅係由外國人負擔。但到後來，大家才恍然大悟，出口稅足以阻礙出口。加以 19 世紀自由貿易政策又在各國風起雲湧，故自 19 世紀中葉以後，出口稅即已不爲一般工業國家所重視了。英國又率先倡導於 1842 年取消，法國繼之於後，於 1857 年也放棄出口稅，普魯士則在 1865 年停止採用。但至第一次大戰發生，出口稅又死灰復燃，在歐洲國家陸續發見了。例如義大利對於藝術品、絲屑、鉛銅鑛沙之出口，概征以出口稅。西班牙之軟木塞子、鐵鑛、織品廢料，蘇俄之農產品及鑛產品，羅馬尼亞之林產品、布屑與皮革，都受出口征稅之限制。大戰結束以後，繼以

1930 年代之不景氣，為增益收入，以及國家主義貿易政策思想之勃興，出口稅又趨復活矣。法國、捷克、芬蘭及歐洲其他國家，對於一部分產品之出口，概征以稅款。即在我國，以往尚有一部分出口品必需抽稅，但自民國 35 年 9 月 7 日起，業已停征。美國對於出口品，曾用憲法明文規定，不得征稅。此蓋由於美國南方農業區域之人民強烈反對政府對於農產品出口採取任何之干涉故也。

出口稅征收之目的，也正同進口稅一樣，不外增加收入，或者保護產業。在初級品生產國家，為增加收入，大半採用出口稅制。由於地曠人稀，選定幾個出口港征稅，反比征收所得稅來得容易。中南美洲，便是一個最好的例子。大部分出口品，都在被稅之列。智利以往政府收入，百分之八十就靠出口稅。他如埃及、伊拉克、葡萄牙、印度等國，也都同時採用進出口稅。為增加收入所實施之出口稅，第一，範圍不宜太廣，只要選擇幾種重要的商品即可。例如印度以黃麻大米為主；南非聯邦之金剛石，智利之硝酸鈉，皆屬重要的課稅品。第二，稅率不宜太高。例如土耳其與蘇丹，以往對於所有出口品，概按價征收百分之一。荷屬、葡屬、義大利的殖民地，以及比屬剛果一般之出口稅率，也不過百分之二。因為大家都有一個看法，即最後負擔稅款的人，還是本國的生產者。生產者實際的收入，為按國際市場的價格，減去賦稅及運費，倘使課稅愈重，生產者負擔也愈重。因為賣價決不可能超出國際市場之價格故也。出口稅一律按價征收，是否合乎公平原則，已引起激烈的爭辯。因為出口稅未曾顧到生產者本身的利潤率。有的公司成本高，有的公司成本低，稅率相等，自然有失公平。因此在某些殖民地，有這樣一個辦法，如遇土著及大規模生產者同時從事出口的生產，對於大財主征收一種營利稅 (profits taxes)，對於當地的土著，則課以輕微的出口稅。如為保護產業而征收之出口稅，常以原料為征收之對象。原料征稅以後，從外國生

產者來看，價格提高了，而在本國生產者則佔了便宜，可以促進本國工業的發展。葡萄牙和西班牙對軟木塞料出口征稅，一方面爲了增加收入，另一方面則在保護國內之軟木塞生產工業。 1919 年至 1923 年印度爲了保護新興之製革工業，對於生皮出口，一律課以百分之十五的出口稅，在未利用木質作爲紙漿原料以前，布屑在歐洲各國出口，一律征收出口稅。而在今日，挪威、瑞典，又對木料出口課稅，藉以保護國內之木作與紙漿工業。殖民地征收出口稅，其作用常與一般國家不同。不在保護殖民地工業，而在保護母國之工業。基於此種意向，其出口稅便變成了一種特惠稅。凡運往母國之出口品，可以無需付稅，即納稅亦極輕微；而運往其他國家之出口品，概在被稅之列；或稅率甚重。 在 1903 年以前，馬來亞聯邦對於錫與錫鑛之出口課稅，無論輸往何地，採用同一稅率，並無軒輊。但自 1903 年以後， 對於出口之錫鑛， 如不能提供擔保必在海峽殖民地之英屬領土提煉者，每百斤加征 30 馬元之出口稅。 至 1904 年及 1916 年， 上項免征附加稅之規定， 已分別擴展惠及運往英國及澳大利亞之錫鑛矣。如所週知，馬來亞聯邦之錫鑛產量占全世界第一位，上項特惠稅之實施，旨在保護大英帝國之錫鑛提煉工業，此時在美國之新澤西州，適有一新錫鑛提煉公司開業，便受到了很大的打擊。大英帝國對於出口稅採取差別待遇，不止錫鑛一項而已。我們可以再舉一個例。在 1919 至 1923 年之間，由印度出口之生皮革如能保證確在大英帝國境內製煉者，稅率可以降低三分之二。此種差別出口稅之特例，在美國也不難找到。在 1902 年至 1913 年之間，菲律賓運往美國供消費使用之呂宋麻，每百公斤減少 0.75 美元之出口稅；其運往他國者，則不能享受此項優惠之待遇。殖民地採用此種出口特惠稅，最易引起其他國家之反感。如其作用在寓禁於征，外國工業亦將難望發展。 1930 年代及 1940 年代早期極權國家對外逐行其侵略之野心，主要的目的，在於奪取重要資源，

作爲征服世界之資本。

出口稅之征收，除上述以財政收入及保護工業爲兩項重要之目的外，另有爲防止資源之耗竭，亦不得不採行此項政策者。例如英國在 1901 年對於煤之出口，當每噸價格超過六先令時，即按每噸課以 1 先令之出口稅，迨 1906 年由於德煤在世界市場之競爭愈趨激烈，上項出口稅制始行取消。菲律賓在日本進攻以前，對於雪茄煙之出口，也曾課稅，以其收入作爲在美之宣傳廣告費用。德國在第一次大戰以後，由於幣值之不穩定，爲提高本國產品在國際市場以外幣表示之價格，亦採用出口課稅制度，藉以抵補進口原料高價所受之損失。此蓋由於外幣在外滙市場漲價遠較物價在德國境內上漲之爲速故也。

第二節　關稅的影響

壹、進口稅的直接影響

對於價格的影響進口貨物抽稅以後，價格必定上升，而且與所課征之稅額相等。這是一般人對於關稅直接影響價格的一個共同看法。事實上情形並不如是之簡單。有的貨物進口抽稅以後，其價格仍舊不變；有的抽稅以後，其價格之上升與稅額相等；有的抽稅以後，其價格之上升較稅額爲小；有的被稅以後，其價格上升，反超過稅額。種種情況不同，似有分別加以說明之必要。假如某種貨物進口，雖然課稅，但在進口之國，復有此項貨物出口者，則所課之稅額，不會影響物價。關於此種情形，我們只要提出一個例子，便可證明無誤。第一次大戰以後，美國農村經濟不大景氣，政府爲提高小麥價格，規定進口小麥每蒲式 (bushel) ❷

---

❷　蒲式爲外國量器名稱，每一蒲式合八加侖之量。

納稅 4 角 2 分。是時國際市場之麥價，不過每蒲式合美金 6 角，而美國小麥產量，又供過於求，尚有一部分可以出口。在此情形之下，欲維持國內麥價於每蒲式合美金 1 元零 2 分之價，殆不可能。且以小麥之需要彈性極小，美國農民如欲在國內出售全部產品，唯有降低價格，甚至較國際價格爲低，亦在所不惜。事實上美國麥價也不會跌至國際價格以下。如低於國際價格，又當轉運出口銷售。所以美國麥價在此進口稅制之下，決不可能提高。其次，假定所課之進口稅額全部由外國出口商負擔，則進口品在國內之價格亦不會提高。此種情形，當然不會常見，但也不能說沒有。假定課稅之國，對於進口品是一個最大的顧主，而在國外的產銷者又是一位獨佔商人，出口商如將價格降低，大量銷售，其在利潤方面所受之損失，比維持原價而減少銷售額仍舊爲低時，其進口稅卽暗中爲外國出口商所負擔矣。卽使進口之國並非一占優勢的買主，但爲一重要的顧客，此時國外獨占產銷商私自籌劃，如仍然維持現有生產額而對國內及其他外國市場之銷售價格照舊不變，但對於此一進口納稅之國，將價格特別降低適與稅額相等，對他更爲有利，其進口稅當然也爲外國出口商所負擔矣。國外產銷商當生產過剩時，爲避免減產，或普遍降低價格，對於國內市場之售價照舊不變，但對於出口方面則特別削價，此時進口國之稅額，也由出口國負擔矣。不過此種情形如果出現，不會維持長遠，待存貨一旦脫手，卽將恢復原價矣。

　　假定進口不因稅金之負擔而減退，而商品之生產成本，又屬於不變成本，則進口品價格之提高，當與關稅相等。何以故呢？由於成本不變，則當關稅之負擔較國內與國外成本之差額爲低時,貨物總會源源進口的。假定在成本不變的情形之下，關稅負擔與國內外成本之差額恰好相等，則貨物納稅以後，其價格之上升將與關稅相等。此時品質完全相同之貨物，在國內購買與在國外購買，所費相同,進口自然絕跡矣。此種關稅，

即變成了一種保護關稅❸。進口停止以後，可以導致國內工業之擴展，但政府少了一筆稅收。政府取之於民，用之於民，稅收少了，可能減少對於國民福利的設施，或提高其他稅率為之補償。消費者此時購買國貨，須付以與稅額等高之價格，負擔依舊未變。不過國內生產擴展以後，增加就業樣會，提高國民所得，又屬有利的一面。

　　貨物進口以後，在何種情形之下，其價格之提高，又不與關稅相等呢？所謂不與關稅相等，或較關稅為高，或較關稅為低，茲就後者先論之。當生產成本為不變成本，進口稅額又大於國內外生產成本之差額時，進口品照理會全部停止進口，但此時如果國內工業競爭極為激烈，其價格之上升，也不過與國內外成本之差額相等而已。換言之，價格之提高，當較稅額為小。因為假使價格上漲超過國內外成本之差額，本國廠商將大獲其利，更擴充生產；生產增加以後，物價又會跌至與國內生產成本之水準相等。假使國內生產屬於一種獨占事業，或為少數廠商所把持，其價格之上升，又將較完全競爭之下者略高，但很少與稅額全等者。再從另一方面來看，當生產成本屬於遞增成本，進口稅對於物價之影響，又與成本不變者有別。在生產成本遞增情形之下，進口課稅以後，可使國外市場之價格與國內價格之差額恰好與關稅相等。當然，如果稅率太高，進口也會絕跡。倘使國內外價格之差額較關稅為大，進口便會增加，國內物價又將下跌。倘使國內外價格之差額較關稅為小，進口品在國內市場出售，又將虧本，從而減少進口，導致國內價格之上漲。但是我們上面所提到的進口品征稅以後可以導致國內外價格之差額與關稅相等一語，並不是說，國內物價之提高，將與關稅恰好相等。進口抽稅，自然

---

❸　如果國內外產品並不完全相同，一部分人為了偏愛外國貨，進口在此情形之下，仍在所不免。

引起進口國舶來品價格之上揚；物價上漲以後，消費隨之減少，同時又可能促進本國產品之增加。但如欲增加本國生產，必然提高邊際成本。反之，在外國由於出口之減退，生產減少，邊際成本反而降低。故當新的均衡價格水準達成以後，進口國舶來品價格之上漲，遠較關稅為小，其上漲之程度，適與關稅減去外國價格下跌部分之差額相等。個中變化情形，如以圖解表示，比較易於看出。

　　下圖 11-1，表示某種成本遞增之商品在 IE 兩國之供給需要與價格情形。左半部 I 國為進口國，右半部 E 國為出口國。兩國在未通商以前，兩國生產同一商品，在 I 國之生產數量為 OP_i，售價為 P_iP_i；在 E 國

圖 11-1

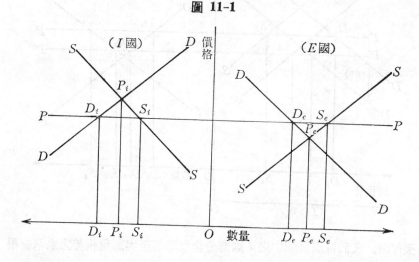

之生產數量為 OP_e，售價為 P_eP_e。顯示 I 國之價格較 E 國為高。通商以後，商品自然由 E 國運往 I 國，從而增加 E 國之生產，減少 I 國之生產，而得兩國相同之均衡價格 PP。〔在此價格之下，I 國之生產量將減低至 OS_i，而消費又將增加至 OD_i；其消費超過生產部分之差額 D_iS_i，即代表從 E 國輸入之進口部分。此時在 E 國由於物價提高，生產將由

OP_e 增加至 OS_e，消費則由 OP_e 降低至 OD_e；其生產超過消費部分之
D_eS_e 將運往 I 國，而與 I 國之進口部分 D_iS_i 恰好相等。

　　以上係就兩國貿易並無任何其他障礙存在自然發展時之情形而言。
假定 I 國對於進口採用關稅制度，課征進口稅，價格與交易量自會同時
受到影響。設所征收之關稅爲 OO'，如圖 11-2 所示，則 I 國所征收之
進口稅，在 E 國之生產者看來，等於減少了在 I 國等額之需要。基於這

圖 11-2

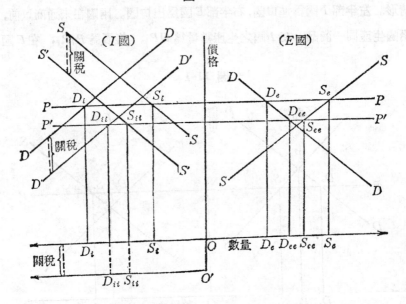

個理由，我們可以將圖中之 I 國部分全部降低至與關稅相等之水準。很
明顯的，其在水平底線 O 與 O'，需要曲線 DD 與 $D'D'$，及供給曲線 SS
與 $S'S'$ 之垂直距離，概與關稅等值。此時雙方之供給與需要，又在價格
$P'P'$ 之下達到新的均衡。此種價格在 E 國較舊價 PP 低了一些。在此
低價之下，E 國之消費將由 OD_e 伸展至 OD_{ee}，生產當由 OS_e 減退至
OS_{ee}。E 國之消費增加及生產緊縮以後，出口自然也會衰退由 D_eS_e 降

至 $D_{ee}S_{ee}$。至在 I 國，此時之價格，當從底線 O' 察看。其價格上升之
程度，等於從關稅中減去 E 國成本降低之數 PP' 後之餘額。I 國物價提
高以後，消費會從 OD_i 降至 OD_{ii}，生產則由 OS_i 增加至 OS_{ii}。由於
消費減少與生產之增加，進口也會由 D_iS_i 降至 $D_{ii}S_{ii}$，而與 E 國之出
口 $D_{ee}S_{ee}$ 恰好相等❹。

　　關於進口國價格之提高，我們如再作進一步之分析，又可得知與兩
國供給及需要之彈性大有關係。①當進口國之供給富於彈性時，進口品
課稅以後，其價格之上升較小，而在出口國價格之下跌,反而相當激烈。
進口國供給有彈性，表示舶來品價格略微上漲，即可增加生產以之對抗。
基於這個理由,·我們又可推知，假定進口品爲一不能自行生產之物，課
稅以後，其價格之上漲，當較可以自製者爲高。即在農產品及鑛產品，
由於增加生產之不易，課稅以後，其價格之上漲,往往較工業產品爲高。
而工業品一週價格提高，增產比較容易。至在外國方面，何以因本國之
供給富於彈性，其產品之價格反而跌落甚大呢？理由也很簡單。外國生
產者當國外市場因進口稅之影響而縮小時，唯有推廣內銷，減價求售。
②同理，當外國之供給彈性甚小時，進口國商品課稅以後，價格之上漲
不會很大；但在國外價格之下跌，則非常激烈。因爲國外廠商遇到生產
滯銷，而又無法調整生產減少出口時，唯有減價出售。一般而論，供給
彈性在短期內不如長期間之大。③當進口國之需要彈性甚大時，商品課
稅以後，其價格上漲甚微；但在出口國，其價格則下跌甚劇。因爲進口
品價格略微提高，國內消費者即大爲減少支出，國內廠商此時亦不會大
量增加生產，成本也就不致特別提高了。而在外國則因出口滯銷，減少
生產，邊際成本反大爲降低了。④當外國之需要彈性甚大時，商品進口
課稅以後，在國內之價格上漲甚劇，而在國外之價格，則變動甚微。因
爲外國由出口滯銷之部分，可在其本國市場全部脫手；而進口國所需要

---

❹　以上圖解分析，請參閱 Haberler, The Theory of International Trade,
pp. 171-172

之部分，全靠國內生產供應，當然提高了成本。

總上所述，包括一個重要原則，誠如德國蕭勒教授(Professor Richard Schuller) 所言，當被稅之進口品所占出口國之產量愈小而又大於本國之產量時，其價格之上漲也愈激烈。此種例證，在國際貿易場合中，實在不勝枚舉。譬如我國向外國購進之原棉或小麥，只不過占世界市場銷售量之一小部分耳，加收進口稅以後，亦不致影響國際市價。

其次我們再看，在何種情形之下，進口品之漲價，又會超過關稅呢？很顯明的，一般進口品往往不是最後消費者直接向國外訂購的。進口商運進貨物以後，第一筆為應付之價款及運費，第二筆為應付之關稅，當轉讓與零售商時，再加利潤；零售商轉賣與消費者時，又加上應得之利潤。所以最後消費者所付之價格，假定中間人只有如上所述之兩種，除關稅外，要負擔雙重之轉手費用，物價上漲，自然超過了關稅。

上述進口關稅徵收以後，對於物價之影響，又可以國際供給曲線表示，亦即顯示關稅對於貿易條件之影響。如 11-3 圖所示，$TOC^{\text{中}}$ 與 $TOC^{\text{美}}$ 代表中美二國之自由貿易供給曲線。自由貿易條件 TOT，即為此二國貿易供給曲線之相交點所決定。倘使美國對於進口綢布征收關稅，而此項關稅又以黃豆來表示，則美國之新供給曲線，包括關稅在內，當如 $TOC^{\text{美}}_T$ 表示，取代了原有之自由供給曲線 $TOC^{\text{美}}$。前後兩線不同之點，即為關稅差額，如 AB 所示。其稅率以 t 表示，為 $\dfrac{AB}{BC}$。全部關稅收入，以黃豆表示，當與 AB 相等。

美國新貿易供給曲線 $TOC^{\text{美}}_T$，與我國貿易供給曲線 $TOC^{\text{中}}$ 之相交點，又決定了新的世界貿易條件 TOT^W_T。從此美國可以較關稅征收以前少一點的黃豆輸出量，換取同樣的綢布進口量。此一變更，對美國來說，貿易條件，乃變為有利了。但從美國消費者立場觀之，貿易條件，因為有了關稅，則反而變壞了。此蓋由於美國國內之居民，除了負擔世界商

圖 11-3

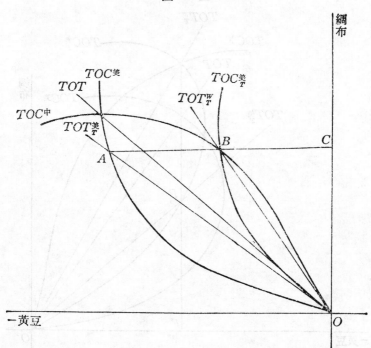

品市價之外，還要付出關稅故也。因此從美國國內之貿易條件觀之，必須以較大的出口量，才能換取以往同樣之進口品。所以國內的貿易條件變壞了。但從對外貿易條件而言，與以往自由貿易條件來比較，美國在國際市場之地位乃改善了。也就是對外的貿易條件改善了。

　　關稅征收，同樣也可以進口商品綢布來表示。在此情形之下，美國的新供給曲線，包括關稅在內，當不是以自由貿易供給曲線中稅額的水平線部分來替代，而係以其垂直部分來替代。因為綢布是以縱軸來衡量的。如圖 11-4 所示，包括關稅在內之新貿易供給曲線 $TOC_T^{美}$，乃為自由貿易供給曲線 $TOC^{美}$，加上關稅垂直線部分後的替代線。此時關稅收入 DE，係用綢布表示，稅率為 $\dfrac{DE}{EF}$。

圖 11-4

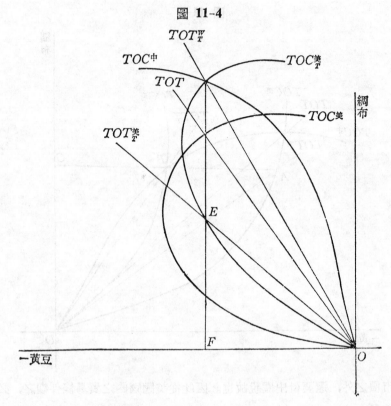

貳、進口稅的間接影響

進口貨物課稅以後，立刻提高價格，減少銷路，這是顯而易見的直接影響。事實上進口稅牽涉頗廣，其在間接方面所受的影響，有許多還不易於看出。現在讓我們分別說明如後：

第一，是需要的改變。假如國民對於被稅進口品的需要彈性恰好等於一，購買者對於進口品所支出的總額，仍舊和免稅前一樣，不會變動；但對於其他商品的需要，可能會有所改變；因為他們的真實所得改變了。假如人們對於進口品的需要彈性小於一，課稅以後，支出較以往增加，唯有減少對於其他消費品的支出，因而影響其他產品的銷路。假使人們

對於進口品的需要彈性大於一，課稅以後，大家可以少買，然後以其購買力轉移至其他商品，增加了其他財貨的需要量。

第二，政府從進口稅所得的收入，如何使用，也大有關係。或以關稅彌補國庫的差額，或以關稅興辦地方的福利與建設事業，或以關稅增加其他財貨的進口；支出的方式不同，在社會上所發生的功效亦不相同。如以稅收作為償債之用，即不易於增加國民所得；如以稅收作為投資之用，容易增加就業機會，提高國民所得；如以稅收增加進口，則又增加了外國出口商的收入。故其演變的情形，無論如何支出，均極複雜，未可一概而論。

第三，進口稅對於一國之經濟結構，影響也很大。關於此一問題，我們又可從長時期新均衡的局面及過渡期間轉向的趨勢兩方面來觀察。從遠景看，我們都會了解，任何進口稅最後可使生產轉變，由出口工業而投入國內消費產業，生產要素也朝着同一方向而移轉使用。所謂國內消費產業，不外進口稅保護的民族工業，或因消費者需要轉移必需發展的工業，或政府支出增加所需興辦之事業。所以進口稅可使整個進口品減少，從而降低出口量。但是有一點我們仍舊不能忽視的。假如人們在其他財貨方面可以自由運用之購買力，或政府從關稅方面取得之收入，不以之購用本國產品，而用以輸入其他商品。例如以咖啡代替紅茶的進口，尼龍品代替絲織品，或以生產要素代替製成品，即可使上述整個進出口減退的功效不甚顯著；或在某些極端情形之下，完全抵消，亦有可能。不過按照一般情形，進口稅是國際貿易的障礙物，足以減少國際貿易總額，阻遏經濟的發展，要無疑義。我們再從近處過渡時期看，進口稅開征以後，對於一國之國際收支，有發生順差的良好現象。由於進口課稅，價格提高，向國外的採購自然減少了，外滙需要也隨以減少了；同時出口尚未減退，外滙收入照舊不變，因而產生了收入大於支出。外

滙收入增加，表現於外滙市場者，即爲外滙供給增加，需要減少，可以提高本國貨幣在外滙市場之價值。外國人最後如以黃金或外滙作爲支付的工具，足以鞏固本國的外滙基金。出口商以黃金外滙賣與政府以後，增加了商業銀行的存款，銀行又可以憑存款擴大信用。而在中央銀行，如以黃金及外滙作爲發行準備，又可增加紙幣之發行。整個信用擴張以後，工商業當然益趨繁榮了。不過此種現象，是一種短期性的，必在新稅課征，或舊稅提高以後，才能促成。如果只是維持原有關稅制度，稅率儘管很高，也不會發生這種金融活潑的現象。進口稅一旦取消，對於本國經濟的效果，將與上述者恰好相反，社會呈現一片緊縮氣象。至在對方貿易之國，或其他貿易國家，其國內經濟演變之情形，正與我國征收進口稅者恰好相反。如因引起反感而同時提高關稅，則信用擴張與緊縮之現象，將彼此抵消。此一過渡時期之現象，亦不會發生。

　　第四，進口稅對於國民所得及分配的影響。關於此一問題，又可從以下兩方面來加以分析。

　　(一)從消費者與生產者利害的立場觀之。我們最好先引述蕭勒教授的理論，作爲討論的中心題材。依照蕭氏的看法，每種關稅，對於國民所得，有兩方面的影響，一是打擊消費者，一是鼓勵生產者。也就是說，對前者不利，對後者有利。必須權衡雙方利害之輕重，才能看出一種關稅對所得之全盤影響。當貨物課征進口稅以後，如果導致國內生產大量的增加，而價格上漲又極輕微時，於國於民，顯然非常有利。倘使進口課稅以後，物價上漲甚劇，而生產之增加並不十分顯著，當然是害多利少。然則在何種情形之下，此兩種現象才有發生之可能？蕭氏認爲這是一個成本結構與國內外生產成本差額問題。也就是國內外供給與需要彈性大小的問題。舉例來說。譬如臺灣可以自己製造化學肥料，也可以從日本運進大部分。假定每年所需總量爲 4,100,000 噸，在未征收進

口稅時，國內生產者不過 300,000 噸，其餘概從國外輸入；但國內與國外之生產成本相差甚微。倘使價格因加征關稅每噸由臺幣 2,000 元上漲至 2,100 元，即可增加生產總量達 400 萬噸，不必再向外採購矣。其因關稅而阻遏進口之 3,700,000 噸，按照原價，共值 74 億元，但在此新產品中，一部份原料仍舊須從外國輸入，約值 44 億元，故國內實際生產替代舶來品者，合 30 億元耳。國內消費者今後當以 84 億元按每噸 2,100 元之價格購買 4,000,000 噸，以代原支出 82 億元按 2,000 元價格購買 4,100,000 噸矣。兩相比較，消費者支出增加了 2 億元，而收入少了 10 萬噸；生產者則增加了生產達 30 億元。在此例中，利多於害，已昭然若揭矣，又如臺灣的棉織品，每年產量甚大，但以土壤氣候並不宜於植棉，故原棉大部由國外輸入，加工以後，不但供應國內之需要，且有一部分可以輸出。假定臺灣每年共需原棉 1,000 萬個單位，每單位平均價格合新臺幣 4,000 元，其中十分之四可以自行生產，十分之六須從國外輸入。茲因進口納稅關係，原棉價格每單位由 4,000 元上漲至 7,000 元，國內一面增加生產，一面減少需要，以應付此新局面。假所需要之總額由 1,000 萬單位減少至 600 萬單位，除原產之 400 萬單位外，尚須增加生產 200 萬單位。此 200 萬單位，在以往輸入，共值 80 億元，而今則改值 140 億元，較前增加 60 億元矣。至於原來自行生產之部分，因新價而增加之 120 億元利潤，自然歸於生產者所享受。但從所得分配觀點來看，顯屬不當。因為此種增加之所得，乃是犧牲了勞工所得而得來的。此時國內消費 600 萬個單位所付出之代價，反較原 1,000 萬單位者超出 20 億元；而國內所增產之部分，以原輸入之 80 億元即可抵償。

---

❺　上述進口稅對於國民所得分配的**影響**一節，可參閱 Haberler, The Theory of International Trade, pp. 253-258

由是觀之，在此例中，進口課稅以後，害多於利，又無待辭費矣。

上述蕭氏關稅之利弊比較理論，從經濟結構的轉變來觀察，其在貸方一面，似尙有待商榷之處。氏謂國內被稅財貨生產之增加，當與國民總所得增加之部分正好相等，顯與事實不全相符合。因爲被保護工業生產之增加，不是利用原來休閒之人力物力，便會減少其他工業一部分的生產。如果屬於後者，則對於國民總所得並未增加，不過將生產其他財貨的人力物力轉移使用而已。但蕭氏則認爲一國的人力物力，決不會全部利用，故關稅課征以後，即可儘量使用，而增加總生產。關於此點，我們都會了解，生產要素如屬土地、水力、鑛藏，在任何一個國家，當然不會全部利用；尤其在落後之國，由於缺乏生產技術，資源多未開發利用。如因關稅之征收，即可將自然資源充分利用，而且又正合於所需要生產之財貨，殆不可能。何況在未征稅以前，按照比較利益原則，對於便於利用之生產要素，貿易國業已充分利用。至於一般人力，常因工資些微差額，可以發生轉業現象；而在技術員工，則不易於變動。是則蕭氏所謂因關稅而增加國民總所得之論，殊難認爲正確無誤。個中理由，容俟後段討論「關稅對於就業之影響」再詳論之。另在借方一面，蕭氏所稱進口課稅以後，消費者因價格上漲而受損害一節，當屬無瑕可指。依照上述兩個例子，其損害部分可由消費者新增加之支出，加上原消費減少部分之價值求得之。我們不妨再用代數及圖解分析如次。設某貨物在未征收進口稅以前之價格爲 P_1，消費量爲 q_1，稅後之價格爲 P_2，消費量爲 c_2，其對於消費者之損害，當如下列公式所示：

$$(p_2 q_2 - p_1 q_1) + (q_1 - q_2)\, p_1$$

假定大衆對於財貨之需要彈性大於一，價格一旦提高，消費即大量減少，此時公式中之第一部份可能變爲負數。果如此，其損害即變爲負數。損害的反面，當然就代表利益了。但不論需要彈性如何，其整式所得出之

數，當為正數。但如何可以證明為正數呢？只要將上式演算一下，即可求出。上式乘後所得之和為 $p_2q_2 - p_1q_2 = q_2(p_2 - p_1)$，以 p_2 大於 p_1，得數當然為正。如前式之第二部分以稅後之新價 p_2 表示，最後所得之和為 $p_2q_1 - p_1q_1 = q_1(p_2 - p_1)$，也是正數。

在圖 11-5 中，DD 代表需要曲線。貨物征收進口稅以後，價格由 p_1 上漲至 p_2，上述之 $q_1(p_2 - p_1)$，則如長方形 $p_2p_2'P_1p_1$ 所示，$q_2(p_2$

圖 **11-5**

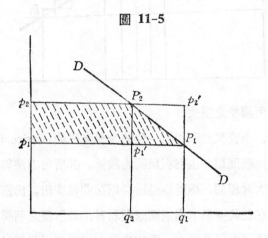

$-p_1)$ 則如長方形 $p_2P_2p_1'p_1$ 所示，但消費者稅前稅後所發生之地租（此處所稱地租，乃指因價格上漲而應補償消費者之實際貨幣額）差額，則以陰影四邊形來代表。因此用稅前或稅後價格計算之消費者損害額，其一較陰影四邊形代表之差額為小，其一則又大於此差額，然則如何可以求其一致呢？假定我們讓價格由 p_2 逐步下降至 p_1，一如圖 11-6 所示，則兩式所表示之損害額會逐漸接近，最後將與消費者地租所增加之數額完全一致。故 $q_1(p_2 - p_1)$ 以 P_2P_1 間外圍梯段線為界之 $p_2p_1P_1P_2$ 面積來代表，$q_2(p_2 - p_1)$ 則以 P_2P_1 間內圍梯段線為界之 $p_2p_1P_1P_2$ 面積來代表。總合蕭氏意見，進口課稅對於消費者之損害，即為物價上漲消費

圖 11-6

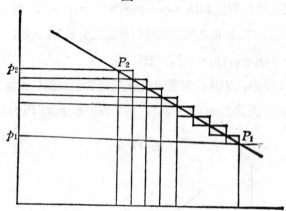

者在地租方面所遭受之損失。

　　走筆至此，令我又想到還有一位德國學者巴龍(Enrico Barone)，對於關稅之利弊比較問題，也有很精闢的論述。其所用方法與假定，與蕭教授所採用者大致相同，個所作結論，則又非常突出。氏謂在國際貿易場合當中，凡在任何一個市場或國家獲利者，其所獲之利潤，必較其他在同一市場所遭遇之損害爲大。假如我們在這裏能用圖解對於巴氏的理論再加以簡單的介紹，與上述蕭氏所構想者兩相對照，也許對於讀者正在思考之關稅問題，更有幫助。如 11-7 圖所示，如果 IE 兩國無關稅之阻撓，自由貿易，某種進出口財貨之價格在兩國將同時達於 Om。如加征進口關稅，進口在 I 國之價格將上漲至 Ob_1，在出口 E 國之價格將下跌至 Oa_1。由是言之，關稅廢止以後，I 國之消費者可以獲利如 $BCmb_1$ 四邊形所示之大。同時在該國生產者所遭受之損失，則又如 $BDmb_1$ 四邊形所示之小，顯示利多於害；其淨利與 BCD 陰影三角形相等。反之，在出口國生產者所獲之利潤，則如 $AFma_1$ 四邊形所示之大，消費者之損害，又如 $AEma_1$ 四邊形之小；其淨利等於 AFE 陰影三角形。巴氏

圖 **11-7**

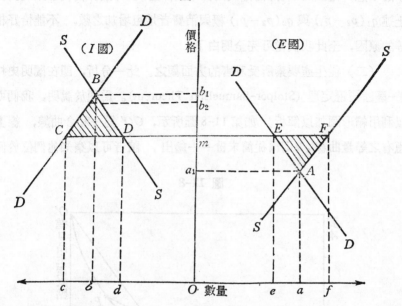

計算進口國消費者所獲利益的方法，與蕭氏所採用者相同。蓋 CBb_1m
四邊形所代表消費者之利益，也就是測量消費者地租增加的情形。何以
故呢？假定物價微跌由 Ob_1 至 Ob_2，消費者之利得，當與小長條 $Bb_1 \times$
b_1b_2 之面積相等。因為在此情形之下，如消費者仍照以往慣例購買同數
量之財貨，即可省下此一筆超額之支出。設使價格陸續下降，將有無數
之小長條累積下來，直至所有加上去之小長條與 CBb_1m 面積完全相等。
所以前述消費者地租，乃指因物價上漲而應實際補償消費者之貨幣額，
意在此也。無容諱言，此一衡量消費者因免稅而獲利益之方法，並非在
任何情形之下，皆可適用。只能從一種單一稅制去衡量對消費者之損失；
同時並假定其他情況不變。如果稅有多種，則種種不同之需要曲線必須
變動，自不能以上述之方式來衡量多種稅制下所遭受之損害。在此我們
尚需補充一句，巴蕭兩氏在分析的技術上，仍舊略有不同。巴氏採用極

小的步態，連續的曲線，而蕭氏則採用間斷的跳步，以算術例子來說明。
上述 $q_1(p_2-p_1)$ 與 $q_2(p_2-p_1)$ 概與消費者地租增加之數，不能恰好相
等的原因，至此我們當可完全明白了。

　　（二）從生產要素所受利害的方面觀之。此一分析，即在闡明史托
普-薩睦爾遜定理 (Stolper-Samuelson Theorem)。為便於說明，我們可
以利用箱形圖加以解析。如第 11-8 圖所示，OO' 為一和合曲線，線上
應有之等量曲線，則為從簡未曾一一繪出，讀者可以察知他們位於何

圖 11-8

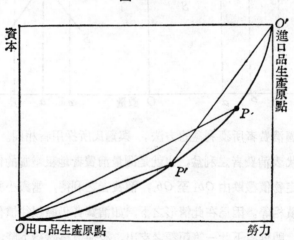

處。橫軸表示投入的勞力，縱軸測量投入的資本。出口品生產從左下角
觀察，進口品生產從右上角觀察。在最初自由貿易情形之下，一國之生
產止於 P 點。當進口關稅征收以後，依照前述理由，進口品在國內之價
格，必隨以提高，於是國內生產者必增加進口財貨之生產，減少出口財
貨之生產，生產乃由 P 點移至 P' 點。從圖中可以看出，此時之出口工
業，乃變為勞力更密集的工業了。但在進口競爭的工業，勞力密集的程
度，也同時增加了。此蓋由於生產者開始對進口品生產擴張之際，是項

原爲資本密集之工業，需要增加更多的資本，資本的相對價格，乃因需要增加而上揚了。生產者爲了減輕成本，又想以勞力代替資本，故在兩種生產方法上，都變爲勞力密集多的工業了。此一生產結構的演變，形成利息的提高，工資的降低。所以關稅對於所得分配的影響，爲對資本家有利，對勞工不利。如果用更普通的語氣，我們可以這樣說，一國征收進口關稅以後，對於進口競爭財貨工業使用密集的生產要素有利。因爲關稅提高了進口財貨的價格，從而促使進口競爭財貨生產之增加，其對於此種工業密集生產要素的需要也增加了，其價格自然會漲。故所得分配，毫無疑義的，變爲對他有利了。

如果再進一步從邊際生產力觀之，當生產由 P 點轉移至 P' 點時，勞工的邊際生產力乃減退了，而資本的邊際生產力則反而增加了。因爲生產要素重新分配，由勞力密集的出口工業，轉移到資本密集的進口工業，每一機器操作的工人比以往增加了，從而增加了資本的邊際生產力，同時降低了勞工的邊際生產力。但是工資與每一單位資本的報酬，乃取決於二者之邊際生產力。故當進出口工業都已達到充分就業時，勞力對於國民所得的比重，定必減少，而資本對於國民所得的比重，又增加了。

不過以上所得之分析，有一個假定，即生產函數皆爲一次齊次函數。表示生產要素之報酬，與總生產額等值。換言之，由生產所獲致的總所得，全部爲生產要素所分配了。在本例中，生產要素，即指勞力與資本，而利潤則變爲零了。因爲在均衡狀態之下，由於競爭而消逝了。

以上所述，再用方程式解析如下。我們以 L 代表全部勞力，K 表示全部資本，工資爲 w，資本報酬率爲 r，則國民所得 Y 當如下式所示：

$$Y = L \cdot w + K \cdot r$$

勞力在國民所得中之比重爲 $L \cdot w$，資本在國民所得中之比重爲 $K \cdot r$。假定上式所表示者爲自由貿易下之情形，亦卽圖 11-8 中 P 點所示之情況。

於是 P' 點之情況，當如下式所示：

$$Y^* = L \cdot w^* + K \cdot r^*$$

式中之 Y^*，乃是一種新的國民所得，而 w^* 與 r^* 則分別代表新的工資與新的資本報酬率。然後邊際生產力，工資與資本報酬率，均分別為生產要素密集度之一函數。吾人已知，當關稅開征以後，生產轉移至 P' 點時，$r^*>r, w^*<w$。從而 $L \cdot w^*<L \cdot w, K \cdot r^*>K \cdot r$。所以勞力對於國民所得的貢獻部分，比以往降低了。資本對於國民所得的貢獻部分，則比以前增加了。

由是言之，下面一種情形，又可不可以發生呢？即國民所得由於關稅開征而減少了，Y^* 比 Y 小。儘管資本所占所得之部分已經提高了，資本家會從變小的國民所得中獲致較大的部分，但其以絕對數字所表示之所得，是否會因此而受到了損害呢？我們的答案，是否定的。在本例中，雖然國民所得由於關稅開征而減少了，但對於稀有生產要素資本的報酬，無論從相對的或絕對的任何一面來衡量，都是會增加的。此蓋由於資源之重新分配，生產方法在兩種產業都變為更多的勞力密集，資本的邊際生產力，在兩個產業部門都增加了。因此無論從那一種財貨生產的資本報酬率來看，都是增加了。所以資本家的真實所得，也比以前增加了。

史托普——薩睦爾遜定理，即在證實在一種標準貿易模式中，關稅所發生之效果，是非常明顯的。以前講到國際貿易，我們一再指出，一國之出口，往往為該國生產要素最富足之產品。當進口關稅開征以後，會引起出口財貨生產之減少，進口競爭財貨生產之增加，從而對於一國稀有要素，亦即進口工業部門使用最多的生產要素，乃變為有利了。所以關稅很明顯的，為對一國稀有的生產要素有利，反而促使富有生產要素之實際所得下降了。不過史托普——薩睦爾遜定理，也是建立在幾項

嚴格假定之下。例如對產品競爭條件與生產要素市場均有所假定，生產函數爲齊次一次，以及充分就業，而且又限於兩種產品與兩種生產要素。

第五，進口稅對於就業的影響。進口貨物課稅價格提高以後，假定需要彈性又不很大，可以促進國內相與競爭的生產事業，增加就業機會，這是大家一致的看法，無庸置疑。不過就全體就業而論，是否實際增加了；或者某些工業增加了就業機會，某些又同時減少了。甚至更具體一點說，出口工業方面所遣散之工友，是否較被保護工業新添之工友爲少，或者更多一些，這都是值得我們進一步研究的問題。何況轉業又牽涉到工作效率問題。職工轉業以後，其工作效能是否增加，或甚至減少，影響國民實際所得，問題就變爲更複雜了。平日職工未能就業的原因很多，其休閒之時間，也有長有短。我們如果從短期看，對於發生的原因，或因短期商業不景氣的影響，或由於長期結構變動的關係，概可不必重視。假定某種進口競爭之工業，目前尚有一部分勞工無工可做，而進口數量又相當龐大，則當進口抽稅以後，即可增加國內生產，雇用一部分勞工。這是關稅表現的主要效果。但自由貿易者對此則持相反之見解。認爲減少進口，足以阻遏出口，在出口工業又有失業的現象。故就整個情形而論，關稅並不一定能增加就業。不過我們要知道，從長期看，失業問題，決不可倚賴關稅來解決。如謂進口課稅，出口減少，失業即立刻增加，理由似亦不充分。因爲事實上進口減少以後，出口並不立刻作等量之減少；即使出口立即降低，失業也不一定必在出口工業方面發生。在自由貿易之日，消費者以其財力購買舶來品，再由外國人用以轉買我國之出口品，一旦進口課稅以後，國內消費者當以原有之財力購買本國財貨，受款人可能再以之轉買本國之出口品。果如此，此時國內可以人們對出口品新的需要，來代替外國人舊的需要。這是關稅表現的次要效果。由是言之，關稅反而增加了國內市場的購買力。不過國內就業增加以後，

我們還不敢這樣武斷地說，其新增加的需要品，一定就是以往的出口品。倘使在其他工業方面尚有投閒置散之勞工，而國內新增加的購買力，又正是需要那些生產品，就業自然也可以在其他部門增加一部分。這一部門所增加的就業，可以抵消出口工業方面所減少的就業；但在被保護的工業，就業機會則仍在繼續增長之中。在未作進一步研究以前，我們還不能說，從出口工業方面所遣散的勞工，一定會轉移至被保護工業新添勞工們所需要的生產事業。因為我們現在所討論的，只是就短期情形而言。而且更沒有理由是這樣設想，在出口工業方面的工友，可以完全變動自如，而在其他工業方面的工友則不可能。其次我們所要指明的，在被保護工業所增加的生產，並非完全仰仗於未曾就業的勞力；一部分乃是利用機器設備與原料以及前此即未曾就業之工人。而且這些生產要素，除了廠房設備及土地也可利用前此休閒之一部分外，必從其他工業部門移轉過來使用；甚或從國外輸入。譬如進口多多購買原料及半製品，卽可利用本國勞力加工生產，增加就業機會。當勞力等生產要素從其他工業部門移轉使用時，事實上並非全部可以順利轉成，因此又要發生少數失業的現象；此種失業勞工，當抵消一部分被保護工業所增加的就業。倘使被保護工業又屬於一種半製成品，而為他種工業之生產要素，如毛料棉布之類，其價格由於關稅的影響而提高以後，又可影響毛料棉布加工業（如成衣出品）的生產，而發生一部分失業。假如我們撇開這些可能發生的現象不談，單是說，進口課稅以後，可使前此失業之人由被保護之工業來僱用，對整個就業而論，當然是實際增加了。但是此種就業的增加，是否卽意味社會生產額的增加呢？我們的答案是，社會生產品可能因此而增加，但非必然的增加。下面一個具體的例子，便是最好的說明。假定我國過去輸入某種財貨 1,000 個單位，茲因關稅而使進口發生困難，價格上漲百分之十，設使國人對於該項財貨的需要彈性為一，

其總支出之數仍舊未變，但實際能購得之數量則已減至 900 單位矣。也就是說，消費者在其實際所得減少了 100 個單位的價值。依照上述假定，此時國內對於該項財貨的生產增加了 900 個單位，當然我們不能以其全部價值作為國民所得的增值，而只能以其新雇用勞工所生產之部分為限。在此 900 單位產品之中，假定有 400 單位的價值屬於原料成本，其餘 500 單位則為純粹的勞力成本；而在勞力成本中，又有 350 單位屬於轉業者的所得，其餘 150 單位則屬於新就業者的所得。此項所得，當然大於消費者的所失（100 個單位）。設使上述之轉業與生產再不另外發生其他失業之現象，對於國民總所得而言，是增加了。假定新雇用的勞工愈多，國民所得增加的可能性更大。

　以上所述關稅對於就業的影響，我們心目中早已有這樣一個前提，假定某種與舶來品競爭之工業，的確有失業的現象，加征關稅，對於就業與所得，當然是有好處的。我們如果再進一步對於失業發生的原因加以分析，然後可以完全明瞭，上述關稅對於就業之利得，只是一種短期性的。更說得明白一點，一國失業的問題，決不能依賴關稅作為根本解決的辦法。一般而論，失業可以分為三種形態：一是由於人與事之不調和，二是由於週期性經濟之不景氣，三是由於長期性的原因。先就第一點來看，在任何一個經濟社會裏，總有一部分人常常處在失業狀態之中。或則由於產業經營之不善，公司倒閉；或者由於消費者需要之轉變，生產成本之變動，致令舊有生產事業自然淘汰或遷移新址設廠；或則由於生產技術之改進，新興企業替代了舊有生產；或則由於轉業，不易立刻達成；在在皆足以造成失業之現象。不過此種失業，皆屬一時之現象耳。如上所述，當某種民族工業遭遇進口競爭而受到打擊時，為避免失業，可以採用關稅政策，限制進口；但此可收一時之效，而非長遠之計也。蓋失業可以隨時隨地發生，倘遇失業發生，即用提高關稅辦法來補救，

終必造成國家嚴重之損害。因為閉關自守，得不到國際分工的好處，生產技術也將永遠落在後面。很奇怪的，此種淺見之關稅政策，在近代國際貿易史上，仍然層出不窮，為若干國家所採用。考其所持的理由，認為外國在此生產方面之優越，為時不會長遠，本國不必急於適應此一新的趨勢，假以時日，國內生產技術自然可以趕上；目前加征關稅，可以保護工業之發展，而免財源外溢也。至於第二種週期性經濟不景氣的失業，在上述限度及其條件之下，似亦可採用關稅政策作為臨時的補救法；但最後國家所受國際分工的損失，仍舊是無法避免的。利害分明，政府當局，當知所取捨矣。但事實告訴我們，在不景氣發生以後，各國往往反而提高關稅。其唯一的理由是，假如一國能在國際經濟蕭條之氣氛下，與其他國家彼此隔離，可以避免不景氣之輸入。話雖如此，但在關稅壁壘森嚴之德、法、美諸國，過去所受經濟不景氣的侵襲，並不亞於其他自由貿易之國。由此我們可以得到一個證明，關稅之高低，與一國經濟危機之嚴重，並無任何關係。第三種長期性的失業，大半起源於工資水準太高，以致解雇之工人，不易轉業而獲得工作。為挽救此種情勢，提高進口關稅，也可收相當效果。第一次大戰以後，英國、奧地利都曾經這樣做過，不過依照上面的分析，關稅仍然不是治本的辦法，其所產生之後果，值得考慮。消費者負擔特別加重，即屬得不償失。而且我們要知道，所謂永久性失業，不過比較而言，並不是說，此種失業會永恒存在而不變。即使失業的人數經常不變，但失業工人的成分則常在變換之中。假如為解決此種失業而採用關稅，將導致關稅不斷的加征，由一處而推展至其他各處，在很短的時間，即可看出所失必將大於所得。何況關稅過分提高，容易引起國外之報復。當貿易對方國採取同樣手段時，一切有利的希望，都會成了泡影。

　　根據上面的分析，對於關稅與失業的問題，我們可以得到幾點簡單

的結論。如果失業是屬於一種普遍現象而又比較長期性的，唯有降低工資水準，或俟工人生產技術改進足以趕上高額所得之時，問題才算是解決了。正如某先生的新製西服太大了，唯有改小一點，否則只有等待身體發胖以後再穿好了。假若失業是屬於一種週期性的，一旦經濟情況改善，產業欣欣向榮，問題就自然解決了。但是如果工資不加以降低，復興也可能遙遙無期。假如失業只是屬於某種工業的問題，最好暫時忍耐一下，靜以待之，終會移轉達於充分就業之域，而不必採用其他人爲的干涉辦法。或則對於失業的人，重新加以訓練，灌輸新的技術知識，幫助他們找得工作。總之，如用增加關稅，阻礙經濟進步，以求解決失業問題，往往利未見而害已先至，謀國者在制訂政策以前，自當慎重考慮。

　　第六，進口稅對於民族工業的保護功能。「進口稅可以保護本國幼稚工業的成長」。提及關稅，多少人便有這樣一個看法。尤其是從事實際生產的企業家們，更渴望政府能實行此一保護政策。認爲外國某一部門工業的優越，只是因爲創辦在先，占有種種優勢，一旦本國高度發展以後，產品的性能與規格，即可趕上先進國家，甚或有過之而無不及，能在國際市場，相與競爭。故在初創期間，規模不可能太大，員工技術又不熟練，必須遭遇種種困難，正如襁褓中的嬰兒，須多方愛護提携。而且更無可否認，在此期內，由於價高而物不美，國家當然要受到一部分損失，迨日後成長起飛，價格降低，苦盡甘來，利亦在其中矣。此種立論，最先由美國政論家漢密爾頓(Alexander Hamilton, 1757-1804年)先生於1791年向國會提出。鑒於美國當時雖然採取聯邦制度，但各州之間關係並不嚴密，而且經濟又滯留在農業時代，如能採用保護政策，可以加強州際關係，發展工業，無需過分依賴外國。此論一倡，各方響應，從此保護政策，就在美國生下萬年根了。隨後德國政治經濟學家李斯特(Friedrich List, 1789-1846年)先生對於保護貿易論亦大加讚賞，

乃從美國帶回德國加以宣揚。是時德國工業尚在萌芽時代，在國際市場所遇的勁敵，正如美國一樣，也是生產效能最高的英國，對於此一新的建議，舉國上下，一致欣然接受，澈底奉行，德國從此也由貿易自由國一變而為貿易保護國了。保護政策既如此言之成理，持之有故，其實際功效如何？這便是我們所要討論的中心問題。從原則上講，保護關稅對於一種幼稚的民族工業，可能發生保護作用，乃屬無庸爭辯的問題，但問題是，保護關稅究能發揮多大的功效？依照過去一般例子，在實施之初，大家都有一種諒解，一俟工業成長能與國外廠商抗衡時，即可取消，但這取消關稅的一天，就永遠不會到臨。有關廠商總希望長遠維持此種關稅，於是臨時的保護關稅，變成了永久的護身符了。在此保護期內，一部分廠商固能潔身自愛，力圖改進，產業蒸蒸日上，但另有一部分廠商，則倚賴關稅之保護，生產效能不加改進，一旦進口稅取消，生產便無法維持了。即在業已成長可與國外競爭之廠商，對於取消保護稅制，亦常站在反對的地位。因為有了進口稅的保護，可以永遠享受獨占的利潤。同時又顧慮到，假定外國廠商日後加強競爭，仍以能得政府之繼續保護為宜。由是以言，保護關稅政策，本身固無瑕可指，只因商人牟利心切，未能與政府合作，致令政策之優點不能盡量發揮，反而弊竇叢生，毋怪社會一部分人士，對於保護政策，根本反對。在近代商業史上，我們如果稍微留意，即可發現若干生產企業，未受政府保護，照樣發榮滋長。例如美國的棉毛絲織業以及鋼鐵工業，是在高度保護之下發展出來的，但是其他大規模的產業，如汽車、無線電等，迄未曾受到政府的保護，不但在國內銷路廣潤，即在國際市場，亦屬獨步一時，傲視寰宇。有競爭，才有進步；有不畏難之精神，才有成功之一日。落後國家，尤當見賢思齊，對於關稅政策之制訂，可不懼歟！

叁、出口稅的影響

　　出口稅征收以後，最顯而易見的，爲生產與價格的變動。關於稅款的負擔，一般人都承認是落在生產者的身上。因爲出口品的價格是以國際市場價格爲轉移的，生產者的所得，當爲國際價格減去關稅及運費後的淨值；如果出口稅與運費愈高，其淨收入部分就愈小了。如果該項出口品的生產競爭非常激烈，而該國之出口又占世界市場之極小部分，征稅以後，其在生產國內價格之下跌將與關稅相等。由於利潤率之降低，產量將大爲減退。設使該出口國之生產占世界市場之重要部分，而國內之供應彈性又大，遇有價格下跌，產量即大爲減退，國際價格又當因供給之減少而上揚。反之，供給彈性愈小，國際價格上漲之幅度當愈小，國內產銷商所遭受價格低落之損害則愈大矣。此種情形，在倚賴農產品出口之國，表現最爲顯著。另從國際市場之需要彈性觀之，對於出口稅之負擔，影響亦大。當世界需要彈性甚大時，國際市價之上升，又將較無彈性者爲小；但在國內之價格，將大爲跌落，產品亦將大量減少。出口稅常以食品或原料爲征收之對象，但此等出口品在國內之需要彈性亦不太大，故當國際市場之需要帶有彈性時，國內需要對於價格之下跌，往往愛莫能助，無法加以阻止。倘使一國之生產並非自由競爭，其所征收出口稅之產品，係由廠商獨占或近於獨占時，對於世界消費者而言，其價格之上漲，與自由競爭下的情形相較，自然激烈多了。而在本國生產者看來，其價格之降低，則反而縮小了。生產者如欲維持價格不變，對於產品數量之減少，也比自由競爭下更爲激烈。但獨占者此種迫使消費者負擔出口稅之傾向，又可能被其他因素沖淡一部分。當國際需要呈現彈性時，獨占者決不會將生產減少太多，而寧願降低價格，由自己負擔一部分出口稅。設使生產之間接費用甚高，獨占者也寧願維持生產於不變，而降低每一單位之成本；也就是把銷售價格抑低了。政府當局對於獨占企業如欲加以管制，最好設法增加產品的來源，只想從出口稅方面增加

一筆收入，是不合算的。例如在 1860 年以前，印度的孟加納省 (Bengal)，對於硝石生產近於獨占，是年政府將出口稅由百分之三提高至百分之二十，出口即大量減退；迨至 1867 年出口稅取消以後，硝石出口，也只合 1860 年的三分之一了。智利以產硝酸鈉名聞於世，自 1919 年起，政府對於硝酸鈉出口加以管制，課征關稅，國際市場之價格立即提高，因而引起從大氣中提煉淡氣之方法，此後天然硝銷鈉在世界之消耗總量中即大爲降低矣。

第三節　關稅制度

國際貿易如果完全聽任自由推進，其間演變，大致可能按照以上各章所述理論，逐步發展，對於國家的利得，產銷商本身的利益，以及消費者的享受，可達到令人滿意的最高程度。不過國與國之間，利害關係，很難調和一致；凡利於己者，或即有損於人。關稅制度，往往站在主觀的立場，制訂種種法則，保衞本國的商民。且各國以環境不同，對於制度的內容，亦復不一致；吾人於明瞭進出口關稅大概情形之後，對於稅制內容，似當略知一二。本節擬就海關範圍稅則等方面分別加以論述。

壹、海關範圍

關稅係就貨物進口或出口時加以征收，其所征收之地區，設有關卡，究竟海關所轄之範圍應如何劃分？其範圍之大小，稅制之寬嚴，即影響稅款之收入。依照一般情形，海關權力所能及之範圍，是以一國之行政區域爲準。凡政府權力所能管轄之領域，即關稅所應課征之地區。惟殖民地則往往劃在關稅區域以外。例如英國之關稅法，只能適用於英格蘭、蘇格蘭、威爾斯與北愛爾蘭，其他英屬地區，另有當地之特別稅法。但在法、美兩國，情形又不盡然。法國本土之關稅法，可適用於若干國外

之殖民地；美國之關稅法，也同樣適用於北美以外之其他管轄區域（僅巴拿馬運河區、關島、維爾京羣島 (Virgin Islands) 及薩摩亞 (American Samoa) 例外）。一國之關稅，在原則上當求統一，但稅則之制訂，如以母國之利益為重，對於殖民地之生產者，卽難兼收保護的功效，同時對於殖民地公庫的稅收，也就極有限了。至於關稅課徵，不依國家政治區域劃分者，我們可稱他為例外。例如德國之關稅同盟，在 1888 年前，卽未將漢堡 (Hamburg) 布勒門 (Bremen) 兩大自由市包括在內。亞得里亞海 (Adriatic Sea) 之的里雅斯德 (Trieste) 與阜姆 (Fiume) 兩城市，在 1891 年以前，也沒有併在奧匈關稅同盟區內。為了便利起見，也有將本國領土之一部劃在外國關稅地區以內者。例如奧國的兩個村落梅特堡 (Mittleberg) 與朱好斯 (Jungholz)，在經濟上對於德國的依賴性反而特別重要，因此他們過去都劃歸在德國關稅同盟範圍之內。日內瓦湖深入法國東部地區一帶之流域，在 1918 年以前，也是列在瑞士關稅制度轄區以內。有些國家，由於對外陸地連接之邊陲甚為遼濶，為便利國界地區居民交易，特劃定一邊疆地帶，寬約四至十公里，在此特定區內之居民，當然分別屬於兩個國籍，但其彼此交易往來，則採自由貿易制度，不受任何一國關稅制度之管轄。但該地帶居民如與區外兩國之國民往來，卽受貿易對方國關稅制度之限制，所有交易，概行按照規定繳稅。國與國之間，由於經濟之倚存關係，利害相同，為協調一致，增進共同福利，亦有將關稅組織擴大，彼此聯盟，爭取國際貿易機會者。此種制度，在國際關稅史上，亦屢見不鮮。較古老的組織，可以德國關稅同盟 (German Zollverein) 為代表。是項關稅同盟，成立於 1834 年，將德意志各邦關稅組成一共同的稅制組織，而使德國的經濟合為一體。其後德意志帝國於 1871 年建立，非無因也。1920 年 11 月巴黎和會，又促成了波蘭與但澤自由市 (Free City of Danzig) 合組關稅同盟。近代最有名的關稅同盟為

「比荷盧(Benelux)」，由比利時、盧森堡，與荷蘭三國組織而成。先是比盧二國於1922年合組經濟同盟(Belgo-Luxembourg Economic Union)，規定取消兩國間之關稅壁壘，盧森堡從此採用比國貨幣，關稅收入，按照兩國之人口比例分配，對外有關貿易與貨幣之協商事項，並由兩國互派代表參加。迨至1948年，荷蘭也加入該項組織，乃改稱如上名。依照新盟約之規定，三國間彼此貿易往來之關稅，一律取消，對外則採取共同的關稅制度，希冀由關稅同盟進而建立經濟同盟，而使三國間之財貨、資本，與勞力，可以完全自由運轉。至在三國內部之經濟財政與社會政策，也能協調一致。關稅統一組織，另有一種，稱為關稅併合(customs annexation)，而使一國成為他國海關轄區之一部分。在關稅同盟制度之下，每一聯盟國對於同盟之事務，皆有權過問，在關稅併合制度之下，締約國之一方，對於稅務行政，即不參加任何意見。1865年摩洛哥(Moraco)之關稅併入法國組織，1852至1919年間力喜騰斯泰因(Liechtenstein)加入奧地利之關稅組織，以及1923年以後又加入瑞士關稅組織，皆屬顯明的例子。

貳、稅 率

關稅制度的重要部分，即為稅率。稅率普通簡分為兩種，一為單一稅率(single-schedule tariff)，二為複式稅率(multiple-schedule tariffs)。單一稅率英文又稱「single-line tariff, general tariff, or unilinear tariff」，此種稅制，最為簡單。對於每種進口物品，只設有一種稅率，貨品從何國輸入，概所不論。複式稅率，英文又稱「multilinear tariff」，對於同一進口物品，採用二種以上不同之稅率，分別適用於來自不同之貿易對方國家。稅率之規定，不外採用兩種方式：一由政府依法制訂，稱為國定稅率(autonomous, or statutory, tariffs)，一為與他國協商依約制定，稱為協定稅率(conventional tariffs)。單一稅率，大半為國定稅率；複

式稅率,可能全部由立法機關制訂,或一部分由協商訂立。因此在複式稅率中，又有種種不同之形態，其最普通者爲國定協定稅率(general-and-conventional tariffs)，最高最低稅率 (maximum-and-minimum tariffs)，及優惠稅率 (preferential tariffs) 等三種。單一稅率之採用，不是爲了保護本國工業，便是增益國庫收入。丹麥、荷蘭、美國，向係採用是項稅制。第一次大戰以前之英國，亦復如是。由於單一稅制對外一視同仁，對於有商務往來之國家，關係均極平淡，假如爲了發展貿易，降低本國之進口關稅，即不容易得到對方國一致之諒解，採取同樣之優惠待遇，因此若干國家現已紛紛放棄單一稅制，而採用複式稅率；在國際貿易場所中，可以縱橫捭闔，爭取與國，擴展對外貿易。

　　複式稅制中之第一種爲國定協定稅率。在此稅制之下，立法當局對於各種進口貨物，只制訂一種稅率，凡來自非締約國之商品,一律通用；此外另與一部分國家協商，如本國降低進口稅率，希冀協商國亦能予以同等之待遇。此種協議降低之稅率，依照最惠國條約，對於合格享受優惠待遇之國家，一律自動適用。所謂協定稅率，即爲此種由協商而降低之稅率的總稱。從一國之立場觀之，協定稅率，乃係由多種條約產生的。每一締約國僅就其有關之貨品加以磋商，其未經同意降低者，概照國定稅率辦理。此又顯然表示，國定協定稅制，可能先施行國定部分，或俟協定部分程序完成後同時一併實施。不過協定稅率，在協議有效期間，不易修訂，而國定稅率，則可隨時修改。歐洲國家在 1860 至 1914 年之間，盛行國定協定稅制。1860 年首由英法兩國訂立哥布登 —— 設斐利爾條約 (Cobden-Chevalier Treaty)，堪稱此種稅制之典型契約。根據此一條約，兩國互相減低進口稅，便利商品之流通。拿破崙三世當時最喜利用帝國之權力，對外締結互惠通商條約，因此除英國外，尚有其他幾個國家，陸續都與法國訂立了同樣的條約。協訂稅制在 1892 年以前，

也就成了法國的基本稅法。德國在 1914 年以前，一直也是採用是項稅制。歐洲大陸其他國家，莫不互相沿襲，所以國定協定稅制，便成了歐洲大陸當時的主要稅制。在第一次大戰以後，繼續採用者，尚有義大利、比利時、瑞士、瑞典諸國。在複式稅率中，以另一種形態出現者，為最高最低稅率。此種稅制，對於同一之進口貨品，設立兩種稅率，其低額稅率，適用於訂有契約享受最惠國待遇國家之商品，高額稅率則適用於其他國家之商品。此制與國定協定稅制不同之點，在於(一)本制對於任何一種進口完稅商品，訂有兩種稅率，並非如國定協定稅制，僅有關協議部分之貨物，才有數種不同之稅率。(二)本制兩種稅率，概由本國立法機關訂立，並非如國定協定稅制，僅一部分乃由對外契約而訂立的。最高最低稅率，既由政府制訂，自可隨時修改，以適應需要。由是言之，最高最低稅制立法之本意，在以最高稅率為正常稅率，最低稅率為優惠稅率；但亦有認為最低稅率，為正常稅率，最高稅率為對外協商之武器，或對外國歧視的一種懲罰手段者。關於此一問題，美國曾經有這樣一個嘗試。依照 1909 年之關稅法案，凡對美國採取差別待遇之國家，其商品在美國進口，按普通關稅加征百分之二十五的從價稅。即以正常關稅為最低稅率，加征百分之二十五以後，變為最高稅率，也就是一種懲罰稅率。不過此種最高稅率，美國事實上未曾對任何國家採用過。迨1913年關稅法案成立，整個最高最低稅率制度，從此在美國銷聲匿跡了。儘管最高最低稅制原則上係由本國之立法機關制訂，然事實上，在實行時，間有與外國協議而中途修訂者。西班牙在 1877 年開始實行此種稅制，為世界上最早採用最高最低稅制之國家，嗣因對外訂立通商條約，最低稅率也一再修改了。由是觀之，國定協定稅率與最高最低稅率，都是一種協議稅制，對於貿易往來國家，採取差別待遇，其在稅制建立與關務執行，手續至為繁複。同樣一種進口商品，採用不同之稅率，對於本國

生產者究可發生多大的保護作用，對於國庫又能產生多大的收入，事先很難得到正確的估計。最高與最低稅率間之差距，即爲對外協商讓步之最大限度，與國定協定稅制無此限額者相較，其談判的力量，顯然受了很大的拘束。贊同國定協定稅制者，認爲此制在稅務上比較穩定。蓋在商務契約有效期內，其最低稅率即不易於變動，而且契約一經訂立，雙方可以維持一個相當長遠的期間。美國與普魯士在 1828 年訂立之商務條約，延至 1917 年雙方發生戰事才告終止，便是一個顯著的例子。假如一國人才濟濟，更可折衝尊俎，多多訂立條約，發展國際貿易。至於贊同最高最低稅制者的主要理由，也就是認爲此制在稅率上極爲穩定。所以此兩種稅制，在功能上很難有高低之分，究以採用何種爲宜，當先注意關稅征收之目的。如稅在保護本國工業，似可採用最高最低稅制；因爲政府在制訂保護政策時，可以多多發揮自我的權力。如爲發展貿易，偏好低額稅率，則不如採用國定協定稅制，可使商務談判具有最大的伸縮性。此外一國之傳統習慣，也在考慮之列。

在複式稅率中，另有一種稱爲優惠稅率，或三重稅率 (triple-line tariff)。此種稅制，可以說是由雙重稅率引伸出來的，其目的在對商務往來國家採取更多的差別待遇。此第三種稅率，或則係從最低稅率或協定稅率中減去一百分比而得出之數，或則以最高或國定稅率爲基準而議訂一種稅率。在殖民地區域及殖民地與母國之間的關稅，大半採用此種制度。例如在加拿大，其稅制規定，凡從無特別待遇國家輸入之商品，一律按國定稅率課稅。凡從有利於我之國家輸入之商品，一律採用次級稅率，作爲進一步磋商之工具。凡從大英帝國輸入之貨品，一律採用優惠稅率。此種對於英國優惠稅率的措施，引起了若干其他國家的反感。認爲與最惠國條約之原旨，大相違悖。而且在關務執行上，也有不便。在 1931 年以前，採用優惠稅率制度者，多爲歐洲大陸國家，但自是年以

後，其他各地，相繼仿行，而以拉丁美洲國家為尤甚。新制優惠稅率之訂定，往往根據兩國商務往來的貿易量。例如依據 1935 年古巴之關稅法規，凡向古巴採購未達售與古巴商品價值四分之一的國家，其商品進口，概按最高稅率課征，即高於最低稅百分之一百的稅率。凡向古巴採購超過售與古巴商品價值四分之一但又低於二分之一的國家，其商品進口，採用次級稅率，即高於最低稅率百分之二十五的稅率。凡向古巴採購最少等於售與古巴商品價值二分之一的國家，其商品進口，一律按最低稅率課稅。至於原料及民生必需品進口，則不論來自何國，也一律按最低稅率課稅。

叁、課稅方法

進口商品如上段所述核定稅率以後，在實際征收時，又當如何完納，普通不外兩種方式：一為按價課稅，一為計件課稅。前者稱為從價稅(ad valorem duties)，係依進口品之價格征收一百分比的稅額；後者稱為從量稅(specific duties)，係就進口品之重量或件數征收一定的金額。此外另有同一物品同時採用兩種方式課稅者，此種從量又從價之課稅方式，稱為複合稅(compound duties)。例如依照 1930 年的美國關稅法案，檸檬進口是計量課稅，每磅繳美金 0.025 元；桌子進口從價課稅，按價征收百分之三十五。毛線進口每磅價值不超過 1 元者，即按複合稅法課征。除每磅抽 0.40 元外，另照價征收百分之三十五。從價稅既係按價課稅，價格上漲，則稅款負擔重；價格下跌，則稅款負擔輕。同時貴重貨物所完納之稅，又較低級者為重，故在負擔上至為公平。但其不便之處，在於評定進口品之價值。應否按採購地區之價格計算？抑按輸出港埠之價格計算？或按進口港埠之價格計算？包裝運費應否一併計算在內？以發票價格為準？抑或另為報價？何況價格又瞬夕萬變，且與交易量、品質、付款期及購主之信用，又大有關係。商人誠實可靠者並不太多，進

口品之價值，往往以多報少，如何求出一合理的價格，乃爲從價課稅最大的困擾問題。按照現今一般習俗，評定進口品之價值，不外三種辦法：一爲依照輸出地之價格計算。採用是項標準者，有美國、加拿大、菲律賓、巴拿馬、紐芬蘭、南非聯邦等國。二爲按照進口地之價格計算。此項標準，對於進口商之負擔，遠較第一種爲重；因爲包括運費保險費在內故也。三爲依照估定價格計算。即不按照進口品之實際價值，而由海關核定一種價格，憑以課稅。採用是法者，有阿根廷、玻利維亞、巴拉圭、烏拉圭等國。此種官定價格，如有事實證明失實之處，自可加以修訂。倘使價格不易變更，稅率亦固定不動，則此種稅率事實上卽變成了從量稅。走筆至此，又使我們聯想到一個問題，從價稅之征收，與保護政策之實際效果究如何？採用從價稅，對於工業保護的效果，只有當國內外價格同時發生變化之下，才能達成。一般而論，國外價格之變動，總較國內激烈而又迅速。倘使從價稅係根據出口價格，國外價格下跌以後，其保護效果也就大爲減退了。反之，當國外物價上漲時，其保護效果又增強了。也就是說，當本國工業正需要保護之時，關稅保護的功能反而減弱了；當本國工業無需保護之際，關稅的保護功能又反而加強了。

至於從量稅，比較簡單，知道輕重長短及件數以後，就可核計稅額。但其不利之處，也非常明顯。第一，價格水準變動以後，關稅負擔也同時改變了。當價格上漲時，稅款在貨物價值中所占的百分比就變小了，其所產生的保護作用也沖淡了。當物價下跌時，稅款負擔的百分比也加大了，對於保護作用又加強了。爲矯正此一差誤，有些國家在通貨膨脹時，對於計量課稅，採用定額之黃金計算。第一次大戰以後，正當國際物價上漲之際，法國對於計量課稅，採用「增加係數 (coefficients of increase)」辦法。利用係數衡量物價上漲之程度，作爲舊稅之倍數，從而得到一種新的課稅標準。設原價 3 元一件之商品，課稅 1 元，物價上

漲一倍以後，其保護作用即減少了一半；如用增加係數二來乘舊稅，稅款當提高至 2 元，其保護效能仍舊維持在百分之三三・三三水準。第二，從量稅是一種累退稅。對於粗製的低級商品課稅，反較貴重貨物的比額重。爲補偏救弊，對於稅則號列，只有儘可能分類入微。例如布疋則按紗之鬆緊分爲多類，棉紗又依粗細而分等級。此外或按商品價值之高低而定稅則；或採用複合稅率，以從量稅爲主，從價稅爲輔。有些物品，如古董藝術品之類，顯然不能採用從量稅的辦法。在歐洲大陸及拉丁美洲國家，從量稅一向普遍採用；在英國及其殖民地與自治領地，則又盛行從價稅。美國、日本，兩法並用。也許兩法同時採用，是一個比較適合的辦法。總之，從量稅適用於一般標準化的商品，分門別類，可以一目了然的。例如銅鑛、錫鑛、小麥、棉紗，內容大致相同。從價稅則適用於一般品質極不一致的商品，工業產品，就是五花八門，內容非常複雜，而不便以一概全的。爲了顧及關稅收入，不論採用從價稅或從量稅，有些國家又採用了一個最低收入的標準。當一部分商品採用從量稅時，同時並規定此項稅款收入不得少於商品價值之某一比率額。故當物價上漲時，從量稅之收入，必少於其最低比率額，此時唯有採用從價稅。當採用從價稅時，同時復規定，其稅款收入每單位亦不得少於某一定額。美國 1930 年的關稅法內，就有類此的規定。

肆、稅率高度的測定

任何一國的進口稅率，無論由立法機關制訂，或由條約協議訂立，經過相當時間以後，不是偏高，便是偏低，總會加以修訂，方克適應社會經濟之需要。所謂偏高或偏低，乃以本國稅率與外國稅率相比較，或以本國過去與現在的比較而言。然則稅率的高低，又係如何衡量的呢？？有以進口總值除關稅總收入而求得者。此法殊難令人滿意。因爲當關稅保護之氣氛愈濃厚，樂於完稅進口之貨物自然愈少，其他免稅進口所

占之比例則愈大。設使被稅之商品可以達到百分之一百的保護效果，唯有免稅進口者可以通行無阻，從而所求得之關稅壁壘的高度當爲零。其不切合實情，至爲明顯。計算稅率的高度，如果將自由進口者也一併列在所有進口品價值之內，則如上所述，稅率愈高之商品，進口將愈少，自由進口之部分反而愈多。那麼英國在第一次大戰以前，採用自由貿易政策，僅對數種消費品征收輕微之關稅，英國此時是否可據以解釋爲一高度的關稅國家？其次比較合適的辦法，是將關稅收入概按從價稅基準重新估算，然後與所有被稅的進口財貨價值（包括征收禁止稅之財貨在內）相比，得一平均稅率。不過採用此項計算辦法，也會遭遇一些困難。例如將從量稅變爲從價稅，對於價值之核計，即不大正確。有些貨物的價值，根本就不知道；或者縱有市價，各地又復不一致。而且關稅本身又可影響物價。例如當某種進口品稅率提高以後，可能引起出口國價格之降低，從而輸入品價格之上漲，反不如關稅提高之程度。在此情形之下，關稅的限制輸入效果，不免又會言之過甚。無可否認的，在國際貿易場合，有些商品所占之地位，遠較其他商品重要，計算平均稅率，似當採用加權辦法，而不可一律同樣看待。但採用加權辦法，又當何所依據，也是問題。假如按照一國種種不同的進口品來定權數，對於高額關稅所表現的力量，又會降低。因爲當一種關稅高至完全禁止輸入的時候，其加權也就徒有其名了。比較好的辦法，是按世界貿易總額中有關財貨交易的分量，或其在一國或數國的生產量來定權數。但此一辦法，仍不能算是十全十美。要之，測量稅率的高度，首先當決定其用意爲何？如果爲了測量關稅的保護程度，則單是求出一從價稅的平均數，還是不夠的。因爲同一從價稅率，對某國而言，可能發生保護作用，對另一國而言，其作用就非常有限了。例如一百分之二十的平均稅率，對於進口財貨成本僅高於出口國百分之十五的國家，可以完全發生保護作用；對於成本

平均超過出口國百分之四十者，毫無保護作用之可言。同理，此百分之二十的平均稅率，對於某一國家而言，在某一時期，其所產生的保護作用，可能高於另外一個時期。而且進口受關稅影響所減少的程度，也並非必然表示保護的可靠指數。因為當需要具有彈性時，關稅無分高低，皆足以促使消費之激烈減退。一般衡量稅率高度的目的，是在了解關稅對於貿易究有多大的妨礙。為達成此一目的，若干經濟學者曾經很明顯地指出。採用一種簡單的關稅指數，是不夠的。須知一種關稅法案，往往對於某些國家商品之進口影響甚大，對於來自其他國家之商品，則又毫無關係。所以關稅指數最好對每個輸出國家編製一套，才能切合實際情形。不過從關稅指數，我們大致可以看出一國在貿易政策方面放任或謹嚴的態度。

伍、有效保護稅率 (effective protective tariff rates)

以上所述國際貿易，對於商品製造過程，似乎有一種默默的假定，利用最初的生產要素，直接變為最後的產品。其實很多商品，並非從原始生產要素直接製成，乃是利用若干中間產品，作為投入量。比方說，汽車工業，就分別使用輪胎工業、油漆工業、鋼鐵工業，以及玻璃工業等許多產品，作為投入量。就本書一再提到的綢布工業而言，在其製造過程中，也是利用絲線，作為投入量之一種。我們假定絲線也是國際買賣的一種商品。至於其他投入量，如土地、勞工等，乃為生產的原始要素。這些原始生產要素投入所增加之價值，即是國內綢布紡織工業所增加的價值。

現在我們想分析一下，當美國從我國進口綢布，對我國輸出黃豆之際，二國同時採取進口關稅制度，對美國綢布紡織工業而言，究竟所受到的保護程度又如何？對於一種工業的保護率，稱為有效保護率。有效保護稅率，乃在指出一種工業須增加多少價值，才能超過在不採取保護

關稅制度之下所增加的價值。關於綢布工業所被保護的程度，乃視一種關稅徵收，不但對綢布產品有多高，還要看關稅對所投入的中間產品絲線又有多高，才能決定。倘使絲線輸入美國，採用一種輕微的關稅，同時綢布進口，則採用高稅政策，結果將對美國的綢布紡織工業，產生很高的有效保護稅率。反之，如果絲線輸入美國，要繳付一種很高的關稅，而綢布製成品輸入，一點也不受到保護，或者稅收很輕，結果美國的綢布紡織工業，由於成本較高，在綢布市場，須與國外同業競爭，也就困難多了。因此有效保護稅率，對美國的綢布紡織工業而言，在此情形之下，就很低了。實際上，變成了一個負數。

陸、最適度關稅 (optimum tariff)

在國際貿易中，一個大國，也就是面對一條不是完全有彈性的外國供給曲線的國家，如果採用最適度關稅，即可影響貿易條件，對於本國有利。所謂最適度關稅，乃指一種稅率，可使征收之國達到最高可能的大眾無異曲線(community indifference curve)；也就是最高可能的幸福水準。此種關稅之存在，乃由於兩種相反的力量，當關稅提高時，互相作用而促成的。其一，為貿易條件有轉變為對征稅國愈為有利，其二，為進口數量，由於高額關稅，轉變為愈來愈少。當第一項之利得，大於第二項之損失，達到最大可能的額度時，最適度關稅的目的，也就達成了。比方說，美國為一征收進口稅之國家，想要達到最高可能的貿易無異曲線，而且知道中國願意在其貿易供給曲線上之任何一點，依照任何一定的貿易條件，與之進行交易。問題是在尋求一種兩國的商品組合，正好同時合乎上面所說的兩個條件。那麼其最適合的商品組合，乃是當美國的一條貿易無異曲線，正與我國貿易供給曲線相切之時。此一相切之位置，證實在我國一定的貿易供給曲線之上，美國方面，再無其他較高的貿易無異曲線可以達成的了。此點即如圖 11-9 A點所示。

圖 11-9

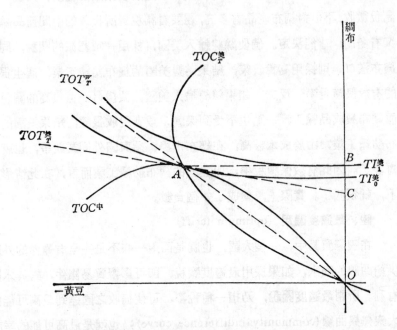

當最適合的商品組合決定之後，美國下一步要做的，是征收一種進口關稅，致令美國之貿易供給曲線彎曲恰好經過此 A 點。從第 11-9 圖，可以看出，美國征收關稅以後之貿易供給曲線為 $TOC_T^{美}$。所以 A 點之位置，表明了對美國最適度的商品組合。為促使美國居民按照此一貿易組合，即輸出 AB 黃豆，換取 BO 之綢布進口，進行國外交易起見，其對美國居民之價格比例，當與貿易無異曲線 $TI_0^{美}$ 相切於 A 點一線的斜率相等。此線以 $TOT_T^{美}$ 表示。至於世界市場價格比例，當美國征收進口關稅以後，又如圖中之貿易條件 TOT_T^W。很明顯的，其與美國國內價格比例不同之點，當與美國征收之稅率相等。因此世界市場之物價比例為 $\frac{AB}{BO}$，美國國內之物價比例，則為 $\frac{AB}{BC}$。名義上的稅率 t，即可由下式決定之。

$$(1+t) \cdot \frac{AB}{BO} = \frac{AB}{BC}$$

$$1+t = \frac{\dfrac{AB}{BC}}{\dfrac{AB}{BO}}$$

$$\therefore \quad t = \frac{BO}{BC} - 1$$

上式又可書爲:

$$t = \frac{BO}{BC} - 1 = \frac{BC}{BC} + \frac{CO}{BC} - 1 = \frac{CO}{BC}$$

依照第七章第五節所述彈性定義，此處可得之彈性爲:

$$\epsilon = \frac{BO}{CO} = \frac{BC}{CO} + \frac{CO}{CO} = \frac{BC}{CO} + 1$$

或　$\dfrac{BC}{CO} = \epsilon - 1$

然後以此式倒轉之後，代入上式，得:

$$t = \frac{1}{\epsilon - 1}$$

此即爲最適度的關稅公式。設使國外貿易供給曲線之彈性爲三，依照上述最適度關稅公式，可得:

$$t = \frac{1}{3-1} = \frac{1}{2} = 0.50$$

亦即表示，一種百分之五〇的關稅，可使吾人達到最高貿易無異曲線的境界。

從這個最適度關稅公式，我們可以看出它有幾種特性: (一)設使國外貿易供給曲線之彈性爲無窮大，則最適度關稅將變爲零了。一個小國，如果面對一組既定的貿易條件，而又在這些貿易條件之下，可以按照所

願意的任何數量進行商品交換時，會覺得根本不征收關稅，較爲有利。(二)設使一國面對彈性爲一之國外貿易供給曲線，應當征收一種近於無窮大之關稅。所謂彈性等於一之國外貿易供給曲線，乃指外國願意接受我國輸出任何數量的產品，來交換我國輸入一定數量的商品。所以我國必須利用此一機會，以獲得最大可能的利益。爲達成此一目標，只有征收一種很高的關稅。(三)設使國外貿易供給曲線之彈性小於一，其最適度的關稅，當爲負數。在此情形之下，爲使我國有利，必須將我國之貿易供給曲線移動，直至國外貿易供給曲線有彈性之部分，然後才能達到一條較高的貿易無異曲線。此蓋由於從第 11-9 圖顯示，各貿易無異曲線，都是向右下方傾斜的，因此只能與一條同樣向右下方傾斜之國外貿易供給曲線相切。不過一條無彈性之國外貿易供給曲線，斜率爲一正數，因此不能與一條向下傾斜的貿易無異曲線相切了。

柒、關稅報復

假定美國採用一種最適度的關稅，如第 11-10 圖所示，將原有貿易供給曲線 $TOC_0^{美}$ 改訂爲 $TOC_1^{美}$，而美國一條貿易無異曲線，又與我國貿易供給曲線 $TOC_0^{中}$ 相切於 B 點，於是 B 卽代表二國之新均衡點。面對此新的美國貿易供給曲線 $TOC_1^{美}$，我國此時也許想要征收一種最適度的關稅。於是設法找出我國貿易無異曲線與美國新貿易供給曲線相切之一點，卽可求得最適度的關稅。因而將貿易供給曲線修改爲 $TOC_1^{中}$，此時新的均衡點又變爲 C 了。在此 C 點，我國乃較在 B 點時位於一更高的貿易無異曲線之上。

此種關稅互相報復之行爲，可能繼續進行到很多來往的回合。當美國面對我國新關稅制度實施後的貿易供給曲線 $TOC_1^{中}$，可能又要採取行動，加以報復。如第 11-10 圖所示，美國將修改關稅，改變其貿易供給曲線爲 $TOC_2^{美}$，然後新的均衡點，又移至 D 點了。

圖 11-10

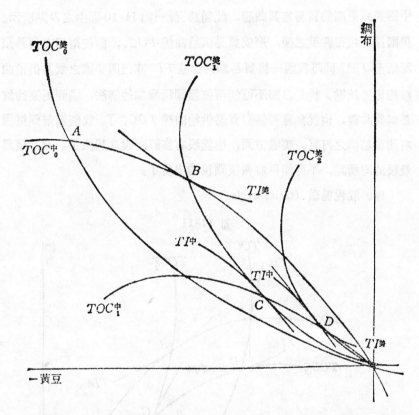

由是觀之，報復關稅實施以後，經過每一回合，可使兩國間之貿易量，變得愈來愈小了。在自由貿易情況之下，中美兩國之貿易額如 A 點所示。當美國開始征收關稅之後，兩國之貿易額乃降至 B 點。待我國採取報復關稅後，兩國之貿易額，又降至 C 點。及美國再採取報復行動，貿易又降至 D 點。然則此種報復關稅舉動，是否會繼續進行，直至兩國之貿易額等於零爲止呢？爲答覆此一問題，我們必須記住，一國之貿易無異曲線，對另一國之貿易供給曲線之位置，就最適度關稅的高度而言，有決定性的作用。倘使甲國之貿易無異曲線，與乙國之貿易供給曲線相

切於某點，而此點原已落在甲國貿易供給曲線之上，則無其他關稅能使甲國達到更高的貿易無異曲線。此種情況，一如 11-10 圖中之 D 點所示。美國採取報復關稅之後，形成貿易供給曲線 TOC_2，而使兩國之貿易額降低至 D 點。同時我國一條貿易無異曲線 TI^{+} 亦已與美國之貿易供給曲線相切於此點。於是我國不可能再依賴關稅增加的辦法，達到更高的貿易無異曲線，也就無意再修訂貿易供給曲線 TOC_1^{+} 了。我國既無變更現有關稅結構之打算，美國方面，也就沒有修訂關稅之想法了。D 乃變為最後的均衡點，不可能再有報復關稅的出現了。

　　捌、關稅循環 (tariff cycles)

圖 11-11

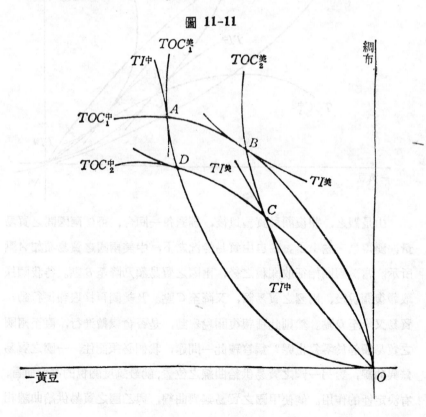

　　貿易無異曲線與貿易供給曲線，可能會有一種奇異的組合，從而導致關稅循環的出現。所謂關稅循環，乃指兩國輪流發生高稅與低稅之現象。在第 11-11 圖中，TOC_1^n 與 $TOC_1^{\text{中}}$ 代表美中兩國最初對於進口征收一種輕微關稅之情形。日後美國覺得征收一種最適度的關稅，將貿易額由 A 點移至 B 點，改變貿易供給曲線爲 TOC_2^n，較爲有利。此時我國面對美國的新貿易供給曲線，也要征收一種新關稅，而使貿易供給曲線改變爲 $TOC_2^{\text{中}}$，達成新均衡點 C。在此情形之下，美國又將反躬自問，前此所採之行動，究竟得失如何？由於美國有一貿易無異曲線正與我國之新貿易供給曲線 $TOC_2^{\text{中}}$ 相切於 D 點，而此 D 點，同時又落在美國舊有貿易供給曲線 TOC_1^n 之上，美國將回頭重新採用舊有之關稅。至於我國，此時也將重新考慮。由於我國一條貿易無異曲線，與美國貿易供給曲線 TOC_1^n 相切於 A 點，因此我國也願意恢復舊有關稅水準，沿 $TOC_1^{\text{中}}$ 貿易供給曲線與美國從事交易，亦卽回至 A 點。當交易止於 A 點時，美國方面，又當覺得征收一種關稅，對他是有利的，而使我國貿易額又降至 B 點。依照上述步驟，兩國互相效尤，於是關稅循環的一個新回合又開始了。

玖、貼補或稱補助金 (bounties)

　　關稅政策之採用，前已言之，不外增益國庫收入或保護本國工業，如爲保護工業，卽不採用關稅制度，而用其他貼補辦法，亦可收到同樣的效果。所謂貼補，係由政府直接以現款或其他間接方式補助私營企業之擴展。例如降低輸出運費，減免產銷賦稅，舉辦低利貸款，皆屬間接補助。貼補制度盛行於 17 世紀至 19 世紀之間，自第一次大戰以迄今日，政府對於私營企業之鼓勵提攜，仍繼續採用貼補政策，不過貼補方式，則與以往略有不同耳。在重商主義時代，普法兩國，曾經充分利用貼補制度，發展工業。英國補助穀米輸出，自 1688 年開始實施，曾達一世

紀之久。歐洲大陸國家如法國德國，對於糖產品輸出的補助，更有悠久的歷史。降及近代，由於國際市場的擴展，農產品及工業品競爭益趨激烈，各國政府莫不設法鼓勵輸出，採用政府貸款，貿易風險擔保，供應廉價原料，國外援助等辦法。

貼補與進口稅既可同時收到保護工業的效果，但在實行時對於生產與價格的影響，二者是否完全相同？爲了保護本國工業，當採用貼補政策乎？抑寧用進口稅制度？關於此一問題，誠如美國保護關稅論者漢彌爾頓先生所言，貼補制度畢究優於進口稅。因爲：(一)貼補對於新企業之鼓勵與支持，比關稅更積極更直截。(二)貼補不易引起被保護產品價格之上漲；卽或上漲，亦較進口品爲低。(三)貼補不致引起產品之短少而起恐慌現象。(四)貼補不會發生如進口原料課稅所引起的出口減退之現象。所以貼補政策對於新興企業之初期維護，確有必要。但如長遠施行，無異承認此種工業永無發展的希望，殊爲不智。且當政府採用直接貼補政策時，支出一批現金，更易引起大衆之注意，了解開支之龐大。如採用進口課稅制度，則賦稅之負擔，不易爲一般人民所了悉，消費者直至最後付出價款時，才知道價格之高低。保護工業既然花費如是之大，也就不會輕易獲得社會輿論之支持。至於長期貼補政策，更易爲社會所詬病。若就負擔一項而論，補助金係由國庫支出，負擔比較公平而普遍；進口稅則完全由消費者負擔，落在少數人的身上。

另從出口貼補方面觀之，出口津貼可以鼓勵輸出，增加國外市場之商品，從而抑低產品在國外之價格；同時又可引起國內價格上漲，超過國外價格，而令差額與補助金相等。但此並非表示國外價格之下跌，將與補助金相等。本國輸出增加以後，可以促進國內之生產，減少國外之生產。當國內生產設備尚未擴展大量增加生產以前，由於一部分出口，自然會引起國內價格立刻的上揚。迨生產設備擴充完竣，如果大量生產

仍能維持原有單位成本而不變時，國內價格又可恢復常態。倘使大量增產成本反而降低時，國內物價必徐徐下降，而在國外市場價格之下跌，將大於補助金之數。倘使國內增加生產發生收益遞減之現象，國內成本因而提高，同時國外市場價格之下跌，又將小於補助金之數矣。如欲維持國內與國外價格之差額與補助金相等，當設法阻止已受貼補出口之貨物重新轉運進口。其最簡便之法，莫如對此項貨物之進口，勒令繳納與補助金等值之關稅。否則，當進出口運費二者之和倘低於補助金時，仍會再度運入國內。國內財貨增加以後，迫使價格下降，國內外價格之差額，又將小於補助金，但與運進運出之運費恰好相等。此時出口補助金事實上已變成了對生產的補助金了。

對於出口貼補的評價，哈伯勒先生曾經把出口補助金分爲純粹出口補助金 (pure export bounties) 與抵償出口補助金 (compensatory export bounties) 兩種，前者爲鼓勵特殊生產事業，其生產也不致受其他賦稅負擔或生產要素爲獨占價格所左右之累者，後者全爲解除工業負擔過重而設置的。純粹的出口補助金，對於工業方面的影響，正與關稅相同。將令生產資源轉移廠地使用，脫離比較利益之正常生產規範。其所鼓勵生產之財貨，或者可以廉價從國外得來，或者有意擴張，超過其在經濟上最大利潤的限界。所以出口補助金不啻爲對外國人的一項贈與。至於抵償出口補助金，情形又當別論。其補助的方式也有多種：例如①當某種商品征收消費稅後，出口時稅款照退。②補助金之給與，全爲抵償出口工業用原料進口時所負擔之稅額部分。③爲產業同盟組合給與購買資本財貨之顧客——出口工業生產者——的補助金，抵償作價高於國外顧客之部分，以便出口工業能在國外市場競爭。德國鋼鐵工業過去購進鋼鐵，由於產業組合定價太高而獲得補助，即其一例。④出口補助金之頒發，只是抵償本國出口品在進口國關稅的負擔。此種補助，正與上述之三種

補助金一樣，等於恢復了自由貿易的原有形態，出口國事實上替進口國商人付了進口稅。以上四種出口補助金採用最爲普遍，也較合情理。

出口補助金的好處，一言以蔽之，在於鼓勵輸出，但此制施行以後，是否可以順利達成目的？設使外國採用對抗手段，對於進口品加征一種平衡稅 (equalising duty, or counter-vailing duty)，則出口補助金的效果，將全部幻滅了。此項平衡稅之作用，在中和出口補助金對於業者的實惠。自 1897 年以降，美國之關稅法令即曾規定，凡接受政府出口補助金之進口貨物，一律加征平衡稅。及至 1922 年與 1930 年修訂關稅法案，上項加征之平衡稅，並適用於其他由私人或公司補助出口之財貨。

第十二章

傾銷 (Dumping) 與產業
同盟 (Cartels)

第一節　傾　銷

壹、傾銷之意義

「傾銷」一詞之意義，向來言人人殊。有謂傾銷爲國外廠商推銷不擇手段者，如冒用商標，以假亂眞，及向海關以多報少等。有謂傾銷爲國外廠商降低價格至成本以下出售者，其出口所受之損失，卽以在國內銷售所獲之利潤來補足。時至今日，學者對於傾銷一詞，大致有同樣的看法。認爲滑勒教授 (Professor Jacob Viner) 所云「傾銷乃指兩市場間價格的差異」一語，最能代表傾銷的眞義。所謂兩市場，可指兩個獨立國家的市場，也可指同一國家的兩個市場。所謂價格差異，可以包括「逆傾銷(reverse dumping)」國外價格高於國內價格之情形在內。同時價格差異也可能不發生於國內與國外市場之間，而發生於兩個外國市場之間。從國際貿易立場觀之，傾銷當特別注重國內外市場價格之差異。故今日一般對傾銷之定義，係從狹義，指在同一時間同一情況之下，同

一貨物在國外出售之價格，低於在國內市場出售之價格（運費當酌量加入）而言。上述時間，乃指售貨契約訂立的瞬間，並非買賣有效期內的任何一個時間。倘指貨物離開出口國境界之瞬間而言，此時進口國可能因物價業已上漲而採用反傾銷政策了。所謂兩地間價格的比較，當然要把運費計算在內。倘使出口品按照 cif 命價所超過國內市價之部分尚低於運費時，即已構成傾銷行爲。故國內外價格眞正的較量，係指出廠價格，運費另外核計。至於情況，係指雙方貿易細節，如特別包裝費用，付款條件以及數量上的折扣等。必如此樣樣計較，才能算出兩地的眞實價格。

貳、傾銷之類別

傾銷一般就其採用之動機與時間之長短分爲三種：一爲偶發的 (sporadic, or occasional)，二爲間歇的(short-run, or intermittent)，三爲長期的(long-run or continuous)。偶發的傾銷，往往是爲了處理銷售季節即將消逝的剩餘存貨，而此等餘存的財貨，在國內市場事實上是不易再賣出去的。對國外廠商來說，此種推銷動機，比較單純，但國外同業，當然感到極不愉快。間歇的傾銷，是間常在國外以低於本國市場的價格推銷貨物，即或蒙受損失，亦在所不惜。此種傾銷的動機，不外：(1) 在建立國外市場的商務據點；或因國外廠商廉價推銷起而效尤，以免失去此一海外商務基地。(2) 打擊海外競爭廠商，而使之就範聽命。(3) 阻遏同行在海外設廠，與之競爭。惟此種傾銷，以所費太大，又易引起外國採用反傾銷稅爲之對抗，故實際上採用者殊不多見。(4) 報復反傾銷政策。長期的傾銷，係指經年在外脫手的價格，總較國內出賣的價格爲低。此種長期性的對外傾銷，在完全競爭情形之下，只有在政府或其他有關機構給予出口補助金時，才易實現。但在獨佔情形之下，對外傾銷，決不會使自己遭受損失。換言之，國外出售之價格，決不致低於

邊際成本。倘使現有廠房設備因出口增加而更能充分利用，或者生產成本因出口增加設備擴大而降低，獨佔者對外傾銷，即可大獲其利。大規模的產業同盟組合，往往採用此種長期性的傾銷政策。靠政府或其他方面補助出口之傾銷，乃是基於一個信念，認爲此種出口是有利於國家的；或者爲了發展本國某些產業，有採取此項政策的必要。長期對外傾銷，也有由於出口廠商便利間接成本之分攤而引起者。設在國內出售產品之所得，依照所定價格，能與總成本相等，但每單位之總成本，又超過邊際成本，此時該廠商即可在國外以高於邊際成本而又低於總成本之價格出售，增加銷貨之利潤。當然出口價格最低應等於邊際成本。因爲間接成本可以完全由國內之售貨而獲得補償，任何由國外銷售超過邊際成本之所得，即構成公司之淨利潤。在此情形之下，國外出售價格遠低於國內出售之價格，可能是很合算的。

叁、傾銷的條件

欲使海外傾銷獲得成功，其第一個主要條件，當限制已售出之貨物，不得再運回國內市場銷售；否則，國內之需要者，可在國外市場以廉價購進，生產商在國內即無法以高價出售矣。如何阻遏貨物重運進口，普通係利用進口關稅，提高成本。其次當爲運費。假定國內外價格之差額並不大於貨物出口及進口之運費，已運出之貨物，自然也不再運回了。另有由傾銷廠商與外國進貨商號訂立合同，不許貨物再轉賣與本國進口商人。如屬偶發的傾銷，國內已無法找到購主，貨物當然不會流回。傾銷成功的第二個條件，是國內市場的獨佔。假定國內生產處於完全自由狀態，任何一個產銷商概不能左右他的產品價格，因此每一位生產者都面對着一條水平的需要曲線，競爭如此激烈，國內價格只有盡量降低。若無出口補貼，自不可能再在國外減價出售，甘受損失。獨佔者則不然。可在國內以高價出售，在國外以低價出售。因爲獨佔者可採用種種方式，

操縱價格及產品之供應。假如獨佔者只有一家廠商，一定規模很大，其他廠商皆無法與之競爭。或因保持生產技術的秘密，無法仿造。或因獨佔生產權利，他家依法不得與之競爭。獨佔者如有數家廠商，彼此當有默契，產銷採取一致步驟；或公開組成產銷同盟，限制產品之供應。鋼鐵、石油生產事業，是最容易遭受壟斷的企業。因為大規模生產，用途又是那麼廣泛重要。農產品由於生產者獨立經營，商號衆多，規模又不太大，卽無法由少數廠商加以操縱；除非政府另有貼補，很不宜於在國外傾銷。第二次大戰以後，加拿大、阿根廷、丹麥、荷蘭等國的農產品輸出商，對於美國政府依據 1953 年共同安全法案對外傾銷之農產品，曾陸續提出抗議，便是一個最好的例證。依照該法案五五〇節之規定，美國政府可在國外以政府掌有之剩餘農產品，按國際市場價格售與接受美援之國家，由購進國家以當地貨幣付出價款，專戶存儲，作為當地軍事設施的部分支出費用。美國戰後按照上項法案在英國、挪威、南斯拉夫、臺灣、及西班牙等地處理之農產品，為數可觀，包括小麥、大麥、玉蜀黍、黃豆、棉油、豬油、煙草、棉花等項。外國出口商反對的最大理由，乃是由於美國政府從本國生產商以高價購入，低價在國外出售，因而影響其他國家農產品在國際市場之銷路。美國政府採取此項政策，一面解救農村危機，一面援助國外，從美國政府立場觀之，確屬一舉數得，但不知不覺，又患了傾銷的毛病。

肆、傾銷價格理論

對於傾銷，如上段所述，往往以國內市場獨佔為先決條件，而獨佔者對外傾銷，又分臨時性，短期性及長期性三種，就中以第三種最為重要；故普通講到傾銷政策，傾銷與國內外市場價格之關係，都是站在長期性的傾銷立場而言。一般人對於傾銷的觀念，總認為國外市場價格低於國內市場價格，乃是加重國內消費者的負擔。換句話說，傾銷政策

之推行，於本國是不利的。但事實上並非如是。對外傾銷，固然要降低在國外市場之價格，同時也希望能藉此外銷擴展之機會，降低成本，增加生產，抑低國內物價，增加國民之消費，不僅獨佔者可以享受最大利得，國民也可蒙受消費的利益。然則獨佔者如何而後可以達成此一傾銷政策之期望，唯有當生產擴充，致令邊際成本，國內市場銷售之邊際收入與國外銷售之邊際收入三者彼此相等之水準時，獨佔廠商才能獲得最大的利潤。在此均衡狀態之下，國內外兩個市場之需要彈性完全一致，兩個市場之價格當會相等。但是此種國內外一致配合之現象，只能推想有發生的可能，而事實並不常有。因為獨佔廠商可以壟斷國內市場，但並不能壟斷國外市場。國外市場有無數的競爭同業，國外市場對於傾銷品的需要彈性，當較國內市場的需要彈性為大，國外最大收入的價格，當較國內為低。所以在國外低價傾銷，是否導致國內價格上漲或下跌，又與獨佔者邊際成本在其產品有關範圍內之趨勢大有關係。如果邊際成本逐漸提高，利用傾銷，增加生產，將導致國內價格之上漲，較未採用傾銷政策時為高。反之，如果邊際成本逐漸下降，傾銷則可導致國內價格之下跌。但在上述兩種情形之下，獨佔者本人所獲得之利潤，概較不採用傾銷辦法者為高。個中理由，如用圖解說明，更為明顯。

　　在前第八章第五節裏，我們曾經提到，在完全競爭之下，品質劃一，市場上只有一個價格，任何產銷商唯有公平交易，既不能提高價格，增加一己之收入，也不便降低價格，以廣招徠；其最適當的營業政策，乃是按照本廠的器材設備與生產能力，而使生產達到邊際成本與平均成本概與市價相等的水準為止。在獨佔情況之下，市場價格可由獨佔廠商自由操縱。如果價格決定在先，便不能隨心所欲來決定銷售量了。因為銷售受了需要的限制，而與自由競爭下任何廠商可按同一價格脫售所能生產最大數量的情形是不同的。自由市場的需要曲線是一條水平線，獨佔

市場的需要曲線乃是一條傾斜線。倘使銷售量決定在先，獨佔者只能按照市上購買力所能提供的價格出售。也就是說，獨佔者可以自由決定價格或銷售量，但不能同時決定兩者。獨佔者在決定價格或銷售量時，是以總收入減去總支出後可能獲得最大的盈餘爲準則。其均衡的產量或最大利潤的價格，只有當邊際成本與邊際收入相等時，才能如願以償。換言之，當生產到了某種程度，如果再有任何增加，其所增加之成本，將大於收入之增加；或任何減少，其所減少之收入，又將超過成本減少之部分，乃是獨佔價格最爲適合，獨佔者享受最大利潤的時候。由是言之，自由競爭與獨佔市場，爲追求最高利潤，二者在生產上皆以邊際成本等於邊際收入時爲均衡點。但在自由競爭之下，以市面需要爲無窮大，其均衡之市價，與平均成本及邊際成本三者完全相等；但在獨佔市場，其均衡之市價，則超過了平均成本及邊際成本，亦即表示其生產並非按照自由競爭之最低平均成本法則，達到了公認最適度的限量❶。

以上係就獨佔者在一個閉關的經濟社會裏決定價格及產量的方略而言。當一國對外通商以後，獨佔者便會面對國內外兩個市場，大展經營的長才。國外運銷，牽涉運費與關稅，價格上可能發生差異，但其目的在追求最大的利潤，並儘可能減少一切損害，則又與一閉關自守之市場完全相同。設使國外價格與國內獨佔價格相等，或甚至高於國內價格，對外傾銷，自無必要，僅增加生產至邊際成本與國外價格相等之水準即可。設使國外價格低於國內之獨佔價格，此時如欲擴展外銷業務，則非採用傾銷政策不可。獨佔者在經營生產過程當中，邊際成本有時逐漸提高，有時又逐漸降低，玆就邊際成本超過國內市場需要產品部分仍舊降低之情形先論之。

---

❶ 請參閱第八章第五節圖解。

　　如圖 12-1 所示，*DD* 代表國內市場之需要曲線，*D′D′* 代表國外市場之需要曲線。假定國外市場有些同業相與競爭，則國外之需要曲線接近水平線狀態，對於本國獨佔者產品之需要彈性自然很大。由此需要曲

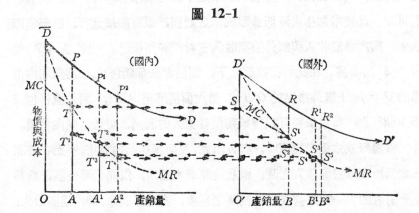

圖 **12-1**

線，我們可以繪出一條邊際收入曲線，兩線距離，由於線形平坦之故，也就很短了。假定國外市場是處於完全競爭狀態，則需要曲線便成一條水平直線，而與邊際收入曲線完全一致。此時國外市場即變為一個世界市場，國內獨佔者可在國外銷售其最大可能的生產量，而不影響國際價格水準。但事實上完全競爭，如前所述，不易存在，故吾人現所討論者，乃就普通常見自左至右之傾斜需要曲線而言，較切實際。

　　圖中之邊際成本曲線，如箭頭所示，是由國內市場延伸至國外市場。獨佔者如限在國內市場出售，其適度的產量當為 *OA*，價格為 *AP*。但以國外需要曲線始終位於 *P* 之下端，如欲向外推銷，唯有從事傾銷。而且此舉對獨佔者顯屬有利。因為當獨佔者生產達於 *OA* 水準時，其邊際成本（*AT* = *O′S*）即較國外市場銷售之邊際收入為低，自以擴大生產直至邊際成本與國外邊際收入 *BS¹* 相等為止。可是當生產達於此一水準時，

邊際成本又已降低至 $BS^1 = AT^1$ 而位於國內邊際收入之下，此時又可增加國內生產至邊際成本等於國內邊際收入 A^1T^2 爲止。在此均衡水準，國內之銷售額，已由 OA 增至 OA^1 矣。當生產增加以後，邊際成本又隨以降低，而落在國外邊際收入水準之下，從而增加國外銷貨，仍屬有利可圖。此種增加生產降低邊際成本之過程，似可繼續進行，直至邊際成本，國內邊際收入與國外邊際收入三者相等而後已。也就是 A^2T^4 等於 B^2S^5 的時候。在此均衡狀態之下，獨佔者全部銷售量，將爲國內市場的 OA^2 加上國外市場的 $O'B^2$。國內價格降至 A^2P^2，國外價格也降至 B^2R^2 了。所以傾銷可以帶給獨佔者更大的利潤，更低的國內物價。

當邊際成本逐漸提高時，對外傾銷，反而提高國內價格。不過在邊際成本低於國外邊際收入之時，雖然邊際成本遞增，傾銷仍可一試，或甚至是有利的。一如邊際成本遞減時之現象，當邊際成本，國內邊際收入，與國外邊際收入三者相等時，也就是產銷達到均衡的時候。不過在邊際成本遞增情形之下，國內價格常較未實施傾銷時爲高，銷售量也較不傾銷時爲小。而且對外傾銷的數量也不可能太大。因爲邊際成本遞增，很快就與邊際收入相等了。其間經過，不妨再用圖解表示如下。

12-2 圖係仿照 12-1 圖而作。在未採用傾銷政策以前，獨佔者在國內市場當生產 OA，並按 AP 價格出售；但在此種產銷情況之下，邊際成本 AT 仍較國外邊際收入爲低，如再向國外傾銷 $O'B$ 之數量，顯屬有利可圖。但因此而增加之生產，又將邊際成本提高至 BS'，而與 $A'T'$ 相等。邊際成本提高以後，獨佔者在國內的銷售量只有減少至 OA'，並將價格提高至 $A'P'$。至此產銷即達到了一種均衡狀態。因爲此時的邊際成本，國內邊際收入，與國外邊際收入三者都彼此相等了❷。

---

❷ 以上圖解，請參閱 Haberler, Theory of International Trade, pp.307-313.

圖 12-2

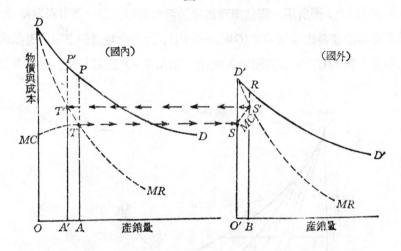

設使邊際成本為一常數而永恒不變，對外傾銷，即不能導致國內價格之下跌；理至明顯，毋待贅述。且所謂邊際成本遞增或邊際成本遞減，也只能適用於產品之某種範圍以內，否則上述之理論，有導致誤解之可能。例如在邊際成本遞減情形之下，我們可以這樣臆測，獨佔者為了追求最大的利潤，似可繼續擴展國內外之產銷，降低邊際成本，致令國外市場其他同業皆無法與之競爭，相繼退出，而造成一個獨佔的世界市場。但事實上，此種情況，殆不可能實現。因為當所有競爭之外國廠商尚未退出國際市場以前，獨佔者之邊際成本，由於稀有生產要素價格之上漲，以及生產過分擴大之不經濟，中途會停止降低，反而逐漸提高了。

獨佔者獲取厚利，能以同一商品，按照不同之價格，在不同之市場出售，尚有一個秘訣，便是利用兩個市場不同之需要彈性。當兩個市場中的需要彈性不相同時，獨佔者如仍按同一價格在兩地出售，其中必有一市場之收益高於另一市場。因為獨佔廠商可從邊際收入較低的市場中轉移一部分財貨至邊際收入較高的市場中出售，增加收入故也。玆用圖

解說明如下。

　　如第 12-3 圖所示，獨佔廠商如果將兩個市場當作一個市場看待時，其最合算的產量應當是 $OW(OW_a+OW_b)$，因為此時兩個市場的邊際成本曲線之和 $MC-T$ 與邊際收入曲線之和 $MR-T$ 正好相交。而在兩個

圖 12-3

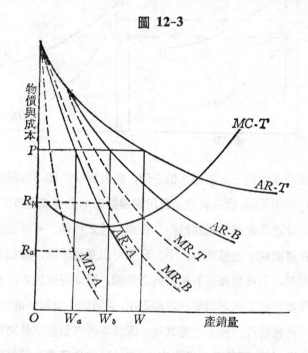

市場出售的價格，依照想像，似當同為 OP。但在此種價格之下，兩個市場的邊際收入則不相同。在甲市場為 OR_a；在乙市場以需要彈性較大之故，其邊際收入 OR_b 也較大。此時獨佔者卽可以一部分貨物由甲市場移往乙市場出售，增加總利得。當財貨由甲市場轉往乙市場銷售達到某一定量足以使兩市場之邊際收入趨於均等且又與邊際成本一致時，便是獨佔者享受最高利潤的時候。此種措施，等於在兩個市場採用不同的

價格政策，而在需要彈性較小的市場索取較高的價格❸。

　　獨佔者如果將海外市場依照各地區需要彈性之大小，而分成若干隔離之市場，儘量利用各地需要彈性，採用不同之價格，可以獲得更大的利潤。當各市場彈性差額愈大時，價格的差別也愈大，所獲得的利潤也愈大。如果當中有一市場具有高度之競爭性，其在該市場之貨品，也只有按照同一競爭價格出售，然後在其他非競爭市場，採用獨佔價格。故在競爭市場所表現者，價格、邊際收入，與邊際成本三者將趨於一致；而在獨佔市場，其邊際收入又將與此價格相等。

　　伍、傾銷政策平議

　　對外傾銷，不外由於兩種環境：一爲本國在產業上之獨占與保護佔有優勢，不易改變；二爲獨佔與自由競爭，尚有選擇之餘地。在第一種情況之下，我們又可從進口與出口國兩方面之立場來加以分析。很顯明的，反對傾銷的，往往是被傾銷的進口國家；尤其是採取自由貿易的進口國家。因爲這些國家的有關廠商，認爲他們的產品不容易得到保護的機會；旣無關稅制度的保障，他們更不便在國外作大規模的傾銷。但事實上進口國所受傾銷的影響，未必都是不利的。假定便宜的物資能夠長遠的進口，其價格即使較在出口國爲低，甚至低於生產成本，對於進口國來說，並無損傷之處。其與出口國由於自然環境生產便利因而價格便宜之出口物資又何異乎？至於傾銷之進口品，或則由於外國廠商之獨佔，或則由於外國政府或其他公司行號之貼補，更可不必計較也。所以從進口國之立場觀之，此種傾銷與自由貿易之基本理論，並無不合。不過出口國由於天然環境或其他有利條件所輸出之便宜物資，可以長遠無間，而由獨占者所採取之傾銷政策，其物資之進口，則可隨時中斷。本問題

---

❸　可另參閱 Kindleberger, International Economics, p. 269 之圖解。

的主要關鍵，亦即在此。設使傾銷屬於間歇性的，時斷時續，而且在每次傾銷期內，又可長至足以改變進口國之生產組織，一旦傾銷停止，生產結構又將作一百八十度的轉變，其對於進口國自然是有害無益的。因為當傾銷期間，便宜物資之進口，可以創辦新企業，利用此項新進口之便宜材料或工具，迨傾銷突然中止，新設工廠也只有關門大吉了。進口之傾銷物資，即屬消費財貨，也可改變一般人的消費習慣，及一旦中止，習慣又要重新培養，又何益也。另有一種掠奪性的傾銷 (predatory, or cut-throat dumping)，對於進口國也是有害無益的。此種傾銷之目的，在趕走市場上原有的競爭敵手，而由獨佔者日後建立一種獨佔價格，壟斷市場。但此種傾銷，往往不易成功。因為在國外建立獨佔市場，不如國內之方便。當市場價格提高以後，利之所在，去者可以復來，新店又可開張。而且當地政府為了反傾銷，又可強迫獨佔者擔負反傾銷稅，或根本不許獨佔者壟斷此一市場。至此，獨佔者全部計劃，將成泡影。再從出口國觀之。如果按照以往重商主義者的觀念，傾銷既然可以增加出口，又可賺得大批金銀，對於本國，當然是有百利而無一害。不過我們現在不會採取這樣一個觀點。假如我們認定獨佔在國內是一種無可避免的事實，我們可以這樣說，傾銷如能降低國內市場價格，惠及消費者，對於出口國是有利的。而且此種情形，如上所述，也只有在邊際成本遞減條件之下始能實現。假如國內物價由於傾銷而上漲，對於出口國究為利抑為害，就很難說了。因為任何出口品之增加，皆有導致出口品在國內價格上漲之可能，所以物價上漲的本身，原無責難之必要。我們當從客觀方面來判斷。消費者因漲價而受之損失，與生產者由漲價而獲得之利潤，二者是否相等？假如前者大於後者，則因傾銷而提高出口國之物價，是有害的。

　　對外傾銷的財貨，不外消費財貨與資本財貨，而一般人最容易領悟

到的，也是消費財貨。假如傾銷是屬於資本財貨，如機械工具原料之類，其所發生的後果，當然不會完全一樣。因爲資本財貨在國外廉價出售，等於提高了本國同業的生產成本，在國際市場，卽無法與外國生產者競爭業務；甚至連本國市場也要被外國同行佔了進來。故對於出口國而言，此種傾銷，顯屬不利。早年德國在英國、荷蘭大量傾銷鋼鐵，其價格較在德國境內出售者約低一半，荷蘭造船工業因此倚賴德國的廉價原料而空前繁榮。在 1902 年布魯塞爾糖業協定 (Brussels Sugar Convention of 1902) 訂立以前，英國的果醬以及其他用糖工業，由於歐洲大陸糖的傾銷，大獲其利，盛極一時。出口國爲了補救此項缺陷，似可採用兩種辦法，一爲對本國需用出口原料之工業，減價發售，鼓勵製成品的外銷。二爲征收進口平衡稅，保障本國市場之生產工業。第一種由獨佔者降低價格出售，可以皆大歡喜，到處受到歡迎。至於第二種征收進口平衡稅，尙有研究之餘地。我們先要自問，本國採用獨佔高價政策，是否屬於必須而不便變更。果屬勢必處此，則本國之此項生產企業，旣不能與外國同業抗衡，根本就無存在之必要。與其加征進口稅而保護本國工業之發展，不如直接購買外國廉價之製成品，反而合算。而且任憑獨佔者索取高價，窒息本國生產事業，對於獨佔者來說，並非有利之舉。如認爲征收進口平衡稅可以保障本國工業，也無異鼓勵獨佔者之售價日益提高，殊爲不智。

　　假如獨佔與自由競爭二者可以自由選擇，問題就很明顯了。獨佔者提高消費財貨與生產財貨之價格，等於經濟上之開倒車，生產被迫脫離正常軌範，其不合理，無待贅述。

　　陸、反傾銷方策

　　進口國爲抵制外國貨物之傾銷，可採用種種辦法。一爲加征普通保護稅；二爲征收特別反傾銷稅；三爲禁止傾銷物資進口；四爲出口國同

意傾銷貨物免稅重運進口。第一種一般性的長期保護進口稅，除非稅率甚重，等於禁止進口，即不易於生效。因爲在關稅壁壘森嚴之下，物資如尙有進口之可能，則略爲降低出口價格，定必大量輸入。對於自由貿易之國，傾銷者爲了保持海外市場，往往不輕易採取傾銷政策。對於保護貿易之國，傾銷者爲了衝破關稅壁壘，却又易於鼓足勇氣，採取傾銷政策。設使傾銷在關稅制度建立以前即已實施，爲了抵抗傾銷而採用保護稅制，則此稅制易於發生效果。傾銷者如欲再圖衝破難關，唯有繼續降低價格。雖然，採用長期保護關稅以抑制傾銷貨物之進口，究非善策。違反經濟原理，改變生產常規，理至顯明。第二種特別反傾銷稅，完全依照實際需要而征收，一旦傾銷停止，稅也終止。而且稅率可以高至足以制止貨物之進口，故在理論上，無瑕可指。但事實上，當外國商品在國內市場競爭趨於激烈時，政府當局難免不徇本國廠商之請求，採用此種反傾銷政策。一經採用之後，有關廠商又必多方設法，阻止取消。毋怪若干經濟學者認爲此種反傾銷稅制，應限在貿易自由國家採用，免滋弊端。第三種根本禁止傾銷品之進口，最爲乾脆俐落。但如用之不得其當，容易引起國外之反感。第四種允許重新運囘傾銷物資，須得傾銷國之合作，方克有濟。而且傾銷品在國內外市價之差額，也以運出運進費用二者之和爲限。

　　加拿大是世界上最先實行反傾銷稅法的一個國家，依照該國 1904年關稅法的規定，凡進口品在加拿大以傾銷價格脫售者，一律加征傾銷稅。自此以後，南非聯邦、美國、英國、澳大利亞、紐西蘭、紐芬蘭、日本、德國、羅馬尼亞等國均相繼仿行。反傾銷稅法如果經常採用，嚴格執行，對於長期性的傾銷，容易發生效果。惟此種傾銷，如上所述，對於進口國家，並無不利之處。傾銷如屬間歇性的，即不易於制止。因爲第一，時間最不容易控制。往往當貨物湧到，稅法尙未頒佈，待稅法

實施之日，傾銷可能又已停止。但有關反傾銷稅法，如不事先明白規定公告，進口商又將無所適從，徒然引起貿易上一片紛亂。第二，究竟何種價格才算傾銷價格，不易確定。各產銷商所報價格，不盡相同；商務報刊所載價格，又與實際成交價格不同。而且買賣條件不同，如何能就出廠價格對國內外購主作一適當的比較，更屬不易。第三，臨時反傾銷稅一經征收，常不容易終止，而變爲永久性的稅制。

第二節　產業同盟

壹、形成之原因

產業同盟是一種同行的商務協定，其目的在避免市場、價格，及銷售方面之競爭。此種同盟，有屬於地區性或全國性的，有屬於國際性的；本節所論，以事關國外貿易，當指國際性的產業同盟而言。即在國際性的產業同盟，除了經營範圍涉及世界各地區的大企業外，也有就地域性的業務而加以限制的。因爲有些產品，其本身就受了地區的限制，並非各地可以普遍生產輸出的。或則其所聯盟地區之產品，受了天然的屏障，或政府的庇護，足以對抗外來的競爭。本來國際商業往來，愈是公平競爭，生產與消費兩方面，愈有好處，爲什麼又有產銷的組合，避免競爭呢？在本書第一章第二節述及國際貿易發展簡史的時候，我們曾經提到，早年各國的商務，就有種種不同的結合與限制；後來由於國際交通的發展，資源開採，生產技術的進步，資本的大量累積，很自然的便走上了自由競爭的坦道。加以經濟學者的提倡與鼓勵，十九世紀產業的發展，導致了整個國際經濟的繁榮，前此各國所有的獨佔與貿易條規，乃一掃而空，消除淨盡了。企業家生產經營的目的在牟利，競爭不過手段罷了。在激烈競爭之下，就會產生優勝劣敗的現象。新企業新方法新商品可以

戰勝舊產品。卽當勝利把握之後，又有新敵人隨時出現，商場如戰場，如何維護本身利益，能在商場中永遠立於不敗之地，唯有與同業結合，加強力量，減少競爭。產業同盟，便在這個環境下很自然地組合了。

貳、組織之形態

國際產業同盟，依其組織內容，大致可以分爲三類： 一爲卡特爾 (cartel)，二爲專利權之共享 (patent-licensing agreement)， 三 爲 聯營 (combine)。 國際卡特爾是不同國家同種生產事業的一個組合， 爲謀會員利益，採用價格管制，產量分配，市場劃分等辦法，以控制產品之銷售。至於各公司本身之生產業務，財務管理，內部經營，以及勞工政策，仍保持原有之獨立性，並非合併而成一家大公司，受統一之管理與監督。如果同盟對全世界生產總量所能控制之比率愈大，其所掌握之經濟力量也愈大。不過有些國家，根本就禁止企業加入此種組織。如在美國，依據反託辣斯法律之規定，凡參加產業同盟之組織者，卽屬違法。因此國際產業同盟，事實上不可能成爲一個太堅強的組織，也是很顯然的，規模較大的產業，以競爭激烈之故，結合比較容易。原料品以受地區之限制，亦易於加以管制。他如農產品以分布範圍太廣，紡織業及木製工業，以廠商規模較小，概不便於結合同盟。在第一次大戰以前，國際產業同盟，大半爲海運事業，軍需工業，鋼軌、燈泡、鋁製業等，戰後又有石油、人造絲、染料、橡膠、銅、鋅、錫、水銀、鎳等礦產紛紛組成同盟。例如國際橡膠調節委員會(International Rubber Regulating Committee)及國際鋼鐵產業同盟(International Steel Cartel)，便是最大的產業組合。前者由英國、印度、泰國、法國及荷蘭等國政府出面主持，旨在提高1930年代初期經濟不景氣生膠跌落之價格。因而將全世界橡膠產地分成九個區域，每區產量，概有定額。各會員國之出口總額，並由委員會隨時核定，增產統在禁止之列。由於該會嚴格管制，兩年之間，全世界

之生膠存量卽減少一半，　價格亦已提高一倍以上矣。後者成立於 1926 年。亦以生產過剩，歐洲國家，乃以德國爲首，聯合比利時、法國、盧森堡、薩爾 (Saar) 成立國際鋼鐵產業同盟。翌年並有奧地利、匈牙利、捷克斯拉夫，及羅馬尼亞等國加入，從限制生產着手。凡超過限額之產品，每噸須繳付懲罰稅美金四元。專利權之共享，大牛原於生產技術之改進，大規模生產事業彼此訂立契約，劃分市場，允許某種產業特權之共同享受。在契約有效期內，任何會員公司如在研究上另有新的成就，可在本國向政府註册取得專利權，但此專利權可以轉讓其他會員公司共同享有。在劃定地區範圍以內，非會員公司行號不得加入作同種業務上之競爭；但在非劃定區域範圍內，各會員公司可以彼此競爭業務，或與其他非會員行號互相競爭。在專利權轉讓契約之下，會員公司行號除就業務範圍及地區作適當之分配外，對於銷售價格，產品及銷售商店等項，並可分別麗訂，加以控制。聯營與上述兩種情形不同，乃係利用股份轉讓，控制股權，合併等方式，糾合同業，採取共同經營制度；對於財務管理，生產控制，勞工與營業方針，槪合而爲一，失去了原有各公司的獨立性。聯營公司在國際間之實例甚多。英國之「Courtauld's, Ltd.」，德國之「Vereingte Glanzstoff Fabriken」，與義大利之「Snia Viscosa」三大人造絲公司之合併，其最著者也。又如「International Telephone and Teleg.aph Company」，掌握了全世界各大交通電信公司的股票。「N. V. Philips」電氣事業在若干國家均設有同一牌號之公司。凡愛好無線電設備者，對於飛利浦名牌，無不交口稱譽。

　　很明顯的，國際產業同盟，以製造業佔大部分，其次爲鑛產品，其次爲農產品。因爲製造業只要取得了專利權之特許，便可如法泡製，在當地獨家經營。原料品由於受到地區及產量之限制，也比較易於組合。例如橡膠、錫鑛、水銀、鑽石、石油等產品，乃係天賜財富，早爲地主

所獨佔了。爲了增加稅收，提高對外售價，維護國內生產原料之長期供應，往往由政府出面，促成此種產業同盟之組合，甚至由政府直接經營。前者如智利之硝酸鹽聯營社，石油輸出國家組織(Organization of Petroleum Exporting Countries)，後者如日本樟腦之專賣。

叁、營業政策

產業同盟第一個任務，在管制價格。爲了促成卡特爾之建立，往往先來一個減價運動，互相競賽，把價格儘量降低，顯示惡性競爭，彼此無利可獲。或則由於生產過剩，市面蕭條，大家非減價出售不可。當同業同意合作，卡特爾組織以後，第一步即爲厘訂合適之價格；不宜太高，也不可太低。太低固然影響收入，太高則又顧慮甚多。由於同業組合事實上不能完全控制世界市場，無疑的似不應如一般獨佔價格之高。即或能控制市場於一時，消費者以負擔太重，又可能改用代替品。或則以利潤太厚，又將引起新興事業之競爭，或政府之干涉。一般而言，新訂價格，可能仍較自由競爭下之價格爲高。但價格一經訂定以後，即不輕易變動。當一般物價水準業已提高，卡特爾價格未必立刻提高；但當技術改進，成本降低，或市面需要減少以後，卡特爾價格亦未必立即降低。在不同之市場，卡特爾常採用不同之價格政策。如在某市場尚有非會員同業與之競爭者，表示需要之彈性甚大，其價格唯有參照當地實際情形，酌量訂定。如在市上並無其他競爭對手出現者，其價格則又近於獨佔形態。卡特爾第二個重要政策，爲規劃生產範圍及市場範圍。在一種產業組合當中，對於某種商品之生產供應，往往指定由一家或數家公司負責管制，其他會員公司概不得自行生產。如所經營之產品不止一種，則其他廠商又可指定生產不同之商品。例如「I. G. Farbenindustrie」與「Standard Oil Company of New Jersey」於 1927 年訂立聯盟契約時，規定前者不得經營一般石油業務，後者不得經營化工業務。而且經營場

所，也有一定之範圍。依照規定，營業地區一經分配，概在指定之地區以內營業，不得互相侵犯。至在非指定區域，則又可任意競爭，而無所限制。爲了控制價格，同盟第三個重要措施，在於限制產量。對於共同管制之產品，往往就生產數量及銷售數量，定出一個數目，不得任意增加。新增廠房設備，概在禁止之列。因爲產量增加以後，價格將隨以降低。即屬新產品之研究與發明，亦多方加以阻遏，以免影響原有之生產與市場。

肆、產業同盟與關稅制度

前已言之，關稅之課征，可以限制一國之進出口，或爲阻遏輸入，或爲鼓勵輸出，政府皆可隨意爲之。惟自國際產業有同盟組合以後，對於關稅制度之效果，影響甚大。例如某些商品，即使政府並無明令限制進口，但由於產業私人間之同盟約定，分區推銷之故，事實上亦不得自由進口。在關稅壁壘之下，如進口困難，尚可在當地設廠，直接生產推銷，免除關稅之困擾；但在產業同盟契約有效期內，嚴格限制進口，其對於國內生產商之保護，反較關稅有過之而無不及。保護稅制之建立，旨在發展本國產業，而卡特爾盟約之訂立，適得其反，乃在限制某種商品在國內市場之生產與推銷。有時政府調整稅率，希冀增加某種必需品之進口，或擴大輸出，可能又與卡特爾契約所規定者發生牴觸，其功效將等於零。由是言之，產業同盟，可以破壞關稅制度，而事實上，產業同盟又往往利用關稅制度。國際間若干銷售契約之訂立，乃是由於貿易受了關稅之限制而促成的。關稅制度之存在，對於產業組合更多了一層保障。可以使轄區以外之商人，易於聽命，俯首合作。保護稅制一經建立，爲了增加收入，往往不易廢止，無形中也就延長了產業組合的壽命。所以國際產業同盟存在之日，關稅不但不會降低，反有提高之趨勢。爲了控制市場，產業同盟對於落後區域工業之發展，總會千方百計加以阻

遏，致令國際關稅壁壘，更加森嚴。

伍、產業同盟與國家利益

產業同盟與政府之間，往往因爲觀點不同，在政策上殊難完全一致；而在某種情形之下，政府與卡特爾之利害關係，又可協調而互相合作。例如在第二次大戰以前，德國政府曾利用卡特爾組織推廣德國之出口貿易。法國政府也曾憑藉政府力量限制進口，便利了卡特爾盟約的實施。只有在美國，由於傳統的自由思想，企業家都有同樣的看法。認爲工商業經營應當完全站在企業的立場，不受政府的管制。任何國際性的產業組合，決不能含有政治意味在內。更說得明白一點，產業同盟之會員公司，如果出現在一個極權政府統治之下，其貿易政策，當以外交軍事爲重，而不從純經濟利益着眼了。美國朋友不是很明白地指出，德國以往卽曾利用美德兩國工商行號參加之同盟組織，藉專利權及生產技術之交換，阻遏了美國國防工業之發展，降低了美國的軍事生產，掩護德國偵探及第五縱隊的活動，危害了美國人民的安全。有關國防工業生產的廠商，也都一一指點出來❹。是則產業同盟，在某些情形之下，於一國有利，而於他國不利，要爲無可否認之事實。因爲犧牲消費國家的利益，維護生產國家的利潤，乃是國際卡特爾一貫的宗旨。不過利用卡特爾作爲情報交換，妨礙生產，其正確性究如何，殊難臆斷。且在戰時，卽無卡特爾之組織，國際軍事諜報工作，照樣進行。商人雖然重視本身利益，而於民族國家觀念，也不能說完全沒有。從這個角度去看，對於產業同盟與國家利益之關係，也就可以思過半了。

陸、產業同盟兩面觀

---

❹　欲知其詳，可參閱 Towle, International Trade and Commercial Policy, Second edition, pp. 718-719。

　　國際產業同盟之組合，往往係由國內產業組合擴大而順便促成的。其目的在減少同業競爭，維持高度的價格水準，獲得更大的利潤，完全重視同盟本身的利益，要為無可否認的事實。因此社會對於產業同盟的看法，見仁見智，也可分為正反兩面。擁護同盟者，認為卡特爾在共同經營之下，可以利用專利權及生產技術之交換，增加生產效能，降低成本，減少中間人之剝削，節省廣告及推銷費用，從而免除國際間廠商各自為政生產過剩等一切不經濟之現象。但其實際情形如何，我們可以從另一方面的意見反映出來。反對產業同盟者，認為產業組合，與大規模生產的經濟原則，顯有未符。由於監督各地區的生產，協調各廠商的活動，其所負擔之費用甚大，事實上並不能降低生產成本。卽使成本能夠降低，同盟也不會降低價格，以其利益歸消費者享受。設使不採用國際獨佔辦法，若干產業反可自由經營，獲得最適度的生產效果。而在產業組合之下，為了限制生產，成本高的工廠，並未完全淘汰。由於產業組合限制了生產者生產的自由，及消費者購買的自由，完全違背經濟的原則，其減少消費，妨害國際貿易，更屬無可置疑了。

第十三章

配額、國營貿易，
與商品協定

第一節　配　　額 (quotas)

壹、配額制度產生之背景

配額乃是對商品在交易數量上的一種限制。如屬進口配額，即為對某種商品規定在某一時期以內只能輸入多少。一國之進口，即為他國之出口，限制某種商品的進口，即是限制了其他國家的出口。國際貿易，理當自由往來，為什麼又產生了此種限額交易的制度呢？自 1930 年代國際經濟不景氣發生以後，世界商務關係，不絕如縷，為挽救危機，各國紛紛自立門戶，採取保護政策。英國美國早在第一次大戰及戰後，即已先後提高了關稅，限制進口。加以幣值普遍降低，金融市場極不安定，各國又復採用進口配額及外滙管制辦法，縮小商務範圍，限制貿易數量。蓋經濟不景氣之現象，為物價慘跌。當是時也，各國儘量抑低出口價格，對外傾銷，為復興國內經濟，增加就業機會，對於廉價進口之商品，委實難以忍受；尤其農業國家，受害更烈，不得不採取限制進口辦法。在

物價普遍下跌當中，爲什麼農產品又特別低廉呢？此蓋由於大戰期間，爲適應歐洲市場過度需要，美洲國家農產品空前擴展，迨戰後西歐農產品恢復常態以後，而在美洲國家之生產，並未因此而減少，故自 1925年以後，美洲諸國一致遭遇農業生產滯銷問題。及至 1929 年各國工業減產，國民所得降低以後，對於農產品之需要，益趨低落。且在歐洲農業國家，大部分又爲債務國家。戰後由於國際收支未能平衡，端賴外債勉強維持，而資金之來源，又大部仰仗美國。但自 1928 年以降，由於美國證券市場反較歐洲其他國家能引人入勝，因此美國資金不但從此減少輸出，而國外資金反向紐約流進。歐洲國家資金來源驟然中斷，自感難以爲繼，因而造成 1930 年代之國際金融大恐慌。英國於 1931 年 9 月脫離金本位後，其他原料及農產品國家亦緊隨其後，採用貨幣貶值政策，此舉對繼續採用金本位之集團國家，如法國、比利時、荷蘭、瑞士、德國及義大利等國，在物價方面，亦大受緊縮的影響。在此舉世經濟低潮氣氛籠罩之下，各國均感國際收支無法平衡；法國乃首先採用進口配額辦法，力挽狂瀾。於 1931 年 5 月頒佈命令，限制若干進口品之數量；或則進口不從數量上加以限制，但必事先請准入口許可證。故在 1934 年以前，法國進口七千種類當中，將近一半均已遭受進口之管制。

　　老實說來，進口配額制度，並非 1930 年代的新產物。在重商主義時代，即已普遍實施，直至 19 世紀中葉以後，才逐漸停止採用。即在第一次大戰及戰後短暫期中，若干國家亦曾利用配額制度，作爲經濟重建之工具。及法國於 1931 年重新採用以後，歐洲其他國家乃羣起效尤。最初採用之目的，在於減少農產品之進口，阻遏國內農產品價格之低落，穩定農民之生活水準。嗣後工業國家由於生產遭受舶來品競爭之影響，亦復採用進口限額辦法爲之保護。由是觀之，配額制度之採用，原爲調整國際收支差額，但當一國採用限額進口以後，其受影響者，即爲他國

之出口，因此對方出口國往往採用報復手段，對該國之出口品，亦復沿用限額辦法。例如義大利在 1932 年爲表示不滿於法國之進口限額，對於酒類、香料、肥皂之進口，概加以限制。法國乃爲此等產品主要輸出之國，自然影響最大。因此進口限額制度採用之動機，便不太單純了。第二次大戰發生以後，各國加強外滙管制，配額制度更爲當局所重視，戰後由於經濟復興，國際收支未能平衡，爲保護本國工業，配額制度積極推行，業已成了時代的寵兒。

貳、配額制與其他限制進口制度之比較

所謂配額，一般當指進口配額而言。例如美國對於我國棉紡之進口，每年都有一定的限額，超過限額以外的數量，即無法輸往美國。但在國際貿易場合，除了進口配額，尙有關稅配額(tariff quota)及進口許可制 (the licensing cf imports) 兩種辦法。由於進口配額制度之毫無彈性，即在限額以外之數量，概不得進口，因此利用關稅配額來補救這個缺點。依照一般慣例，在配額以內之進口商品，可以免征進口稅，或即征稅，亦極輕微；但如兼採關稅配額制度，依照規定，所有超過配額之進口品，須一律征收進口稅，或課以較高的稅率。輸入許可制乃規定進口商人在運貨進口以前，必須向有關政府當局請准輸入許可執照。因此憑照進口之商品數量，乃由行政管理當局隨時自由決定，其與輸入配額制，在精神上可謂完全一致；但其不同之點，即輸入許可制之彈性較大。每年准許進口多少，事前並未加以決定，而在輸入配額制度，對於商品進口數量，則早已明白規定。當然，即在輸入許可制之下，其進口之數量，亦較自由貿易進口者爲少。

進口配額制度之目的，既在限制進口，保護國內產業，而關稅政策之採用，也可達到同樣的目的，爲什麼在某些情況之下，又捨關稅而採用配額制度呢？當某種商品在國外的供給缺乏彈性時，如果採用高額進

口稅制，不一定能提高進口品之價格，或減少進口品的數量。且在 1930
年代之初期，如何復興國內經濟，減少進口，幾為各國一致努力之目標。
提高關稅，至多可以改善貿易條件，增加政府收入，但如實施配額制度，
則可依照實際需要情形，限制進口；同時又可限制國內生產，而提高價
格。其次配額制度，又可隨時依據行政命令加以修訂。至於關稅制度，
如欲有所變更，則非經過立法程序不可，在時間上往往延誤之處甚多。
且在關稅制度之下，由於出口國商品之供給與需要函數，以及物價政策
不甚了悉，因此對於進口品之數量究可減少若干，稅率究應提高至何種
限度，然後可以阻遏國外跌價之風傳入本國，皆無法事先加以正確的估
計。設使外國出口商人採取傾銷政策，關稅制度更會破壞無餘。在國際
價格普遍降低情形之下，採用從價稅，對於保護政策之功效，更屬微不
足道，如採用配額制度，政府可隨心所欲，規定進口限額，乾脆俐落。

叁、配額制對於價格之影響

　　配額制度之實施，原為限制商品之進口數量，進口數量減少以後，
自然會引起進口品價格之提高。前已言之，計算國內與國外市場價格之
差額，在自由經濟之下，運費是一項很重要的因素，茲為便於說明起見，
特用圖解將配額對於價格、生產，與消費之影響分析如下。

　　在第 13-1 圖中，I 為進口國，E 為出口國，兩國貿易如完全允許
自由，I 國將消費 MG，自行生產 MH，輸入 GH，國內市場價格為
$O'M$。至在 E 國，當生產 MB，除消費 MA 外，而以其餘之 AB 運往國
外。國內市場價格為 OM，遠較 I 國為低，其相差之數，即為運費 OO'。
假定此時國際貿易只有 I E 兩國，則 E 國之出口 AB，當與 I 國之進口
GH 恰好相等。設使 I 國採取配額制度，而將進口規定於某一限額，與
$G'H'$ 相等，較原可自由進口之量 GH 大為減少，此時 I 國之物價定必
提高至 $O'L$，消費也降至 LG'，生產乃升至 LH'。而在 E 國，由於出口

圖 13-1

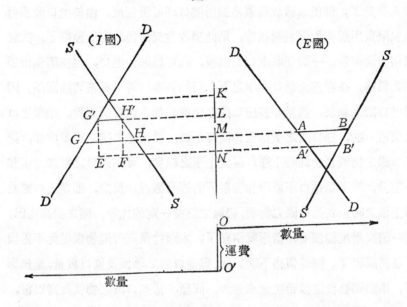

減少，物價將跌至 *ON*，生產緊縮至 *NB′*，消費乃增加至 *NA′*。其所減退之出口額 *A′B′* 又復與 *I* 國之進口額 *EF* 相等。在此情形之下，兩國之價格差額將愈來愈大，由原有之 *OO′* 增至 *OO′* 再加 *LN* 了。

　　由配額制度所產生價格之變動，與採用關稅制度所提高之價格，情形正復相同。在上例中，如 *I* 國加征進口稅等於 *NL*，其在國內物價之提高，進口之萎縮，消費之減少，生產之增加，將與上述配額制度下所發生之情形完全一致。但關稅制度與配額制度，究有不同之處。先從收益方面來看。設使 *I* 國征收進口稅 *NL*，政府可以獲得稅收 *G′EFH′*，如限定進口額等於 *G′H′* 之數，則政府會短少此一筆收入，*G′EFH′* 乃變為配額利潤了。此配額利潤又歸誰來享受呢？當視市場及商業組織情況而定。設國外出口業競爭非常激烈，進口商可能獲得此一利潤。設使出口商組織非常堅強，而進口商又不十分聯繫，則國外之出口商可採用提

高價格辦法，而使本國進口商立於不利之地位，此項利潤，自然歸外國商人享受了。倘使本國政府嚴格採用進口許可證制度，由於進口商須付給執照費用幾與配額利潤相等，則此項收益又將爲政府所獲得了。次就價格方面來看。一國征收進口稅以後，固可以減少進口，但在兩個市場間之價格，在非禁止進口稅率之下，仍始終維持着一種密切的關係。因爲進口國之物價，通常等於出口國之物價，加上運費與關稅。如果出口國價格下跌，進口國之價格也會同時下跌。設使進口國之需要增加，則進口國之物價也會同時上漲，但此上漲之程度，可由進口之增加而緩和一部分，決不似進口不能增加情形下的那麼激烈。反之，卽當出口國物價上漲之時，在進口國之物價，仍與之維持一定的比率，隨之提高而已。若一國採用配額制度，情形就兩樣了；本國物價與外國物價從此不再發生任何關聯了。國外價格下跌以後，與進口國之物價及進口數量，毫無影響，兩國間物價之差距將愈來愈大。同理，當進口國之物價提高以後，亦不會導致進口之增加，緩和物價上漲之程度，徒然增加了配額的利潤，延伸了兩國間物價差額的距離。然則在配額制度之下，進口國之物價卽無法穩定乎？當一國採用配額制度以後，如果國內需要同時減少，則此供給受到限制的商品價格，可能不會提高，甚至較以往還要低些。按需要減少，往往發生於所得普遍降低之際。倘使進口商預計配額制度之行將實施，大量增加進口，由於存貨充足，則雖需要不變，一時也不致引起價格之上揚。

採用配額制之國家，往往不再加征進口稅，惟事實上亦有兩種制度同時實行者。除限制進口數量外，並就進口品加征關稅。設如上例所示，除規定配額 $G'H'$ 外，復加征關稅 NL，此時配額利潤 $G'EFH'$ 就變爲政府的關稅收入了。在此情形之下，進口國如果物價提高，就不會引起進口之增加了。徒然拉長了兩國間物價的距離，創造了關稅以外的配額

利潤。反之，如果出口國之物價降低，對進口國而言，則又產生同樣的後果。倘使進口國之物價變為下跌，則所進口之數當較 $G'H'$ 為小，配額制度至此即不發生任何作用了。此時出口國之物價將隨之下降。兩國物價同時下跌以後，自然會產生一種新的均衡局面，兩國間價格的差額，當與關稅 NL 相等。反之，倘使在出口國價格發生提高的現象，其所產生之後果，亦復相同。

設使進口國加征之關稅大於 NL，配額制度也將失掉它的效果。此時之進口額，當較 $G'H'$ 為小，兩國間價格之差距，亦與關稅相等。假如要使配額制度發生效果，唯有當出口國之物價下降，致令進口國之進口價格加上運費以後，仍舊小於 $O'L$ 時，才能實現。反之，如果進口關稅較 NL 為小，進口仍受配額 $G'H'$ 之限制，配額利潤又將出現，而關稅的效果反而看不見了。唯有當進口國價格之降低，或出口國價格之上漲，致令兩國間物價之差距與關稅相等時，才能顯示關稅的力量。

如果一國採用關稅配額制度，即在限額進口滿額以後，如欲再行進口，須繳付一定之稅金，此時從進口國家觀之，其演變情形如何，當視稅率之高低而定。如超額進口之稅率，屬於一種禁止進口稅率，即大於兩國間在原定限額內之價格差距時，則當進口限額滿額以後，即無貨物繼續運進矣。設所繼續征收之進口稅，尚較原在限額以內之價格差距為小時，則超額之進口，必源源流進矣。此種進口在價格上所產生之利潤，將全部為進口商所享有；因為儘管先後進口之成本不同，而在國內出售之價格可能趨於一致。

肆、配額如何決定

對外貿易，應不應當採取配額制度，這是屬於一國的貿易政策；至於何種商品應當受到配額的限制，常由行政部門來加以決定。當限額進口的商品決定以後，其限期的長短又當如何決定，則又視商品的性質及

實施此種制度的目的而定。最長者爲一年,最短者爲一月;一般採用者,大牛以三個月爲一期。即以一年爲期者, 又常因季節性供給或需要情形之不同,乃再分爲數個長短不同之限期。配額之決定, 通常有一原則,係依照過去進口之數額而定一百分比。如遇船運進口超過配額時, 則算在下期配額數目以內。

分配進口, 所牽涉的不外兩個問題:一爲就本國進口商之進口而分配, 一爲就外國之供應方面來分配。最早實施的分配制度, 採用全球性的辦法, 對於此兩問題, 即無法求得答案。如定一世界性的配額, 則貨物由何國輸入, 由何人輸入, 事先均無法宣佈,唯有等待進口滿額以後, 即宣佈停止進口。在此情形之下, 商人拼命趕運進口, 大批貨物由各方源源湧到, 故在限期之前一段時間, 國內市場難免貨物山積, 價格低落, 及至期末, 則又發生供應不足之現象。至在限額屆滿運到者, 更有種種之不便。如欲轉運出口, 所費成本甚大,唯有存放倉庫, 留待下期出售。另從出口國家觀之, 鄰國之貨,可以早日到達, 遠洋之貨, 則姍姍來遲, 無形中對出口國家予以一種差別之待遇。

爲避免全球性配額制度所產生之缺點, 乃有依照出口國家個別核定配額之辦法。此法係選定以往某一正常貿易之年爲基年, 按照該年之進口總值定一百分比, 然後就此預定之進口總值, 依照各國同年對我之貿易比例, 分別承擔。採用是項辦法, 對於出口國家之利益, 自然有所保障。不過所謂基年, 是否適應於出口國現有之情形, 仍有問題。因爲有些國家, 在以往出口不振者, 今或已轉弱爲強矣。且在此制實施期內, 如遇某限額輸出國物價上漲, 自當停止從該國繼續輸入, 因而減少了整個的進口數量。爲減除上述困擾起見, 有人建議, 對出口國一律給予等值之配額。此法之缺點, 又非常顯明。即對此種商品主要出口國家之利益, 又不能同時兼顧。因此有些國家對於整個進口配額, 只以一部分按

照以往基年之比例，分與出口國家，而以其餘之部分，作爲討價還價之工具。例如在 1933 年，法國僅以配額百分之二十五給與前此對法輸出的國家，而以其餘之百分七十五讓與對法國出口品特別友好之國家。

由於上述兩種配額制度各有缺點，因此產生對於進口限額發給執照之第三種辦法。依照此種辦法，進口商在限額以內輸入某種商品，事前須向政府有關部門領取進口執照，進口商可就價格、運費、質料各方面自行考慮，從最有利之市場購進，而無所限制。採用此法，能使進口輸入始終穩定，以免國內價格發生波動。即對出口國家而言，亦屬公平合理。惟執照如何妥善分配與進口商，頗費思量。其最普通的方法，乃係按照進口商以往進口貿易之實績爲準。即過去進口多者可獲得之進口比率亦大。此法對於進口貿易經營有年者，自然有利，對於新加入之貿易商，則無法享受此項待遇。因此瑞士政府曾就配額保留一部分，分與新設行號，以示公允。

在上述憑照進口制度之下，不論考慮如何周密，結果資格愈老之貿易商，總是佔盡便宜，要無疑義，因而又產生第四種辦法，即雙邊配額制是也。依照此項辦法，所有進口之貨物，抵埠以後，須憑出口執照報關放行。此種執照，乃商請出口國之政府或出口業同業公會代爲發給。至於配額之多少，則由兩國商人事先商定，報請政府公布施行。法國過去即爲採用此種制度之典型國家。採用此種制度，進口國家固可免除單方決定配額及發給執照之麻煩，惟以准許進口之權，操在出口國之手中，難免不發生出口商獨佔之現象，從而提高出口品之價格，享受配額之利潤，使進口國之商人及政府均站在極不利之地位。

自第二次大戰以還，爲限制輸入數量，各國大半採用憑照進口辦法，其在 1930 年代盛行之全球性或按國別所施行之配額制度，已不復爲貿易主管當局所重視了。

第二節　國營貿易 (state trading)

壹、國營貿易之目的

國營貿易，是指一國對外的貿易，由政府出面直接經營管理。何者宜運進，何者宜運出，由何國輸入，或運往何國,數量多少，價格爲何，付款條件爲何，統由政府機構決定。在社會主義國家，如蘇聯及其衞星國家，其對外貿易，全部由政府經營，其他民主國家，則有一部分由政府辦理，一部分仍由民間經營者。例如英國與阿根廷,政府經營之貿易，卽佔貿易總值二分之一。他如法國、義大利、美國,一部分進出口貿易，卽屬國營。自第二次大戰以還，國營貿易之風氣,益趨普遍。抗戰期間，我國對外之桐油、猪鬃、茶葉、礦產貿易，卽由政府統購統銷。社會主義國家政府對外貿易獨佔把持之目的，在取得海外物資，以遂行其經濟計劃，希冀以最少量之出口，換取最多的進口。換言之，但求貿易交換條件之有利，從不計較貿易之黃金與外滙盈餘；貿易逆差，反而成了他們追求的目標。出口原爲抵付進口所需之外滙耳。凡屬重要物資，最好能由本國自行供給，與鐵幕以外之國家發生貿易往來愈少愈好，以免捲入國際經濟漩渦，　而無法自拔。此爲極權國家對外統制貿易之理論。至在民主國家，其對外經辦一部分國營貿易，或爲調整國際收支，維護收支之平衡；或爲處理本國剩餘之農產品，便利國內農業之生產；或爲保護國內工業，避免外來競爭的力量；或爲增益政府稅收，實行煙鹽之專賣；或爲防止物資資敵，限制重要原料之自由輸出；或爲維護國內生產，大批向國外採購。由是言之,民主國家之貿易國營與極權國家之貿易國營，迥異其趣。在民主國家，除一部分國營貿易外，大部仍爲私營貿易；私營貿易以賺錢爲目的，希望政府多予提携，增加出口。

貳、國營貿易之分析

在社會主義國家，實施計劃經濟，分配制度，生產與貿易，無私人自由之可言，亦無私人利害之可言，其所統制之進出口貿易，乃以整個國家利害為出發點，或得或失，自不在本書討論範圍之內。惟在自由經濟制度之下，一部分貿易由國家經營，其於社會之影響如何，容有研討之必要，爰就其可能發生者分述如次。

一國對外統制一部分進出口貿易，自可隨意增加或減少進出口之數量，而與全部在自由競爭下之進出口貿易量有所不同，其對於社會之影響，正如進出口實施關稅制度者相同。設使政府對於某種商品進口採取國營政策，由政府直接從國外輸入，轉售與國內消費者使用，則當進口數量受到限制以後，國外供應之商人，以需求減少，在自由競爭之下，自當削價以求售，而在國內以市面供給有限，消費者又願出高價爭相購進，在此供需不相協調的情形之下，進口品的輸入價格與出售價格，自然差別甚大。如採用關稅制度，其價格差距，常與關稅相等（運費暫不計算在內），在此政府統購統銷政策之下，其利潤自然歸政府所享受了。同理，如政府對於出口亦採用國營制度，限制交易之數量，則於收購與出售之間，在價格上亦將發生一種差距，其利潤也為政府所享受了。政府收入增加以後，自可降低其他稅率，減輕國民負擔。如降低所得稅，即可增加國民之購買力。反之，如政府所經營之貿易，旨在擴展貿易量，超過自由競爭下之水準，自會提高購進價格，而使成本高於出售價格，在此情形之下，政府又將遭受損失，正如對生產者實施貼補一樣，須從國庫中增加一筆支出。其經費來源，可用增加稅收辦法，如為提高國民所得稅率，則又減少了大眾的購買力。

由是言之，國營貿易，其在經濟方面之影響，與關稅制度極相類似，而與配額制度，則不盡相同。因為國營貿易，正如關稅制度之富於伸縮

性，可以緊縮或擴展國際貿易的數量。如採用配額限制進口辦法，對於貿易量，往往只有減少，而不會增加。其次，在國營貿易與關稅政策之下，最後消費者所付價款與最初供應商人所收進價款之差額，概以稅收或貿易利潤方式繳入國庫，如因配額限制進口所產生之特殊利潤，則歸其他有關方面享受，而不一定屬於政府收入。

　　且從以前章節所述，我們尚可看出，配額限制進口辦法與關稅制度，有一顯著不同之點：即在關稅制度之下，稅率由政府厘訂，買賣數量之多少，則由市場來決定。在配額制度之下，進口數量由政府限定，至買賣價格相差幾何，則由買賣雙方自行決定。倘使稅率與限量二者都能規定恰到好處，則此兩種制度，在任何市場情況之下，均能收到同樣的效果。日後市場情形如有變化，其所發生的影響，在兩種制度，又大不相同了。設使日後此種商品需要增加，消費者自願出高價以求之。如稅率不變，交易量定必增加。迨供過於求，價格又當下降，回復原有之水準。但在限額進口之下，日後如因需要增加，交易數量當仍舊維持原狀，無法增加，但買者與賣者之間的價格差距則拉長了，從而產生一種新的市場均衡現象。就此點而論，則國營貿易係與關稅制度相近似，抑與限額進口辦法相近似，殊難推斷，當視國家專賣當局之政策而定。如貿易政策重在限制進口數量，即使日後供需情形發生變化，亦不加以改變，則國營貿易與配額限制極相類似。如貿易當局重視固定的專賣利潤，則又與關稅制度無別。

　　但國營貿易所引起之問題，與全部貿易由民間經營僅受關稅與配額限制者所發生之問題，則又完全不同。當甲國進口或出口由政府獨佔設立貿易專營機構，乙國政府亦同時設立出口或進口貿易專營機構以資對抗時，問題即從此發生矣。設甲國對於從乙國進口之洋酒，設立專賣公司，獨家經營，自可利用其進口獨佔之力量，對乙國私營白蘭地出口之

商人，作種種可能的利己磋商，在此情形之下，乙國很可能也設立一家出口專營公司，而與甲國之進口專營公司洽商貿易事務。假定雙方商談之結果，乙國每年願供應洋酒 3,000 瓶，每瓶價款 4 元，總值為 12,000 元。同時乙國出口貿易專營公司對於此 3,000 瓶之白蘭地，係從乙國一家私營生產商收購而來。此生產商如不整批售與出口公司，亦可在乙國市上脫售，直接售與乙國的消費者。但乙國出口公司所付與某生產商之價款，乃為乙國產銷自由市場之正常市價，而與甲國進口公司所商定每瓶 4 元之價款，可能極相接近，也可能頗有距離。如乙國出口公司在此買進賣出之間，能從價款上獲得利益，政府將用以降低乙國人民之所得稅率。如發生虧損，政府又將提高乙國人民之所得稅率，增加國庫收入為之抵補。同時，在甲國市面，白蘭地也可自由產銷，如果甲國進口公司出售此批洋酒後，獲有盈餘，其盈餘將用以降低甲國人民之所得稅率；如發生損失，亦唯有提高所得稅率，以資彌補。根據以上假定，我們便可進一步對於此兩家公司在各種買賣條件之下所發生的經濟影響，從雙方商定價格及兩國自由市場之價格三方面加以分析。

（甲）假定當兩國交易完成以後，進口國之洋酒市價仍較出口國之市價為高，此種貿易，即表示在數量上尚嫌不足。兩國貿易公司如能再進行磋商，由乙國多以洋酒售與甲國，可使兩國國民之生活，皆得以改善。設在甲國自由市場，每瓶白蘭地之售價為 5 元，而在乙國則為 4 元，此時甲國之人民，如能以少於 5 元價值之貨物，多交換一瓶洋酒，其在物質上的享受，必較以往為佳。至在乙國的消費者，如能從甲國獲得超過 4 元價值的商品，則少消費一瓶白蘭地，其在物質上之享受，也將勝過往昔。兩國貿易公司果能因此而新訂商務契約，於原定之出口洋酒中，增加一瓶，其價格定在 4 至 5 元之間，或為 4.5 元，則兩國國民之生活，可以同時改善。國際貿易如能依此原則而擴張，前途自可樂觀。

（乙）假定兩國交易進行之後，甲國洋酒市場之價格，反較乙國市價爲低，卽表示此筆交易量太大，超過了實際需要。如甲國市價每瓶爲4元，乙國每瓶爲5元，在此情形之下，倘使甲國少輸入一瓶洋酒，減少其交換價值在4元以上之出口品，讓國民享受此4元以上之本國產品，而減少一瓶洋酒之消費，生活反而更舒適些。同時，在乙國如果少輸出一瓶白蘭地，減少從甲國運進低於5元價值之商品，讓國民多享受一瓶白蘭地之消費，其人民之生活享受，也會只有更好。因此兩國貿易公司如能另訂契約，從乙國出口品中減去洋酒一瓶，甲國付款之總值也減去4.5元之譜，兩國國民將均蒙受利益，國際貿易在緊縮方式之下，更可樂觀。

（丙）假定兩國在交易完成以後，甲國市上之價格，與乙國市上之價格恰好相等，且與兩公司原訂買賣之價格亦復一致，此卽表示兩國貿易公司所洽商之貿易數量，與在自由貿易制度下所發生之情況，正相吻合。假定略去運費不計，在自由貿易之下，兩國貿易，將會自然調整，而使兩國市場之白蘭地價格完全相等，並與甲國進口商人付與乙國出口商人之價格極相適稱。兩國政府專營貿易之情形，果能如上所述而發生，已達到了理想的境界，其在數量及價格上，自無再加以變更之必要。

（丁）假定兩國交易進行以後，兩國貿易公司商訂之價格，與出口國之市價相同，但與進口國之市價則不一致。比方說，甲國之市價高於乙國及兩公司之買賣價格，此種情形，當與乙國採取自由貿易政策而甲國則採取進口關稅制度下所發生之貿易相類似。由於兩國貿易專營公司所商訂之價格與乙國之市價相同，則當乙國取消出口專營公司以後，對於乙國輸出之數量，將不會有任何影響。因爲乙國出口商人在國際市場所能獲得之價格，與在國內所能獲得者完全相同，其地位與自由貿易無分軒輊。假如此時在甲國將進口貿易公司取消，由於國內市場價格高於

進口價格之故，將鼓勵私營進口商增加進口。假定甲國實行一種進口稅制，其稅額又與甲國及乙國價格之差額相等時，則進口商勇於運貨進口之動機，亦將立即消逝矣。因為此種進口稅取代了進口國貿易公司出售洋酒超過進口價格所獲的利潤部分。

（戊）設使兩國貿易商定以後，兩公司成交之價格，不是大於兩國市場之價格，便是低於兩國市場之價格。比喻說，兩國市場之價格完全相等，但兩公司商定之價格，則超過上項市價遠甚。在此情形之下，甲國之進口貿易公司由於進口價格高於出售價格，自會在營業上遭遇一種損害。反之，乙國之出口公司，由於在國內收購洋酒之價格，低於在國外出售之價格，則又大獲其利。此時如在甲國將進口專營公司撤消，私營之進口商人定必減少進口；蓋進口並無利可獲故也。但是如果甲國財政當局對於進口商採取一種貼補政策，而令貼補金額與當時進口公司所受之損失相等時，進口商降低進口之意願又可打消矣。同理，假定在乙國將出口專營貿易公司撤消，私營之出口商人，由於出口有利可圖，自會踴躍輸出。但是此時如果乙國之財政當局實施出口關稅制度，其稅額又與出口專營公司所獲之利潤相等時，出口商對於輸出，也將無興趣可言矣。兩國市上之洋酒價格，既已假定完全相等，而兩公司商訂之買賣價格，又大於兩國之市價，則甲國進口公司所受之損失，與乙國出口公司所獲之利潤，亦將完全相等矣。換言之，此種價格差異之貿易局勢，如果兩國不設立專營進出口公司，而在甲國由政府對進口商實施貼補政策，在乙國由政府採取出口關稅制度，並令貼補支出與關稅收入之數相等時，仍可繼續維持下去。

大家對於此一問題如果發生興趣，我們尚可改變一種方式來加以研究。假定甲國政府對於此一進口差額，採用提高所得稅辦法，加以征收；但征收以後，並不用以貼補進口貿易，或孤補國營貿易在進口方面所受

之損失，而直接全部付與乙國政府。同時我們又假定，乙國政府收到此筆款項以後，並不作爲出口關稅收入或國營出口貿易之盈餘看待，而用以彌補乙國所得稅減少所發生之國庫差額。在此情形之下，兩國貿易又假定可以自由進行。則此一措施所發生之後果，當與上述在貿易國營制度之下，兩國市場之價格相等，而兩國營貿易公司成交之價格反而超過市價者所發生之影響完全相同。何以故呢？因爲在此兩種制度之下，甲國消費者之處境，前後並無不同。依照第一種制度，政府貼補進口商人或國營進口公司之經費，乃係向國民征稅所得而來。依照第二種辦法，政府直接付與乙國政府之款，也係向人民征收而得，而且數額相等。故從國民負擔來看，在兩種制度之下，完全相同。且在兩種制度之下，進口貨物之價格，對甲國人民負擔來說，也完全相同。例如在貿易國營情形之下，進口公司所付之高價，自會引起洋酒在甲國提高超過國外市場之價格，但是此種全部超額負擔，乃由進口品減價出售之損失抵消了。在第二種自由貿易制度之下，甲國進口之洋酒價格，亦當與乙國市場之價格相等。同理，乙國之消費者，在兩種制度之下，其所處之境遇，亦前後相同。由於國營貿易出口價格之提高，政府從而獲得利潤，降低國民所得稅率，增加國民之購買力，與因甲國政府付與本國政府一筆資金，從而減少所得稅率，增加淨所得收入者，並無不同。至在價格方面，乙國人民由於出口而獲得者，在兩種制度之下，也與甲國市場之價格完全相等。當國營貿易實施期內，甲國進口公司所付與之高價，由於出口征收關稅，或出口公司享受此項利得之故，並不能全部歸乙國生產者所享受；但在第二種自由貿易制度之下，出口商由於自由交易之故，其所獲得之價格，亦當與甲國市場之價格相等。由是言之，兩國國民在此兩種制度之下，對於本身所發生的利害關係，並無不同之處。兩種制度實施之結果，同爲甲國居民以購買力轉移與乙國居民，惟其轉移之方式，則

先後有別耳。在國營貿易制度之下，甲國的眞實所得，由兩國貿易公司議訂之高價，而轉讓與乙國了。在關稅與貼補制度之下，甲國之眞實所得，乃由於乙國政府對出口品加征關稅而轉移於乙國了。因爲此種稅源，事實上並未採取提高價格方式而轉嫁於甲國的洋酒消費者，也並非由於價格特別降低而便利了乙國洋酒的生產者，乃完全出自甲國政府對於進口等額貼補之數。在自由貿易制度之下，甲國的眞實所得，乃由甲國政府直接以現款轉交乙國政府了。

　　根據上面的分析，我們可以得到一個結論如下：在甲乙兩國貿易國營制度之下，如所交易之商品在兩國市場之價格完全相等，而兩國專營進出口公司所議定之價格反超過兩國市場之價格時，其與下列兩種情況，並無不同。一爲乙國政府對於出口征稅，甲國政府對於進口予以等額之貼補。二爲在自由貿易制度之下，甲國消費者用提高所得稅方法以等值之現金付與乙國消費者，從而降低乙國國民的所得稅。反之，倘使甲乙兩國在國營貿易制度之下，致令兩國市上所交易之商品價格完全相等，而兩國進出口公司成交之價格反低於兩國之市價時，其情形當與購買力由乙國國民轉移與甲國國民者相同。

　　在兩國貿易經由政府專營制度之下，雙方可以從長洽商，獲致互相有利的條件，個中情形，我們在上面業已分析，惟事實上在國際商務談判場合，如何能佔上風，多獲便宜，莫不站在國家立場，盡量爭取。然則決定利己利彼之客觀條件究爲何？何種因素對於甲國最爲有利？何種因素對於乙國又屬不利？此又爲國營貿易當局所不可不明辨者也。從甲國立場而論，甲國可以對乙國提出這樣一個要求：除非乙國改善貿易條件，寧願與之斷絕商務往來。至在乙國，亦可以同樣態度對付甲國：除非按照舊有條件，亦不再與甲國繼續通商矣。在此雙方爭執情況之下，何國力量較爲強硬，則又視其面對商務關係果眞斷絕的一段期間長短的

決心而定。設使甲國認爲不通往來的時間愈長愈好，而在乙國則認爲不通往來的時間愈短愈好，則最後的勝利者將屬於甲國。當然，所謂斷絕商務往來，亦不過裝模作樣，互相叫喊，故作姿態而已；並非必待往來斷絕之後，才能顯示雙方強弱的力量。假定甲國明白乙國的內情，而乙國也同時了解甲國的底細，商務談判，亦不待往來斷絕即有所決定了。兩國互相通商，彼此有益，即條件不太理想，也不過利多利少的問題而已，果眞斷絕往來，不是兩敗俱傷嗎？所以兩國在商務談判之際，如何了解雙方的眞情實意，才是決定協約的最重要因素。所謂知己知彼，百戰百勝，意在此也。

　　假定兩國在以往通商期內，貿易條件爲對甲國最爲有利，也就是於乙國較爲不利，在此情形之下，兩國繼續進行會談，如甲國尙欲獲得更優厚的條件，其可能性自然較小；乙國爲反對甲國過分的要求，其成功的可能性則又極大。何以故呢？就甲國而言，由於業已享受了有利的條件，即在貿易方面爲獲利最大的一國，果眞一旦斷絕往來，當爲損失最多的一國。且在目前甲國人民業已享受了兩國最多的產品，即再改善一部分貿易條件，增加少許產品的享受，對甲國消費者而言，並不十分重要。就乙國而言，貿易條件本來於彼就不太有利，一旦商務中斷，損失自然是最小的--國。如果貿易條件再行惡化，自非從嚴拒絕不可。反之，如果過去之貿易條件係對乙國有利，其商談之情勢，又當於甲國有利。不過最後談判的結果，大半採取折衷辦法，而不使任何一方獨佔便宜。

　　當甲國與乙國在討價還價之際，雙方總會互相讓步，但其最後訂立之契約，或仍不免於某一方更爲有利，然則決定此種成果之因素又爲何？玆就甲國單方面舉例而言，依照下列情形，自然於甲國有利。

　　（甲）設甲乙兩國之產品，就甲國消費者使用習慣來看，可以互相替代，因此甲國如與乙國斷絕商務往來，並無不太方便之處。不過停止

甲國產品之輸出及乙國產品之輸入，甲國人民從此多用本國貨而已。同時又假定甲乙兩國之產品，在乙國人民看來，並不便於互相替代，則乙國對於商務中斷，乃爲極嚴重之事。

（乙）假定生產要素在甲國可以自由移轉製造乙國產品，則當兩國停止通商以後，甲國可利用原製造出口品之原料、勞力、資本，來生產以往從乙國輸入之產品，損失似尙不大。同時，假定在乙國卽不便於以本國生產要素來生產甲國之產品，則當商務中斷以後，損失可觀。

（丙）假定甲國運往乙國者爲重要之民生必需品，而從乙國輸入者又多爲奢侈品，則當商務中斷以後，甲國所受之影響，遠較乙國輕微。

（丁）假定乙國之產品，可以積存倉庫經久而不易損壞，則甲國之國營貿易公司可以大量積存輸入品，縱使商務中斷對於物資供應，亦無匱乏之虞。而甲國之產品，假定並未具備此種性能，乙國之國營貿易公司，卽無法達成此種任務。

第三節　商品協定 (commodity agreements)

壹、協定的產生與內容

國際商品協定，是有關政府便利某些商品的產銷，在數量與價格上彼此同意合作，訂立一種規約，共同遵守。此類商品，大半缺乏需要與供給彈性，當供需任何一方發生輕微變化時，價格卽可能發生大的變動。代表此類產品的，首推農產品。農產品與原料的生產，由於生產量比較穩定，卽在短期內不易變更生產量，當市場需要減少時，價格將立刻下跌；需要增加時，價格又可立刻提高。換言之，農產品不比其他工業用品，可以按照市場需要之變化而隨時變更其生產量。例如米、麥、茶、咖啡及可可，在國際貿易市場，只有幾個大的生產國家，而需要國家對

此類產品又缺乏價格彈性。故在生產國家，不便因需要之增加而立刻增加生產，或需要之減少而立刻減少生產。至在需要國家，亦不因價格之提高而立刻減少需要，或價格之降低而立刻增加需要。故從短期看，初級產品，在國際市場上，價格最不穩定。且在經濟不景氣時代，由於價格普遍下跌及產量滯銷，此一問題，更為政府當局所注意。咸謂在自由競爭之下，問題將愈趨嚴重，唯有在國際彼此協調的計劃之下，對於初級產品之供給與需要，可望調整恰到好處。

在國際商品協定未曾出現以前，對於商品之產銷與價格之穩定，早已有卡特爾及物價維護計劃 (national valorization schemes) 之實施。私營卡特爾之組織，旨在管制生產與出口量，藉以維持一定之價格水準。但國際原料卡特爾並未能順利達成任務。因為①此種機構，只是代表生產者的一面，其所欲穩定的價格，往往訂得太高，反而減少消費，於是一部分生產者寧願降低價格以求售，卡特爾的組織，也就會自然瓦解了。②卡特爾雖然限制生產量，但還有一部分未加入同盟的生產商，可以自由擴展生產或出口量，使卡特爾不能充分發揮其控制的效果。③在自由經濟之下，生產量可隨市場之需要而增加或減少，如何控制成本，爭取利潤，生產商可以自由調整其生產能量。但在卡特爾組織之下，關於產量之調整，採取一致的行動，價格又受到限制，致令生產效能甚高的廠商，不能充分發揮生產的能量，降低成本，曠日持久，一部分會員廠商，也就不能繼續忍耐而與同盟合作了。所謂物價維護計劃，為政府對於某些產品，鼓勵繼續生產，維持價格於一定之水準。故當價格降低時，即由政府出面收購，俟日後市場需要增加時，再行出賣。此種計劃，從政府立場觀之，對於維護經濟，調節產銷，可謂法良意美，仁至義盡。惟在實行之初，頗著成效，日久即無法繼續維持，價格也從此下跌矣。因為實行此一計劃，政府須有大批基金，同時日久產品變質，市場轉變，

脫售更是困難重重了。

　　當上述兩種辦法失敗以後，於是有人便想到，唯有實行國際商品協定，由重要生產國家與消費國家共同合作，對於有關產品，在生產與出口方面，維持一定的數量，且公定一合理的價格，俾生產與消費雙方同受其利。欲使國際商品協定順利推行，一如上述兩種制度，首在規定出口或進口之限額。但此種限額之釐訂，可以採用生產控制辦法，也可以不憑藉生產管制辦法。設使配額設置之目的，在於分配某一進口市場於若干不同的出口國家，則此進口國家往往採用進口配額制度。設使配額設立之目的，在維持國際市場價格，則出口國大半又採用出口限額而控制產品之供給。私營廠商間的配額制度，如上所述，不易維持長遠，然則此一政府間的配額制度，是否又可以行之久遠呢？由於締約國之利害關係並不一致，其不能維持久遠，當屬意料中事。因為成本較低之生產國家，加入盟約，乃係遷就一時的市場情況，並非甘心情願。一旦情況轉變，認為在自由競爭之下，得以大量出口，於彼更為有利。故在豐收之國，莫不設法爭取出口，拓展市場。何況盟約之簽訂，也只能包括主要生產國家，而不能強制所有國家全體加入，對於出口也就不能嚴格加以限制了。此外代用品之發展及破銅爛鐵之利用，也是對盟約的一個嚴重打擊。而且配額之分攤，總是以過去生產的實績為基準，一經決定，即不易於變更，是不啻對於成本高的生產國家，反而多了一層保障，對於成本低的生產國家，反而受了束縛，顯與自由競爭之原則，不相符合。

　　欲求國際商品協定任務之順利達成，其第二個辦法，仍在採用購貯制度，維護生產價格。購貯制度之特色，在能於市場滯銷時整批購進，需要增加時，則又大量向市面拋售，可以穩定價格，維持終年一定之產量。假定所訂價格確屬一長期均衡之價格，而產品之購存與脫售，又極適稱，可以互相對消，則此購貯計劃，自可順利完成。本來價格的變動，

應當是長期需要變動或生產成本變動的一種表示，但是在短暫期內，由於投機作用的關係，物價也會發生變動，因此主管調節價格的當局，應當特別認清，物價波動，如果由於季節性的關係，其處理的方式，與因生產過量而發生的情形，是不同的。設使物價變動係由於季節性需要的變動而發生，其所擬維護之價格水準，又無過度獎勵生產或降低生產之虞時，產量自不會發生長期積存的現象。也就是說，商品的購貯與脫售，在一定的期間以內，自會二者恰好相等，而不致有供給超過需要或需要超過供給的困擾。倘使生產乃因生產力量超過市場需要，情形就兩樣了。在此情形之下，維護價格的當局，其經營便成了一面倒的行動了。買進太多，賣出太少，政府的存量，只有愈來愈多，脫售則愈來愈困難了。一國如果長期生產過剩，若欲降低收購價格，便不易得到社會的普遍擁護。如定價太高，存貨又將堆積如山，在此進退兩難之際，政府當局唯有同時實施配額制度。惟生產者對於減產，往往又提出強烈的抗議，故施行亦復不易。由是言之，限制過度的生產，計唯有採取淘汰成本較高的廠商之一法了。

淘汰成本較高的廠商，表面看來，行之甚易，只有按照當時消費需要，儘可能減少成本最高的廠商生產量就可以了。但事實上問題並不如是之簡單。何謂成本偏高？所牽涉的方面實在太廣泛了。如果從每畝的生產量來看，則各國情形不同；即在各廠商之間，亦復不一致。生產技術，也有高低之別；消費者需要與國民所得，各不相同。新資源的開拓，有易有難；對於合理的價格水準，各國觀念亦不完全相同。倘就生產廠商本身來看，則所謂成本太高，又當從製造方法，管理能力，工人技術，工資水準，外滙價格，就業機會等方面加以考慮。因此國際商品協定對於淘汰高額成本的廠商一點，向來就很難推動，只有採用降低配額的百分比辦法，來減少產量。

貳、舉一個實例

　　為明瞭商品協定實際情形起見，我們最好以1949年的國際小麥協定(International Wheat Agreement) 為例，作一簡單的說明。在此協定中，除蘇聯及阿根廷兩大生產國外，所有小麥輸入及輸出國，均已加入簽字同意。依照規定，自 1949 至 1953 的四個收成年中，出口國每年應輸出小麥至少四億五千六百萬蒲式，同時進口國每年應輸入等量之小麥。在此期內，買賣最高價格為每蒲式合美金 1.80 元。其最低價格，在第一個收成年內為每蒲式 1.50 元，此後每年按此價格減少十分，直至 1952-53 年之 1.20 元為止。每一輸出國家，每年應照預定配額，得以最高價格售與任何輸入之國，但進口國家，則可按照預定配額，以最低價格向出口國家輸入之。至實際成交價格為何，則由進出口雙方在此最高最低限額之內自行商定。此協定訂立以後，由進出口國雙方共同組織一委員會負責執行。在此委員會中，進出口國之投票權力彼此相等，但每一國家之權力，則按其售出或購入之小麥數量比例分配之。

　　從上述協定內容觀之，當國際市場麥價低於所定之最低價格時，出口國顯然可據以獲利。當國際市場麥價高於所定的最高價格時，進口國又可大獲其利。但事實證明，在此協定有效的四年當中，進口國是佔了便宜。當協定簽訂之日，國際市場小麥之價格，為每蒲式合 2.10 元，至 1949 年底，即已上升至每蒲式 2.20 元。至 1951 年 5 月及以後之兩年當中，又已上升至 2.50 元，而此時出口國家，依照規定價格，售與進口國之小麥，最高也不能超過每蒲式 1.80 元。從進口國方面觀之，消費者等於由出口國對每蒲式之消費量貼補了三角至八角之譜。美國為小麥出口國家之一，在此期內，美國政府向國內生產者乃係按照穩定市場價格，或市價中任何一種較高之價格收購，而在國外又只能按每蒲式1.80 元之價格出售，擔負了一筆大的虧損。阿根廷亦為小麥主要輸出

國家，以未加入上項協定，得按市價在國際市場出售，反而獲利不少。

　　為了補救上述缺點，當 1953 年 4 月合約重行商定延長三年之際，乃將最高價格提高至 2.05 元，最低價格提升至 1.55 元。此項價格之**變更**，完全係應出口國之請求，進口國又變為不樂意了。例如英國為最大的輸入國，就不再繼續簽約為**會員國**了。但當新約訂立以後，市場情形却又轉變了。在 1953 年 6 月左右，國際市場之小麥，已由原有供不應求之現象，變為供過於求矣。計在是年 8 月，市價乃一反過去四年之美景，開始下跌至每蒲式合 2.05 元。明年春，美麥又下降至 1.80 元，而歐洲國家產麥，則已削價至 1.65-1.75 元矣。當市價繼續降低至約定之最高價格以後，進口國家即無意再履行協約之義務矣。因此自 1953 年 8 月至12月之間，美國之出口量乃大為降低；進口國家如巴西，在1954 年春季，大量向非會員國土耳其買進，而不向會員國購進半顆矣。

　　論者咸謂國際商品協定，對於世界市場，似不能產生一種穩定作用。當世界市價高於議訂價格時，進口國便在價格上佔了便宜，因而增加消費者的需要，市價有再上漲之可能。當世界市價低於議訂之最低價格時，進口國的消費者又將付出高價，從而降低了消費傾向，反使國際市場之價格益趨下游。

　　在國際商品協定之下，買賣有了保證，交易也有定量，無形中減少了自由市場的交易量。因此當世界產量小有變化，即容易引起自由市場價格之變動；是則國際商品協定，乃為促進產品價格變動之又一因素，此為研究貿易者的另一種看法。

第十四章

我國對外貿易政策

第一節　朝貢通商、表裏合一
（古代自漢初至隋末七百餘年之間）

　　我國立國最早，自神農氏開始敎民爲耒耜，興農業，日中爲市，商業卽已粗具簡單形態。及至周代，典章文物，燦然大備，商業更爲興盛。據周禮所載，是時邦土組織，分爲九州，九州以外，則爲夷、鎭、藩三服，統稱蕃國。每值酋長蕃王更迭之際，卽派人前來朝貢，携以珍貴稀世之品爲贄，而中國政府方面，亦以特產賞賜，國際間物物交換制度，應自玆始。嗣後遠方諸國慕義而來華朝貢者日衆。至於周室諸侯列國間之往來，頗與今日國際貿易相類似。周禮鄭註有云：「凡貨物之自外來者，卽案其節，而書其貨之多少，通之國門，國門通之司市，然後銷售。至於貨物之自內出者，司市爲之璽節，通之國門，國門通之關門，然後輸出。」利用璽節，明辨貨物之出入，設立關卡，總管貨物之運轉。迄至春秋戰國，管仲相桓公，通貨積財，齊富甲於天下；衞文公務財訓農，通商惠工，完成中興大業；晉文公令關市無征，澤梁無賦，輕關易

道，寬農通商，乃成霸業；越用計然、范蠡之策，國富民足，一舉而滅吳國。足見其重視國際商業政策，並不亞於周室之諸侯。惟古代列國之封疆地域，與我國前在大陸之分省而治，又相近似。故嚴格言之，是時國與國間之往來，與近代之遠洋貿易究有區別。及秦滅六國，統一天下，又築萬里長城，防匈奴，拒夷狄，更談不上國外貿易。故今之治史者，咸謂中國對外貿易，當自漢武帝通西域始。

漢武帝時，匈奴常入寇邊陲，乃於建元二年（西曆紀元前 137 年）命張騫出使西域，旨在連合大月氏❶爲之抗衡。騫乃率百餘人由長安出發，不幸中途竟爲匈奴所捕獲❷，拘留達十年之久，始得乘隙逃遁，西走大宛，再轉康居，終抵大月氏。是時大月氏受了烏孫（在伊犂附近）的攻擊（烏孫利用匈奴的援助），復沿伊犂河南走，奪得了大夏的北部，即媯水上游以北之地。此地土質肥沃，安全可靠，且與漢相去甚遠，共同作戰，問題正多，因此大月氏無意對匈奴報復，張騫旋又到大夏。在此兩地前後停留年餘，以不得要領而返。張騫此行外交活動雖然失敗，但發現了西域除大月氏外，尚有其他大國，可與訂盟。武帝乃於元狩元年，又遣張騫再使西域，隨從凡 300 人，携帶大批金幣絲帛，分遣副使至大宛、康居、大月氏、大夏、安息、身毒（在印度西北部）諸國。此行可算極爲成功。西域諸國，自元鼎二年（西元前 115 年）以後，均遣使東來。張騫第二次出使西域，除了政治目的外，其次即爲經濟動機。因爲他到過西域以後，發現西域有不少珍奇之品，同時他們又愛好中國財物，武帝有意誘令諸國入朝，而爲外臣，故經一度滿足以後，即曾陸續遣使西行，一年多至 6 次或 10 餘次不等，遠抵奄蔡（裏海附近）、條

---

❶　月氏曾被匈奴擊破，大部退出河西，遠走伊犂河一帶，稱爲大月氏。

❷　時河西爲匈奴所有，南方的羌亦臣屬匈奴，故張騫無法繞越匈奴的勢力範圍。

支、黎軒等處。由於利用出使之便，可以販運貨物牟利，大家乃爭先恐後，謀此差使，出使西域，便成了當時的熱門行業。而以中國的絲帛，交換西域的葡萄、苜蓿、胡麻、胡豆、胡瓜等物。

到了王莽晚年，西域大部又在匈奴掌握之中，明帝永平十六年（即西元 73 年），漢取伊吾（哈密）之後，乃命班超率吏卒 36 人出使西域，降服于闐、疏勒等國。此後連續勝利，班超功在社稷，於和帝永元 3 年，被授為西域都護。又 3 年，討平焉耆，從此西域 50 餘國悉納質內屬，條支、安息❸諸國，遠在海外，亦皆前來朝貢。中國與西域之貿易，益增頻繁。按西域一詞，係指玉門、陽關以西之地，計分為兩部，一為蔥嶺（帕米爾）以東，由婼羌以至鄯善、于闐、龜玆（庫車）、罽賓（克什米爾）、焉耆，烏孫諸國，即今之新疆，為天山南路一帶。一為蔥嶺以西，由康居（錫爾河下游）、康國、大宛（錫爾河上游）、大月氏，遠迄於安息、大秦❹，包括今之中亞、西亞、地中海沿岸及印度❺。

中國與西域之貿易，除由漢使來往半官半商之外，邊地居民自行輸出輸入者亦復不少。且遠至印度。據史籍所載，在西曆紀元前 425-375 年間，約為春秋戰國時代，我國東南部之海上貿易，即為印度航海者所操縱。印人係由麻六甲（Malacca）海峽，經蘇門答臘（Sumatra）及爪哇（Java）南端前來我國海岸，輸入真珠等物❻。

中國與西域諸國之貿易，延至隋代，更為興盛。隋煬帝曾定張掖、武威等郡為東西互市之地，西域商人來者達四十餘國。而由敦煌至西海❼

---

❸　條支為敍利亞及幼發拉底河以東地，安息在今之伊朗。

❹　大秦為東羅馬。

❺　西域諸國，因歷代疆土變遷，國名亦常不一致。

❻　見Terrien de Lacouperie, Western Origin of the Chinese Civilization, p. 386

❼　史記稱西海即今之地中海。

之通道，亦分爲北中南三路，可謂極一時之盛。

上述我國與西域貿易，曾遠至大秦。所謂大秦，卽東部羅馬（指羅馬東境而言，包括敍利亞、埃及、小亞細亞等處。）是也。羅馬與我國之貿易，最初尙非直接交往，乃由安息從中轉運。安息舊爲波斯地，卽今之中亞細亞地區，正處於中國羅馬之間，東西貿易，乃以此爲中心，而由安息居間處理，坐收利潤。是時中國運往羅馬之貨物，以生絲繒絹爲主，由羅馬輸入中國之貨物，則以珠玉香料等項爲大宗。

中國與羅馬間之此種間接貿易，皆由陸路往來，又有安息從中坐享其成，對於兩國而言，極爲不利，因此兩國曾試圖直接貿易，由於安息一再阻難，迄未遂行。直至羅馬 安敦 (Marcus Aurelius Antoninus, 161-180)大帝時代征服安息，才打通了與中國直接往來的陸路貿易，桓帝延熹九年（西元 166 年），羅馬又派使節經波斯灣，沿印度西海岸抵達伊洛瓦底江(Irrawaddy River) 口，再沿馬來半島，經蘇門答臘，至東京(Tongking) 登陸，前往漢都洛陽，與漢相通。至此中國與羅馬之海陸貿易，始通行無阻矣。

自羅馬對中國之海道開通以後，我國南方諸港與波斯灣紅海間之重要海道貿易，亦隨以開展，而以廣州爲重要通商口岸。

綜上所述，中國對外貿易，自漢初以至隋末（卽西元 618 年），歷時 700 餘年，乃爲我國對外貿易之草創時期，利用朝貢的政治手段，以達溝通貿易的經濟目的，所謂對外貿易政策，尙無定規可循也。

第二節　招手歡迎、外商雲集
（唐初至明中葉九百年之間）

國際貿易假定能在正常情形之下進行，雙方均有利可獲，此點在前

面數章，我們已一再提到。我國自與國外發生貿易關係後，雙方均願進
一步拓展，增加貿易數量，乃是極自然之事。故自唐初以至明代中葉
（西元 618-1516 年），九百年之間，我國對外貿易，卽呈現加速發展的
現象，此蓋由於阿拉伯人前來我國貿易者，遠超過於前代之印度羅馬商
人，而我國商人前往日本南洋者，又適於此時開始活躍。自唐有天下以
後，約在第七世紀中葉，阿拉伯人航行於印度洋者日衆，並在錫蘭、蘇
門答臘、爪哇等地設有商館，因而繞道馬來半島，前來廣州、泉州、杭
州等處，而與我國通商。阿拉伯古稱大食，大食王於永徽二年（西曆
651 年）首度遣使來華朝貢，貢品之外，另帶私貨，商由是通焉。是時
中國對於大食諸國之來通商者，初設「互市監」，掌理諸蕃交易。嗣在
沿海一帶，設立「市舶司」，管理蕃貨海舶征榷貿易之事。市舶司爲官
名，相當於今日之關務署長或總稅務司。當時市舶司所定稅率，對於香
料、樟腦、紫檀等項進口品，有按價徵收百分之十至百分之三十者，政
府卽利用此項貨稅收入，以裕國庫。至中國人前往阿拉伯地區者，據通
典所載，亦復不少。在大食國中，各種工匠，如綾絹機杼金銀等匠，多
爲京兆及河東人。而且唐代僧侶先後乘商船取海道前往印度等處者，亦
不下 30 餘人，足見當時海上交通之頻繁矣。除水路外，唐代西北陸路
方面之交通，亦相當發達。我國絲商與阿拉伯人等貿易，乃係取道西安，
經蘭州，沿新疆塔里木河，以達西亞細亞。國內商業中心，則以河西諸
郡（在甘肅省西部）爲最盛。居留西安之外人，在德宗建中元年（西元
780 年），已達 4,000 餘家之多。

　　唐亡以後，五代干戈擾攘，迄無寧日，對外貿易，無足稱述。宋與
以邊疆不靖，陸路交通，全被阻隔，對外貿易，終宋之日（960-1279
年），乃以海路爲主。除廣州外，並另開放杭州、寧波、泉州等處爲對
外貿易商埠，並於各地增設市舶司，以利收入。迨至欽宗末年(西曆1126

年)，金陷汴京，宋室遷都，以物力維艱，乃設法鼓勵對外貿易，增加
關稅收入。因此對外貿易，日益擴展，每年收入達二百萬緡之譜。輸出
品爲磁器、絹布、樟腦、大黃、鐵器、砂糖、金屬物等項，輸入爲香料、
寶石、象牙、珊瑚、刀劍、紡織品等。

爲引導外人來華入貢經商，宋代在廣州設有蕃坊，勢力甚大。所謂
蕃坊，據「萍州可談」一書之記載，爲「海外諸國人聚居之所，中置蕃
長一人，管理蕃坊公事，以及招邀蕃商入貢之事。」蕃長可能爲外國人
充當，但係由我國政府任命。蕃坊頗具近代租界形式，享有治外法權。

宋室滅亡以後，元人入主中華，建立大帝國，聲威遠播，開官道，
設驛站，屯警備，西北一帶，陸路暢行無阻。或由北京經天山南路及中
亞細亞，以達西亞細亞；或經天山北路及西伯利亞南部以入歐洲，而無
不便。因此對外陸路貿易，日趨興盛。海上則以阿拉伯人之由印度南洋
而來泉州、杭州等處通商者日衆，泉州已變成了當時世界第一貿易港，
外國商人寄寓此處者，數以萬計。此蓋由於當代君主採取柔遠政策故也。
來遠人，通遠物，利用市船制度，爭取稅款收入。其抽解稅則，凡 22
條，較唐宋時代更爲完備。

降及西元 1368 年，元室旣滅，有明繼起，西北以諸汗國割據抗衡，
道路阻梗，陸路對外貿易，乃逐漸衰退，但海上貿易，仍是阿拉伯人之
天下。直至有明中葉，歐人東來，我國海外貿易大權，才開始轉由歐洲
人所掌握矣。計自第 7 世紀中葉阿拉伯人來華，歷唐宋元三代，以迄有
明中葉，前後近 900 載，我國海上貿易，始終爲阿拉伯人所領航，豈僅
發展中外貿易已也。我國一部分僧侶，曾隨蕃船前往印度，吸收印度之
文明以歸。同時歐洲之宗教家、學者、旅行家，戀慕東方文化，乘商船
而來中華觀光訪問者，絡繹不絕。很顯明的，溝通中西文化，又爲國際
貿易往來之另一偉大收獲。

南洋居亞洲之東南，包括今之中南半島、馬來亞半島、東印度羣島、菲律賓羣島。自16世紀以後，多分割爲殖民地，迄今除一部分地區仍由英、荷、葡、澳分屬外，其餘均已成爲獨立的國家。此等地區，有歷來卽與我國有藩屬關係者，有自唐宋以後始與我國發生通商貿易關係者，前者如暹羅、安南、緬甸，後者如馬來亞半島、蘇門答臘、婆羅洲、菲律賓等是。計自唐初以迄明代中葉，我國與南洋之貿易，進行極爲順利。此蓋由於下列數種原因所促成：第一，安南、緬甸、暹羅等國與我國土地極爲接近，又加以宗主權之關係，彼此貿易往來，自然接觸頻繁。第二，其他國家亦往往先與我國發生朝貢關係，由敦睦國交而增進貿易，乃爲極自然之事。第三，閩粵一帶人士，頗富冒險經營天賦特質，有志遠洋發展，故我國對南洋之貿易，亦以明代中葉爲全盛時期。在三保太監鄭和下西洋之前後數十年間，華僑在南洋之聲勢，亦最爲浩大。

我國與日本之貿易，始於隋唐以後。貿易之發生，一如前述，多藉朝貢而行。史稱唐使至日，先詣太宰府，府中官吏卽以府庫之物與唐商相交易，然後允許人民與其殘餘之物交易。日使來唐，情形亦復相同。先至特定館所（隋代興建以招待外國使節者，名曰扶桑館，至唐改名鴻臚館。）以貨物與我國相交易。唐亡五代興起，中日邦交雖斷❽，而貿易仍進行如故。歷宋及元，中國商人前往日本貿易者甚多，而日人之來華者則多爲僧侶。及明太祖統一天下，採用懷柔遠人國策，與日復交，兩國商務，繼續進行。至嘉靖年間，又以倭人來犯邊陲，剽刼江南諸城邑，沿海一帶均受蹂躪，中日邦交，又告中斷，惟商船往來，則採用「勘合金符」制度。凡日本商船進口，須事先領取我國所發給之「勘合

---

❽ 日本自宇多天皇於唐昭宗乾寧元年卽西曆八九四年罷遣唐使以後，兩國國交乃暫時中斷。

符」，由日商與我國各執一半，船到埠時，憑符驗明。若合符節，始准通商，否則以盜船論。至於我國商船之前往日本者，此時亦不必先與太宰府交易，而可與人民直接往來。對於我國船隻，日本亦核發「印票」。印票係一種「信牌」，又稱「通商照票」。進港之日，驗明牌票繳訖，即可自由交易，其無憑據者，立刻遣回。

第三節　戒愼恐懼、閉關自守
（明中葉以迄鴉片戰爭）

　　自明代中葉以迄鴉片戰爭，卽自西曆 1516 至 1842 年之間，我國對外貿易，乃由拓展而退居閉關自守了。蓋在此一時代中，正值新大陸新航路發現之後，重商主義勃興之際，列強對外採取殖民地政策，拓展市場，囊括物資，氣勢洶洶，如英併印度，西班牙之奪呂宋，藉通商之美名，而逞其侵略之野心，當時我國政府，旣無船堅礮利之國防，足以應付外侮，不如少與外人接觸，以免禍生不測。且自馬哥孛羅（Marco Polo）遊記出版以後，稱道東方富庶，遍地黃金，引起歐洲人東來之興趣。而歐洲人之初來通商者，又多暴厲恣睢之輩，奸淫擄掠，無所不爲，引起我國民間極大之反感。同時我國華僑在外，常被虐待，有寃無處可訴，因而發生報復之心，凡遇外人請求通商者，皆盡可能予以拒絕。政府所持之態度如此，而事實上外人却又千方百計，與我發生了貿易關係。

　　歐洲最先航行而來我國通商者，爲葡萄牙人。時在正德 12 年，卽西元 1517 年也。由澳門而深入廣州、福州、泉州、寧波等處，勢力鼎盛。嗣於嘉靖年間，與我政府發生衝突，死傷頗衆，乃退而集中澳門一處，按年繳納地租，從此澳門卽爲葡人在我國經商之根據地。嗣後租金逐漸減少，迨太平軍興，以淸廷無暇顧及，租金居然停納。及光緒 13

年，中葡議定，乃正式承認澳門爲葡屬。上述外國人由通商往來而達到政治侵略的目的，澳門又是一個最好的例證。

繼葡人之後而來我國通商者，爲西班牙人。西班牙自佔領菲律賓後（時在嘉靖 44 年），乃於明萬曆 3 年（西曆 1575 年）派遣教士前來我國，越 5 年，又派使節來京，兩國貿易亦隨以開展。漳州、泉州、廈門爲當時主要之通商口岸。我國商人前往呂宋經商者，亦爲數甚夥。惟以西班牙一再虐待華僑，幾次屠殺，死傷甚大。我國政府對於在外華僑，迄無有力保護政策，殊可惜也。

荷蘭自萬曆 23 年設立東印度公司經營南洋一帶商務後，即力謀與我通商，幾經挫折，延至順治 13 年，淸室始允晉貢。康熙 3 年（卽 1664 年），復允在閩浙沿海貿易，至乾隆 27 年，乃在廣州設立行館。我國在國際市場最有名的茶葉，直至中荷貿易初期，才開始輸出。

英國來華貿易，始於崇禎 10 年（1637 年）。當是時也，英艦來華求市，道經虎門，與我礮臺守者衝突，激戰數小時，礮臺遂陷，後英人以戰利品交還中國，中國乃允許英人通商焉。列強對外通商，槪以武力作後盾，英國此種強暴作風，淸廷在當時，亦唯有忍辱受屈，強與周旋也。迄康熙 23 年（1684 年）在廣州設立商館，英國在華商業基礎，始漸穩固。當時進口貨船所載，大部分爲銀洋。爲管理對外貿易征稅，我國亦於同年設置粵海、閩海、浙海、江海等四關。當時征稅則例，係分正稅、比例、估價三種。正稅卽頒行之制定稅則。比例卽貨物在制定稅則內所未列者，按貨價貴賤，比例征收。估價卽爲制定稅則所未列，又不適於比例方法者，估計貨價，按值課稅。計進口正稅稅率，爲值百抽四，出口正稅稅率，初爲值百抽 1.6，後又改爲百分之二‧六。正稅之外，有附加稅，例按正稅加征二成。另按正稅與附加稅之和，加收二成手續費。

中法貿易，始於順治 18 年（1660 年）一艘法國商船之來粵。至雍

正6年（1728年），在廣州正式設立商館。惟在當時法國對華貿易，始終不振，此蓋由於法國採取保護貿易政策，嚴禁我國絲綢進口故也。

我國早年輸往美國之茶，係由英商爲之轉售，間接輸入。直至乾隆49年（1784年）美船「中國皇后」裝載大批人參等貨駛來廣東，交換茶絲，中美兩國，才開始直接貿易。在乾隆嘉慶年間，美商運來之人參皮貨，皆屬高貴用品，銷路不暢，故每年尚須載運大批現金來華。同時鴉片在此時亦已由美商轉運來華矣。

由陸路要求與我國通商者，首推俄國。俄國與我國境毗連，取道陸路，勢所必然，惟俄國人野心勃勃，對我東北土地肥沃，早已處心積慮，於順治6年正式率師南下，掠取黑龍江一帶地區。康熙24年，清廷出師北征，摧毀俄人根據地雅克薩城，於28年與俄訂立尼布楚條約，劃定兩國疆界範圍，商人來往，須憑路票（即護照）。康熙32年（1693年），清廷又復應俄國之請求，得入內地通商，但限制甚嚴。規定「商隊三年得至北京一次，每隊以200人爲限，得在俄羅斯館留住80日，貿易免稅。」雍正5年（1727年），復與俄訂立「恰克圖條約」，從此恰克圖遂變爲中俄兩國貿易之重鎮矣。我國商人以絲茶棉布，交換俄國之羽紗皮貨等物。但當時交易，不以金錢爲交易之中介物，實行物物交易，乃爲貿易上之一大特色。由於與俄貿易，一開始即有免稅之規定，馴至以後對俄種種貿易協定，援例多不抽稅，或照一般關稅減征三分之一。其他各國竟亦提出同樣要求，此爲我國在陸路對外貿易之一大失策，清廷之柔弱無能，可想而知。

除上述各國外，歐洲其他國家，如義大利、比利時、瑞典、丹麥、德意志、奧地利等國，在此時期，亦先後前來我國通商，惟其地位則不及上述各國遠甚。而我國對於各該國之貿易政策，亦無若何重要性可言，似可從略。

在此期中，中外貿易制度，尚有足稱述者，即爲廣東公行與外國商館之建立。自外商前來我國通商後，以在內地雜居，教案屢起，及英併印度，外國人之原形畢露，益增國人恐懼之心，故我國政府雅不欲外人在沿海一帶，任意經商，允宜集中廣州一處，較易管理，免滋後患。計自雍正元年以迄道光 22 年，互 120 年之久，我國對外貿易，乃始終跼促於廣州一隅也。公行係於康熙 59 年（1720 年）在廣州正式設立，爲我國當時進出口貿易之專營機構。所有進出口貨物，概由公行經手，統一購銷。一面又代政府征收稅課，並爲外商代納關稅。公行係由一部分行商組織而成，約爲 10 至 13 家，共同向政府繳納定額之銀兩（在 20 萬兩之譜）以後，即取得了對外貿易之特權。當時外人前來我國通商，語言隔閡，諸多不便，有此洋行出面，自然皆大歡喜。惟按照規定，外人只許住居於城外西南河岸之小範圍以內，除與公行往來外，不許與任何內地商人發生交易關係。因此廣州之外籍商人，僅能就指定地區開設商館（佔地約 126 畝），居住營業，皆在其中矣。其建築物又全部屬公行所有，每年照納租金。且除貿易外，我國政府對於當時寄居商館之外人生活，亦限制甚嚴。例如規定婦人不可進入商館，外人不許直接與我國官吏辦理交涉，遇必要時，須經過公行之手。江上不許外人泛舟。遊覽花園，亦有定期（每月初 8、18、28 三日）。民間交通工具，如座轎，外商亦不得同樣享受。如此細微末節，均加以限制，自易引起外國人之反感，日後鴉片戰爭之爆發，公行與商館制度，未始非遠因之一也。

第四節　門戶洞開、俯首聽命
（南京條約訂立以迄民國初年）

在 19 世紀初葉，英國對華貿易，即以鴉片爲大宗。鴉片暢銷我國，

傷財害民，人盡知之，清廷曾三令五申，禁止吸販，而商民秘密販賣如故，乃於道光 18 年 11 月派林則徐往粵，嚴禁鴉片貿易，除斬首華商數名示衆外，並焚燬英商鴉片二萬餘箱。英人自然懷恨在心。且如上述，歷代君主，自與外人發生貿易關係後，態度至爲驕縱，強令外人卑躬屈膝，受盡種種侮辱，至此財產又大受損失，憤懣之情，更無法遏阻，乃商請本國政府調兵遣將，戰端遂啓，終於道光 22 年（1842年）7 月24日與我訂立南京條約。割讓香港，開設廣州、福州、廈門、寧波、上海五處爲通商口岸，廢止公行制度，進出口稅及轉口稅另議，皆屬此不平等條約中最重要之部分。次年兩國即依據上約成立關稅特別協定，規定進出口稅一律值百抽五，通商口岸與內地市場間之貿易品，經納一次內地通過稅（即子口稅）（Transit duty）後，即可運往各地，不再重複課稅。是項子口稅，由於日後其他各國陸續援例與我訂立不平等條約，遂於咸豐 8 年天津條約中明白規定爲百分之二·五。自此我國對外關稅，即失去了自主之權。此種協定稅則，以稅率過輕，既不能達到「財政關稅」之目的，同時就本國產業而言，又不能倚賴關稅爲之保護發展，更失去了「保護關稅」運用的自由權利。

有清一代，不僅喪失了我國關稅自主之權，而且還放棄了海關管理的權利，說來更是痛心疾首。按我國設關征稅，如前所述之歷代市舶司，由來已久，管理之權，向係操之在我。自五口通商以後，海關管理事務，初仍委諸當地官吏，如在廣東方面，由粵海關監督充任，福州廈門兩港，由福州將軍兼理，寧波由寧紹道臺兼理，上海由蘇松太道兼理。迨洪楊亂作，上海縣城於咸豐 3 年（1853年）陷落，海關自道臺以下，逃逸無蹤，稅務因而中止，乃由上海英美法三國領事協商，在秩序未恢復以前，由彼等代向外商征稅，責令三國商人，概用期票繳稅。但在此臨時協商之下，其他國家商人，反可自由出入，未免有失公平，領事代征制度，

旋歸消滅。英領事復又出面商請中國官吏於租界內設一臨時海關,從之,但以流弊百出,英船可以自由出入,上海當時幾已成爲一自由港矣。於是三國領事又復與上海道協議,設立新海關,管理工作,則由道臺選任三外國人充任,英美法各出一人,而於咸豐四年七月成立「關稅管理委員會(Board of Inspectors)」。我國海關共管制度,即導源於此.

當時上海海關,雖由三國共管,但其他商埠海關行政之權,仍由中國官吏掌握。及咸豐八年天津條約訂立,根據附約「邀請英人幫辦稅務」一語之解釋,美法兩國委員即行去職,而由清廷於咸豐九年,任命英人李泰國 (H. Nelson Lay) 爲總稅務司,同年廣東粵海關亦改組,任赫德 (Robert Hart) 爲稅務司,次年其他各海關均相繼改組,從此我國海關大權,乃爲英人所獨攬矣。

海關稅務司之設立,原爲幫辦稅務性質,在我國政府內部,尙設有稅務處,負監督指揮之責,惟以官僚氣習甚重,不事興革,稅務管理實權,悉聽稅務司擺布,反客爲主,大權旁落,不肖官吏,實亦不能辭其咎。其次另一原因,則爲當時我國外償,多用海關收入作爲擔保,外國人認爲務稅司地位應行獨立,乃屬天經地義。入民國後,外人藉詞我國財政紊亂,不能履行以關稅擔保各外償之義務,要求關稅收支兩項權利,完全委任總稅務司,由總稅務司扣留稅款,償還外償。因此總稅務司之職權益形擴大。且自民國三年以後,政府發行本國公償,爲堅定人民信心,並委任總稅務司爲內外公償會計協理,管理基金,因之總稅務司之權力愈大,國家所蒙受之耻辱亦愈深矣。在此俯首聽命情形之下,計自 1842 年以迄民國 18 年,對外貿易,尙何政策之可言也。

第五節　關稅自主、揚眉吐氣
（民國十八年以迄七七事變）

　　上述我國關稅，自與各國訂立不平等條約以後，稅率固定不變，如須修改，則又以 10 年爲期。我國政府曾迭與各國磋商，請求修訂稅則，事實上亦曾於咸豐 8 年，光緒 28 年及民國 7 年先後作數次之修訂，但所謂修訂，亦不過爲貨價之略爲提高，稅收稍有增加而已，至於值百抽五之均一定率，則始終未有變更也。我國稅則受此條約之束縛，入民國後，朝野人士，更爲憤慨，關稅自主之運動，乃逐漸由醞釀而產生行動，於民國八年在巴黎和會中，由中國代表正式提出，迄未獲結論。嗣於民國十年華盛頓會議中，我國代表又提出關稅問題，結果對於中國關稅之改進，各國同意分步實施，而事實上並無若何進展。至民國 14 年，我國又召集各國代表在北京舉行關稅特別會議，希望各國根據九國協約，尊重我國主權之完整，允我關稅自主。經一再折衝，各國對我關稅自主之請求，始一致同意，並允許中國國定關稅定率條例，於 1929 年 1 月 1 日發生效力。同時我國代表亦當衆聲明，屆時決定裁撤釐金制度❾。我國關稅前途，至此總算已露一線曙光。

　　民 16 年國府定都南京以後，首即自動宣告關稅自主，並頒布國定進口關稅暫行條例，裁撤國內通過稅條例，以示裁釐之決心。另由財政部設立國定稅則委員會，調查物價及產銷狀況，並編擬稅則，從事準備

---

　　❾　按釐指定率，釐金指其應納之資金也。依照清季稅法，水陸要隘，分佈卡局，抽取行商貨物之稅者，大致照貨值抽若干釐，故曰釐金，亦稱釐捐。洪楊之役，雷以諴創始於江北，晏端書推行於廣東，而曾胡諸人亦仿行於湖南江西等省。本因軍餉不繼，爲暫時權宜之計，後遂徧行各省，變爲國家正常之收入。

工作。只以當時尚在軍政時期，財政困難，如欲裁撤國內之通過稅，事實上亦有困難，致未如期實行。迨民國 17 年 6 月，全國統一告成，政府又對外鄭重宣佈，應即廢止不平等條約，締結互尊主權之新約，乃由美國率先表示同情，於是年 7 月，兩國在北平訂立關稅新約，承認中國關稅之自主，並適用最惠國條款。嗣後與英、法、德、比、義、挪威、荷蘭、瑞士、丹麥、葡萄牙、西班牙、日本等國陸續締結新約，內容大致相同。同年 12 月 7 日，政府即公布新稅率，並定於 18 年 2 月 1 日施行。此項稅則，係按各種貨物之性質，分級釐訂，計分為值百抽 7.5，值百抽 10，值百抽 12.5，值百抽 15，值百抽 17.5，值百抽 22.5，值百抽 27.5 等七級，以前對於進口貨物所征收之 2.5 附稅及奢侈品附稅，並約定於施行新稅時一律取消。19 年 2 月間，由於金價暴漲，我國關稅收入，一部分又作為償付外債及賠款之用，如繼續征收關平銀兩，折成黃金，政府損失甚大，乃採用金單位稅則，對於進口貨物，概按關金征稅⑩。同年 12 月，政府復公佈修訂進口稅則，定於 20 年元旦施行，最高稅率已達百分之五十。保護政策與財政政策，乃能兩面兼顧。他如內地釐金，鐵路貨捐，海關對國內外貨所征之子口稅，及轉口本國貨所征之復進口稅，概行全部裁撤，履行我國對外裁釐之諾言。至此我國稅則，可以完全依照本國經濟財政情況，並參酌國際局勢，自動調整，所有苛捐雜稅，一概取消，符合現代租稅原則，更足以告慰外國友邦人士，實現了我國數百年來對外貿易政策最大的願望，亦稅制史上可以大書特書者也。

---

⑩　以純金 60.1866 公釐 (centigrammes) 代替關銀為計算之單位，是日海關金單位。按照當時外幣所含純金量，一海關金單位折合英幣 19.7265 便士，合美幣 0.40 金元。我國商民，凡以銀繳納者，一律按照美滙市價計算。自 19 年 2 月 1 日起，關平銀一兩折合一又二分之一海關金單位。

關於出口稅則，依照前淸咸豐 8 年規定之稅率，爲百分之五，施行以來，其中僅於民國 15 年間，加征百分之二‧五附稅，共合值百抽7.5，迨民國 20 年 6 月，政府整理稅制，將出口稅統籌改訂一次。對於應行從價征稅者，仍訂爲值百抽 7.5，其應從量征稅之貨品，則照近年物價，改按值百抽五釐定。另有一部分製成品，由於對外貿易情形，不便增加稅率者，則以值百抽三爲其準則。所有以往核定免稅出口之貨物，如茶、綢緞、金銀條塊、書籍、圖畫、傘、漆器、容器、繡貨、髮網、花邊等物，仍准繼續免稅輸出。自 21 年 5 月起，並免征生絲之出口稅。23 年 6 月，由於我國對外貿易日益衰落，再度修改出口稅則。對於原料品及食品，在國外推銷最感困難者，如蛋品、豆類、花生、油類、毛類、菸葉、菸絲等，分別減稅。糖、酒、鮮凍魚、雜糧粉等，分別免稅。國內工藝製成品，如紙、夏布、毛地毯、蓆、磁器、爆竹、橡皮製品、竹籐及木製品、景泰藍器等，均列爲免稅品，鼓勵輸出。

對外貿易，除進口稅之外，尚有船鈔一種。自咸豐 8 年中英天津條約締結以後，船鈔原按關平銀兩征收，計分四錢、一錢兩級。迨民國22年 3 月廢兩改元，乃改徵國幣。凡船隻註冊噸位超過 150 噸者，每噸應納之船鈔，爲國幣六角五分，其在 150 噸以下者，每噸應納國幣一角五分，均按 4 個月繳納一次。

我國對外貿易，自前淸光緖 3 年（1877年）以還，進口價值，常超過出口價值，入民國後，由於政局不定，生產又未開展，入超之數，每年仍達國幣數千萬元至數億元不等。在關稅未能自主以前，政府卽無法利用關稅政策，發展本國工業，推廣出口。及 18 年關稅自主以後，如上所述，政府一再審度國內經濟情勢，修改稅則，以期達到保護及財政兩大關稅政策。一面提倡國貨，減少進口，一面扶植生產，拓展輸出。爲便利貿易之進行，更望擴充國際滙兌銀行，創辦國際航運事業，指導

國民直接向外營運，剷除洋商把持操縱之積弊。並與各國互相訂立貿易契約，交相提攜，平衡國際貿易。就當時環境而言，此項貿易政策，皆屬正確無誤。惟自民國20年後，正值國際經濟萎縮，我國農產品，以價格低落，更難在國外推銷，故對外貿易政策，雖可採取主動地位，但以形格勢禁，不易發揮最大之效果。及26年抗日戰事發生，政府西遷，交通不便，對外貿易，更感棘手矣。

第六節　管制貿易、確保勝利（抗戰時期）

七七事變發生以後，由於軍事失利，政府決定遷都重慶，長期抵抗，以求獲得最後之勝利。四川號稱天府之國，乃一肥沃險固物產富饒之省，惟以西南西北各省，又屬山嶽地帶，對外交通不便，如何利用資源，發展生產，充裕軍需，兼顧民生，乃為政府經濟政策最重要的指標。對外貿易，則以促進輸出，管制進口，增加外滙來源，節省外滙支出為最高的準則。曾經先後制訂「增進生產及調整貿易辦法大綱」、「抗戰建國綱領」，及「非常時期經濟方案」，作為行動之依據。於26年10月首先成立貿易調整委員會，隸屬於軍事委員會，其主要任務為促進全國對外貿易。27年2月改隸財政部，易名為財政部貿易委員會。該會重要職掌，為管理國營及民營對外貿易事項，出口外滙之結滙事項，對外借款購料易貨償債之籌劃審核清算事項，以及物資供求之調節事項。我國出口外滙，係於27年4月開始管理，頒行「商人運貨出口及結售外滙辦法」及「出口貨應結外滙之種類及其辦法」，規定桐油、豬鬃、茶葉、皮革等24種為應結外滙之出口貨物。凡出口所得之外滙，應一律售與指定銀行轉交中央銀行。嗣為集中生產，推廣銷路，自28年1月起，又將應結外滙出口貨物，改為13種。同年7月政府復變更上項辦法，除桐油、

豬鬃、茶葉、礦產四種由政府統購統銷外，所有其他出口貨物，應一律向指定銀行辦理結滙手續。惟是時外滙已發生黑市，爲鼓勵出口，出口商人除照法價向結滙銀行兌取等值之法幣外，尚可另按法價與中交兩行商滙牌價之差額領取其差額金。

由於對外交通不便，在抗戰期中，我國對外貿易，事實上以國營爲主。國營貿易之目的，在於便利集中外滙收入，應付對英美蘇諸國之易貨與償債也。貿易委員會係一統籌計劃督導機構，而其實際業務，則另組貿易公司辦理。當貿易委員會最初成立時，即用富華貿易公司名義對外接洽業務，27年4月，乃正式成立，對俄易貨及其他外銷貨物，概交由富華公司辦理。同年12月，我國與美國簽訂桐油合約，關於動用借款，採購器材，及運美桐油售款償債等事項，均經約定以商業方式處理，我方乃以國家資本另組復興商業公司，於經濟部註冊，同時並於美國成立世界貿易公司，在紐約註冊，所有運美桐油，均由復興公司與世界公司訂約出售。此外尚有中國茶葉公司。在抗日戰事尚未發生以前，已於26年5月由實業部聯合官商共同組織成立，以協力合作改進茶葉產銷統一經營爲主旨。29年1月，財政部議訂調整茶葉貿易機關辦法，將中茶公司原有商股退出，改爲純粹國營事業，隸屬於貿委會，掌理茶葉增產，技術改進，茶場茶廠之設置經營，以及茶葉之推銷與對外貿易等事項。故在抗戰期間，我國國營貿易之行政與業務，完全劃分清楚。由貿易委員會管理政策執行事項，營業公司辦理實際業務。勝利以後，貿易委員會與上述各國營貿易公司均已先後裁撤矣。

至在進口方面，自27年3月公布外滙請核辦法以後，於中央銀行成立外滙審核處，開始辦理進口及其他外滙需要之審核與管理。對於進口物資，逐步加強管理。首將進口物品分別其需要之緩急，列爲四類，以定外滙分配之成數。凡列在優先結滙物品清單內者，攤得成分最多，私

人及其他需用外滙次之，不屬於優先結滙清單但亦非奢侈品者又次之，奢侈品攤得外滙最少。28年 7 月 1 日，政府又頒布「非常時期禁止進口物品辦法」，將海關進口物品 168 稅則號列物品，一律禁止進口，節省外滙支出。審核工作，亦由中央銀行移交財政部，成立外滙審核委員會，爲之主管；執行工作，則由中央銀行另委託中國銀行及交通銀行參加辦理。凡經核定由中央銀行售給外滙者，例如政府機關之支出，概照官價結購；由中交兩行出售者，如商用外滙，一律按照中交兩行商滙掛牌價格結購。是時由於外滙產生黑市，掛牌價格比較接近黑市，而官價外滙則又與中交兩行牌價略有距離，與黑市相差更遠。迨30年 4 月中英中美平準基金簽約訂立，政府乃於 8 月設立平準基金委員會，審核進口物品及私人請購外滙。外滙掛牌價格，亦改由央行規定公布。同年10月，另由行政院成立外滙管理委員會，將財政部外滙審核委員會全部工作移交該會接管辦理。該會主要工作，乃爲審核政府機關及事業機關所需之進口外滙。自太平洋戰爭發生以後，國際交通阻隔，所需進口外滙，卽大爲減退矣。

第七節　開放進口、毫釐千里(戰後大陸時代)

八年抗戰，終歸勝利，從此中華民國得與勝利國家並肩攜手，向前邁進，其民情之鼓舞，朝野之欣悅，可想而知。由於對國家前途過分樂觀，致在一部分政策制訂方面，略爲大意，毫釐千里，終於演變成爲不可收拾之局面。就經濟金融貿易諸方面而言，事實的確如此。

對外貿易，戰時採取嚴格管制辦法，戰後應予放鬆，此一原則，任何人皆不會否認；惟戰後經濟環境，各國不同，如何針對事實需要，厘訂有效方策，逐步實施，似未便一概而論。當戰事尚未結束之際，我國

政府當局對於戰後貿易制度，即已注意及之。例如在33年11月最高當局即已核定「確立戰後我國貿易制度」一案。規定戰後之國外貿易，以民營爲主，國營爲輔。在戰後初期，對於進口貿易進口外滙及關稅，應予以適度之管理，以期進口物品能配合經濟建設計劃之需要，而不致浪費外滙，促進國際收支之接近平衡。對於出口貿易，原則上不加以管制，並廢除出口稅制度。就原則言，此案對於戰後國際貿易之指示，至爲正確。惟依據35年2月行政院所制訂之「促進國際貿易實施方案」，其要點爲建立國營貿易，並發展民營貿易。採用多邊貿易制度，使各種出口貨物，能在世界最有利之市場售出；同時各種進口貨物，亦能自世界最有利之市場購進，藉使各市場之進出口貨値能相互淸算，減少入超數額。凡屬經濟建設所必需者，應准優先進口，進口時課以低稅或予免稅。其他奢侈品及非必需品，概應限制進口，並於進口時課以重稅。出口貨物則按本國供給與世界市場需要之情形，酌量辦理。凡屬我國特產而在外市場又有把握者，應降低成本，鼓勵輸出。凡爲經建或民生所必需者，應斟酌供需情形，調節其出口量。如自用尚感不敷，則應限制輸出。出口關稅，在原則上一律豁免。貿易往來之另一面，即牽涉到貨款支付的外滙問題。35年2月間，政府又採取外滙開放政策，公布「進出口貿易暫行辦法」及「中央銀行管理外滙暫行辦法」，於3月1日開始實行，依照上述兩項辦法，將進口貨分爲三類：凡屬工業及民生需要物品，不必請求政府許可，得隨時購辦輸入。他如菸草、火油、汽油、毛織品、絲織品等，須申請許可後，方可輸入。奢侈品不准輸入。外滙則由中央銀行指定若干銀行買賣。凡屬上述自由進口或請准進口之貨物，其所需外滙，一律照給。出口所得外滙，並應售與指定銀行。至於滙價，則按市場供需情形，隨時予以調整。原定美金1元合法幣20元之官價，亦於3月4日取消，改按中央銀行掛牌美滙2,020元之價格買賣外滙。以上

所述，乃爲我國復員初期有關貿易外滙之一般措施。其主要原則，核與33年11月核定之戰後貿易制度一案之精神，尚無不合。惟原案中所稱「政府對於進口貿易進口外滙及關稅，在戰後初期，應予適度管理。」一節，在上述管理貿易及外滙兩暫行辦法中，即未能規定恰到好處。更明白言之，即對於進口貿易及外滙之處理，過於放寬。所謂必需品與非必需品，奢侈品與非奢侈品，究應如何劃分。由於外滙開放，交通恢復，海外貨物，大量湧到，故自3月4日至同年11月18日止售出外滙總額，即達美金四億五千五百萬元。

勝利以後，我國積存之外滙頭寸，亦不過五億美元左右耳。如能妥善運用，改革幣制，調節市場供需，可望平抑物價，擴展生產，推廣輸出，以謀國際收支之平衡。只以我國工業基礎較差，技術員工水準較低，戰後在短期內欲求恢復平時生產，已不太易，想再進一步以求擴展，更是難如上青天。何況戰後銀行業紛紛擴張信用，一般國民消費增加，在在皆足以助長物價之上揚，導致通貨膨脹之惡果。在此情形之下，進口有增無已，出口又微不足道，外滙市場需要與供給相差太遠，法幣與外幣價格之距離也就愈來愈大了；故在35年8月19日美滙掛牌已提高至3,350元矣。無如我國市場結構，如上所述，本來就很脆弱，經過一場大戰衝擊之後，欲求整理，健全機能，進而向外拓展，自非一日之功，亦非普通丹方可以奏效。故提高滙價，平衡國際收支，在其他場合之下，可以立竿見影，而在當時之我國，則毫不發生作用。進口增加如故，出口仍無起色，政府乃於同年11月18日公布「修正進出口貿易辦法」，將輸入許可制度，推廣適用於一切進口物品，貿易又從半開放半管理而進入全面管制矣。同時另成立輸入臨時管理委員會，辦理審核及限額分配工作。關於出口，又於36年1月成立輸出推廣委員會，輔助出口貿易，爲之配合。2月6日政府復頒行津貼出口及對進口貨徵收附加稅辦

法。對出口結滙，予以百分之百的補助，進口征收附加稅百分之五十，藉以平衡進出口商之利益。惟此時外滙基金耗竭殆盡，而市場一面倒之狂風暴雨，威力更加強勁。戰後貿易政策，由放任而趨干涉，就當時情況而言，顯已遲了一步。

為力挽狂瀾，2月16日，政府又頒布「經濟緊急措施方案」，禁止黃金買賣及外國幣券在我國境內流通，上述2月6日頒行之進出口征稅及貼補辦法，亦同時廢止。滙率亦遷就市價調整為法幣12,000元合1美元矣。滙價經此調整後，日久又與實際滙市脫節，為重新檢討貿易外滙管理政策，政府乃於36年8月1日通過「經濟改革方案」。關於進口方面，規定除生產工具原料及圖書儀器外，應設法嚴加限制，以節省外滙支出。出口事業，則從積極獎勵着手。同月18日政府又公布「中央銀行管理外滙辦法」，設立外滙平衡基金委員會，原定12,000元之官價維持不變，專供棉花、米、麥、麵粉、煤等之需用，外滙市價，則由平衡基金委員會察酌市場供需情形，隨時加以調整，適用於其他一切進口品。平衡會於8月18日在滬成立之後，即公布外滙市價為美滙售出39,500元，購進38,500元。同時政府復公布「進出口貿易修正辦法」，將輸入管理委員會與輸出推廣委員會合併，而成立「輸出入管理委員會」，與平衡會合作，管理進出口貿易及外滙。所有進口貨物，必須經該會核准，發給輸入許可證，方可向指定銀行結購外滙。出口貨物，須將外滙預先結售指定銀行，簽發出口結滙證明書，並經輸出入管理委員會查核簽證後，方可報關輸出。進出口貿易之管理，至此益趨嚴格矣。

由上所述戰後國內經濟情形觀之，進出口不能平衡，確為當時最大癥結之所在，惟進出口何以不能平衡，生產事業何以不能擴展，物價何以不能平抑，尚有一個最大的原因，即人民對於當時之法幣，早已失去信心，如幣制不加改革，則任何辦法皆屬徒勞而無功，不能達成生產增

加，貨暢其流之任務。因此政府乃於37年8月痛下決心，廢止法幣，改用金元券，對外滙價，改爲美金1元折合金圓4元。人民所持有之黃金白銀及外國幣券，概按規定價格予以收兌，充實發行準備及外滙基金。在兩三個月之內，收兌成績甚佳，共合美金一億四千六百餘萬元。在輸入方面，並儘量核減其限額，以減少外滙之支出。而出口所得外滙，仍全部售與中央銀行。政府此一措施，初步進行極爲順利，朝野上下，對於經濟發展前途，均寄以無窮之希望。無如國家元氣大傷，政府預算迄未平衡，而共匪作亂，民無寧日，交通阻隔，生產不易開展。且自11月以後，軍事失利，人心普遍動搖，物價繼續上漲，金圓券正如一株幼苗，那堪狂風暴雨無情的襲擊，故延至38年春季，又呈了搖搖欲墜的樣子。在38年2月，政府又曾公布「財政金融改革案」，9月對進出口貿易管理辦法，復有修訂，惟內容並無特別新穎之處。且事實上38年自年初政府由南京遷出，經上海而達廣州，秋季又續遷往四川，一年之間，忙於計劃疏遷，法令規章，已成具文，在兵荒馬亂之下，人心惶惶，進出口業更難有所推動了。

　　綜觀上述戰後四年之間，關於進出口貿易法令規章之頒行，至爲頻繁，殊少遠見切中時弊之辦法。正如博奕，一着錯，即全盤錯，大好機會，未能把握，致令整個經濟陷於崩潰之境地，及今思之，倍增惆悵之感。

第八節　集中全力、拓展市場（遷臺以迄今茲）

壹、第一階段

　　臺灣爲孤懸太平洋中之一島耳。勝利以還，由日本交還我國，重新劃爲中華民國之一行省，政教法令，原係仿照其他各省，設官治理。自

39年春共黨竊據整個大陸，中央政府播遷來臺以後，臺灣之地位，益趨重要，而與一般人關係最密切者，當爲經濟上所起之變化。在日據時代，臺灣經濟之發展，採用殖民地政策，50年之間，工業並無起色，人民在不生不死之中，過着奴隸般的生活。勝利接收以後，從事整理規劃，發展生產，自非短暫期間可以立見奇功。適於此時共黨又在大陸倡亂，赤燄日烈，政府一面建設，一面戡亂，支出浩大，關於物資之供應，經費之籌措，尤須倚賴臺灣作有力之支援。故在政府尚未遷臺以前，臺灣經濟正如臺灣海峽之波浪，業已開始動盪，物價逐漸上揚矣。及金圓券貶值，國內游資大量流入臺灣，舊臺幣之價值日益貶低，中央爲挽救本省經濟命脈，建立未來之復興基地，乃決定割撥經費來源，抵付在臺軍公墊款，並將進出口貿易及外滙管理，授權本省政府統籌調度。另撥黃金80萬兩爲改革幣制基金，美金 1,000 萬元爲進出口貿易運用資金。經當局悉心籌劃，新臺幣乃於 38 年 6 月 15 日流通市面矣。

在幣制改革之日，政府曾頒布「臺灣省幣制改革方案」、「新臺幣發行辦法」、「臺灣省進出口貿易及滙兌金銀管理辦法」，與「修正臺灣銀行黃金儲蓄辦法」等。依照上述各項法令之規定，新臺幣對外滙率，以美金爲準，按新臺幣 1 元合美金 2 角折算。凡出口、航運、保險、僑滙等所收入之外滙，須結售與臺灣銀行，其中百分之二十按滙價領取新臺幣，百分之八十領取結滙證明書。此項結滙證可以自用，或轉讓與進口商償付進口貨款，或按滙價售與臺灣銀行，換取新臺幣。進口貨分爲准許進口、暫停進口、及禁止進口三類，進口商向國外購運貨品，凡屬於准許進口類者，可向出口商購買結滙證，再憑結滙證向臺灣銀行換取等值之外滙滙票，寄往國外，付清價款。運用結滙證，在使進口與出口發生聯繫。出口愈多，進口也可隨之擴大。結滙證買賣之價格，不必與滙價一致，可以自由變動，保障出口商之權益。故由出口所得外滙供應進

口需要，觀點至爲正確。至於黃金儲蓄辦法，乃利用新臺幣向臺灣銀行折存黃金存款，於存滿十天後，卽可支取黃金條塊，藉以增加人民對於新臺幣的信心。今日英美等先進國家實行黃金國有政策，鞏固幣信，而我國爲一黃金短少國家，反將黃金設法讓與人民收存。政府所保有之黃金極爲有限，而人民愛好黃金的慾望則屬無窮，政府此一措施，顯係考慮欠周。

依照上述對外貿易管理辦法，對於進口可謂非常寬鬆。凡屬准許進口之物，卽可獲得外滙，在數額上並無任何限制。在最初實行期間，市場平靜無波，情況至爲良好，結滙證市價與官定滙價可謂完全一致。出口商反願意全數領取新臺幣，而不需要留存結滙證在手中，有所希冀。而臺灣銀行對於進口商購買外滙，亦全部收進新臺幣，無需結滙證從中轉手矣。

迨38年10月以後，大陸局勢惡化，臺灣經濟方面所受之壓力更重。物價開始波動，新臺幣發行數量激增，加以金鈔黑市暗中竊動，進口外滙申請案件逐漸增多，臺灣銀行外弛內張，外滙頭寸頗感難以爲繼，故自39年1月起，當局對於貿易政策，不得不改弦更張，由任意進口而變爲從嚴審核了。

當38年6月臺幣改制之日，爲穩定幣値，除採用黃金儲蓄存款，限制預算支出兩辦法外，尙須從基本方面着手，增加生產，充裕民需，穩定物價，故於38年8月間成立了「臺灣區生產事業管理委員會」。該會工作，在輔導及聯繫國營省營事業，調節物資供應，調整物品及勞務價格，管理信用，審核貸款，調度外滙，以及策劃種種經濟措施。故就其權力範圍而言，可以影響整個地區經濟與金融的活動。及39年初外滙市場轉趨緊迫之際，臺灣省政府卽在生管會之下設立產業金融小組，爲臺灣地區對外貿易審議最早設立的一個機構。產金小組於39年1月首先對

進口外滙的申請，按照貨物與國民生活的關係，定出核定的優先程序。
凡生產所需的原料肥料器材，列爲第一優先；生活重要必需品，列爲第
二優先；次要必需品第三優先；其他物品列在第四。所有公營事業之外
滙，應集中存儲於臺灣銀行，其結滙證的買賣價格，由產金小組來決定。
此項規定，很明顯的，由於公營事業，特別是臺糖公司，每年出口所得
外滙，佔臺灣出口外滙之大部分，能控制公營事業結滙證的價格，便可
控制整個市場外滙的價格。而且在作成此一決定時，事實上，結滙證的
價格即與官定滙價發生了相當的差距。就在同年2月間，結滙證市價卽
已上漲至7.5元，美鈔黑市則達9元以上。產金小組眼見滙市發生激烈
波動，進出口外滙又不能達到平衡，爲穩定幣值，平抑物價，乃於2月
14日決定，進口商申請一般貨品的進口外滙，適用公營事業結滙證，由
臺灣銀行代爲購買公營事業結滙證，供應市面之需要，並規定公營事業
結滙證的價格爲7.5元。原定官價5元的滙率，僅適用於機器原料及重
要物品的進口。從此結滙證的市價，便由政府在暗中操縱矣。39年春季，
正值中央軍政各機關全部撤退來臺，人口陡增，而時局如此劇變，人心
更爲浮動，臺灣當時經濟之不穩定，亦可想見。公營事業結滙證亦隨市
面之波動而陸續調整，於4月18日已提高至8元矣。

　　如何控制滙市，穩定新臺幣對內對外之價值，政府此時已開始運用
了高度的智慧，從事一切構想。故在39年5月15日，產金小組通過了
「美金寄存證辦法」。規定臺北市進出口公會會員得照美金寄存證折合
新臺幣的價格，以新臺幣繳解臺灣銀行儲蓄部，開立專戶存儲，再憑解
款存根向公會換取美金寄存證，再憑證向臺灣銀行換取結滙證。同時將
前述出口結滙百分之二十按官價結售及百分之八十換取結滙證的辦法，
一併取消。此項美金寄存證辦法，先交臺幣，而後領到結滙證，等於對
結滙證短期期貨的一種交易。有了美金寄存證，卽可取得結滙證；取得

了結滙證，即等於取得了外滙。徒然使購買外滙的人多了幾趟周折的手續，把人民對於結滙證價格或滙價變動的視線，轉移到美金寄存證上，只能說是對外滙買賣多了一層花樣，而於滙價的變動，實際上並不發生多大的效果。上項取得之美金寄存證，適用於一般貨品進口，公營事業結滙證，則限於原料肥料生產器材進口之使用。官價 5 元的滙率，並未取消，但亦不再發生任何作用了。同月18日產金小組首次核定美金寄存證之價格爲每元合新臺幣 8.35 元，至 6 月 13 日改爲 8.85 元，此後又經幾度調整，於 7 月 11 日已改爲 10.35 元矣。

　　如上所述，臺北外滙市場到了 39 年 7 月，已經相當複雜，有了好幾種不同的滙價，人民也開始眼花撩亂了。於是產金小組乃於同月25日取消美金寄存證及代購公營事業結滙證等辦法，改用臺灣銀行結滙證一種，適用於全部的進口與出口，買價爲 10.25 元，賣價爲 10.35 元。爲了公平負擔，滙率簡單化，自可獲得商界的一致支持。

　　以上所述臺灣地區關於進出口貿易的管理，自實施以來，事實上非常寬鬆，不過將進口品按照國計民生之需要，由不分類別而定了一個優先程序，有請必准，只是外滙供應窘迫，有苦難說罷了。政府維護貿易自由，發展經濟的一貫政策，是可以獲得大家的諒解的。惟臺灣在39年以後之處境，則非政府當初所能完全預料得到的。由於進口之擁擠，出口之短少，幣值之下跌，外滙頭寸之枯竭，當局對於貿易政策，不得不重新考慮，故在 39 年 12 月 19 日產金小組又規定「臺灣銀行開發*A/P*、*L/A* 及普通國外滙款審核辦法」，對外貿易，才算是建立了一個正式的審核制度。

　　上項進口審核辦法，仍舊極爲簡單。由進口商依照規定表式塡具申請書，向臺灣銀行國外部申請，繳納百分之五十的保證金，再由國外部每週彙轉產金小組審核。核准與否，視本省需要情形及報價之高低與合

理爲準。

貳、第二階段

臺灣對外貿易，依照上述種種措施，政府不單是注意了這個問題，而已且經盡了最大的努力，只以政局轉變的角度太大，經濟的成長發展，又非一日之功，所以在外滙市場需要超過供給情形之下，臺灣銀行的外滙存底，經過一連串黃金存款提現、拋售金鈔的活動之後，到了 40 年春季，已經呈現了負數，積欠國外銀行外滙達美金 1,000 餘萬元，臺灣銀行開出的信用證，外國銀行均拒絕接受了，這不能不說是到了最嚴重的階段。爲了防止黃金與金鈔走私出口，外滙黑市擾亂市場起見，行政院不得不採取「新金融措施」，而於 40 年 4 月 9 日頒布「黃金外幣處理辦法」。禁止黃金外國幣券自由買賣，但人民繼續保有上項外滙資產，並不違法。旅客出境，携帶黃金以不超過二市兩，外幣不超過美金 200 元之總值爲限。爲便利進出口業務，應由臺灣銀行立卽建立結滙證市場。

臺灣銀行依據上項行政命令，立卽採取行動，將原有結滙證價格 10.30 元改爲官價滙率，另外參酌市場情形，訂立一種 15.60 元的結滙證價格。官價滙率適用於十一類生產器材原料及民生日用必需品的進口，公營事業輸入之生產器材原料，及軍政機關之滙出滙款；結滙證價格適用於其他一般進口貨品及民間滙出滙款。在出口方面，民營事業輸出所得外滙，百分之二十按官價結售臺灣銀行，百分之八十按結滙證價格結售。公營事業輸出所得外滙，則全部按官價滙率結售。一般滙入滙款，全部按結滙證價格結售。美援物資進口，依照中美雙方協定，一律按官價滙率結付新臺幣。臺灣銀行亦於此時增設進口外滙初審小組及普通滙款初審小組兩個委員會（在名義上兩組仍隸屬於產金小組），辦理外滙申請案件初審工作，再行彙轉產金小組作最後核定。此外關於公營事業進口原料器材，另由生管會設立器材小組，負初審的責任。軍政機關申

請外滙，則由行政院軍政費審核小組所附設的外滙初審小組負責，報經行政院核定後，通知臺灣銀行洽辦。關於輸出之獎勵，由省物資局專設小組負責推動，再提產金小組核定。各小組分工合作，對於貿易外滙管理工作，總算夠縝密審慎的了。而且在中央方面，行政院又成立了財政經濟小組，指派有關首長爲委員，開會時並有美國駐臺主管及專家列席，對外滙貿易管理，作全盤性的策劃與指示。

天無絕人之路，當我國外滙如此短絀之際，由於美國政府的體諒，經我方情商以後，即慨然應允於 40 年 6 月核撥緊急經援 4,100 餘萬元，助我渡過難關。這一份珍貴的友情，是我國財經首長永遠不會忘記的。

自 39 年 12 月公佈「臺灣銀行開發 A/P、L/A 及普通國外滙款審核辦法」，及 40 年 4 月採用新金融措施以後，進口外滙審核，改爲每週一次，同時又分設各種小組，原爲便於按照短期實際需要情形，作縝密的審核，惟以施行日久，臺灣經濟尚未改善，進口有增無已，每週申請案件至爲擁擠，且主管機構太多，事權反不易於集中。對於出口結滙，原定百分之二十按官價滙率及百分之八十按結滙證價格一節，已逐步全部改爲按結滙證價格。進口結滙原按官價結購者，亦已全部改按結滙證價格，滙率雖已提高，並未能刺激出口，顯係外滙貿易管理，尚有待作進一步之改善。因此在 42 年 6 月 11 日，行政院又頒布「調整各項財政經濟審議機構實施辦法」，規定政府機關外滙及軍用品輸入案件，仍由行政院原設小組審議，一般進出口貿易外滙之管理業務，由中央授權臺灣省政府辦理。將產金小組改組爲「外滙貿易審議小組」，其他有關外滙貿易管理之機構，一律裁撤，其業務概併入外滙貿易審議小組。組下再分設若干業務小組，負初審的責任。

外滙貿易審議小組於 42 年 7 月 15 日成立，展開工作，曾於 9 月 18 日公布「改善進口外滙申請及審核辦法」，規定進口物資外滙配額，以兩

個月爲一期，按期編製預算，事先公布，以供申請及審核的根據。申請
與審核，係採用實績制度。每一進口商申請之數，以不超過某一時期進
出口之實績乘規定百分比之數。實績時期與百分比，由審議小組按期公
告。例如第一期進口物資預算的實績時期，定爲民國 41 年全年，百分
比爲百分之二十，某貿易商在 41 年全年如有進出口實績 10 萬美元，第
一期可申請進口外滙 2 萬美元，全數可望予以核准。此項按照實績請核
制度，有幾個缺點：第一，對新設立之貿易商以往無進出口實績可稽者，
卽不易於請得外滙。第二，對貿易商業務有改進者，按照過去實績標準，
顯有失公平競爭之原則。第三，貿易商如不繼續經營進出口業務，尙可
以其實績權利讓與他人，坐收不當得利。故自從實施上項辦法後，日久
弊竇叢生，至 44 年上期便取消了。

　　自上述改善進口外滙申請及審核辦法實施以後，貿易商申請進口外
滙，由每星期一次改爲每兩個月一期辦理，由於結滙次數減少，與每次
結滙金額之加大，可以節省海運費、保險費、手續費、報關費、郵電費
等約達貨款百分之二十。爲充裕國庫，增強防衛力量，政府同時公布
「進口結滙加征防衛捐辦法」，對於進口物品，按照結滙價款加征防衛
捐二成。最初限於一般進口物資，至 43 年 6 月以後，則適用於所有進
口的物資。

　　加征防衛捐，無異提高滙價。當時銀行買進滙率爲每美元合新臺幣
15.55 元，賣出滙價爲每美元合 15.65 元，加征防衛捐百分之二十以後，
增加 3.13 元，共計 18.78 元，使出口與進口滙率發生差額很大。也就
是有意阻遏輸入，減少外滙支出。

　　叁、第三階段

　　外滙貿易管理，按照當代一般國家情形，均係由中央政府統籌辦理，
我國前在大陸時代，卽已援照各國成例實施。政府遷臺以後，由於一時

環境特殊，為遷就現實，關於外滙貿易主管事項，暫時仍委託本省政府辦理，嗣因局勢變更，一部分交還中央，其間經過，已於以上各節分別述及。至44年 2 月，財政部以美國政府已與我國簽訂共同防禦條約，今後美援款項與本國外滙資源之配合運用，更為密切，外滙貿易管理機構亟宜重新調整，以專責成。經行政院院會照案通過，旋即成立行政院外滙貿易審議委員會，仿照原有組織，於委員會之下，分設各審議小組辦事。

外滙貿易審議委員會自成立以後，即積極推進工作，如何拓展外銷，爭取外滙，以適應本島經濟之發展，乃為最主要之目標，惟以生產原料有限，人力却極充沛，而工資低廉，尤為發展工業之有利條件。故外貿會於民國45年 8 月曾頒布「輸入原料加工外銷輔導辦法」，推動加工輸出，爭取勞務收入，增加就業機會。並商由財政部制訂「外銷品退還稅捐辦法」，規定進口外銷用原料應付各項稅捐，得由授信機關向海關擔保記帳，於出口成品時冲消，毋須先行繳稅。此項冲退稅捐，係按照各項成品實際使用之原料核定一退稅標準，在執行上手續極為繁複，但於繁榮本省經濟，則大有裨益耳。

為便利加工廠商進口原料，減輕財務負擔，外貿會曾於 47 年商准由臺灣銀行撥墊外滙資金 400 萬美元，按年息六厘貸予廠商進口原料。51年復規定臺灣銀行可以新臺幣貸與廠商，折合美金數額，俟出口取得外滙後，再行償還。

進出口貿易所使用的滙率，對於商人的利益關係甚大，間接則影響消費者的支出，讀者至此想均能體認及之。我國在臺灣地區所行使之滙價，如上所述，自 39 年以後，即已產生了多元滙率制度，政府亦利用此種複式滙率制度，來管制進出口貿易。由於局勢之演變，外滙頭寸之枯竭，為謀國際收支平衡，滙率亦愈來愈複雜矣。截至47年 3 月止，進

出口滙價的複雜情形，有如下列幾種：

甲、輸出及滙入款滙價：

1. 糖、米、鹽、石油煉品及鋁輸出：20.35元〔15.55（臺灣銀行買價）＋80％（發給結滙證之比率）×6.00（臺灣銀行結滙證掛牌價）＝20.35〕。

2. 其他民營產品輸出：26.35元〔15.55＋80％×13.50（商業銀行結滙證牌價）＝26.35〕。

3. 政府機關滙入款：24.68元〔15.55＋6.00＋3.13（臺灣銀行按賣出滙率加征之二成防衞捐）＝24.68〕。

4. 民間滙入款：29.05元〔15.55＋13.50＝29.05〕。

5. 優惠滙率：35.00元。適用於收購外國駐華使領館及美軍美鈔，以及核准之滙入滙款使用。

乙、輸入及滙出款滙價：

1. 一般進口物資：32.28元〔15.65（臺灣銀行賣出滙率）＋3.13＋13.50＝32.28〕。

2. 工業原料、直接用戶、政府及公營事業等進口、美援商業採購普通進口物資：24.78元〔15.65＋6.00＋3.13＝24.78〕。

3. 美援重要原料、工業計劃進口物資：18.78元〔15.65＋3.13＝18.78〕。

4. 政府機關及民間滙出款：24.78元〔15.65＋6.00＋3.13＝24.78〕

滙率過於複雜，不僅商民不易分辨，卽業務與審議機構，處理亦感困惑，爲求簡化起見，行政院乃於47年4月公布「改進外滙貿易方案」，將上述多元滙率，先簡化爲兩種，再進而改爲單一滙率。在改革以前的通用滙率，爲24.78元，改革的第一步，卽以24.78元爲基本滙率，適用於甲種出口物資，如糖、米、鹽，甲種進口物資，如化學肥料、黃

豆、小麥、原棉、原油，及重要機械等，以及政府機關進口公物及其滙出款。基本滙率再加結滙證牌價 11.60 元，共爲 36.38 元，則適用於乙種出口及進口物資，即甲種進出口物資以外的一切物品，以及民間滙出滙入款項。以往進口結滙按基本滙率加征百分之二十的防衞捐辦法即日取消，另在進口關稅上按原稅率附征百分之二十防衞捐，使滙率與防衞捐，不再發生關係。又以往出口結滙發給結滙證爲百分之八十，今後一律改發百分之一百。迨至 47 年 11 月，關於滙率改革，政府又採取第二項步驟，將甲乙兩種出口進口物資合併爲一種，連同政府及民間滙出滙入款項，一律適用基本滙率 24.78 元，再加結滙證牌價 11.60 元，合共 36.38 元。

在此關於結滙證價格，我們尚須補充說明一句。當 47 年 7 月第三期進口物資預算施行時，規定凡以出口及佣金滙入款等所得的結滙證，申請進口物資時，得優先全數核准，亦無數額上之限制，因而產生結滙證市價高達 15 元之譜。爲平抑結滙證市價，48 年 4 月，由臺糖公司設置結滙證出售牌價爲 14.75 元，至 6 月調整爲 15.25 元。

爲求滙率單純，政府乃於 48 年 8 月 10 日，取消 24.78 元加 11.60 元的計算價格，而以 36.38 元爲基本滙率，對輸出輸入，改用新結滙證價格，代表全部滙率，臺糖公司出售結滙證牌價亦改定爲 40.03 元。進口外滙可以自由申請，原訂每期進口物資預算辦法同時取消。嗣後市價結滙證使用之範圍亦逐漸推廣，不以一般進出口爲限。例如航空事業、輪船運費、電影片等滙款，以及美援原棉、黃豆、小麥等進口，自 48 年 9 月起，亦適用市價結滙證。至 49 年 7 月 1 日，由於市場演變，有利於單一滙率之實施，故政府決定，所有一切輸出輸入及滙出滙入款項，概以臺糖公司結滙證出售牌價 40.03 元爲準，原訂 36.38 元之基本滙率，此時雖未明白取消，事實上已不再發生任何作用矣。

按單一滙率爲大多數國家所採用之滙率，亦爲最公平合理之滙價，而複式滙率乃代表落後國家不得已之措施。我國在臺灣地區繼續實施外滙管理，乃由於經濟環境使然，而前此所以實施種種不同之滙價，亦由於外滙頭寸短絀，當局不得不絞盡腦汁，仿倣拉丁美洲國家前例，作多方之運用。從政府立場言，在外滙收入方面，總算佔了一些便宜，而於民間利益，似不能同時兼顧。迨至 49 年 7 月 1 日以後，採行單一滙率，亦足以表示外滙管理之成功，多年來財經當局之苦心孤詣，當亦可獲得全體國人之諒解矣。

上述外滙價格逐漸提高以後，足以鼓勵輸出，道理是不錯的，如謂滙價提高，輸出亦可按比例增加，那便是一廂情願的想法。事實上國際市場影響價格變動的因素，乃屬多方面的，滙價不過其中最重要之一環耳。且我國出口，向以亞洲國家市場爲主，而可能輸出之貨品，又大部爲低級工業產品及農產品，經過相當時間以後，各國都已採取自給自足辦法，開設工廠，倣法製造，因此對外銷路愈來愈窄。爲了爭取市場，只有減價出售。價格降低以後，出口業又無利可獲，因此當局又同時採取內銷貼補外銷辦法。舉例來說，在 50 年間，進口廢鋼船板及礦砂等，除用於加工外銷者外，其用於內銷部分，一律由公會按廢鋼船板進口價百分之十，礦砂進口價百分之五，收取外銷貼補金，作爲補貼外銷之用。爲促進鋼鐵製品外銷，廠商之間，曾簽訂責任外銷公約，依據各廠生產比例，規定在一定的期間以內，應有定量之產品外銷。未達限額者每公噸收取違約金新臺幣 300 元，超過限額者，每公噸發給獎勵金 500 元。

肆、第四階段

臺灣外滙貿易，從上述管理經過觀之，至 50 年左右，總算漸入佳境。惟國際貿易係相對的，有出口必有進口，出口愈大，進口也大，才能互相有利。而一般人往往主觀太重，認爲外滙貿易之管理，出口愈多

愈好，進口愈少愈好。政府對於臺灣地區外滙貿易所採取之政策，從38年開始，至50年這一段期間，乃是由鬆而緊，由嚴而寬了。儘管當局如此力謀改進，而每年對外的貿易逆差，平均仍在 8,000 萬美元左右⓫。由於美國經援自39年下半年開始恢復，故過去每年對外貿易的差額，也正好以每年將近等額的美援外滙收入來彌補；但自52年以後，美國由於本國在國際收支方面發生困難，黃金大量輸出，對外援助，亦已改變方式，由贈與而改爲貸款，甚或停止援助。消息傳來，我政府當局，不得不在貿易方面重新考慮對策。惟以本島資源有限，如何推廣輸出，唯有一面改善舊有的產銷經營，一面設法推出新的產品。例如香蕉一項，在52年以前，百分之九十五以上由貿易商輸出，可說全部輸往日本，而日本對於香蕉進口，又採用外滙配額制，我國出口商爲爭取信用狀，須付日本進口商「回扣」，此項回扣復轉嫁於本省之蕉農。51年香蕉每簍（48公斤）售價爲美金 7 元，折合新臺幣 280 元，而蕉農所得者不過104 元，大部爲青果出口商及日本進口商所剝奪。52年政府實施「出口五五制」，將香蕉出口之權利，一半交由香蕉生產社團（即生產合作社及農會）享受，香蕉在產地收購價格，亦由每簍 104 元提高至 203 元矣。蕉農由於所得增加，乃擴張生產面積，增加產量，至 55 年，輸出亦由52年以前的出口總量 100 萬簍增加至 800 餘萬簍矣。

此外外貿會又依照產品特質及市場情況，對於各種農產品之輸出，採取種種不同之方式。如洋葱、柑桔，則採統一供應方式；鳳梨罐頭，則實施聯購原料；香茅油辦理統一報價；洋菇罐頭和蘆筍罐頭則從產製銷三方面加以輔導。此蓋由於我國輸出業者往往不諳國際貿易慣例，或則交貨品質與樣品標準不相一致；或則惡性競爭，採取傾銷政策；或則

⓫　見徐柏園先生著「政府遷臺後之外滙貿易管理」，56 年版，第七十頁。

交貨遲延，損害商譽，在在皆足以影響出口。政府在此方面所作之督導，概係針對現實，予以改進，故在數年之間，收效甚大。計在 52 年首次出現出超 2,000 萬美元，53 年出超又增至 5,200 萬美元，54 年至 57 年，由於國內投資及生產之快速增加，資本設備大量輸入，又連年出現了逆差。

　　依據上所陳述，我們大致可以了解，政府遷臺以後，在最初十餘年之間，發展經濟，以農業為主。實施土地改革，改進生產技術，增加農民收入，然後以農業支持工業發展。對外貿易，為減少外滙支出，着重進口替代工業之發展。如食品工業，紡織工業，建築材料及交通運輸器材工業，皆予以優先輔導。自民國 50 年以後，經濟基礎規模粗具，外滙市場亦極穩定，政府對於經濟發展，乃轉變以擴展出口為首要目標。由於我國工資便宜，故在民國 50 年代，我國出口，仍以農產品及一般輕工業產品佔大部分。但是由於經濟發展，所得提高，工資增加，對外貿易，又不得不改絃更張，因此政府乃於 58 年 1 月為加強對外貿易及外滙之管理，由經濟部設立國際貿易局，中央銀行設立外滙局，分別負責貿易及外滙之管理，接替原有之外滙貿易審議委員會之職掌。

　　在此我們尚得補充說明一點。結滙證制度，在臺灣曾先後實行了十多年，政府當局希冀利用市價的變動，自動調節外滙供需，使進出口發生聯鎖作用。但事實上，政府並不十分採取放任態度，市價之外，又有官定牌價，如市價波動甚劇，則暗中採取拋售政策，來控制市價。或於規定正式滙價之外，再加結滙證買賣價格，變為所支付的外滙實價；或以結滙證全部價款，代替滙價。花樣甚多，結滙證是否達到了價格機能作用，收到預期的效果，自然還是一個疑問。如前所述，當 47 年 4 月改革外滙，規定所有進出口及滙入滙出款項概憑結滙證以後，市價波動甚大，乃自 48 年 4 月起，改由臺糖公司訂定出售牌價，無限制供應結

滙證，而不收購，迫使出口商所得結滙證，非在市場出售不可，又失去了滙率自動調節之功效，乃屬顯而易見的事實。此時官價滙率，又已名存實亡。50 年 6 月政府復將官價滙率調整爲每 1 美元合新臺幣 40 元，結滙證仍按 40.3 元之價格無限制供應，臺銀則按 40 元之官價無限制買入，出口商爲便利資金週轉，寧願按照規定滙率領取新臺幣，不必再以結滙證向市場轉賣，多一層周折，至此結滙證制度又失去了他存在的價值。至 52 年 9 月 27 日，政府正式廢止結滙證制度，多年來管理外滙之一個重要法寶，算是壽終正寢矣。

伍、第五階段

如所週知，依照工業國家經濟發展先例，大半由農業而工業；在生產方面，又由輕工業與初級產品進而爲重工業與高級產品。我國在臺灣地區經濟之發展，以海島資源有限，對外依存度甚大，爲突破對外貿易瓶頸，政府乃根據經濟發展計劃，於民國六十年代，積極從事十項建設，其中除七項爲基本工業外，其餘三項，如現代鋼鐵工業，大造船廠，以及石油化學工業，則係針對國外貿易，一面減少高級產品進口所需之原料，一面可以大量發展出口工業，因此我國對外貿易逆差，至 59 年已儘量減少，自 60 年起，又再度發生出超。計出口達美金 20 億 6 千萬元，進口 18 億 4 千餘萬美元，出超 2 億 1 千餘萬美元。而在產品結構方面，輸出以工業品佔百分之八一・〇，農業品及農產加工品佔百分之一九・〇。輸入以農工原料佔百分之六四・二，資本設備佔百分之三〇・九，消費品佔百分之四・九。61 年及 62 年，我國對外貿易，隨國際經濟之擴展，又呈現空前繁榮，計出超分別爲 4 億 7 千餘萬美元及 6 億 9 千萬元。63 年由於石油價格暴漲，引起世界經濟全面衰退，我國對外貿易，亦大受影響，故在 63 至 64 年之間，國外貿易，又出現了逆差。65 年以後，國際經濟已開始復甦，我國對外貿易亦隨之好轉，連年陸續發生了

出超，67年出超高達美金16億6千餘萬元。計出口增至126億8千餘萬元，進口110億2千餘萬美元。68年進出口繼續擴張，各增加40億美元之譜。69年國際經濟受油價第二次提高影響，呈現衰退趨勢，而在一般開發中國家，並未遽以波及，我國進出口增至同為200億美元之等值。民國70至72年之間，每年出口超過200餘億美元，貿易順差，亦由14億美元，增至48億美元。自民國73年開始，隨世界經濟之復興，我國出口，已突破300億美元大關，至75年，接近400億美元。出超亦由73年之85億美元，增至150億美元。76年出口530億美元，進口340億美元，順差高達190億美元，77年出口600億美元，78年出口660億美元，進口依次增加為500億及520億美元，順差亦分別縮減為100億及140億美元矣。在產品結構方面，自民國61年以後，亦繼續加以改進，截至78年為止，輸出品中之工業品，已提升占總值百分之九五‧四，其餘農產品及農產加工品占百分之四‧六。輸入品中農工原料占百分之七二‧一，資本設備百分之一六‧四，消費品百分之一一‧五。

次就對外貿易地區而言，美國及日本，多年來為我國主要外銷市場，約占輸出總值半數以上，如以民國78年為例，我國對美輸出，達美金240億元，佔輸出總值百分之三六‧二。對日輸出90億6千萬美元，佔輸出總值百分之一三‧七。其次為香港、西德、英國、新加坡、加拿大、澳大利亞、荷蘭等國。輸入方面，又以日本為我國最大的輸入國家。民國78年自日本輸入之商品，值美金160億元，佔我國進口總值百分之三〇‧七。其次為自美國輸入，值美金120億元，佔進口總值百分之二三。其次為自西德及香港，分別進口26及22億美元，佔進口第三及第四位。第五位為澳大利亞16億美元。

由於我國對外貿易，一向以美國及日本為主要對手國，前者為我輸

出之大國，後者為我輸入之大國，故就貿易地區結構而言，極不理想。如何分散市場，減少貿易風險，增加貿易機會，又為政府多年來努力之目標。由於業者與政府合作，積極進行，近年以來，貿易市場，業已逐漸擴大。例如在民國78年，我國對歐洲進出口貿易總值，達193億美元，對東南亞貿易，總值178億2千餘萬美元，對中東貿易總值42億5千餘萬美元，對大洋洲貿易總值36億8千餘萬美元，對中南美洲貿易總值28億6千餘萬美元，對非洲貿易總值24億2千餘萬美元。

上述近二十年來我國對外貿易價值之變動，或為出超，或為入超，原因甚多，但滙價亦大有關係。前已言之，新臺幣對外價值，自民國50年以後，一直非常穩定，政府當局曾於民國59年9月報請國際貨幣基金核定平價為新臺幣40元合1美元。1971年12月18日美元第一次正式貶值百分之十，新臺幣對美元之比值，仍維持40元不動，但對其他國家貨幣之價值而言，事實上，即等於新臺幣也同時貶值了。因此對我國之輸出，當更為有利。迨1973年2月12日美元再度貶值百分之十，為兼顧進口商之利益，新臺幣對美元之滙價，旋即調整為38元合1美元。

由於美國尼克森政府於1971年8月15日宣布實施新經濟政策，停止美元兌現，第二次大戰以後所建立之國際貨幣制度，至此已被美國破壞無遺。及同年12月18日「史密斯松寧協定(Smithsonian Agreement)」簽訂，全面調整主要國家貨幣對外之價值以後，國際貨幣基金旋即決定，所謂「平價(par value)」，今後當指一國貨幣對外之價值，以黃金或「特別支款權(SDR-Special Drawing Rights)」為計算之標準。如果一國貨幣對外之價值，以他國貨幣為計算之標準者，則稱為「中心滙率(central rates)」。我國新臺幣對外之價值，在1971年12月以後，仍繼續與美元聯繫，乃變為一種中心滙率，而非以往之平價制度了。平價一經決定，如需變更，事先必須商請國際貨幣基金核准。中心滙率，則可由一國自行

隨意變更，事後報請基金備案即可。我國由於第二次大戰期間以及戰後與美國商務、債務，及其他種種往來關係，前此法幣及日後之新臺幣，對美元關係，至為密切，所以新臺幣始終對美元聯繫，乃是順理成章，非常自然的一件事。何況美元在今日國際貿易場合，雖然價值大不如前，仍舊站在一個很重要的地位，這點倒是我們要特別加以說明的。可是到了 1977 年，美國對日貿易，逆差愈來愈大，美元對日元之價值一直下降，為平衡對外貿易，我政府當局乃於民國 67 年 7 月 11 日將新臺幣對美元之價值，提升為 36 元合 1 美元。自 68 年 2 月起，政府建立外滙市場，新臺幣對外正式採取浮動滙率。

　　浮動滙率，是按照市場外滙供給與需要兩方面力量的大小自由決定的一種滙價。如果供給大於需要，則本國貨幣對外價值看漲；反之，如果需要大於供給，則本國貨幣對外價值看跌。所以浮動滙率，按照理論來講，是一種平衡一國進口與出口的滙價。但是事實上，浮動滙率，並不能達成這種任務。因為在一個完整的外滙市場，外滙交易，除了商務的因素以外，尚有資本移轉，套滙交易，投機買賣。當各種外滙交易的力量併在一起，才能形成外滙供給與需要兩方面的力量，憑以決定外滙買賣的價格，而不是單從商品一項來決定的。如果一定要說浮動滙率可以平衡一國進口與出口之貿易，那只是一種幻想而已。但是時至今日，若干國家採用浮動滙價制度，其目的則各有所不同。或為限制資本流出，或為限制資本輸入，前者如英國及義大利，後者如德國及日本。至於我國亦欣然採取此種制度，乃是順應時代潮流，對於滙價變動，可以操之在我。由於我國對外貿易，如前所述，在最近十餘年以來，連年發生出超，外滙存底，亦由二百、三百億美元增至七百多億美元。而在美國，則又相對的對我發生入超，乃一再以無比之壓力，強迫我國調整滙率，因此新臺幣對美元之比價，自外滙自由市場建立以後，曾陸續加以

變動，由 36 元合一美元提升至 30 元，於 28 元盤旋一段期間以後，再升至26元左右，而於民 79 國年徘徊在 27 元與 28 元之間矣。

第十五章

國際間資本之移轉

第一節　資本移轉與經濟發展

　　發展經濟，增加生產，推廣貿易，固然依賴人力、資源，與技術，而資本更爲其中重要因素之一，又爲衆所週知之事實。國與國之間，有貧有富，匱乏之國，可以向富有之國借進，加速本國經濟之發展，遠較刻苦自勵，降低生活水準，利用積蓄之功效爲大。資金充裕之國，可以餘款出借，經營投資業務，獲得利潤，彼此皆有好處。19 世紀及 20 世紀早年國際經濟之發展，便是一個最好的例證。在此時期，國際經濟發展之特徵，乃爲國際貿易之拓展。新興之國家，如加拿大，爲建築鐵道，發掘鑛產，建設城市，開辦工廠，創立公用事業，以及發展農業產品，在在需要資金，因而向工業先進之歐洲國家如英國，借入資金，購買工業產品，尤其是機械等項，來發展本國之農業及初級產品。工業國家所缺少者，又大牛爲原料及食品，因此借款還款，概利用商品交換，工業國家在海外之市場得以繼續擴展。利潤愈大，輸出之資金也愈多，最後

〔449〕

乃導致整個世界之經濟繁榮。此時又值金本位時代，幣值穩定，投資機
會廣泛，更是促進國際投資與國際貿易發展的主要因素。

在 19 世紀時代，工業重心當然以歐洲爲主，國際投資，乃是英國
法國和德國人的天下。截至 1913 年爲止，英國海外投資共達兩百億美
元之譜；法國海外投資，約值 90 億美元；德國海外投資，約計 60 億美
元。其他如比利時、荷蘭、瑞士，及義大利等國，在海外亦各有相當數
量之投資。至於美國，在此時期，正值經濟發展過程當中，仍須大量仰
仗外國資金，直至 19 世紀最後一段時期，才開始輸出資本，貸與加拿
大及拉丁美洲國家。總計欠國外者達 60 億元左右，而國外投資不過 25
億美元。所以美國在第一次大戰以前，仍舊處於債務國的地位。

第一次大戰戰場是在歐洲，經過四年血戰，交戰國家損失非常慘重，
自不待言。爲彌補戰時支出，英法兩國曾就海外投資出售一部分；德國
爲戰敗國，其海外投資，幾已全部毀滅或充公了。美國由於戰時供給協
約國家軍需用品，幫助海上運輸，賺進大批外滙，至戰後乃由一債務國
變爲債權國了。撇開政府對外貸款約計 103 億美元不計外❶，美國在海
外之投資，此時已積達 70 億美元，而外國在美國之投資，只剩下 40 億
美元了。

戰後歐洲國家爲復興經濟，重建工業，又要向外借款，而美國由於
經濟力量充沛，也是最有資格幫助歐洲患難朋友的國家，所以國際投資
在此種情形之下，更趨活躍。但戰後之歐洲，以生產未能早日恢復，銀
行信用膨脹，物價上漲，幣值無法穩定，因而擁有資金者，則又大量從
倫敦、巴黎、柏林撤出，轉滙美國，作種種短期投資上之運用。故在

---

❶ 此筆戰時貸款，歐洲國家最後均未償還，內中我國也積欠一部分，所以今日
美國稱我國也是賴債國之一。

1930 年底的時候，美國海外投資積達 172 億美元之鉅，而外人在美國之外滙資產，亦已增至 84 億美元。紐約從此即代替倫敦而執世界金融之牛耳矣。

如所週知，1930 年代爲有名之世界不景氣時期。當經濟開始萎縮之際，外國證劵在美國金融市場即不能繼續發行，同時美國在海外之投資，由於證劵價格跌落，損失甚大。是時歐洲金融市場又已發生金融恐慌現象，奧、德二國之銀行，次第發生擠兌風潮，美國方面不但不繼續以資本輸往歐洲，反將原有投資急電撤回，故在 1939 年第二次大戰發生之前夕，美國海外投資已降至 114 億美元，而外國人在美國的外滙資產反增至 96 億美元矣。就外國在美投資而言，其中三分之一乃代表美元流動資金。因爲是時歐洲金融市場混亂，銀行存款以及市面運用之資金乃相率撤退，逃往美國，而以紐約作爲躲避狂風暴雨之安全海港。短期資金流入以後，或存放商業銀行，賺取利息；或在市面運用，增益收入；或購買美國政府公債，以利收入。

第二次大戰於 1939 年 9 月爆發以後，國際資金之移動，又全面改觀矣。因爲美國人此時有了經驗，預料戰事將如何進行，如何結束。此一極權與民主自由之鬥爭，或成或敗，關係世界人類之幸福太大了，無論從軍事或經濟力量方面而言，亦唯有美國可以發生領導作用；美國政府也就在此種寬懷大量之下，爲盟國作了最大的幫助。解除外滙困難，成立租借法案，數年之間，憑以輸出之物資，達 492 億美元，其他國際商業資金往來，也就相形見絀了。戰後爲幫助盟國復興，共同對抗共產主義，一面由美國政府陸續對外舉辦貸款、經援、軍援，一面又鼓勵美國商民向外大量投資，歐洲亞洲得以先後復興，開發經濟，拓展貿易，提高所得，增加就業機會，國際投資的功能，又呈現了第二個顛峯時代。

第二節　資本輸出之眞義

資本一詞，可從多方面解釋，而含有種種不同之意義。最容易被一般人所領悟的，資本卽指貨幣而言。但在經濟學上，資本則包括資本財貨在內。如機械用具及一切生產設備是也。從其代表之所有權而言，資本可分爲貨幣資本(Money capital)與財產資本(property capital)兩種，前者以銀行發行之貨幣及存款貨幣來代表，後者以股票、債券、抵押權單來代表。另有一部分經濟學者，甚至將有用之知識，也看作資本；因爲知識可以產生所得。在商業往來上，資本可單指企業之淨值，或長遠之投資部分而言。而更普通的意義，乃包括一種企業之全部資產在內。但本節所稱國際間輸出之資本，不指資本財貨，儘管事實上，資本輸出常有採取資本財貨形態的。同時也不包括實際的貨幣在內。因爲按照國際通例，本國貨幣不得在外國市面通行。至於美鈔過去曾大量輸出，被外國人收藏，作爲價值之儲藏，乃屬例外。所以資本輸出，有其特殊之意義。一般言之，資本輸出，表現兩種顯明的交易行爲：一爲在貸款國內購買力的轉移；一爲財貨、勞務，或黃金的輸出。資本輸出之發生，乃正當一國居民以其一部分貨幣所得交與另一國居民自由處理之時也。貨幣所得之轉移，在求未來收回合適之本息，而非立刻有所清償也。亦卽便利借款國能利用此項購買力在貸款國購得財貨、勞務，或黃金。貸款國旣以一部分眞實所得轉讓與借款國，自當從借款國取得公債、股票，或其他財產權利作爲補償。當借款國以其在外國市場所發行之債券取得資金時，可能暫時存放貸款國之銀行，而不立卽支用。在此情形之下，從貸款國家立場觀之，雖然尚未實際輸出財貨、勞務，或黃金，却已構成了長期資金輸出的行爲。但是由於本國銀行增加了一筆外國人的存款，

則此筆長期資金的輸出，又爲等值的短期資金輸入而抵消了。俟日後借款國動用此筆借款在貸款國購買財貨、勞務，或黃金時，資本淨輸出才算正式發生了。設使借款國於獲得資金之後，立即用以購買財貨、勞務，或黃金，由貸款國輸出，則資本淨輸出也就隨以發生了。借款國也可以其借入之款滙交本國之銀行，換取本國貨幣，本國銀行並可利用此筆外滙收入，作爲外滙頭寸，存放國外，加強金融實力。

第三節　國際投資之動機

促進國際投資之主要因素，當然是爲了利潤。在利潤率愈大之處，也是資金最容易集中滙往之場所。不過投資，也有風險，並需要一筆費用。當某處因資金缺少，利息高，從而大量流入時，利息也會逐漸降低，最後利息收入可能與資本之邊際生產力相等。資本邊際生產力又與勞力及資源之供應量大有關係。當勞力與資源供應相當充沛而資本比較短少時，資本之邊際生產力就會提高。反之，當勞力與資源短少而資金充裕時，資本之邊際生產力就會降低。上述 19 世紀時代經濟高度發展之國家，資本累積至爲豐富，資本邊際效能及利率均呈低落現象，其他落後國家，以資金短少之故，資本邊際生產能力及利率偏高，故資金大量由工業發展國家流往低度開發國家，便是這個道理。

單是購買外國證券，而不直接參預生產管理，普通稱爲間接投資；如以資本輸出，在外設廠，獨自經營，或參加經營，乃稱直接投資。間接投資，只能坐收利益，而無法左右證券之價格。直接投資，則大權操之在我，可以大展鴻圖，爲所欲爲，提高利潤。在外國設廠，無非利用國外更有利之條件。或則由於國外工資特別便宜，或則爲避免外國進口之高額稅率，或則爲減少輸出之長途運費，或則爲逃避外國外滙管理之

限制，或則爲利用積存國外之資金而免於凍結，或則爲便於建立市場聲譽。

由是言之，國外投資之主要動機，在於獲得厚利的報酬，從私人企業方面觀之，理當然耳。但事實上，一國資金之輸出，往往政治的因素，反而重於經濟的因素。換言之，即國家的利益，重於私人利益，關於此點，從國際經濟發展過程當中，我們又可找出至少兩個答案。在 19 世紀下半期的時候，若干國家之海外投資，在於擴展本國之國際地位。鼓勵投資於本國政權所能伸張之領土範圍，以及友好之國家，此在法國、德國表現最爲明顯。第二次大戰發生以後，爲實現睦鄰政策，推翻軸心政權國家，發展盟國經濟資源，美國政府曾以大量資金貸與外國，同時並鼓勵私人海外投資，對抗共產主義之侵略。因此戰後政府對外投資，反而占了一個很重要的地位。

經營國際投資業務的，無疑的大半屬於富商鉅賈，但是有錢的人，不一定個個是有卓見的。所以能夠賺得大批金錢，機遇也是一個大的因素。因此有錢以後，究應從事何種投資，亦常不能自行決定，唯有請教有經驗有遠見之銀行家。所以在國際投資場合中，資金之移轉，受銀行家之影響力者甚大。當銀行出售外國證券所獲之利潤大於出售本國證券時，定必規勸顧客購進外國證券。正如國內投資，證券行號與投資銀行，都是大衆投資人的忠實指導員與顧問。

一個正在開發當中之國家，需要海外投資，而且能使投資及接受投資之雙方互爲有利，這已經是無庸置疑的了。不過事實上，國際資金之移轉，除了長期牟利之部分以外，尚有因政局不定，幣值不穩，戰事威脅，以及政府限制而將資金移往他國者，一俟局勢敉平或情勢轉變，資金又可立即由該國撤回，所謂「熱幣」，即屬此種形態。如因一國市面利率高漲而滙入之款，亦可在一月或兩月以後因利率降低而立刻撤退，

凡此行踪飄忽，驟來驟去之資金，對於市面信用，銀行之準備金，以及一般經濟情況，大半是害多而利少，一般稱之爲短期資金。短期資金在國際間之移轉，也屬一種投資，然則長期資金與短期資金之關係又如何，是不可不辨，且俟下節分解。

第四節　短期資金與長期資金之移轉

短期資金與長期資金在移轉過程當中，原無一道鮮明之界限可以區分清楚。不過在國際間移轉之資金，究竟何者屬於短期資金，何者屬於長期資金，我們可以從幾方面來加以辨別的。第一、我們要看資金轉移是屬於短期債權還是長期債權。短期債權當然屬於短期資金，長期債權，乃屬於長期資金。前者以到期在一年以下之銀行存款與商業信用票據來表示，後者以一年以上之長期證券及固定眞實資產來表示。第二、我們可從資金轉移時間之長短來判斷。如果資金移出以後，在短暫期內，即可移回的，屬於短期資金之移動。如果移出以後，一時不會移回來的，即屬長期資金之移動。不過短期資金之移轉，往往會利用長期性資產；長期資金之移轉，亦有利用流動資金者。二者有時又混淆不清，難於辨明。假如遇到此種特別情形，我們不妨另用其他方法來加以區別。國際間正規短期資金之移轉，不外一批資金在各大金融都市中滙來滙去，次數極爲頻繁。而長期資金之移轉，則爲從一國滙往他國新露面之資金。短期資金交易之總量，就其每年對於國際短期資金存有量所孳生之利息來看，是不會成比率的；即交易量大，而利息反薄也。長期資金交易之總量，就其每年對於國際長期資金存有量所應孳生之利息來看，能成適度的比率。即交易量大，利息多；交易量少，利息也就少了。

短期資金與長期資金之分野，我們尚可從資金移轉之目的來加以區

分。國與國間私人或公司行號之運用短期資金，不外三種理由：一為利息之變動，二為預期滙率的變動，三為其他預料的變動。當滙價穩定又無其他擾亂因素可以預期時，國際間短期資金之移轉，可以說完全在適應金融市場利率之變動。當本國市上短期資金利息上漲，如票據貼現率及銀行貸款利率之提高，商人為增加存貨需要短期資金時，自以向國外借進為得計。而在國外有短期資金可以運用之投資行號或銀行家，自亦樂於貸出，獲得更高之利潤收入。假定滙價同時發生變動，情形就不如是之簡單了。設使倫敦市上三個月票據利率高於紐約年息百分之一，三個月即為百分之四分之一，而又無其他滙價變動之風險，滙費又甚小時，金融業自以出賣紐約票據購進倫敦票據為合算。假如在此三個月持有倫敦票據期間，英滙趨跌，英鎊對外價值下跌了百分之四分之一，則此投資商人從票據利率方面之所得，又將於三個月後從英鎊換回美金時，全部因滙價之損失而抵消矣。在昔金本位時代，由於滙價穩定，國際間短期資金之移轉，乃以利率變動為主要之因素。一國市面利率提高以後，外國短期資金可望立刻流入；利率下降以後，資金又可望立刻撤退。迨至第一次大戰以後，尤其是 1930 年代期間，此種情形，即不復見了。因為自金本位取消以後，滙價變動頻繁，一國短期資金利息之上漲，往往解釋為該國貨幣弱點之暴露，滙價有貶低之可能，不但不能吸收短期資金之進口，反而促使短期資金之撤走。且在紙本位制度之下，滙價不變動則已，一有變動，往往幅度甚大，因此對於國際短期投資，更令人不得不慎重了。

此外政局的轉變，戰爭的爆發，外滙管制，都與短期資金之移動大有關係。上述三種情形，有一存在，即使本國市場利率很高，滙價穩定，短期資金也有相率撤走之趨勢。時至今日，一國在國際收支方面如果發生困難，唯有依賴政府短期資金之調度，維持收支之均衡，再不能倚靠

私人短期資金之滙入，增加外滙的來源了。

　　長期資金在國際間之移動，其原因與上述短期資金所遭遇者，可謂完全相同。滙率如有變動之可能，不論在最近的將來，或遙遠的未來，都會促使人民取得外幣債權，或承擔外幣債務。如滙價看漲，自以取得外幣債權爲得計；如滙價看跌，自以承擔外幣債務爲合算。利率變動也是一樣。倘使一國長期資金利率看漲，外國投資商人當樂意多以資金貸與該國，而本國商人貸與外國者，則又以少爲妙。尤其當利率上漲至某一水準以後，可望不再繼續升高之際，投資商人更可心安理得，盡量投資，不致因利率再提高，證券價格下跌，而使原有之投資受到損失。此外即使一國之利率在短期內並無變動，但與其他國家比較，仍舊偏高時，亦可導致外國長期資金之流入，而且會繼續流進。在滙率利率兩種因素之外，倘使海外商業前途看好，表示對外投資有利，長期資金也會向海外大量流出。

第五節　長期資金移轉與國民所得及國際收支之關係

　　國際長期投資，對於貸款國與借款國兩方面，都是有好處的，此點在前面我們已經略爲提到了，但其詳細情形如何，並未加以分析，本節擬就資金移轉與國民所得及國際收支之關係，補充說明如後。

　　大體說來，國際投資，可以維持或提高借款國及貸款國之眞實所得水準。當一國在國際收支發生困難時，如能向外擧債，增加外滙收入，彌補支出，可使本國國民維持正常生活水準，免於降低眞實所得與減少支出。假定由於向外借款而增加進口財貨，作爲消費之用，或資本財貨，作爲生產之用，自可提高本國人之所得，增加一般消費支出。另從貸款國方面觀之，長期資本輸出，乃是貸款國達成貿易順差而又使借款國免

於支付困難之最佳方法。一國出口貿易發生順差，對本國而言，正如投資之增加，代表經濟擴展的力量，足以增加國內生產，提高國民眞實所得。當然，此種情形之發生，有一先決條件，即當貸款國尚未達成充分就業之時，或者當一國已達充分就業，國民儲蓄在國內又無適當投資機會可以運用，此時如能對外舉辦貸款，以其儲蓄作爲海外投資之用，則本國之充分就業，仍舊可以維持而不致衰退。私人國外投資，往往以個人利益爲前提，政府海外投資，則以全民爲出發點，上述國外投資對於借款國與貸款國雙方所得之效果，乃是政府從事海外長期投資最好的理由。假定對於借貸二國之國民所得水準能維持不變或甚至提高，即使投資之酬報率甚低，政府對外舉辦貸款，或甚至以款直接贈與他國，興辦某種事業，也是很值得的。當然，如果其他情形不變，海外投資，又能兼顧高度的商業利潤，那更是值得鼓舞去爭取的。

如上所述，國際借貸能夠提高兩國人民之所得水準，乃由於支出增加故也。一人之支出，即爲他人之所得，依據乘數原理，最後可以擴大社會所得達多少倍。假定國際貸款並不能導致支出之增加，或者當兩國均已達於充分就業情況，即使增加支出，亦與實際所得無補，則上述之提高所得效果，即無由達成。假定借貸手續完成以後，支出並不因之而增加，比方說，一國借入資金以後，對於某種事業之興辦，不過是以外資來代替本國人之儲蓄；或者是兩國都已達到了充分就業階段，雖有資金，亦無使用之機會，在借款國自然會發生國際收支盈餘，貸款國則發生國際收支差額。（此時兩國由於支出未有變動，故國際經常往來科目亦不致有所變動，但在長期資金項目，將於借款國有利，故就整個收支平衡表而言，乃於貸款國不利，而於借款國有利。）迨日後貸款國發現此種不利之情勢時，必採取其他方法，以資應付。當一國在國際收支發生困難而採取其他政策以減少支出時，不外增加稅收，緊縮開支，限制

信用，提高利率，結果只有降低國民之眞實所得。

　　一國借入資金以後，不外利用本國生產之資本設備，增加投資之用；或以之全部在貸款國購買財貨輸入（當然也有以一部分輸入物資，一部分留在國內使用的）。依照第一種情形，如國內資源尚未充分利用，其所增加之投資，自可假乘數原理，而擴展國內之經濟活動。當借款國之人民再以一部分增加之所得向外購進貨品時，又可使貸款國之經濟假乘數原理而擴張，當然此時貸款國應尚未達到充分就業階段。兩國經濟在此情形之下，互相激盪，繼長增高，其間過程，正與本書第九章所述者相同。其最後在國際收支方面所表現者，乃爲兩國貿易將於借款國不利，但其差額有一限度，決不致超過長期貸款之數額。而整個國際收支，就貸款國而言，將永遠無法改善，對借款國反而有利。假定依照第二種情形，借款國以其全部資金從貸款國購買財貨進口，其結果將使借款國之國際貿易每況愈下，其差額正與所借進之資金等值，但在整個對外收支，則未有所改變也。假定此時在貸款國仍有一部分資源尚未利用，由於國際貿易之改善，可以導致國內經濟加倍之擴展。此種力量，又因互相激盪作用，將在借款國重複出現，導致借款國經濟之繁榮。依據一般經驗，如果此種互爲影響之情形，能夠長遠維持，足以達成最後之均衡局勢，所得在兩國內，定必同時增加，而在國際貿易方面，對於貸款國，將發生少量之差額。最後之演變，仍爲對借款國之整個國際收支有利，對借款國之國際貿易更爲不利。此與上述全部借款投資在本國生產設備上所產生之後果完全相同。由上二例分析觀之，假如一國獲得外國借款以後，一部分用在國外，一部分用在國內，其所導致的最後均衡情勢，我們也可推測得知，將與上述二例無異矣。

　　國際投資能助長借貸二國經濟之擴展，如上所述，係假乘數原理，而乘數之大小，又與二國之邊際儲蓄傾向與邊際進口傾向有關。換言之，

由於邊際儲蓄傾向與邊際進口傾向之不同，即使投資數額不變，其最後對於所得升高之水準也就不同。茲擬再利用公式，對於此間演變情形，以數字具體表達出來。所謂兩國所得達於新的均衡水準，也就是所得不再變動的時候。當投資增加之數在兩國全被儲蓄進口與出口抵消之際，即所得達於均衡狀態之時。在前第九章第二節裏，我們業經指出，在自由經濟制度之下，一國均衡所得水準保持之基本條件，仍為儲蓄與投資相等，但此時之投資，分為國內與國外兩部分，即

儲蓄＝國內投資＋國外投資，

但　國外投資＝出口－進口

代入上式，得　國內投資＋出口－進口＝儲蓄

或　國內投資＋出口＝儲蓄＋進口

我們現在仍沿用第九章各符號所代表之意義，假定由甲國以款貸與乙國，則當甲國所得水準達成均衡狀態時，其基本條件應為：

$$I_A = S_A Y_A, \infty + M_A Y_A, \infty - M_B Y_B, \infty \tag{15}$$

而在乙國則為： $I_B = S_B Y_B, \infty + M_B Y_B, \infty - M_A Y_A, \infty$ (16)

(15) (16) 兩式，又可分別書為： $Y_A, \infty (S_A + M_A) = I_A +$

$$M_B Y_B, \infty \tag{17}$$

$$Y_B, \infty (S_B + M_B) = I_B + M_A Y_A, \infty \tag{18}$$

(18)式又可書為： $Y_B, \infty = \dfrac{I_B + M_A Y_A, \infty}{S_B + M_B}$ (19)

再以(19)式代入 (17)式，得 $Y_A, \infty (S_A + M_A) = I_A + \dfrac{M_B I_B}{S_B + M_B}$

$+ \dfrac{M_A M_B Y_A, \infty}{S_B + M_B}$，移項 $Y_A, \infty \left[\dfrac{(S_A + M_A)(S_B + M_B) - M_A M_B}{S_B + M_B} \right]$

$$= I_A + \frac{M_B I_B}{S_B + M_B} \text{，因而得 } Y_A, \infty = \frac{(S_B + M_B) I_A + M_B I_B}{(S_A + M_A)(S_B + M_B) - M_A M_B}$$

$$\text{(20)}$$

同理又可求出：
$$Y_B, \infty = \frac{M_A I_A + (S_A + M_A) I_B}{(S_A + M_A)(S_B + M_B) - M_A M_B} \qquad \text{(21)}$$

(20) (21) 兩式乃爲一種普通公式，可適用於任何投資價值之數，爲正爲負，可忽論也。設使兩國投資之數額相等，但在甲國所表示者爲負數，乙國所表示者爲正數，即 $I_B = -I_A$，其所應用之公式，又可以根據上列 (20) (21) 二式，再爲化簡，而得下列二式：

$$Y_A, \infty = I_A \frac{S_B}{(S_A + M_A)(S_B + M_B) - M_A M_B}$$

$$= I_A \frac{1}{S_A + M_A + S_A \dfrac{M_B}{S_B}} \qquad \text{(22)}$$

$$Y_B, \infty = -I_A \frac{S_A}{(S_A + M_A)(S_B + M_B) - M_A M_B}$$

$$= -I_A \frac{1}{S_B + M_B + S_B \dfrac{M_A}{S_A}} \qquad \text{(23)}$$

　　現在我們可以舉一實例，應用上列公式，且看結果如何。設甲國每週期以 100 元之數貸與乙國，即在甲國每週期減少 100 元，乙國每週期增加 100 元。同時又假定甲國之邊際儲蓄傾向爲 0.2，邊際進口傾向爲 0.3，乙國之邊際儲蓄傾向爲 0.1，邊際進口傾向爲 0.15，爲簡便計，又假定乙國所增加之投資 100 元，並不使用任何部分作爲從甲國運進機器設備或原料之用。在此情形之下，甲國之所得便會逐漸降低，乙國之所得，便會逐漸提高。從而削弱了甲國的進口力量，增加了甲國的出口機會，而使甲國發生出口盈餘。其所發生之出口盈餘與降低之儲蓄部分，

可與減少之投資部分互相抵消。當二者正相抵時，所得也就停止下降，而穩定於此一水準。至在乙國，則發生相反之變動。不過因爲乙國之邊際儲蓄傾向與邊際進口傾向均較甲國爲低，其對投資增加所發生的抵消力比較小，只有當所得達到更高度之水準時，才能阻止繼續上長。故在乙國每週期最後所得提高之數，恰爲甲國最後所得減少之二倍。此蓋由於乙國邊際儲蓄傾向僅及甲國之一半故也。茲以有關數字代入(20)式，得甲國最後之所得水準爲：

$$Y_A, \infty = \frac{(0.1+0.15)(-100)+(0.15\times100)}{(0.2+0.3)(0.1+0.15)-(0.3\times0.15)}$$

$$= \frac{-25+15}{0.125-0.045} = \frac{-10}{0.08} = -125元$$

代入(21)式，得乙國之所得水準爲：

$$Y_B, \infty = \frac{0.3(-100)+(0.2+0.3)100}{(0.2+0.3)(0.1+0.15)-(0.3\times0.15)}$$

$$= \frac{-30+50}{0.125-0.045} = \frac{20}{0.08} = 250元$$

如代入(22)(23)兩式，則所得之結果，與代入(20)(21)兩式者相同。

$$Y_A, \infty = -100\frac{1}{0.2+0.3+\dfrac{0.1\times0.3}{0.1}} = \frac{-100}{0.5+0.3}$$

$$= -\frac{100}{0.8} = -125元$$

$$Y_B, \infty = 100\frac{1}{0.1+0.15+\dfrac{0.1\times0.3}{0.2}} = \frac{100}{0.25+0.15}$$

$$= \frac{100}{0.4} = 250元$$

　　讀者至此可以發現上述(22)(23)兩個公式與前第九章第二節所述國外貿易變動所應用之公式完全相同。此蓋由於投資值變動在數額相等方向相反之情形下，其乘數與國外貿易之乘數相同故也❷。

---

❷　上述公式之來源，可參考 Fritz Machlup, International Trade and the National Income Multiplier. pp. 175-176.

第十六章

貿易循環 (Trade cycle)

第一節　貿易循環的發生

在本書第九章第一節裏，我們討論一國所得變動時，乃係利用乘數原理。當投資支出增加以後，由於所得增加，導致了國民消費的增加。一人消費的支出，乃爲他人所得的收入，如此循環累積，最後將隨邊際消費傾向之大小，導致整個社會所得作倍數的增加。反之，假定投資支出減少，最後也會導致國民所得加倍的降落。但是當消費支出增加以後，原有消費品產量又感不敷供應，生產者必須增加設備，擴大投資，因而當消費支出增加以後，投資又可假加速係數而變動。加速係數爲消費支出淨變動對誘導投資的比例。如消費支出淨增加之數爲三萬元，其導致投資支出之淨增加數爲六萬元，則此加速係數爲二。如消費增加 3 萬元，而所增加之投資亦爲 3 萬元，其加速係數即爲一。當此投資支出計劃實現以後，社會所得將如上述程序再假乘數原理而變動，故國民所得之變動，乃係同時受到乘數與加速兩種作用的影響，其間演變情形，讀者在

研習經濟學原理時，當早已熟諳無遺，此處擬不再加以重述。現在我們所要討論的中心問題，乃是生產何以有時發生高潮或低潮？低潮之後，可能逐漸步入高潮；高潮之後，又可能降至低潮，致使貿易往來，呈現暢銷與滯銷之時期，影響商業利潤至爲重大，所謂貿易循環，意在此也。當一國國內發生經濟景氣與不景氣現象時，假如對外不是採取閉關自守政策，自然會同樣影響該國之國際貿易，關於所得變動與國際貿易之複雜關係，我們在第九章已討論過了。本章擬就所得變動之原因加以論述，從而了解國際貿易變動的基本道理，故本章可作爲對第九章的補充說明。

按照一般情形，工商業者致力於生產與貿易之目的，在追求利潤，其在投資方面所獲得之報酬，必大於或至少等於所投下資本的邊際成本。資本之來源，可採用發行債券辦法，吸收社會長期資金；或增加股票發行，充實資本；或利用累積盈餘，自然增資。但不論採用何種方式，利息成本，當計算在內。利息之高低以及資本之便利籌措與否，固爲投資者首先考慮之問題，但決定投資之另一重要因素，即爲產品之銷路問題。更明確言之，投資對於產品之重要性，乃是指固定設備與產量間的一種關係。在一定的技術水準之下，任何一種企業，對於資本設備與產量，總有一個適度的比率，以在某一定量資本設備之下，能生產某一定量的出品爲最合算。此種適度的比率，乃以現有固定設備能合理的充分使用爲度。所謂合理的充分使用，決不是使用到最高限度。假如機器設備使用到了尖峯狀態，表示生產缺乏伸縮性，一遇定貨增加，即無法增加生產；縱令員工加班，其所增加之薪資，又當超過正常給付之比率。而且在極端緊張工作情緒之下，關於機件之保養與修護，亦最困難。一家工廠果爾發生此種過度工作情形，自以增加設備，擴充投資爲宜。反之，如果某些工廠之機器設備尚未適度充分使用，即使機件達到報廢年齡，也可能不再汰舊更新，補充設備，任其毀滅罷了。生產事業可分爲消費

品及生產品兩種，在消費品生產工業，對於未來銷售之預測，往往根據現有之銷貨水準，有關固定設備之維持或擴建，當然也以現有之產量爲準。至於製造機械工具及資本設備之生產事業，卽遇生意興隆，又寧願讓顧客暫時等待，延期交貨，而不立刻增加設備，大量生產。何以故呢？消費品生產事業如遇需要增加，而增加產量，卽表示現有設備不足，未能與產量達成適度之比率。如果此種需要又有繼續增長之可能，自當計劃擴充設備。也就是說，生產者除了按期更新設備以外，尙須增加新的設備，卽是增加了機器設備的需要。此時機器生產廠商如能立刻滿足消費品生產商人的要求，供應器材設備，自然皆大歡喜。但事實上，按照一般慣例，生產設備器材，必須事先訂購，並非備有大批現貨，叫喊卽到。此種需要，如屬一種臨時現象，生產商只有讓顧客暫時等待，從緩供應。因此消費品生產商人在商業旺盛季節，大半充分使用原有設備，卽已逾齡之機器，仍舊繼續使用。在商業滯銷時期，則任令資本設備虧損，而不如期更新。而在機器生產商人，認爲訂單湧到以後，如果立卽增加設備，其所新增之市面需要，可能屬於一種短時現象，一俟爭購熱浪過去，其本身之生產設備又嫌過多了，極不經濟。故在此時如讓顧客等待，市場照樣可以維持，所以生產設備製造商人在不景氣時期，大半任令固定設備耗竭乃已。在景氣時期，則又竭盡全力於汰舊更新事宜。然則固定設備生產商人增加生產能量又係依據何種政策呢？大略言之，乃係依據經濟遠景以及當前之營業利潤而定。由是觀之，無論從消費品或生產品廠商而言，當產量變更以後，總會同時引起投資計劃之改變，當投資變更以後，如上所述，可假乘數原理，引起社會所得及生產量之變動；當所得及生產量變更以後，又可引起投資之變動。當此項投資計劃實現以後，國民所得水準又受影響而加以變動，因果循環，從而發生了貿易循環的現象。

第二節 貿易循環的本質

貿易循環，乃是一種週期現象，在此過程當中，會引起眞實所得、產量、就業，及物價之變動，從一個暢銷週期到另一個暢銷週期，往往長達十年之久。早年之循環理論，對於週期表現之特性，着重於物價水準之變動，降及近代，對於商業循環之說明，則又着重經濟社會中工業區域生產與眞實所得之變動，而以物價變動，作爲次要的說明。至於以利率與金融政策來解釋商業循環現象，如今更不爲人所重視了。因爲欠妥之貨幣政策以及金融業之崩潰，適足以加重循環之壓力；而相反的，開明的金融政策，又足以阻抑循環現象之發生，或減少它的威力。依照一般的說法，貿易循環，可分爲五種形態：好轉 (The upswing)、暢銷 (The boom)、崩潰(The collaps)、衰落(The decline)、蕭條(The depression)。好轉乃指業務開展，失業人數減少，物價微升。暢銷表示失業者極少，有時且呈現一種通貨膨脹之趨勢。此種形態，可能爲時甚暫，也可能延長達數年之久。崩潰表示商業活動之突然逆轉，物價下跌，金融恐慌隨以俱來，證券價格普遍下跌，債務人無法償清銀行欠款利息。衰落表示商業活動一直低落，失業人數增加，物價下跌。蕭條乃是商業往來瀕於停止狀態，復興在望。此種情形，正如暢銷時期，可能爲時甚暫，也可能長達數年之久。當然此種劃分方法，未免過於形式化，而實際上所發生之週期現象，並非如此分明可辨。比方說，在經濟好轉或貿易暢銷之際，生產活動變化相當頻繁，在此時期，一部分過於謹愼的觀察家，也可能認爲這便是崩潰與衰落之開始。崩潰之發生，往往原於一系列之恐慌現象，其間相隔數月或數年之久。在蕭條時期，可能察及黎明之快要到來，甚或復興契機，業已起步，只因力量太弱，不易立刻旋

乾轉坤而已。貿易循環威力之大小，依據前述乘數及加速原理，乃視國民邊際消費傾向及適度的資本與產額比例而定。假如邊際消費傾向及資本對產額的比例兩者均較小時，其對於社會經濟，不會發生爆炸性的效果；假如邊際消費傾向及資本對產額的比例兩者相當大時，其對於社會經濟的影響力也最大。本章分析，着重第二種情形。當一個經濟社會經過一陣大變動之後，一切復歸平靜，達到一種新的均衡局面。但是由於新的衝擊力量不時來襲，均衡局面又可重新打破，而發生一系列永無止境的貿易循環現象，社會經濟將一直波動下去，正如長江後浪推前浪，永向東流。

　　由上所述，貿易循環雖然可以分為五種不同的現象，但簡略言之，表現於經濟方面者，不過高潮與低潮之出現而已。所以我們想進一步追問，當經濟活動開始擴張以後，究竟最高限度又將止於何處呢？前述投資之增加以及消費之擴大，從而利用乘數及加速原理，增加產品，提高所得，有一個前提，即當該經濟社會尚未達於充分就業之時，尚有生產要素可以利用。當此社會一旦達於充分就業境界，生產無法繼續增加，也就是經濟擴展到了頂點的時候，因此經濟活動之擴張，乃以充分就業為其極限。在充分就業情形之下，即使再增加資本，也無法增加生產了。當此經濟發展上限達到以後，又將發生何種變化呢？依據經驗，不外兩種情形可以發生。其一，此種經濟繁榮，可能為時甚暫，轉瞬即逝，代之而起者，為經濟之逆轉，貿易之衰退。其二，此種高潮，可能維持一個相當時期，兩年或三年，亦屬常見之事。第一種情形之所以發生，其最重要之點，在於生產不再繼續擴張。假定此時資本財貨生產商人所接收之訂單，並無大量延期交貨情事，資本財貨之生產，便會立刻減退。因為產量不再繼續擴張，也就表示無需另添設備，以達成資本與產額之適度比例。當資本財貨生產活動一旦衰退，對於整個經濟，會發生一種

很快的反擊力量。因爲投資不再繼續增加，社會經濟即發生普遍緊縮現象。在此短暫過程當中，繁榮之後，經濟立刻開始逆轉，通貨膨脹之力量，不容許有立足之餘地，擴張與緊縮兩股勢力，同時互相拉平了。當充分就業達成之際，一般所得水準很快的提高了，所得提高以後，對於通貨膨脹的壓力，自然相當強大，只因高度繁榮，不過曇花一現，所以通貨膨脹仍舊落後一步，來不及扮演主角了。第二種情形可能存在之原因，乃是由於資本財貨生產工業到了充分就業境界以後，大半寧願延長交貨時間，而不立刻提高出售價格，應付市面之需要。倘使資本財貨工業先消費財貨工業而達於充分就業之域，資本財貨工業此時定必收到大批定貨清單，如仍遷就現有設備，而不立刻大量增加生產，從速交貨，則消費財貨工業之擴展進度，便會延緩。因爲此時機器設備業已盡量充分利用，產量亦止於此水準而已。同時此種情況發生之日，消費財貨工業也許尙未達於充分就業；也許由於局勢之令人樂觀，而一往直前，接近充分就業境界，至此物價多少有點波動，但卽屬如此，其所促成之通貨膨脹力量，仍很脆弱的。儘管資本財貨工業收到大批定貨清單以後，不能如期交貨，一部分消費工業，爲了擴展生產，繼續增資，仍須購買資本財貨，因此資本財貨工業所收到的定貨單，也會愈來愈多。一個經濟社會，如能永恒維持此種均衡局面，卽資本財貨工業已達充分就業，消費財貨工業也近於充分就業，那不是太好了嗎？但事實上此種局面，並不能長遠維持下去。因爲消費財貨工業之生產，旣不容許繼續擴展，也就表示對於固定設備的淨投資（指汰舊更新設備以外之新投資）不再有任何新的計劃出現了。當此情況一旦出現，而現有投資計劃又均已一一實現之際，對於資本財貨之需要，只是作爲汰舊更新的用途罷了。至在資本財貨工業，當原有訂單均已交貨之後，剩下的工作，也不過生產更新設備的器材，產量亦將大爲減退，從而發生失業，所得減少一連串

現象。所得減少之後，支出隨以降低，最後社會之總合所得，又將假乘數原理作加倍之低落。金融恐慌亦同時出現，債務人感覺負擔愈重。而且所得減退以後，人民無意增加投資，也就表示現有資本設備反而嫌多了，連汰舊更新也不再繼續進行了，投資水準每況愈下，國民所得收入更低，卽能勉強維持生活，儲蓄便談不到了。換言之，此時之儲蓄爲零，而與投資相等了。經濟蕭條至此，也就是到了無法再行降低的地步。雖然，此種經濟低潮之均衡局面，並不能長遠維持。因爲當投資停止，資本設備逐漸虧損以後，其所餘存之固定資產，又將逐漸與產量達到適度之比例，爲維持此種低度之產額，更新設備之投資又屬必要。投資開始增加以後，經濟又將好轉，此時之情況，適與吾人分析開始時之局面完全相同，繼續向前作第二次週期性的運轉矣。

第三節　　反貿易循環政策

根據上節之分析，我們可以得到一個概念，經濟社會是永遠不會穩定的。當政府支出及投資水準變動以後，對於生產與所得水準將發生很大的變化，從而引起物價之波動。在此過程當中，經濟由舊有局面達到一個新的均衡狀態，決不會平靜無波，社會上免不了要發生若干的騷動，假定政府不採取適當干預政策，經濟均衡之局面，決不能長遠維持。因爲產量與所得二者本來是變動不居的，在貿易循環過程當中，也就永遠無法穩定下來。尤其在近代我們研討物價穩定，維持充分就業，此一問題，更爲經濟學者所重視。也可以說，自第一次大戰以來，世界經濟發生了大的恐慌，人民飽嘗了痛苦經驗，政府當局注視經濟貿易問題，更甚於其他的政治和軍事問題了。

發展貿易，須從經濟安定着手。所謂經濟安定，乃指一般貨幣工資

的穩定，物價的平穩，或是就業的安定。在生產力增加情況之下，想要穩定貨幣工資與物價，往往不易兼顧。因爲物價之穩定，即表示貨幣所得之提高，而個人貨幣所得之穩定，只能在緩慢下降的物價水準下求之。假定我們的目的在儘量減少失業的人數，則在安定就業及穩定物價、工資之中，又有一種矛盾存在。因爲當失業人數降低到最低水準的時候，物價與工資又有逐步上升之趨勢，究竟失業人數最低的百分比，在歷年當中，要有多大，才能與物價穩定相適稱呢？比方說，在豐收之年，也許百分之二的失業人數就夠了；在歉收之年，失業人數即達百分之五，仍不免有累積性通貨膨脹之趨勢。問題如此困難，我們只有轉而考慮，在一個工業國家，政府應當採用何種政策，以求失業人數達到合理的最低水準。在一個閉關自守的經濟社會，安定經濟，似可利用三種工具：一爲金融管制，二爲財務管制，三爲直接管制。金融管制，乃係透過銀行組織以及利率政策。財務管制，乃係變更租稅制度及政府預算政策。直接管制，乃係政府直接採用干涉政策，關於人民經濟活動，何者可行，何者不可行，作種種硬性的規定，強制執行。當然，此種分類方法，事實上亦常難於劃分清楚。究竟何者屬於金融管制，何者屬於財務管制，何者屬於直接管制，其間並無明確的範圍與界限。例如政府對於銀行信用的管制，可以視爲直接管制，也可作爲金融管制。政府對於長期公債市場之運用，可以視爲金融管制，也可當作財務管制看待。此種看法之不同，固無礙於政策推行之效果，我們姑且不必去太重視他。現在讓我們對於這些管制辦法的經濟特徵加以分析，以便政府在採用時，有所權衡。

　　金融管制，在政府管制工具中，要算最古老的一種，其主要方式爲變更利率及控制銀行信用。此一工具之長處，在富有伸縮性，可以立刻施行，也可隨時廢止。而且限制程度，可高可低，政府當局可以優爲之。例如貼現率之變更，可以每週不同；公開市場之操作，可以長遠邃行。

必要時用電話轉知銀行界，即可如意實行。次就其所發生之效果言，正如立竿見影，非常靈驗。利率之高低，影響貿易商人之利潤，財貨之購買；對於商人經營之能力，未來之期望，可在數天之內，或數星期之內，完全改觀。但從另外一方面來看，此項金融管制辦法可能發生之效果，仍舊是很有限的。例如變更銀行利率，對於投資與儲蓄的功效，即不可能期望太大。因為在通常情形之下，利率高，一般人之儲蓄興趣也比較濃厚，這是不錯的；假定儲蓄之目的，在達成將來一定的所得收入，則當利率愈高時，反而每年所儲蓄之數額變少了。而且一般人之儲蓄能力，與所得大有關係。國民所得水準高，儲蓄能力也就強，故增加所得對於儲蓄之效果，反比提高利率者更大。再從投資方面來看。投資之目的，在追求利潤，叚使利潤率高，即使利率高，仍舊有人願意投資。且貿易商人對於固定設備之投資，首先當考慮每年之總支出負擔為若干，利息負擔，不過其中之一部分而已；其他則為機件設備之維持費用，折舊費用，與還本費用。倘使固定設備之使用年齡愈短，其維持資本不變之費用比率，較利率更大。所以利率變動對於整個資本支出之影響，甚為輕微。次就存貨投資方面而言，利息之變動，影響存貨之投資額也不會太大。一般存貨水準，乃係根據產額與銷售量而定，利率只占維持存貨總費用中之小部分而已。倉租、保險費用、損耗，以及價值之低落，乃為首要考慮之問題。而且我們不要忘記，利率低落，也不是無止境的，却有一個最低的限度。舉一個最簡單的例來說罷。假定在某一個社會裏，債券有一定的數量，貨幣也有一定的數量，在人民對於所保有之財富或用證券或用錢幣留置達到最滿意的程度時，也就是說，現有債券全部為人們所購存，旣不嫌多，也不嫌少。至於貨幣，除一部分作為經常之支出外，其餘所留存者，乃作為隨時投機活動之用。此時之利率，乃就是一種正常的均衡利率。如所周知，利率與證券之價格，常成反比率而變動。利

率高，反映證券價格之下跌；利率低，反映證券價格之上漲。而證券之
價格，又正如其他商品，由供給與需要來決定。設使人們對於證券之需
要增加，可促使證券價格之上揚；反之，對於證券之需要減少，可導致
證券價格之下落。大衆對於未來財富的價值，各有各的看法。假定有人
認爲利率即將提高，當以留存現金爲得計，以免證券因利率之升高而貶
值也。如果認爲利率在最近的將來不會變動，甚或尙有下降之可能，則
不如留存現有債券，可望獲取高額利得，不致爲資本貶值所冲消也。至
於人們何以認爲未來利率有上漲或下跌之可能，其原因固然很多，但是
有一點，大衆的看法，大致是相同的。即是當目前利率很低時，將來一定
會上升的。反之，當目前利率偏高時，未來一定會降低的。換言之，目
前利率偏高而在未來有降低的趨勢，也就表示證券在未來漲價的成分居
多，跌價的可能性較小；在此情形之下，大多數人寧願留置債券，而不
願保留現金。反之，目前利率偏低而在未來有上升的趨勢，即表示證券在
未來跌價的成分居多，再上漲的可能性較少；此時大多數人寧願留存現
金，相機使用，而願意保留債券者，當佔極少數。當然，也有一部分人
根本就不去注意市場價格之變動，其購買債券之目的，在於獲得利息之
收入，而無投機之心理。但此種事實儘管存在，對於吾人上面所作之分
析，仍舊不相牴觸。由是言之，當債券價格偏高時，一般人寧願多留存
現金，亦即表示在利率低的時候，社會在投機方面對於貨幣的需要較大。
雖然，一般人的心理，是最不易於捉摸的。當利率下降時，也有人會猜
想未來可能更低，因此對於貨幣的需要反而減少。不過我們要知道，當
利率降至最低水準時，如再略微提高一點(即證券價格略爲下跌一點)，即
足以使資本之虧損抵消利息所得的部分。且在一般情形之下，利率降低
以後，其再度回升之可能性比較大，因此一般人們，往往有這樣一個看
法：低利乃有一個限度，如再低於此一限度，即無意長遠保留債券，但

顧保留一短時間，因爲利率也可能再略爲降低一點。假定留置證券之時間太長，則利率一旦囘升之後，其在資本方面所受之損失，反而超過證券之所得收入。所以當利率低於此一臨界水準時，一般人寧願留置現金，代表他的全部財富。在臨界利率時，究應留存多少現金或多少證券，往往難於決定。當利率高於此一臨界水準時，雖然大部分人寧願留存現金，但也有一部分人寧喜留置證券。根據以上分析，就可證明政府採用利率政策，其效果是很有限的。爲了促進經濟活動，利率亦不可能太低了。唯有在長期投資方面，例如興建國民住宅、鐵路，以及公路，如果變更利率，所收效果最大。惟此種投資，事前須假較長時間，審愼考慮，利率變更以後，亦不容易立刻看出效果。

財務管制，旣係變更政府支出及租稅政策，不可能說到就會做到，但一經實施以後，效果倒會很大。因爲變更預算，改革租稅，係一件大事，須經過一定的立法程序，審議協商，待手續完成，動輒半年數月。即使改革方案業已付諸實施，其效果也不能全部立刻表露。

直接管制最爲痛快，政府可利用權力，說做就做，立刻可以見效。不過此種措施，係一種消極性的。例如在戰時或戰後，爲調節物品之供需，政府可以分配原料，鼓勵某種工業之生產，限制某種活動之進行。或者爲便利某一部分人士而特別增加某種生產；或者爲限制某些人之消費，而禁止若干商品之進口。所以直接管制，最易發生差別待遇。同時採用此種管制，也可減少物價與生產額的波動。但直接管制，乃是不讓經濟自由發展，容易引起社會人士之反感。管制之目的在穩定經濟，可能經濟由於管制而更不穩定。比方說，如果米、煤因爲來源短少而必須加以定量分配，可能有人卽預先從事囤積居奇，反而加深了米、煤短少的嚴重情形。

第四節 政策執行的技術問題

穩定經濟，可以採用何種方策，在上一節裏，我們已經提到了幾種工具，有了工具，究應如何施行？也就是說，各種政策，應在何時開始實施最爲適宜？估計能投下多大的力量最爲適度？爲什麼我們要提出這一個問題，乃是因爲我們處在一個動態的社會。假定我們面對的是一個靜態的社會，認爲失業的人數太多了，唯有政府增加支出，乃是一種有效的對策，則政府究應增加多少支出，可從現有國民所得水準及充分就業時所得水準之差額，以及乘數之大小估計，便可得到答案。假定每年之差額爲 1 億元，乘數爲 5，則政府每年增加支出 2,000 萬元，即可使經濟活躍達到充分就業之境界。但在動態的經濟社會，隨時有各種新的干擾現象發生，足以影響政策之推行。如果時間的選擇不大適當，或者過早，或者過遲；進行的速度，或者太快，或者太慢；政策的分量或者太重，或者太輕，都會降低政策的實際效果。爲答復此一問題，我們必先認定，究竟我們所採用的工具，是對付未來的局勢變化，還是應付業已發生的事實。前者稱爲「預測處理辦法(Forecasting approach)」，後者稱爲「現有差誤處理辦法 (Current error approach)」。兩者對於問題之處理方式雖有不同，而事實上乃是相需爲用相輔而成的。預測方法，旨在估計未來一定期間以內（通常爲一年）一個經濟社會的綜合需要與綜合供給各爲若干。在一個封閉式的經濟社會裏，總合需要，包括消費、固定投資、政府支出，及產品之淨增加量等需要在內；總合供給，乃指現有財貨與勞務之總生產量而言。如果政府經濟政策在達成充分就業，必設法變更需要總量而與估計在充分就業情況下可能供給之總量相等。在第二次大戰期間及戰後，各國計劃經濟，大多採用總合需要與綜合供

給的預測方法。至於崇尚放任主義，寧喜經濟自動調節之政府當局，則又偏愛現有差誤辦法。因為經濟自動調整，只能適應已發生之事體，而不能對預測之現象發生作用故也。預測辦法雖然效用甚大，但亦不能完全單獨使用，而無缺陷。其主要原因，在於經濟預測很難求得正確。而且若干現象，事實上卽無法預先估量。所以現有差誤辦法，仍為各國所重視。其法卽當現有就業水準與理想的就業水準發生差誤時，政府應採適當分量之措施，以恢復就業水準，而達於理想之境域。

　　我們對於問題處理的方式有了一個概念以後，便可回到開始的問題，政府究應如何運用這些工具？假如用一句最簡單的話來答復，我們可以這樣說：當經濟活動達於最低潮或有下降之趨勢時，政府必須採用信用擴張政策；反之，當經濟呈現過度繁榮或有過度膨脹之趨勢時，卽應採取緊縮政策。如果影響就業水準之程度及時間，我們都能事先估計正確無誤，則上面所述的簡單原則，便可足夠應用了。比方說，依照經濟預測，私人支出在六個月內將較現有水準每年降低兩億元之譜，政府如能在六個月內按每年兩億元之數增加支出，卽可穩定需要，維持就業水準而不變。但事實上由於預測不能如此估計完全準確，我們們必須採用現有差誤辦法。現有差誤辦法之要點，在當差誤發現以後，立刻採取行動，不許時間有所延誤；而且政策所加的力量，亦恰如其分，便可收到最大的效果。因為發現差誤以後，如不立刻採取行動，則差誤將愈來愈大，而所需糾正的時間也就更長了。至於政府政策所加的力量應如何才稱為適度呢？我們當就差誤之本質先加以研究。第一，須留意現有差誤之大小。假定失業人數的比率太大而多了百分之一，則政府反不景氣所應投下的力量，自較失業比率多了百分之二的情形為小。換言之，政府所施政策力量之大小，當與差誤之大小成比例。例如當失業人數超過某一定量時，政府每年卽應按失業人數之比例而增加支出，此種控制方式，稱

爲「比例控制部分(Proportional control element)」。第二,須留意差誤在過去發生之總量。比方說,失業人數在過去六個月中, 嫌多了百分之一,政府所應投下的控制力量,當較過去三個月中失業人數嫌多了百分之一的情形增加一倍。所以控制的反擊力量,乃視過度失業發生的總日數而定。倘使過度所發生的差誤有兩種:一在理想境域之上,一在理想境域之下,似此情形,須將兩種力量對消一部分,然後決定要用多大的控制力,以及應向何種方向使用,才是適合。假定在過去有六個月的失業人數比率嫌多了百分之一,但有兩個月,則又嫌少了百分之一,此時政府所應投下的擴張力量,當與四個月內失業人數嫌多了百分之一的情形相同。假定在過去一年當中,有六個月失業人數嫌多了百分之一,有六個月又嫌少了百分之一,則兩方面的力量正好相等,可以互相抵消,無需另加管制。此種控制方式,稱爲「完整控制部分(Integral control element)」。第三, 須留意當前實際就業水準變動之方向及其速度。倘使就業水準逐漸降低,政府當設法加以控制,提高就業水準。倘使降低之速度愈大,其所施之力量也當愈強。此種控制方式,稱爲「引伸控制部分(Derivative control element)」。依照一般情形,上述三種要素,在使用上,應當同時實施。因爲每種控制,會發生不同的力量,如果單獨使用,將發生嚴重的後果。比例控制在單獨實施時,卽不能發生全部矯正的作用。因爲控制的反擊力量,乃視差誤之大小而定。當現有差誤逐漸改正而走向理想之境界時,控制的力量也當轉弱了。可是比例控制卽不能期望達到此一稱心滿意之境界,而僅能止於理想境界與未加管制任其自由發展限界間之某處耳。完整控制如果力量太大,將會引起經濟波動愈來愈大,而無法平靜。而且政策實施,在時間上往往落後一步,故當預定均衡可以恢復之日,而差誤却只糾正了一部分,尙待繼續努力。引伸控制對於經濟現象,係反其道而行之。遇有緊縮趨勢. 卽施以信用擴張的

力量；遇有過度擴張之趨勢，即加以緊縮的壓力，其作用亦止於此，而不能使經濟穩定於理想之域。所以適當的經濟管制政策，必須將上述三種控制作適度的配合。正如一份中藥單方，甘草、當歸、麻黃，各有一定的分量，然後可望藥到病除。

　　然則上述三種控制要素，究應如何適量配合？又當從經濟結構、時間延誤，以及效果發生之快慢三方面加以考慮。就第一種考慮而言，當經濟社會中某一部門發生變化以後，或為工資之變動，或為利率之變動，或為物價之變動，此時社會上其他種種力量，在在皆足以影響此一經濟結構變動之程度。故當利率上漲以後，也許大衆認為利率將繼續升高；也許大衆認為目前之上漲，係一臨時現象，可望立刻跌回原有之水準。如屬前一種情形，政府自當特別着重引伸控制，扭轉局勢；如屬後者，引伸控制的力量，就可大為減輕了。第二種時間延誤上之考慮，乃指差誤發生至差誤發現，須經過一段時間，以及差誤認定至政策實施，又須延誤之一段時間而言。同時所得變動再到支出變動之一段時間，以及銷貨變動至產量變動之一段期間，亦皆可包括在時間延誤範圍之內。倘使上述種種延誤之時間愈長，則各種控制要素運用之力量也就愈弱了。正如前段所說，動作以速為妙。第三種考慮，乃指政策實施以後，其效果之出現，有快有慢。有的可以立刻見效，有的須假以時日。或則立刻可以發生強大作用，但其整個效用，須在相當時日以後，才會全部表露出來。或者最初的效果不甚顯著，經過相當時間以後，效果乃充分表現無遺。假定有兩種控制情況，其效果發生的平均時間相同，但其發生的程序，又與上述兩種偏前偏後的情形完全相當，則經濟不穩定的現象，在第二種情形下可能出現的機會較多。

　　根據上面的分析，我們可以作成下面的結論：在一個封閉式的經濟社會，只要採用適當的安定政策，就業水準是可以穩定的。一種妥善的

安定政策，乃是採用預測辦法，能事先看出未來的重要變遷，然後酌量情形，適度採用前述直接管制、金融管制，及財務管制中之任何一種或數種工具，即可防患於未然。對於無法事先預測的經濟擾亂事項，可採用現有差誤處理辦法，利用前述工具，再按比例、引伸，及完整三種控制要素作適當之配合運用，也可收到預期的效果。總之，一種好的穩定經濟政策，重在隨時找出病源，對症下藥，消弭於無形。等到就業水準發生變化，已經是遲了一步。

第五節　國際反貿易循環原理

上述反貿易循環政策，係就一國之立場而言，但依據前第九章之分析，一國所得之變動，在國際通商情況之下，可偎進出口之變動，影響貿易往來國所得之變動，因此本國與世界其他各國，在利害關係上，並非完全一致。為發展國際貿易，如何防止貿易循環之干擾，自應從世界立場來研究此一問題。

任何一個國家，如欲達成充分就業與維持充分就業，其綜合有效需要，當與充分就業情況下之總生產價值相等，需要不足，即將招致所得與就業之減退。在對外通商之國，外國人所購買的財貨，也屬有效需要的一部分，或增或減，即可影響本國所得之變動。同時一國之所得變動以後，又可因支出之變動而影響進出口之變動。例如當甲國之國民所得降低以後，甲國之進口即將衰退，在國際收支方面，可以發生順差。同時與甲國發生貿易之乙國（代表其他國家），出口即將減退；出口減少以後，乙國之國民所得也隨以降低，從而減少乙國之輸入，最後兩國達到了一種新的國際均衡，但所得與就業在兩國均較以往衰退了。故當甲國發生不景氣之情形以後，其影響乙國者有兩方面：一為減少乙國之

所得，一爲減少乙國之外滙（甲國貨幣）收入。究竟此兩種影響力量之大小如何，又當視甲乙兩國應付此一不景氣局面所採取之政策而定。在甲國可能採取窮鄰政策，限制乙國商品之輸入；果爾，則甲國對於乙國在外滙上週轉之困難，將更爲加深。在此情形之下，乙國爲自動自衞計，或被動報復計，對於甲國之商品輸入，亦將有所限制，從而使甲國之經濟愈趨衰落。此種措施，對於乙國之外滙短少問題，可能有助於一時，但是乙國之國民所得，將繼續降低。甲國出口繼續降低以後，當然對於甲國之經濟更爲不利，國民更無能力向乙國採購貨物了。假定在此經濟低潮當中，乙國採取國內反不景氣政策，提高所得水準，自當準備對甲國之收支往來發生逆差，直至甲國之不景氣消滅爲止。或則限制從甲國之輸入，使國際收支之逆差盡量降低。但是如果甲乙二國此時寬大爲懷，概不採取限制輸入辦法，互相利用財政政策及金融政策，對抗不景氣之局面，由乙國以外滙基金移轉甲國，維持國際收支之平衡，才是上策。此一方策之成功，又以乙國能有充足之外滙基金爲前提。故當一國之不景氣傳至世界各國以後，如欲恢復國際均衡之局面，當以恢復充分就業爲第一要着；至於回復國際收支之平衡，乃屬次要了。由是言之，當國際不均衡之現象發生以後，差額國家與盈餘國家應同時採取對抗失業之政策，而且在政策實施方面，尙須彼此協調，互相諒解，倘使爲遏阻不景氣自國外侵入，片面採用對付政策，適足以樹敵滋惡，利未見而害已先嘗矣，最後將使全世界陷於萬刦不復之境地，是不可不愼也。

　　反之，假定甲國經濟過度繁榮，增加從乙國之進口，乙國之國民，由於出口增加，所得也當同時提高了。此時甲國之國際收支轉爲逆差，而在乙國則變爲順差了。甲國之外滙基金逐漸減少以後，可能採用限制進口，或緊縮支出辦法，制止通貨膨脹。必要時，兩種辦法亦可同時採用。但當外滙基金尙可支持之日，甲國政府可望繼續維持繁榮。一般而

論，輕微的通貨膨脹，可以忍受，不必立刻加以阻遏。至在乙國，由於
對外貿易發生順差，國民所得提高，亦無採取反通貨膨脹之意向。所以
在通貨膨脹情形之下，國際均衡局面之恢復，將由最後採取行動者擔負
重任。

第十七章
國際貿易合作問題

第一節　國際合作的形成

　　早在本書第一章第二節「國際貿易溯源」後段裏，我們曾經指出，在第一次大戰以前，將近一個世紀的時期，由於經濟自由，滙價穩定，勞力、資本，可在國際間通行無阻，國際貿易，按照當時的生產及運輸條件，可以說發展到了一個登峯造極的時代。物價與國民所得，概按黃金流出流入而自動調整，關稅在國際貿易上所發生的阻力亦極輕微。治第一次大戰發生，國際商務往來，事實上不便進行；戰後各國爲謀復興，亟需資本，加以戰債與賠款負擔甚重，經濟更感窘迫。農業國家如阿根廷、澳大利亞，爲加速工業之發展，採取保護貿易政策。一部分工業國家，爲了應付未來戰事意外之需要，又在增加農業生產品，冀能自給自足，因此導致農產品之生產過剩，價格低落。英國於 1925 年恢復金本位後，以英鎊對外價值估計太高，致令出口困難，造成國內失業黃金外流現象。美國雖已變爲債權國家，反而對於進口不大歡迎，9 年之間，

曾經提高關稅達三次（1921、1922、1930年）之多。各國由於勞工組織堅強，工資無法降低；買賣獨佔，價格不易變動，唯有提高關稅，彼此對抗。國際貿易不易擴展，國際收支無法平衡，端賴美國貸款，勉維現狀。迨1929年華爾街證券市場崩潰，美國對外貸款驟然中止，歐洲國家更感惶恐，相率限制進口，減少外滙支出，農產品在國際市場之價格乃一落千丈。及英國於1931年9月放棄金本位後，為解救失業問題，各國相繼採用貨幣貶值辦法。法國充分利用進口配額，限制貿易；德國嚴格管制外滙，降低輸入；英國並與英鎊區域國家締結關稅互惠協定，對外採取差別待遇。在此情形之下，各國各自為政，一味鼓勵輸出，限制輸入，完全違反國際貿易原理。而最愚昧的，當推美國。美國在戰後變為首富之國，畢竟利用關稅政策，阻遏各債務國家以商品進口，償清戰時及戰後之債款。各國既不能對美國輸出，更不能從美國輸入，直至1932年，美國之出口，較1929年減少達三分之一左右，而且若干債務國被迫不再繼續償還債款，美國執政當局始恍然大悟。關稅壁壘並非保衛國家經濟利益之長城，乃為貶損世界人類經濟福利之堡砦。如何修訂對外貿易政策，拋棄孤立主義，此其時矣。經仔細研討之後，美國政府乃於1934年通過互惠貿易協定法案，授權大總統與其他國家訂立貿易協定。凡對美國商品進口減免稅捐者，美國對於締約國之商品進口，亦同樣採取減稅之待遇。美國降低進口稅，以不超過1930年何力——斯摩特法案定額百分之五十為度。所有減免之稅則，依照最惠國條款之執行，可以適用於其他各國，而使待遇一律平等。故在珍珠港事變發生以前，美國曾與加拿大、法國、英國、瑞典、巴西等22個國家訂立此種協定。

　　第二次大戰結束以後，國際貿易形勢又大為轉變了。德國、日本損失甚大，至少在短暫期內，不能在國際市場有所表現。英國及歐洲其他

國家，遭遇戰爭之蹂躪，實力大爲減退，唯有美國經濟力量充沛，足以擔負復興世界經濟之重任；且爲全世界福利計，對於戰後復興之重任，美國亦義不容辭。因爲事實非常顯明：第一，美國爲世界上第一等富強康樂之國，就其與世界貿易之關係而言，國民所得如有變動，影響其他國家之所得者至重且大。例如美國所得如有任何低落，即可假進口之減退，而影響貿易對方國居民之收入。倘使美國所得之低落相當嚴重或爲時甚長，對於倚賴美國作爲國際市場推銷產品之國家，在國際收支方面，將發生嚴重之後果。外國國民所得降低或外滙收入減少以後，對於美國物資之進口，又將採取限制辦法或差別待遇，影響美國之出口。此種因果循環的演變，正如本書前面一再指出，對於世界經濟，將貽無窮之後患。美國爲維持充分就業，安定國民生活，繁榮世界經濟，對外貿易，自當隨時提高警覺。第二，國際經濟安定與否，乃視工業先進國家與落後國家能否維持適當商務關係而定。在落後國家，大半爲農業國家，生產初級產品，所有產品，端賴工業國家能全部購去，然後以所得之外滙收入，購買工業國家之產品。工業國家亦依賴落後國家作爲海外的廣大市場，雙方互相往來，以其所有，易其所無，國際貿易，乃得達成均衡狀態。倘使原料價格發生變動，工業產品價格亦將隨之波動。故當工業與農業國家商務發生偏差之日，亦即國際局勢發生嚴重後果之時。例如當工業國家生產率偶爾減退，即可降低原料品之需要；而在農業國家，又當發生生產過剩價格下跌現象，國民所得普遍低落，對外支付即難望平衡，因而減少進口，工業國家之出口品，又將發生滯銷現象。其次農產品大半供給缺乏彈性，一遇需要增加，價格可以立刻提高。儘管價格之提高，係由一國或兩國所引起，但最後必導致工業國家全面價格之上漲，從而影響對外貿易。因此如何幫助落後國家發展生產，培養國民之購買力，維持國際間商務之正常往來，美國亦屬責無旁貸。第三，經過

兩次大戰以後，國際間貧富懸殊現象相差愈大。即在以往外滙週轉無虞匱乏之國，而今亦有捉襟見肘之窘象。國際貿易由於季節或其他種種原因，事實上無法經常維持平衡關係，唯有外滙基金充足，方可隨意調度；否則差額一旦發生，隨時可以採用貨幣貶值或其他抵制外國商品辦法。美國自 1930 年代以來，爲積存黃金最多的一個國家，國民生產力強，更有餘力可以支援其他國家。如何統籌外滙支出，維持國際貿易正常關係，美國又豈能袖手旁觀。第四，第二次大戰結束之後，歐洲滿目瘡痍之現象，可以想見。貧窮饑餓，爲共產主義之溫床，民主國家與極權國家勢難兩立，倘容許共產主義繼續擴張，即表示民主政治自願從國際舞臺撤退，爲扶弱濟困，匡救世運，美國亦當竭忠盡智，爲世界服務，爲人類造福。

故在第二次大戰尚未結束以前，美國即與英國接觸頻繁，商討戰後經濟復興問題。由於兩國對於問題的看法不同，雖然最後達成了協議，但其經過亦頗曲折微妙，爲了解國際貿易政策，似有加以說明的必要。

戰後經濟重建，應當採取國際合作方式，當溯源於大西洋憲章及1942 年元旦聯合國所發表之文告，內中曾明白表示，同盟國將達成各國在經濟方面充分合作的意願。但在 1942 及 1943 年之間，正值大戰方酣之際，此一提示，並未爲同盟國的政治家們所重視。在此緊要關頭，大家一致的目標，在如何贏得最後的勝利，以及勝利的早日降臨。研討戰後的社會經濟問題，似爲時尚早；可能因爲意見不同，反而削弱了軍事同盟的力量。而且在美國對於政府政見持反對論者，更有所藉口；在英國邱吉爾又早已喊出了「一切爲軍事」的口號。但在此時倫敦與華盛頓兩地間之文官們，連同一部分政府特別邀請參加之專家們，由於戰時一般行政方面有關事項之商討與協調，常常來往交換意見，對於戰後經濟合作問題，也就很自然地在便談中各抒所懷，有所吐露了。但是兩國

最後能達成協議，在此非正式接觸的後面，尙有一股最大的力量，便是租借協約（又稱互助合約）(Lend Lease (or Mutual Aid) Agreement) 的訂立。

爲解救同盟國戰時外滙困難問題，美國國會早在 1941 年 3 月制訂租借法案，規定美國大總統對各抵抗侵略而與美國國防有重大關係之國家，得售與、讓與、互換、租與、借給，或以其他方式，處理一切有關之物資。美國在大戰期間及戰後經此法案轉讓盟國之物資，總值達 492 億 2,400 萬美元。自此法案實施以後，受惠最大者，首推英國。且在第一次大戰以後，協約國積欠美國之戰債，共達百億美元之鉅，迄未償還，將來大戰結束以後，同盟國對於此一鉅額新債，更難望有力償還，爲避免同一問題在戰後又爲各國帶來更大的困擾，不如對外早日表明態度，英國可以高枕無憂。美國政府此種看法，自然獲得社會各方面的支持，不過英國對於美國此種慷慨捐輸的盛意，也得有所答謝。其最好的辦法，莫如要求英國戰後在對外商務政策上，能與美國協同一致。故在1941年之間，英美兩國政府官員以及經濟學者，彼此曾就此一問題作多次之商討，交換意見。美國方面認爲在互助合約第七條內，以能規定英國戰後對外貿易不採取任何差別待遇爲原則。條文大意不外：爲了結經由租借法案所應補償之義務，不得提出限制商務之任何條件，但雙方應從減少貿易障礙取消特惠關稅而達成協議。此種擬議，在英國方面，顯示不表同意。惟雙方所討論的細節，有兩點非常明顯：一爲戰後貿易政策問題，二爲英國國際收支問題。且以英美兩國商務關係之密切，美國未來經濟如有變動，對於英國人民之就業，影響實在太大了。關於前者，美國政府當局積極主張減少貿易障礙，及建立不歧視原則，作爲戰後經濟計劃之張本。美國堅持此一原則，乃係鑒於國與國之間，應當儘量崇尙自由貿易，此番與英國談判，乃千載一時之機會，希望能如願以償。至於其

他不滿意於英國特惠關稅制度的人們，亦希望藉此機會，廢除此種制度。此外尚有少數美國人士，根本就討厭英國人，激於反大英帝國的情緒，亦認為說服英國，乃屬大好時機。至在英國方面，見仁見智，觀點頗不一致。一部分政論家認為特惠關稅制度，正代表英國聯邦統一的象徵，與其說是由於經濟利害而建立此種制度，不如說是為了聯繫感情而有此一措施。政府官員，尤其是經濟學家們，並不熱衷於特惠制度；不過他們同時又有一種恐懼感。認為不歧視貿易政策，乃是一種奢侈，戰後的英國，尚無能力承擔此種享受。英國海外投資，一部分業已變賣，國庫空虛，戰後對外收支困難，事實上不容許英國放棄歧視政策。何況英國戰後之主要問題，在如何達成充分就業，不受外國不景氣之影響，所以貿易政策，反而是次要的問題了。雙方一再商討之後，美英互助合約終於在 1942 年 2 月 23 日訂立，其中第七條乃在折衷氣氛之下，採取了兩國的意見。英國同意接受參預取消國際商業方面各種差別待遇友好進行工作的義務，用以答謝美國採用適當的國際與國內措施，參加生產與就業之擴展，及財貨之交換，與消費的同意行動之承諾。至於雙方對於戰後經濟問題應如何合作進行，研擬辦法，協約中又已另為補充規定：兩國政府應早日開始談判，為治理經濟，期能定出最佳方法，達成上述目標，並徵得其他心意相投國家之共同參加。所以互助合約第七條之主要精神，在對英美兩國付以戰後國際經濟合作之重任。在合作進行當中，應完成貿易自由與防止失業雙重任務。此項規定，一面符合傳統經濟學者自由貿易的主張，一面又採取有效需要與限制擴張新經濟學派的理論，無怪雙方皆大歡喜，互相推許。

第二節　布里敦森林制度(Bretton Woods System)

　　協約簽訂以後，如何規定具體辦法，促其實現，英美雙方爲了利害關係，又不得不仔細忖度一番。例如如何避免第一次大戰以後世界貨幣混亂現象之再度發生，各國應通力合作，不再採用互相貶值辦法，妨害國際貿易。在這些方面，兩國觀點，乃完全一致。惟美國則特別強調自由競爭主義，反對貿易採取差別待遇。英國對於戰後經濟問題，乃就其實際情形着眼。在過去至少一百年之間，英國依靠海外貿易，採取自由主義，加速工業發展。戰前貿易差額，端賴無形出口收入，如海外投資利潤，以及航運業、金融業勞務之所得爲之抵補。戰事發生以後，英國海外投資業已出售一部分，大戰結束以後，尚能剩餘多少，均成問題。而且戰後在航運及金融業方面之勁敵甚多，無形的外滙收入將更減少，唯有依靠出口財貨之增加，挽救國際收支差額之厄運。但戰事一旦結束，由戰時工業恢復爲平時工業，並非一蹴可幾。總之，英國未來之國際收支，實難令人樂觀。其次，英國當時受了凱恩斯新經濟學理論之薰陶，如何阻止戰前失業現象之繼續蔓延，關係全體國民福利。英國在1925年恢復金本位後，由於幣值高估，對外貿易滯銷，故當其他國家在1925至1929年經濟欣欣向榮之際，英國猶呈現一片不景氣現象。在1930年代，儘管英國失業之平均水準尚不及美國之高，但迄無半點改善跡象，足以表示問題相當嚴重。故自1940年以後，英國有一種普遍之反應，政府今後應當改弦易轍，不能再像過去萎靡不振，聽天由命了。再次，英國對於戰後貨幣計劃，不希望規定過於刻板，最好能富於彈性，定出大綱，以後尚可從容商討細節。而美國則希望計劃愈周密愈好，一經訂定，以後即可按照規定行事，以免有所爭執。爲調和兩國意見，有關當局自當

審愼考慮。先由兩國分別提出計劃，再行商討。故在美國方面，敦請經濟學專家懷特博士(Harry Dexter White)草擬計劃，英國計劃，則請凱恩斯主稿。凱恩斯建議設立一「國際清算聯盟」機構，以「班柯(bancor)」爲共同貨幣單位。班柯之價值，用黃金來表示。各會員國之中央銀行，應在清算聯盟開一定額之班柯帳戶，作爲攤額。凡屬順差之國，即積存班柯餘款；逆差之國，即發生透支現象。積餘與透支，皆有一定之限度。逆差之國，其透支額以其攤額爲限。順差之國，如超過某一限度，應與清算聯盟商討對策，以阻止其債權之繼續高漲，務使各國收支保持平衡狀態。即不然，亦不應使一國之盈餘或差額發生太大的現象。簡言之，各國國際貿易之盈餘與不足，由此聯盟統籌清算，外滙短少之國，可向聯盟暫時借用，毋需另外張羅，或採用其他辦法應付。懷特博士建議設立一國際平準基金。每一會員國應以一定之攤額繳存基金，一部分以黃金支付，一部分以其本國貨幣支付。國際貨幣基金可在規定之限度以內，買賣黃金及外滙，而以「優尼塔 (unitas)」爲貨幣單位。英美兩國政府當局根據上述兩大計劃草案，經過長期之商討以後，羅斯福總統乃於1944 年 5 月發出請柬，邀請 44 國於同年 7 月互派代表來美，在新罕布什爾州之布里敦森林(Bretton Woods, New Hampshire)舉行聯合國貨幣金融會議，商討貨幣基金及國際銀行成立事宜。

此一會議，對於國際貨幣遠景，建立了一種綱領，即一般所稱之布里敦森林制度。國際貨幣基金(International Monetary Fund) 與國際復興開發銀行(International Bank for Reconstruction and Development)，乃係根據此金融法案而成立的。關於基金與銀行設立之條文，擬不在此加以研討，但於兩種組織模型及其對國際貿易與經濟發展之貢獻，則擬略加論述。國際貨幣基金爲一國際平準基金，世界銀行則爲一國際投資機構，前者以供應會員國所需之短期資金爲主要業務，後者則以供應長

期資金便利會員國從事經濟復興工業重建為主。總觀布里敦森林制度之內容，包括下列幾項基本原則：

①滙率變動是一種國際性的重要事件，穩定滙價有賴於建立一種滙率制度。將滙率在短期內加以固定，但為適應國際經濟基本變動計，仍可隨時調整。

②會員國之黃金及貨幣準備金，應當加以充實，以免因應付國際收支發生之短期差額，而妨害國內所得與就業之正常秩序。

③大局和睦與經濟福利，端賴暢通之多邊貿易與自由兌換貨幣制度所促成。

④國際收支之不能平衡，應從兩方面來看，如何改正此不平衡之現象，乃是盈餘國與差額國共有的責任。

⑤國際貨幣合作工作，最好能有一個國際機構負責執行，並明白規定其職責與權力。

⑥貨幣不穩定的現象，往往由於非貨幣的原因而引起，國際貨幣機構須與其他有關機構共同負責，處理就業安定與國際貿易自由之問題。

⑦為穩定國際經濟，必須建立一種高度持久的國際投資水準，私人國際投資之推動與擴展，有賴於國際投資銀行之創立。

上述第一項原則關於滙價之固定與調整，乃係針對戰前各國貨幣競相貶值，妨礙貿易之弊端而加以檢討。至於戰後滙率結構之本質，究應如何規定，會中尚未有何結論。為兼顧自由與固定滙率兩種制度，乃採取折衷辦法，建立一種管理彈性制度(system of managed flexibility)。故在基金第四條規定，會員國貨幣之平價，概用黃金表示。外滙買賣價格上下之變動，不得超過平價百分之一。倘為適應基本不均衡 (fundamental disequilibrium)之現象，會員國可商請基金變更平價。不過何謂基本不均衡，並無一定之準則可循。由於此一準則很難確定，基金所以

故意含糊其辭。但據日後的解釋，所謂基本不均衡，乃指一國貨幣的平價，不能適應其本國貨幣與外國貨幣的購買力平價而言。

第二項原則充實會員國之黃金及準備金，在使各會員國能與國際貨幣基金直接發生借貸關係，增加其流動國際準備金，遇有急需，可以請求幫助。但基金亦不能作無限之援助。當基金可能貸與款項時，會員國亦不得隨意調整國際收支之差額。基金資本之來源，乃由會員國分攤認繳。攤額之大小，決定會員國在基金之權力及借款之度額。攤額之百分二十五可以黃金交付，其餘百分之七十五，則用本國貨幣繳納。設使外滙困難，黃金部分可按 1947 年 3 月 1 日政府所保有黃金與美元淨值百分之十交付。俟需用時，會員國每年可向基金購買外幣達攤額百分之二十五；歷年所購之總數，不得使基金保有該國貨幣達攤額百分之二百。換言之，每一會員國向基金借款之權力，亦不過等於所繳之攤額而已。爲便利基金能充分週轉，共同使用，會員國向基金借款，當與規定用途相符合，作爲彌補臨時短期差額之用。償還之期，愈早愈好。除數額外，另以徵收費用辦法，限制借款。時間愈長，費率愈大。爲適應事實需要，會員國所繳之攤額，每隔五年，可以重新調整一次。第一次係於1959年秋季核定，絕大多數會員國家均照原攤額增繳百分之五十四。第二次爲1965年 3 月，一致同意增加百分之三十三，第三次爲1970年，又增加百分之三十五·五。第四次1975年，又增加百分之三十二·五。在1944年會議之日，預定攤額爲八十八億美元，截至1989年 4 月底止，加入之會員國，共達一百五十一個國家，攤額總數經過多次增加之後，已達八百九十九億餘特別支款權（Special Drawing Rights）。

第三項建立多邊貿易與清算制度，乃爲布里敦森林制度之主題。基金曾明白規定，非經基金之許可，會員國不得隨意對國際經常往來之支付加以限制，或採取任何貨幣歧示辦法，或多元滙率制度。在外滙市

場，各種貨幣，概應按照官定滙價自由兌換。但在戰後支付情況尚未恢復正常之際，一部分國家允許暫時仍採用外滙管制辦法。

　　第四項關於國際收支如有某會員國發生持久性盈餘而其他國家發生差額現象，對於基金之穩定與世界經濟，乃屬一大威脅，如何解救此種危困，當由盈餘國與差額國雙方負起責任。倘使不平衡之現象繼續存在，盈餘國貨幣在外滙市場即變爲稀有貨幣，而不易於獲得，故基金對於稀有貨幣問題之處理，可從兩種方式着手：一爲如何防止某種貨幣存量之特別降低，二爲當某種貨幣已變爲稀有貨幣時，又當如何應付。關於前者，基金在章則中曾有數處規定。例如①凡申請核定之貨幣平價，經核其有不利於基金及會員國者，基金一律不予同意。②會員國可申請變更貨幣平價，凡屬針對貨幣稀有問題而提出者，可予同意。③遇有某國貨幣可能變爲稀罕時，基金可通知該國採取適當之行動。但上述各項規定之效果如何，尚成問題。因爲會員國貨幣之平價，大部分早已於1946年12月提請基金核定了。而在②③兩種辦法，又屬破綻業已露出之時，顯係遲了一步。唯有第二種方式，較爲實際可行。故在基金章則第七條中明白規定：當某國貨幣因需要增加致令基金無力供應時，基金可正式宣佈此種貨幣爲稀有貨幣，然後按照會員國之需要及國際經濟情況，以其現有存量，作定額之分配；並得要求該會員國以其貨幣售予基金，換取黃金；或則商請該會員國貸與亦可。當稀有貨幣經基金正式公告以後，任何會員國對該國之貨幣，即可在滙兌上採取臨時限制辦法。所以當國際收支發生差額以後，其矯正不平衡的責任，應由盈餘國與差額國共同擔負，即此意也。在基金成立以前，國際間收支發生差額以外，其補救責任，往往由差額國單獨承擔，而使所得及物價自動降低，致令發生失業現象。茲按基金上述之規定，盈餘國必須同時採取行動，擴張國內所得，或降低關稅，或增加海外長期投資，減少外滙盈餘，以免其他國家

採取差別待遇，抵制進口。上述種種規定，可以解救會員國在國際收支上所發生之臨時困難，但如何應付長期所得低落而引起之不均衡現象，基金則未曾考慮及之。

第五第六兩項關於國際金融合作，須設一永恒之機構，並與其他有關機關合作，商討有關貨幣問題，故貨幣基金乃屬於聯合國專門機構之一。凡屬全球性的經濟合作計劃，基金應共策進行，促其實現。擴張貿易，促進就業，提高所得，發展資源，乃爲基金設立重要任務之一，從而產生了「哈瓦那憲章」(Havana Charter)及創立「國際貿易組織(International Trade Organization)」的計劃。由於哈瓦那憲章未爲各重要國家所批准，國際貿易組織亦因美國未能作有力之支持而宣告流產。基金缺少了幫手，無形中削弱了基金活動的力量。基金本身設置理事會(Board of Governors)，爲最高權力機構，每年開會一次。關於新會員國之認可，攤額之變更，執行幹事之改選，各會員國貨幣平價之一致變動，皆屬理事會之職掌。至於經常政策性之業務，則由執行幹事會(Executive Directors)隨時處理。理事由各國財政部長兼任，而執行幹事則按會員國攤額所代表權力之大小，互相指派或推定。無怪有人批評，基金之管理，是政治性的，而非專業化的；理事與幹事乃是國家團體的代表，而非專業機構的貢獻者。對基金貢獻最大的人，乃是基金權力最大的人。如斯組織，對於基金之國際神聖任務，難免不有所損害。所幸基金自成立以來，會員國尚能一團和氣，遵守基金之規章，勉力維持滙價之穩定，減少國外貿易之管制，接受基金之建議與指導。

第三節　國際貨幣基金之績效

國際貨幣基金自 1947 年 3 月開始運用，迄今已 40 餘年矣，對於國

際貿易之擴展，究有如何貢獻？茲擬就其主要業務分述如下：

壹、就其協助建立多邊清算制度及取消外滙管制而言

按照基金章則，在戰後過渡期間，會員國如因事實需要，得暫時維持外滙管理制度，但自基金成立 5 年以後，如仍繼續管制外滙者，應與基金協商停止滙兌限制之辦法。依照以上規定，如何商請會員國早日廢止滙兌限制辦法，建立多邊清算制度，乃爲基金亟待進行之事項。但多邊貿易究應如何達成，基金並未明白規定。依據常識判斷，多邊貿易之促進，有其必具之條件，須由基金無限量並無限制的供給會員國支用外滙的權利；或則建立一種國際貨幣，以英鎊或美元代表亦可，或用黃金作爲交易之中介物。但基金資金有限，貸款又有限制，顯未符合第一個條件。其次黃金已由基金用作衡量貨幣價值之尺度，國際間支付固然亦有使用黃金者，但採用此種方式，完全由各會員國自行斟酌決定，基金並無強制全體採用之意，而事實上亦不可能行通。細察基金當初推行之政策，似有意以英鎊及美元作爲兌換貨幣，並望英鎊能如美元早日變爲自由兌換貨幣，國際多邊貿易制度，方有達成之一日。1945 年 12 月 6 日英美鉅額借款合約之訂立，顯係美國有意催促英鎊提前自由兌換，但此舉業已證明失敗了。且自 1952 年 3 月開始，基金卽開始與會員國商討廢除滙兌限制辦法，但會員國一致之反應，乃是在當時情況之下，爲維持國際收支之平衡，外滙管制，仍屬必要。假如一國率先單獨放棄管制辦法，在國際往來方面，仍舊會受到其他國家的對抗，而得不到好處。所以戰後多數國家繼續採用外滙管制辦法，乃係由於國際價格制度，在管制經濟之下，不能發揮它的作用。如差額國家爲改正收支不平衡現象，而用貨幣貶值辦法，必須國外對於該國之出口需要彈性甚大，此種情形，只有在自由經濟之下可以求得。因此基金對於多邊貿易制度之推行，雖已盡了最大的努力，但會員國由於經濟情況不同，生產力量不能

均衡發展，國際貿易之不能平衡，並非屬於一種短時現象，而基金之力量有限，似非會員國故意不與基金合作也。

貳、就滙率政策而言

依照基金規定，會員國貨幣之平價，須一律商請基金核定；為保持國際均衡，必要時仍可申請修訂。故在 1946 年 12 月 18 日，基金對當時 39 個會員國家的貨幣平價，即已核定了 32 起。據悉基金對於此舉，以事關世界貨幣滙價制度，事前亦非常審慎。對於每一會員國當時及未來之經濟情況，均曾作仔細之調查與研究。關於未來問題，乃在了解該國在過渡時期終了以後，其國際經濟情況如何，其最適宜的滙價又為何。就全世界觀點來看，預計該國屆時必已完成重建工作，美國之所得與就業，亦已穩定於一高度的水準，英國的國際收支，也恢復了平衡，其進口至少可與 1936-38 年之水準等量齊觀；世界重要國家的貨幣，亦皆可自由通滙了。在此假定情況之下，基金乃在能對未來各國平衡收支之實際貿易條件有所了悉。關於當時問題，基金在探求是時滙率對於一國之收支地位，在一年或兩年內有何影響，對於重建工作又有何影響，能否在過渡期間終了之日，可使該國對外收支勉可相抵。儘管基金如此愼重將事，對於會員國貨幣平價之核定，仍不能謂為完滿無缺。第一次大戰以後，由於滙價之不合實際，導致了1920年代貨幣的混亂，基金為懲前毖後，首先着重此一問題，建立國際滙率制度，誰曰不然。惟合理的滙價，乃為均衡滙價。何謂均衡滙價，已在本書第四章第四節中述及，讀者可以復按。當年基金所核定的滙價，即去理想之域甚遠。將近一半與1939年 9 月之水準相等，或甚至高於此時水準，但若干會員國之物價，在第二次大戰期間，業已上漲了百分之三百至一千。可知核定之滙價，一部分已嫌太高，不能適應長期均衡之要求。而各國之所以希望本國幣值對外偏高，無非想叨進口便宜之利益，以免刺激國內物價。基金之所

以遷就各國，准予所請，亦以此故也。本來滙價有兩種職能：一爲能使一國之剩餘產品輸出暢達，二爲限制進口，與其支付能力相適稱。但在戰後，大多數國家卽不可能希望採用能完成此雙重任務之滙價。所有遭遇戰禍蹂躪之國家，或需要資本與消費財貨之國家，對於進口需要之慾望，簡直無法滿足，如果試圖採用貨幣貶值辦法來限制進口，將使此等國家國內安定大受威脅，從而迫使國際經濟走上窮途末路。所以基金對於會員國貨幣平價，自始卽採取被動態度，遇有變更，亦由有關國家主動申請，對於國際經濟之影響，自然也就不同了。對於此點最不滿意的，首推英國。1949年9月英鎊貶值，消息事先露出，英國在出口方面，多少吃了一點虧。

自1971年8月15日美國宣布新經濟政策，美元停止兌現以後，各國紛紛採用浮動滙率及中心滙率制度，貨幣平價制度，受創甚鉅，國際貨幣制度，亦早已面臨崩潰邊緣。

叁、就外幣之供應而言

基金之創立，在便利會員國能充分運用基金之資金，應付短期間國際收支所發生之差額。自基金開始運用至1989年4月底止，會員國前後向基金購買外滙者，總額共合1,077億SDR，尚未償還者約合255億SDR ❶。基金在接受每筆申請案時，必須詳細調查所請是否合於基金之規定，但會員國在國際收支方面所發生之差額，究竟是否屬於短期性的，極不易於鑒定。從上述貸款數字來看，歷年來基金對於會員國之幫助，平均每年不過二十幾億SDR，顯屬太有限了。其主要原因，在於基金之資金，雖然一再增加，但由於物價上漲，仍感不敷供應。

流動準備金，向用黃金與外滙組成，但黃金由於生產量有限，在準

---

❶見國際貨幣基金1989年年報。

備金中所佔之比重，已經愈來愈小，因此各國多已倚賴重要國家之貨幣作爲準備金，從而加重了有關國家財政當局的責任感。如何穩定幣值，鞏固幣信，保持正常之準備金，未敢掉以輕心。但就國際支付而言，以貨幣作爲準備金之比例愈大，對外收支，更難求其穩定，國際準備金之問題，日趨嚴重，基金乃自 1970 年開始，創立了 SDR。並一再強調，今後國際準備金，將以 SDR 爲主要資產，外滙與黃金，列在次要的地位。依據統計❷自由世界各國所保有之準備金在 1988 年，約合8,300億 SDR。其中外滙準備金占4,930億 SDR，黃金 2,880 億 SDR，留存基金之 SDR 共爲 480 億。

肆、就黃金交易而言

基金對於黃金交易所擔負之任務，可分爲三方面：第一，由於黃金原爲國際支付之工具，基金對於若干國際往來，一向儘量利用黃金完成交易。例如規定會員國有權向基金以黃金購買他國貨幣，會員國須以黃金或美元向基金償還借款，皆屬最重要之部分。第二，基金設法爲會員國提供節省黃金運輸之勞務。例如基金在紐約黃金存量過多，而會員國買賣黃金又必須從倫敦運往紐約者，可商由基金在紐約代爲撥付，在倫敦收入，節省運費。第三，監督會員國黃金之買賣是否合於規定價格。因爲會員國貨幣之平價，概用黃金表示，黃金交易價格，自應與官價一致。如果市面黃金價格提高，即反映幣值之降低；而事實上私營公司之交易，黃金價格往往有偏高之現象。爲穩定國際滙市，基金對於黃金買賣，自然特別關懷，曾經函告各國，遵守信約。會員國之回復，在字裏行間，亦莫不表示願與基金合作。但黃金價格在各地仍舊偏高，有其基本原因，並非基金一紙通函，一個決議，即可解決問題。

---

❷　見國際貨幣基金1989年年報。

按黃金價格自 1934 年由美國規定爲每盎斯 35 元以來，截至 1968 年 3 月止，迄未變更，在此 30 餘年當中，其他物價均已普遍上漲，故從產金國之立場而言，對外收支，益感困難，希望提高價格，增加生產，乃屬人情之常。卽在其他國家，亦莫不贊同金價之提高，藉以增加外滙準備金之價值，防止私人儲藏，改善國際收支地位。但貨幣平價，如須按比例全部變更，依照規定，須得到基金總投票權大部分之同意。美國在基金之權力最大，如果美國不予同意，卽無法通過。事實上，美國對於此擧，是不輕易同意的。美國認爲金價提高，足以助長非美元國家之通貨膨脹，卽使可以減輕國際收支之困難，亦不過短時現象耳。而且金價提高以後，實際受惠者，並非外滙需要最迫切的國家。俄國是世界上重要產金國家，很顯明的，金價一旦提高，俄國將拱手而得利，這又豈爲民主國家所樂意促成的嗎？

反對金價凍結最烈的，要算南非，因爲南非是世界上最大產金的國家。在 1938 年，該國金之出口價值，超過商品出口價值之兩倍半，貿易逆差，全部可以黃金輸出相抵。迨至 1948 年，商品出口超過了黃金出口價值百分之五十，貿易發生逆差二億二千二百萬鎊，而金之輸出，不過合九千九百萬鎊而已。故在 1949 年 9 月基金第四屆年會中，南非理事曾提議。可否允許會員國以其新開採之黃金，一半按市價在任何市場出售，其餘一半，則按官價售與金融當局，或國際貨幣基金，未獲通過。一國得天獨厚所能生產的大宗物品，其價格反爲他國所控制，其內心之憤懣，亦可想而知。

迨 1968 年 3 月倫敦市上發生第二次黃金搶購風潮（第一次爲 1960 年 10 月），比利時、德國、義大利、荷蘭、瑞士、英國、美國等七國之中央銀行首長，決定對黃金採用兩價制度 (two-tier system)，除美國仍按官價對各國金融當局買賣黃金外，金庫 (gold pool) 此後不再繼

續以黃金供應倫敦或其他任何黃金市場，亦不再向市上購進黃金。從此黃金市價，逐漸上漲。1975 年 8 月，國際貨幣制度改革臨時委員會決定取消黃金官價，至此醞釀多年之黃金價格問題，總算作了最後的決定。

在此我們要補充說明一句，SDR 之價值，最初與美金一元等值，嗣因美元貶值，SDR 仍維持原有價值不變。自 1974 年 7 月 1 日起，基金對 SDR 之價值，改用 16 國之貨幣來表示。

伍、就其他職能而言

關於基金其他任務，我們可以再列舉兩項：一為基金多年來所倡導與會員國磋商的種種方式及其便利，一為基金與其他國際組織所建立的關係。基金的磋商工作，可分為兩方面，第一，為從純技術觀點提供會員國政府種種建議與報導。基金往往應會員國之請求，派遣技術人員，幫助會員國解決貨幣問題。就其所見所聞，發表報告，對於國際貿易與支付，裨益甚大。第二，為就基金條規之原義，逐步實施情形，以及制訂政策之原則，與會員國取得協調。此舉除利用基金本部各種會議方式外，並派員分往各國訪問，或在各重要金融中心派駐職員，就近聯絡。至基金與其他國際組織之關係，如與世界銀行、經濟社會理事會等，亦儘量維持密切關係，互相合作，皆屬良好之表現。

第四節　國際復興開發銀行

根據布里敦森林法案，除國際貨幣基金外，各國又同意成立國際復興開發銀行。但在會議討論過程中，各國對於世界銀行之創立，似不若貨幣基金之重視。因為銀行是一種國際投資機構，不過辦理長期及中期貸款而已，貨幣基金牽涉滙率政策及外滙之通融，直接影響會員國之國

際收支，關係較爲密切。殊不知世界銀行之主要作用，在發展經濟，穩定經濟，使國際間長期資金能在合作機構通盤籌劃之下，普遍週轉使用，對於世界人類福利之增進，不是貢獻最大嗎？所以世界銀行之創立，其任務之重大，並不亞於貨幣基金。19世紀國際經濟之發展，端賴英國利用出口盈餘，從事海外投資，允許落後國家以初級產品抵消債務，時至今日，此種大好機會，已成過去。美國雖然變成了世界上第一等強國，對外投資興趣甚濃，但是由於關稅壁壘，阻遏貨物進口，似不可能希望一如英國以往的四海投資而利萬國了。世界銀行此時創立，自有其特殊的時代使命。

就解救會員國資金困難便利通商而言，貨幣基金之設立，乃屬治標辦法，世界銀行之創辦，才是治本辦法。銀行設立之目的，在採用長期中期貸款及保證貸款辦法，便利國際生產方面之投資。凡屬私人不願投資之事業，世界銀行願冒風險貸與資金，輔助落後地區經濟之發展，達到會員國在國際收支方面之均衡。凡屬基金之會員國，亦同時爲銀行之股東。每一會員國所承擔之資本，與基金之攤額比率大致相同，惟繳納方法則異。所有認定之股本，百分之二應以黃金或美元繳納，以便銀行隨時作爲貸款之用；百分之十八，則以會員國之本國貨幣繳納，俟商得會員國之同意後，再行動用。其餘百分之八十，則由銀行於擔保貸款或償還債款需用資金時，通知會員國以黃金、美元，或貸款所屬之貨幣繳納。銀行原定股本一百億美元，經數度增資以後至 1989 年，資本已達1,157 億美元。新增部分，亦係作爲準備金之用，俟需用時，再行通知繳納。由於實際繳納之資本，不過佔攤額五分之一，故銀行在需用資金時，尚可發行債券，向市面籌措現金。爲安全計，銀行貸款總額，包括擔保與實際放款，不得超過攤額之總數。至於銀行組織，一如基金，有理事會、執行幹事會，職掌與權力，亦大致相同。此外銀行另設顧問委

員會（Advisory Council），由理事會遴選代表銀行、農、工、商及勞工各方之專家組織之，對於銀行一般政策，提示意見。

依據上述規定，世界銀行之組織，有一重要原則，在分散國際投資之風險，由多數國家來擔負。大家都很清楚，戰後能承擔投資重要任務的，只有出口發生盈餘之國，而具備此種優勢的國家，不可能太多。美國衆望所歸，最有資格幫助他人，但是由於戰後局勢未能穩定，私營企業在投資方面所待考慮之問題甚多，也許根本躊躇不前。所以世界銀行直接辦理貸款，可由會員國分擔風險；保證私人貸款，又可鼓勵資本輸出，自然是太理想了。

凡向世界銀行申請之貸款，皆爲不易在他處借到者，是以風險甚大，故銀行在業務方面，亦特別謹愼。借款人事前須擬具詳細計劃，送請銀行審核。銀行設有貸款審核委員會，對於借款國之國際收支及借款者之財政狀況，均須仔細加以調查，如認爲尙無不合，即正式簽訂合約。當款項動用時，是否符合規定用途，銀行亦隨時加以監督。故一筆貸款，自最初申請以迄最後工程完竣，手續相當繁復，會員國家對此頗表不滿。惟銀行自 1946 年 6 月開業以來，所貸出之款，雖然爲數不算太大，但對於落後國之經濟發展，裨益甚大。由於銀行經營穩健，故自 1947 年起，即開始在資本市場借入資金。以其信用良好，銀行所發行之債券，在美國及歐洲市場，銷路甚佳。

國際復興開發銀行對外貸款，極爲謹愼，申請手續，又需政府出面，一般私營企業，均不易於取得資金，爲補救上項缺點，復經會員國同意於1956年7月創立國際金融公司(International Finance Corporation)。其形態及組織，與世界銀行相類似。有理事會及執行幹事會，爲銀行之附屬機構，參加者槪爲世界銀行之會員國。設立之目的，在促進落後會員國經濟的發展，聯合私人投資者對生產的私營企業投資。因此私營企

業可直接向該公司申請貸款，　無需政府介與其間。　凡屬政府經辦之事業，金融公司概不投資。所有被投資之企業，限於設在會員國之國境以內，　包括非洲、亞洲（包括中東）、澳大利亞洲，　及南美洲等落後國家。凡屬改良生產，擴充設備，或創辦新企業，概可向金融公司申請貸款。但金融公司之投資，決不會超過企業所需資本之半數，企業經投資以後，其資產總值，亦不得少於美金 50 萬元。其投資方式，乃係介於貸款與合資兩者之間。有附利息之貸款；也有直接參加經營的權利，將貸款變為股本；或直接購進一部分股票。當被投資之企業營業轉佳前途看好時，並願將投資部分轉售與私人投資者，撤退資金，再投資其他需要幫助之事業。其與一般私人投資唯利是圖者不同之點在此，亦即金融公司在業務上最大的特色，贏得了舉世的讚許。

　　國際金融公司成立以後，落後國家仍不能普遍享受利益，以其資本結構，貸款用途，及利息負擔，尚不能廣泛地適應若干國家之經濟情況。為求盡善盡美，　復由世界銀行採取美國之建議，　於 1960 年 9 月成立國際開發協會 (International Development Association)。歡迎世界銀行會員國全體參加。為便利資本之繳納，將會員國分為工業先進及產業落後兩大集團，前者認定的攤額，全部以黃金或可自由兌換之貨幣繳納，後者百分之十以自由兌換之貨幣繳納，其餘百分之九十，則用本國貨幣繳納。我國亦為會員國之一。開發協會設立之目的，亦在扶助落後國家經濟之發展。貸款範圍，則較世界銀行為廣，包括電力、運輸、其他生產計劃，及社會建設性之項目在內。每筆貸款，可以長達50年。自借款之日起，滿 10 年後，才開始償還。在第二個 10 年內，每年償還本金百分之一，在以後之 30 年內，每年償還百分之三，除按年給付手續費百分之〇‧七五外，不再另付利息。其條件之優厚，可以想見。在組織及業務管理方面，均與世界銀行相仿，可稱為世界銀行之第二個附屬機構。

第五節　國際貿易組織
(International Trade Organization)

　　國際間有關外滙貿易之合作，除上述國際貨幣基金及世界銀行外，其次卽爲「國際貿易組織」計劃之提出。早在 1941 年大西洋憲章簽訂之日，同盟國卽一致同意於憲章內規定，在平等原則之下，各國應設法促進對於繁榮經濟所需國際貿易與原料之共同享有。美國對於是項國際商務政策之合作，更爲積極贊同。如前所述，在 1942 年簽訂之租借合約第七條中，卽特別提到。故自 1943 年秋季開始，美國、英國，與加拿大等國之專家們，在華盛頓接觸頻繁，商討戰後貨幣及貿易問題。迨至1945年英美借款合約訂立，關於如何擴展國際貿易與就業，美國業已提出「世界貿易與就業擴展計劃 (Proposals for Expansion of World Trade and Employment)」之具體方案。建議在聯合國贊助之下，從速召開國際會議，商討貿易與就業問題。旋由聯合國經濟社會理事會積極籌備，邀約有關國家，連續召開預備會議，至 3 月最後一次日內瓦會議，草約大致擬定，乃由聯合國召開正式討論會議，於 1947 年 11 月至 1948 年 3 月在古巴之哈瓦那舉行，參加者近 60 國。經過長時期之討論以後，大家同意成立「國際貿易組織」當場簽字者凡 54 國，然後將公約送往各國政府，預計 1949 年 9 月可以獲得多數簽字國政府之批准。但是由於美國政府未能得到議院之支持，而未能批准，其他各國，多持觀望態度，正式批准者，亦不過數國而已，致令全功盡棄。國際貿易組織，從最初構想以迄開會討論，先後達數年之久，轟轟烈烈，到頭來不過空夢一場耳。

　　國際貿易組織雖然未能順利成立，但計劃內容，規定相當周密，值

得吾人稱道。其目的在㈠以擴展國家經濟爲手段，達到平衡與成長的世界經濟，從而確保國外商業之拓展。㈡輔助工業與一般經濟之發展，而於工業化初期實施之國家，更予以特別之便利。㈢使各國在平等原則之下，更易於接近世界市場、種種產品，以及便利生產之措施。㈣促使各國彼此降低關稅，消除其他貿易障礙，廢止國外貿易差別待遇。㈤在互相諒解原則之下，使國際商業政策有關問題便於解決。從所標榜的目的，可知該計劃對於促進國際貿易，則以發展國內經濟爲先決條件。發展經濟，必創造就業機會，增加生產，維持有效需要。落後國家在發展經濟過程當中，應由先進國家惠予資本之援助，如何創造國際投資環境，便利外國資本輸入，落後國家又當特別留意，通力合作。在商業政策方面，如何減輕關稅，便利進口，計算稅率，消除一切國際貿易障礙，在公約中，均已分別載明。國際貿易組織，一如國際貨幣基金與世界銀行，同爲聯合國專門機構之一，內部組織，亦與上述二機構相類似。

　　國際貿易組織構想如此完備，何以最後又未爲各國政府一致批准實施呢？依據分析，可能基於下述三點理由：㈠當大戰結束以後，美國以及其他很少數的國家，總認爲經過一個過渡時期以後，國與國間之經濟關係，又可恢復到自由放任的狀態，但沒有料到一般執政當局，仍以穩定國內經濟爲第一要着，對於自由貿易之世界經濟，反而視爲追求的次要目標了。此兩種經濟見解，在政策上似難調和一致。儘管與會國家的代表們對於憲章一致簽字同意，而如何承擔自由貿易的規定，心理上尙未有此準備。換言之，本計劃的構想，顯已超越了 1940 年代末期一般對於經濟政治的看法。㈡美國在哈瓦那會議以後，對外貿易政策有所轉變。很明顯的，戰後最初幾年當中，美國政府當局乃傾向國際主義，對於戰後國際經濟之重建工作，大有捨我其誰之概。因此布里敦森林貨幣會議之召開，聯合國之建立，美國出力最多。但從 1948 年以後，美國

社會又籠罩了國家主義的色彩。前此雄心萬丈世界禍福與共的念頭，又發生了動搖。㈡各國對此新約能否同時達成美國及其他國家經濟上的利益，頗表懷疑。因為美國是一個債權國家，國際貿易如能撤除所有限制，對於美國自然有利，而其他國家，大部為債務國家，貿易允許自由，只有再加重國際支付之困難。在戰後任何一種國際活動場所，美國總扮演一個主要的角色，此一國際組織計劃，由美國發起，又由美國送終，似亦不足為怪也。

第六節　關稅與貿易一般協定
(General Agreement on Tariffs and Trade)

當美國政府將上述世界貿易與就業擴展計劃送往各國參考以後，經濟社會理事會卽採取行動，召開籌備會議，討論如何進行。當第二次籌備會議預計於 1947 年 3 月在日內瓦舉行之際，美國政府建議，似可同時舉行一項關稅減讓會議，乃向有關國家發出請帖，計參加者共 23 國。在此會議中，各國代表依照商品種類，採用供需兩國互談方式，計共成立 123 種互惠協定。然後又根據此百餘種協定，草擬一項貿易章則，定名為「關稅與貿易一般協定」。在世界性國際貿易組織憲章尚未制訂以前，卽以此協定作為臨時國際貿易公約之用。

一般協定之內容，限於貿易部分。如何統一關稅則例，核計稅額，廢除限額，皆有明白規定，凡兩國間互惠之約定，可以同時適用於其他締約國。至於落後國家，為保護本國工業，或減除國際收支困難，尚可採用保護關稅，限制進口等辦法，不必完全依據一般協定原則。一般協定，並無形勢上之組織，向聯合國借調一部分職員，處理經常事務 ❸。

---

❸　1955年締約國同意設立一永久性行政機構，處理一般協定之事務，定名為「貿易合作組織 (Organization for Trade Cooperation)」，又未為美國國會所通過。

總部設在日內瓦，現有會員國九十二國，其中三分之二屬於開發中國家。由締約國每年定期開會，商討有關問題。由於僅有會議而無正式執行決策之機構，其所表現之績效，亦屬平平。不過國際貿易，能有此共同協商之機會，又當聊勝於無也。此一組織發展演變之情形，容俟於以下各節分述之。

第七節　　地區貿易組織

當代國際貿易，除上述國際性之合作機構外，尚有地區組織，表現頗著成效，爰一併分述如下：

壹、歐洲共同市場（European Economic Community）

簡稱「EEC」，又稱「European Common Market」，亦稱「內六 (Inner Six)」。以西德、法蘭西、義大利、比利時、盧森堡、荷蘭六國爲會員國，依據1957年之羅馬條約而建立。早在1953年，此六國之間，卽已有一種組織存在，名曰「歐洲煤與鋼鐵市場 (European Coal and Steel Community—ECSC)」。ECSC 創立之目的，在協調鋼煤生產，有利於六個國家。今日之共同市場，乃係由此一組織蛻變而來。

歐洲戰後經濟在合作方面，曾於 1948 年設立了「歐洲經濟合作組織 (Organization for European Economic Cooperation—OEEC)」，包括歐洲共產黨集團以外之所有國家在內。此一組織，原爲聯合接受馬歇爾援助計劃之產物，成爲美國與西歐國家在1950年代前半期經濟合作之重要機構，英國卽爲贊同此種規模龐大，限制不太嚴格，自由貿易組織之主要贊助人。並希望將自由貿易擴大至歐洲以外地區，包括美國及海外大英之聯邦在內。而在法國，則希望經濟合作規模不宜太大。雙方互相標榜，各顯神通。法國終於在戴高樂 (De Gaulle) 領導之下，使出混

身解數，說服了 ECSC 各會員國，利用過去之經驗，擴大及於一切財貨與勞務之自由交換，建立了現有之共同市場。在羅馬條約中，對於六國共同市場之建立，規定至爲詳細，舉其要者，可得下列各項：

(一)自1958年開始，預計12至15年內，完全取消會員國間之關稅、配額，及其他一切貿易障礙物。

(二)對於由其他國家輸入之貨物，依據1957年元旦六會員國通行之平均稅率，制訂統一稅制，共同遵守。

(三)撤除會員國間勞力、資本、企業移轉之種種限制。

(四)原則上產業同盟及類似組織一律禁止。

(五)在農業方面，各會員國採取同一之政策。

(六)設立兩種投資基金，一在歐洲運用，一在有關會員國之海外領土內使用，藉以誘導資金由市場高度發展地區流入低度發展地區。

(七)設立社會基金，解救工人由於市場建立過程當中所遭遇之經濟損害。

1973年元月起，又有英國、丹麥、愛爾蘭三國加入共同市場組織。

1981年元旦又有希臘加入。1986 年元旦，另有西班牙、葡萄牙加入，共有會員國十二國。由於近年一切進行尚屬順利，共同市場預計於一九九二年完成最初理想，變爲一個單一市場。

貳、歐洲自由貿易協會（European Free Trade Association）

簡稱「EFTA」，於 1960 年成立，擁有會員英國、挪威、瑞典、丹麥、瑞士、奧地利，及葡萄牙等七國，又稱爲「外七（Outer Seven）」。爲促進經濟合作，各締約國彼此同意逐漸取消關稅與配額，但對協會以外之其他各國貿易往來，則仍分別採用各該國之關稅制度，與歐洲共同市場各國對外採取關稅同盟，課以同一稅率者不同。至 1967 年元月，EFTA 會員國間工業產品之關稅，已全部取消矣。新加入爲會員者，又

有芬蘭及冰島（Iceland）。但丹麥、英國於 1973 年及葡萄牙於 1986 年以加入歐洲共同市場而先後分別脫離該會矣。

在拉丁美洲，1960 年至 1966 年之間，復有阿根廷、巴西、智利、巴拉圭、秘魯、烏拉圭、哥倫比亞、厄瓜多爾、委內瑞拉，及墨西哥等十國，組成了拉丁美洲自由貿易協會（Latin American Free Trade Association），簡稱 LAFTA，希望共同合作，消除貿易障礙，發展經濟。會員國間彼此對於關稅之減免，不似 EEC 及 EFTA 之率直了當，而是採用兩國間對於列舉產品，互相談判方式。各國同意減讓一加權平均數每年百分之八，預計六年以後，在協會地區以內，貿易的百分之五十，可以自由通行；十二年以後，可望全部自由。不過事實上，進度並不十分理想。迨至 1969 年，智利、秘魯聯合玻利維亞（Bolivia）、哥倫比亞、厄瓜多爾另外組織了一個新的經濟團體，名曰 Andean Pact），削弱了LAFTA之組織，於是經各會員國之同意，於1981年結束了LAFTA的業務，另以 Latin American Integration Association（ALADI）新組織代替之。此一新組織，又將會員國區分為三種：

一為阿根廷、巴西、墨西哥。二為哥倫比亞、智利、秘魯。三為玻利維亞、厄瓜多爾、巴拉圭。最終目標，仍在減讓會員國間之關稅，但須按照自願的工業對工業基礎進行之。

此外，在中美復有「中美共同市場（Central American Common Market—ODECA）」之組織，由中美五共和國哥斯達利加、薩爾瓦多爾、危地馬拉、宏都拉斯、尼加拉瓜聯合組成。合作效果，最為顯著。在 1966 年，彼此間之貿易，幾已全部自由暢通無阻。

按自由貿易地區結合之目的，在消除彼此間一切人為的財貨與勞務移轉的限制。至與非締約國之間的關稅、配額等限制辦法，各國仍舊可以繼續保留。

叁、比盧荷關稅同盟

簡稱「Benelux」，即比利時、盧森堡，及荷蘭三國所訂立之關稅同盟，而以三國英文名稱首段拼綴而成者。比利時與盧森堡二國，早在1921年即訂有關稅同盟，二次大戰期間，同意荷蘭加入，擴大為三國同盟。關稅同盟之主要精神，不但在消除同盟國間之關稅與配額限制，同時對於進入同盟其他國家之財貨，也建立了一種共同稅制。其所收入之稅款，尚可按照一定之比率，分與同盟國家。在今日比盧荷三國之間，勞力、資本、財貨，可以自由通行，顯已超越了關稅同盟之自由境界，與共同市場幾無二致。

地區貿易組織之建立，能使會員國間財貨與勞務之自由移轉，甚至人力、資本，皆可交流無阻，達成了完全經濟自由的境地，對會員國而言，得以人盡其才，地盡其利，物盡其用，貨暢其流，彼此受惠，可以發展經濟，增加國民所得，提高生活水準，值得我們讚揚。不過地區組織與地區以外其他國家之往來，關稅壁壘依舊存在。且當新地區貿易障礙撤除以後，向之可以進口者，今日又或以成本偏高而無法進口矣。故對於其他地區之往來，是不啻又構成了一道新的關稅壁壘。無怪歐洲自共同市場建立以後，美國出口商人頗有手忙腳亂之感。如何能在國外設立分公司，逃避進口限制，乃為美國廠商戰後追求之新目標。但如前段所述，若欲建立一世界性的貿易組織，由於工業高度發達國家與低度開發國家之經濟力量相差太遠，各地區之生產條件不同，政府政策與工商界之態度，又復分歧錯雜，不易達成共同的理想。如任其各自為政，彼此設防，阻遏財貨之通路，則受害者又豈止某國或某一地區已也。如能分區採取地域組織，俟貿易環境改善以後，再擴大與附近地區結合，最後再與其他各地區打成一片，水到渠成，世界貿易自由，庶可望有達成之一日。從純經濟的觀點，我們這樣設想，不能算是一種奢望。不過國

際往來，尚有一點，我們又不可完全忽視。卽一部分貿易往來，乃是基於政治的理由。欲達到世界自由貿易，執政當局，當一致站在經濟立場，精誠合作，甚至犧牲小我一部分，亦在所不惜。

第八節　甘廼廸減稅談判回合
(The Kennedy Round)

由上所述，得知戰後 GATT 之構想，法良意美，惜未能有所成效。於是自由貿易理想，乃爲區域組織所代替。而在上述地區貿易組織中，表現最爲突出者，又爲歐洲共同市場。事實上，歐洲共同市場，卽爲一種關稅同盟組織。關稅同盟，乃爲一種有利於同盟國而不利於同盟以外之國家的一種組織，對其他國家採取差別待遇，有礙國際貿易之發展，與美國戰後所倡導之自由貿易精神，殊有未符。因此，甘廼廸政府乃於 1962 年向國會提出一個貿易擴張法案 (Trade Expansion Act)，希冀能與各國之間，彼此進行磋商，互相減免關稅。要求國會授權大總統，對各種商品，可以降低稅率百分之五十。在全世界非共產黨國家貿易總額中，美國與歐洲共同市場國家所佔比率，高達百分之八十或八十以上。對於這些商品關稅之豁免，可以高到百分之一百。倘使美國稅率低於百分之五，則關稅卽可全部減免矣。不過歐洲共同市場國家，必須採取同樣行動。此外，關於共同市場之農業政策，當另爲討論。此一法案，於同年經國會順利通過。但在歐洲國家所引起之反應，並不如美國方面所期望之熱烈。故自 1963 年起，此一減稅談判，（此爲 GATT 成立以來減少貿易障礙談判第六回合，第一回合，曾於 1947 年舉行。）卽已開始進行，但速度甚爲緩慢。原因可分爲幾方面來說。第一個困難，乃在原先預計歐洲共同市場必須允許英國參加，而法國居然在 1963 年否決

了英國的加入，於是將預定美國與共同市場國家彼此可以減稅之產品種類，由 25 種縮小至植物油與航空用機件兩種。而此二種商品，在自由貿易方面可能提供減免之額度，就非常有限了。其次則爲農業政策方面。在此時期，適値 EEC 國家正在熱烈討論他們彼此之間應當採取何種農業政策。美國方面，希望共同市場國家在甘廼廸減稅談判開始進行以前，對於農業政策，能有所決定。因爲美國希望對農產品之交易，採取自由政策。所以共同市場國家對於農產品交易究將採取何種政策，對美國來說，關係非常重要。結果共同市場在這方面，採取了一種保護政策。而在美國，由於是一個農業保護政策的始作俑者，早已創下了先例，對於共同市場此一措施，也就不便提出什麼反對的理由了。其次，法國對於關稅全面普遍降低一點，並不贊同。法國認爲對原料品的關稅，應當降低；對半製成品的稅率，可以高一點；對製成品應當最高，這樣才是合理。假如採取全面減稅辦法，那受惠最多的，一定是美國。因爲美國關稅結構，就其平均稅率而言，與 EEC 國之稅制，並無多大出入。但是美國的稅率，極不均勻。有的很高，即使降低以後，仍舊多少保留了一種保護的效果。因此在低額關稅之國家，似不應將關稅降低與高度稅率的國家相等。此外，美國與 EEC 國家彼此都提出了一種產品名單，屬於國防用品者，不在關稅減免討論範圍之內。由於這些的基本觀念，在美國與歐洲共同市場國家看法不同，所以減稅談判，在最初數年之間，就進行得很慢了。但是 1967 年 7 月 1 日，爲美國國會授權大總統談判屆滿之日期，甘廼廸減稅談判如欲有所成就，必須在是日以前獲致結論。事實上，到了 1967 年春季，談判前途，仍舊渺茫得很。美國政府當時着急的心情，可想而知。一直等到 5 月下旬，總算有了一個結果。對於關稅減免，較原提出貿易擴張法案之日所期望者要少。屬於關稅減免範圍的貿易總額，接近四百億美元，大部分爲開發國家間之

交易。計在五年當中，關稅減免，平均計算，約達百分之三十五。當甘廼廸減稅談判全部實施之日，美國對若干工業產品的稅率，約在百分之十至百分之二十。英國稅率，將與美國相若，也許還要略微高一點。共同市場國家之稅率，則又較美國略低一點，約在百分之十左右。至在斯干的那維亞半島國家，如瑞典、挪威、丹麥、冰島，其稅率又更低一點。總而言之，甘廼廸減稅談判，已經是國際貿易第六次談判了，較過去 GATT 支持下所舉行的五次減稅會談中任何一次所獲致的成果要大，這倒是值得我們欣慰的。

第九節　聯合國貿易與開發會議
(United Nations Conference on Trade and Development-UNCTAD)

上述地區貿易合作與GATT組織工作之進行，主要以非共產工業國家之利益為前提，對於低度開發國家，或「第三世界(Third World)」，顯然被冷落在一旁，因此乃由第三世界的國家，督促聯合國於1964年在日內瓦舉行了一次特別貿易會議，由此會議產生了一個永久性的聯合國貿易與開發會議，以日內瓦為會址，設置秘書處，有職員二百人，處理經常事務。嗣又於1968年在印度新德里(New Delhi)舉行第二次會議，1972年4月13日至5月21日，在智利之聖地牙哥(Santiago)舉行第三次會議，1976年5月在奈羅比舉行第四次會議，1979年5月在馬尼拉舉行第五次會議。在最初兩次會議中，雖然討論之範圍相當廣泛，但主要議題可分為二，一為對低度開發國家貿易或關稅之優惠(trade or tariff preference)，二為穩定國際產品價格。茲就議案內容分別解析如後。

低度開發國家要求貿易優惠，旨在期望達成工業化之境界。如所周

知，工業化爲發展經濟的一種手段。爲了發展工業，必須增加出口，特別是工業產品之輸出。但是落後國家想要在先進國家進口方面佔得一席之地，眞是難上加難。唯有從改善關稅着手，也許可以達到目的，所以主張採取一種優惠的關稅制度。此一關稅優惠構想，由 UNCTAD 秘書長普里俾斯克(Raul Prebisch)所提倡。依照普里俾斯克的看法，國與國間在貿易上之「協定(conventional)」互惠與「眞實(real)」互惠，二者是有區別的。普氏認爲協定互惠，如果由一個工業國家與一個低度開發國家彼此互相讓步，將導致該低度開發國家變爲古老貿易形態的一個倚賴者，一直以輸出初級產品爲主。眞實互惠，則爲開發國家對低度開發國家單方面關稅的減讓，而使後者在出口方面之能力逐漸增加，從而對工業國家輸入的需要，也會增加，然後國際貿易可以擴大。所以低度開發國家要求關稅優惠，理由很簡單，乃是從政治與經濟兩方面的觀點，希冀能增加對外的貿易。

在第一次 UNCTAD 會議席上，對於關稅優惠的討論，集中於幼稚工業的保護，優惠的給予，要延長到一定的時間，以便幼稚工業能夠成長，在世界大市場壓力之下，可以立足。但是當時在這方面的討論，又與一般所提到的幼稚工業保護觀念有所不同。一般所稱的工業保護政策，乃指由一國的消費者付出較高的價款，來貼補生產者，讓他們有機會學習技術，改進生產，將來可以與世界市場的價格互爭長短。至於關稅優惠，則爲由外國消費者，也就是施惠國家的消費者，來貼補低度開發國家的生產者，而使後者能有一天可與國際市場價格競爭。因此究竟應當選擇何種工業給予優惠，便成了大家最關心的問題。依照一般的看法，當爲低度開發國家中現有或可望有比較利益的工業；同時這些工業，又要爲工業國家徵收相當高度關稅的產品。但是事實上，主要工業國家對於若干工業產品所徵收之進口關稅，都相當低，平均在百分之十

至百分之十五。假定給予百分之五十的關稅優惠，低度開發國家產品在價格方面，欲與開發國家競爭，其所佔的便宜，也不過百分之五至百分之七，非常有限。假定低度開發國家的產品沒有關稅優惠，不能與人競爭，那麼即使受到優惠，也不一定能夠與人競爭。不過從各種產品的稅率來看，情形並不完全如此。因為有的稅率，還是很高，受到優惠，影響就很大了。

實施關稅優惠制度，可以產生兩種現象，一為貿易的創造，一為貿易的轉向。所謂貿易的創造，乃指由於優惠的給與，從受惠國輸入低成本的貨物，足以擊敗國內製造成本較高的產品，增加國民幸福，其效果是有利的。所謂貿易轉向，乃指由於優惠之給與，從受惠國輸入生產較高的產品，可以在市場上戰勝從第三國輸入生產成本較低之產品。由於貿易轉向，可使生產資源分配不當，降低了人們的幸福。究竟實施關稅優惠可能發生的效果如何？我們現在不妨列舉兩個例子來看看。第一個例子是，假定受惠國的產品，只是佔施與國進口品總值的一小部分，那麼當優惠給與之後，低度開發國家可以將是項出口品價格從世界市場價格提高，達到連同關稅計算在內的一種價格，然後低度開發國家之生產者，可以大獲其利。如果因此而能擴充生產，而又不增加太多的成本，自然會利上加利，繼續投資。至在優惠施與國，在此情形之下，將一無所獲，好處都為受惠國所佔了。第二個例子，則與此相反。假定受惠國對於出口財貨為國際間的主要生產者，那麼不管關稅優惠施與國國內情形如何，受惠國當繼續按照世界市場價格出售是項產品。也就是說，受惠國之生產者，將控制施與國之整個市場。但此舉對他們來說，並不關係重要。因為所得非常有限，利潤全部歸優惠施與國所佔去了。在施與國，一方面消費者可以買到便宜的物品，二方面可以獲得機會成本較低的財貨，輸入反比國內自製合算。此雙重效果，乃屬於貿易創造性質。

由是言之，站在低度開發國家的立場，自然以第一例情形較爲合適。因爲低度開發國家能掌握大規模工業生產品者甚少。至於初級產品與原料品，在低度開發國家，又多牛爲世界貿易中之主要供給者，沒有給與關稅優惠之必要。故在最初兩次會議中，對於關稅優惠問題，UNCTAD也沒有得到一個什麼結論。

　　次就國際商品價格穩定言之。初級產品，依照一般情形，要佔低度開發國家輸出外滙收入百分之八十五至九十，而初級產品之價格，在世界市場，往往變動非常激烈，從而影響到出口收入之不穩定。此一不穩定情形，就會連帶的發生很多問題，有礙生產發展。所以如何穩定產品價格，乃成了大家最關心的問題。不過所謂穩定，究指何種穩定而言。穩定價格，並不卽是穩定收益；而穩定出口收益，又不卽指穩定眞實所得。故在討論會中，有人指出貿易條件。從廣泛的商品類別而言，如初級產品與工業產品，應當穩定。而且一定量初級財貨輸出品的購買力，對工業財貨輸入品而言，應當得到確實保障，而不致受到損害。但是此一立論，只能說是一種願望，缺乏經濟理論上的依據。因爲國際價格，是一種經濟制度內部所產生的變數。貿易條件的變化，情形至爲複雜，乃視生產與消費之改變，及其他基本經濟變數而定。如欲控制貿易條件長期的發展，與想要控制經濟制度中的各種變數無異。如何而後可以達成此一目的，惟有對世界性的經濟活動，有一個完整的計劃。如此渺不可期的一種構想，實不容易獲得與會人士一般的贊許。至於建議一定量的初級產品，在長時期中，應對工業產品有一穩定的購買力一節，與上述希冀穩定貿易條件，是同樣的不切實際，我們沒有任何理由可以期望此一發展能夠實現。

　　然則究竟是什麼需要穩定？於是又有種種比較合理的看法。其一是，我們要設法穩定某些初級產品的價格。其二，我們要設法穩定低度

開發國家的出口收益。很顯明的，此兩種建議，內容並不相同。因爲價格穩定，並不導致出口收益的穩定，要是供給發生變化的話。生產變更，常爲出口收益變動的主要因素。又出口貨幣收入或貨幣所得穩定，與眞實所得穩定，也不相同，倘使一般物價水準變動的話。因此比較更合理的建議，應當是，爲了穩定出口收益，必先穩定物價。如果物價不能穩定，對於經濟發展，亦難望有所成效。因爲初級產品的供給與需要，往往變動很大，供給與需要的彈性又小。而在低度開發國家之出口品，又多限於幾種產品，銷售情況如何，全視少數工業國家的市場來決定，這些都是事實。不過說來說去，低度開發國家生產初級產品的最大困難，還是在於供給的一面。由於產量容易發生變化，出口收益卽無法穩定。

　　國際商品協定，於1920年代開始實施，但成效並不顯著。第二次大戰以後，是項協定的訂立，也只限於五種產品，小麥、糖、咖啡、錫與橄欖油。因此爲穩定物價，似可採用下列計劃。一爲緩衝存貨（buffer stocks）辦法。卽將貨物預爲儲存，於高價時賣出，低價時買進。但此一計劃，限於某些產品，所需倉租費用較低者。而其最大的困難，在長期均衡價格難以預測。如果主其事者，對價格過分樂觀，必設法維持一種太高的價格，於是貨物愈存愈多，終有一日非折價出售不可。倘使價格訂的太低，存貨又易於賣光。而低價也只能維持在一個很短暫的期內。二爲限制產銷。由低度開發國家大家同意對於某些產品限制生產或輸出量，以便維持價格於一定之水準。當生產者彼此競爭十分激烈而需要又缺乏彈性時，此種計劃，較爲有效；否則價格便會拉得很低。不過凡事有優點，一定也有缺點。限制產銷計劃，難以長期維持。因爲總有一家廠商會要脫離組織，按照所喜愛之價格，出售較多的產品。生產過多，最容易破壞此種制度。其次，當高價維持於一個相當時期以後，在

需要方面，可能發生變化。因為需要彈性，在短期內可能不大，但從長時期看，可能提高很多。而在採用高價政策者，總以為社會對於產品之需要，正如未採取此一政策情形之下，不會變動多少。而且此種政策，可能導致競爭產品之出現，使需要者，採用其他的代用品。橡膠的命運，就是一個實際的例子。其次限制計劃，更易引起資源分配之不適當。使生產效能較低者，反而生財有道，氣勢凌人。三為價格補償計劃(price-compensation scheme)。設有甲乙兩國，甲為某種初級商品之輸出國，乙為輸入國，兩國事先商定每年彼此間之正常貿易與標準價格，同時並規定一種按價補償之升降率。假定價格低於標準價格，乙國應就按照正常貿易量與標準價格計算之短少收入部分，補償甲國。反之，倘使價格超過標準價格，甲國應就標準價格與正常貿易量計算之超額部分資金，退還乙國。當然此一計劃，亦可同樣適用於若干進出口國家之間的貿易。不過此種計劃的缺點，也是在於難以事先定出一個合適的價格。倘使訂價過高，無異將工業國家之資源移往初級產品國家。倘使訂的太低，又發生相反的效果。

為補償開發國家出口收益之變動，國際貨幣基金曾經規定，會員國如因出口收益降低至某一水準，可向基金借進合於攤額的一個適當比率金額。此項借款，不與一般借款合併計算。但在 UNCTAD 會議席上，大家認為數目太小，無濟於事。於是又有人主張，最有效的貿易政策，莫如由開發國家對低度開發國家予以保護主義者優惠(protectionist pref-erences)。此一政策，又可採用不同的方法：或由開發國家對來自低度開發國家之貨物徵收進口稅，然後再又退還給原輸出之國家。或在開發國家對來自低度開發國家之產品，建立一種配額制度，保證低度開發國家之商品，在一定的限額以內，可以進入開發國家之市場。前一計劃，法國表示贊同。後一計劃，美國最感興趣。事實上，美國對糖之進口，

早已採取進口配額制度。近年又推廣至紡織品、鞋類等產品之進口。

在1972年 UNCTAD 會議席上，其所討論之問題，至為廣泛，包括近年世界貿易之發展及其長期趨勢的檢討，國際貨幣演變對世界貿易與開發之衝擊，開發國家中最低開發國家特別計劃的商訂，出口貿易擴展與商品價格穩定，經濟開發資源，及海洋航業發展問題等。

1976年 5 月 5 日起，UNCTAD又在肯亞(Kenya)之奈羅比(Nairobi)舉行第四次會議，為期四週，參加之代表，近一百五十人。主要討論議題，為穩定原料品價格，開發中國家外債之負擔，國際科技知識之移轉，多國籍公司經營之規律，開發中國家彼此間應增加之經濟合作等。早在同年 2 月間，七十七個開發中國家（稱為「七七集團（Group of 77)」之部長，曾經在馬尼拉集會，商討他們聯合陣線應採取之對策。會後發表了馬尼拉憲章 (Manila Charter)。主張(1) 有一個完整的商品穩定協約，對十項基本商品，以三十億美元普通基金，作為融通緩衝存貨之用。(2) 制定商品價格指數。(3) 放寬私有專利權之管制，便利生產技術之移轉。(4) 對開發中國家所欠外債，作劃一減輕之新規定。所以在此次會議中，開發中國家之立場，業經很明顯的表示了。當然，在開發國家集團那方面，也有他們的打算。經過四週熱烈的討論，終於在 5 月31日閉會，作成了十二項決議案。

從決議案的內容來看，大致可以分為兩大部分：一為商品貿易，二為貨幣金融。前者可以最重要的第九十三號決議案「完整的商品規劃」來代表。本案大意，乃指一個全球性的行動計劃，改善對開發中國家利害攸關的國際商品交易的市場結構，同時此一計劃，也要符合所有國家的利益。關於此一議案，在討論進行當中，開發中與開發國家的意見，很難調和。其中又可分為三方面來說。第一，關於物價穩定的水準。七七集團主張物價應穩定於對生產者有利、合理，對消費者公平之水準，

包括世界通貨膨脹率及重要國家貨幣滙價波動事先都加以愼重考慮並計算在內。而在開發國家則不以爲然。認爲如此提議，只有更增加生產與消費國家雙方的通貨膨脹壓力，而使資源分配愈不均勻。因而力主物價應穩定於對生產者有益對消費者公平之水準，而且須與長期均衡於最高可能的生產與消費水準相適稱。至在東歐社會主義國家，除同意開發國家貿易條件改善之大目標外，並贊同物價應穩定於對生產者經濟上有益而又公平之水準。第二，關於物價穩定的方法。開發中國家希望有一套完整的計劃，設立普通基金，融通各種商品交易所需之資金，從而創立國際管理緩衝存貨計劃。開發國家則建議，對商品採取國際性行動，須按照各種商品之特性與問題，提出若干辦法與技術。同時依據價格與數量所訂立之商品協定，業經明白表示爲市場穩定的一種可用技術。東歐國家則提議國際商品協定之磋商，主要須依據長期與中期的產品供給與採購需要，而以穩定存貨，資金融通，作爲輔助辦法。第三，關於物價穩定的程序。七七集團希望立刻採取行動，創立基金，商討種種商品協定訂立事宜。開發國家則不接受此一建議。認爲如此急促行事，等於已經默認了普通基金創立之原則。所以最後經由各方斡旋，總算採取了一個比較折衷的辦法。對於商品範圍，完全依照開發中國家馬尼拉會議所提示之十八種類，爲香蕉、鐵礬土、可可、咖啡、銅、棉花、硬性纖維、鐵鑛、黃麻、錳、肉、磷酸鹽、橡膠、糖、茶、熱帶木材、錫、植物油。他如辦法與程序，統由 UNCTAD 秘書長負責擬訂計劃，與會員國進行商討，訂出詳細可行之方案。

其次關於貨幣金融，在會議議程上面，大概有四項可以包括在此範圍以內。一爲減輕開發中國家外債辦法，二爲增加對開發中國家淨資本流量辦法，三爲改善開發中國家金融貨幣方法，四爲國際貨幣制度之檢討。在七七集團馬尼拉宣言中，對於外債問題，曾經提出四項解決辦法：

①關於政府間雙邊債款，開發國對開發中國家應採用放棄、允許延緩償還，或對本金與利息一筆勾消。②多邊發展金融機構，對每一開發中之國家，應制訂有計劃之援助，其金額不得少於各國應付債款之維持費用。③開發中國家所欠之商務債款，須重新規定，自多邊金融機構設立之日起，延長至25年償還。④主要債權債務國家，應由 UNCTAD 邀約召開會議，決定債權債務整理督導辦法。但在會中討論此一問題時，重要爭論之點爲，第一，用外債減輕辦法來轉移資源至開發中國家，是否切實可行與適合？第二，現有債款重新磋商之規程與機能，應否改進或以其組織安排來替代？在七七集團，認爲 UNCTAD 會議應當同意完成此一債務減輕計劃，然後再召開會議，幫助支付最困難之開發中國家解決問題。而在開發國家，大部分則認爲現有債款重新磋商之規程，作業一向令人滿意，足以勝任達成各國複雜之種種需求，無需另起爐竈。今後開發中國家，義應繼續向私人資本市場借進資金，以補充向官方取得之借款，藉以維持債權人與債務人雙方之良好關係。所以對於開發中國家本案之提議，均未便接受。經過多方折衝，最後達成了如下的決議，如九十四案所示。若干開發中國家負擔外債甚重，爲不可否認之事實。在本次會議中，開發國家之政府一致保證，同意採用多邊體制，儘速考慮個別請求，來減輕開發中國家對債務維持遭遇困難，尤其是開發最少困難最多之國家。

　　此次奈羅比會議，大體來說，反映了國際間設法改善世界經濟合作辦法的共同願望，希冀對世界貿易與開發有所改進，總算又向前邁進了一步。

　　UNCTAD 第五次會議，於 1979 年 5 月 7 日在馬尼拉舉行，爲期四週，於 6 月 3 日結束。在議程上，原列有十二項重要提案，但最初兩週時間，爲出席會員國重要代表及國際組織參加首長分別發表演講消耗掉

了，因此對於重要議案，如貨幣改革、穩定商品出口利潤的補償性融資等，均未達成協議。最後匆匆協調，對開發中國家經濟資源移轉、商品、保護主義，及其他問題，總算有了一個交代。從過去多次國際會議經驗看來，開發中國家與開發國家之種種磋商，說句不客氣的話，無異與虎謀皮，其不失望者幾希。

十二項提案，一為貿易、貨幣、金融與開發之互相倚賴與世界經濟結構之轉變；二為國際貿易之發展；三為商品問題；四為製成品與半製品；五為貨幣與金融問題；六為技術；七為船運；八為最低開發國家；九為地區封鎖與內陸開發中國家；十為經濟與社會制度不同的國家間之貿易關係；十一為開發中國家間之經濟合作；十二為法制問題。分成八個小組，研擬詳細可行辦法。但經過彼此磋商之後，發現開發國家與開發中國家對於這些問題的看法，仍有一段相當遙遠的距離。例如對互相倚賴的第一個議案，七七集團國家建議在 UNCTAD 內部設立一個政府間的專家組織，對貿易、貨幣、金融，與開發的政策，作全球性的諮商，開發國家則表示反對；不許 UNCTAD 對其他國際組織的職能有任何侵害。對於第五案貨幣金融問題，七七集團國家建議國際貨幣基金修訂條規，改善補助性融資；UNCTAD 應作準備，對設立中期融資幫助在國際收支由於外在因素遭遇差額的國家一事提出書面報告；在 UNCTAD 內部設立一專家小組，研究改進國際貨幣制度。亦未獲得開發國家之贊助。認為上述建議，與世界銀行及國際貨幣基金之現有工作，不免重複。對於開發中國家外債問題，開發中國家建議設立一個國際債務委員會，也被開發國家加以拒絕了。

最後在會議中作成全體同意決議案的，其重要者可分為下列數項：

(一)關於資源移轉　計分為四部分：

A．關於雙邊援助，贈與國家應當考慮增加官方開發援助（official

development assistance (ODA)), 達到國民生產毛額百分之〇‧七目標, 並於每年宣布此項三年後將實施的援助計劃。

B. 關於多邊援助, 認爲急需增加世界銀行之資本額及在適當時機增加地區開發銀行之資金。

C. 力求 1976 年開發委員會 (Development Committee) 推介便利開發中國家步入私營資本市場構想之實現。

D. 請求開發金融機構繼續以大量資金移轉開發中國家, 並望世界銀行能以長期資金融通, 便利開發中國家購買資本財貨。

(二)關於商品

A. 儘速擬訂普通基金 (Common Fund) 規約, 於 1979 年年底以前集會商討。並望各國政府及國際組織對第二號窗口(second window)保證提供捐獻。

B. 從速開會繼續商討商品整體計劃。

C. 同意開發中國家對於初級產品加工、推銷、輸出等業務之擴展以及 UNCTAD 對市場推廣之研究工作。

D. 取消原預備會議中對商品協定(commodity agreements)以 1979 年爲最後一年之規定, 而以此項協定作爲 UNCTAD 今後日常工作計劃之一部分。

(三)關於保護主義　大家同意繼續反抗保護貿易的壓力, 力促工業國家對從開發中國家進口商品減少在數量上之限制; 並改善市場, 便利開發中國家製成品與半製品出口貨物之輸入。在保護勞務方面, 促請工業國家撤銷在勞務上之差別與不公平實施, 特別是在運輸、銀行業務, 及保險方面。

在上述第四次會議中, 關於穩定物價方面, 開發中國家希望有一套完整的計劃, 設立普通基金, 融通各種商品交易所需之資金一案, 終於

在1980年大家同意設立一種 7 億 5 千萬美元的共同基金，用以融通某些指定商品穩定存貨，及出口推展所需之資金。

第十節　東京貿易談判回合 (Tokyo Round)

自從甘廼廸減稅談判回合於1967年結束，經過數年籌劃之後，另一次多邊貿易協商會議（第七次），在 GATT 主持之下，又於 1975 年 2 月 11 至 13 日正式在日內瓦總部揭幕。此次會議，為 1948 年 GATT 成立以來規模最大的一次，內容包括甚為廣泛，涉及關稅、非關稅障礙、防衞、農產品、熱帶產品、貿易自由等。分為若干工作小組，齊頭並進。如所週知，早在1973年 9 月，與會國曾經在東京舉行部長級會議，簽署了東京宣言，而實際商談地點，數年之間，多假東京舉行，故稱東京貿易談判回合。

在本章第八節中，我們業已提到，甘廼廸回合談判結果，一般稅率平均降低了百分之三十五，其所包含之貿易總值，在當時約值四百億美元。但從減稅產品種類來看，大半為高度技術與資本密集之產品，其價格彈性，較初級產品為高，而從開發中國家輸入所佔之比率又較小。雖然那次談判對開發中國家也有若干重要讓步之處，但在產品方面，受到減稅待遇者較少。其次，由於減稅已經有了一個結果，一般國家政府當局又把視線轉移到非關稅障礙上面去了。因此，GATT 順應會員國之興情，自 1967 年起開始研究，究竟什麼是非關稅障礙，函請各會員國用書面一一列舉，經整理後，歸納為下列五大類：一為政府對貿易之參與；二為稅關進口作業程序；三為進口貨物與國內產品標準；四為對進出口品之種種限制；五為對進口品及出口品徵收之費用。就以上五大類合計非關稅障礙，約二十五種。至 1971 年，GATT 又針對這些障礙，從新

研究政府當局可以具體實行之解決辦法。最初認爲下列三項最爲重要:
海關估價方法, 進口許可制度之執行, 技術標準執行原則之制訂。日後
又將範圍擴大至出口補助, 進口證明文件, 以及包裝、標籤等。1972年,
GATT會員國同意將工作範圍再加以擴大, 包括對抗稅、鼓勵出口之貼
補、數量限制, 及出口管制等在內。由於這些問題之亟待解決, 促成了
東京貿易談判回合之舉行, 其所列入討論之內容, 也就更複雜的多了。

　　東京貿易談判回合, 正如其他國際會議, 談談停停, 停停談談, 因
爲各國都不輕易放棄自己的立場, 所以前後花了五年的時間, 終於在
1979年4月12日有了一個決定, 成果輝煌。細閱內容, 可分爲三方面,
加以簡單的陳述:

　　第一, 關於貿易自由方面。此次會談, 工業國家保證在未來八年之
內, 平均降低關稅將近三分之一。當場簽字同意降低農產品及工業產品
關稅者, 有澳大利亞、奧地利、保加利亞、加拿大、捷克斯拉夫克、歐
洲共同市場國家、芬蘭、日本、匈牙利、紐西蘭、挪威、瑞典、瑞士、
美國等十四位代表, 其他各國代表, 將陸續採取同樣之行動。按照1976
年貿易價值估計, 預計將有價值一千一百億美元之工業產品, 受到減稅
之影響。減稅最多的, 爲非電氣機器、木製品、化學用品、交通運輸工
具。比平均減稅率較低者, 爲紡織品、皮革用品。農產品受減稅影響者,
約佔1976年農產品貿易總值四百八十億美元中之一百二十億元。

　　第二, 關於非關稅障礙之管制規則。依照 GATT 在此方面之分類,
一爲海關估價方法。大家同意可用五種方式: 第一種, 根據發票實際價
值計算。第二第三兩種, 乃係依據輸出至該國之同種商品或類似商品計
價; 倘使對於原始發票發生疑點, 而不採用第一種方式的話。第四種方
式, 依照進口貨物再賣出之價格計值。第五種方式, 根據原料、製造費
用、利潤, 及一般費用合併算出之價值估計。至於開發中國家採用上述

法則，又帶有少許彈性。可以延至八年以後，完全採用。而且可以給予技術上之幫助，依照上述準則，另行制訂新的估價辦法。二爲政府採購。若干國家之政府或其代表機構，爲商品最大之購買人。但是由於對本國商人有一種偏好或特別照顧，於是引起了國際貿易在這方面的阻礙。新協定對於政府採購，有很詳細的規定，旨在獲得國際間更多的公平競爭機會。例如採購應當採用公開招標方式，避免對於本國供應商人加以保護，而對於外國商人則加以種種差別待遇。凡政府採購每批價值在十五萬 SDR 以上者，均適用新辦法之規定。估計每年政府採購總值適用新辦法之規定者，將達三百五十億美元。三爲進口許可程序。政府當局對於進口貨物簽發進口許可證，旨在對於進口品之質與量加以管制，同時也表示對於進口品有所限制，配額即屬顯著之一例。但是有些國家對於進口許可之簽發，花費時間太多，手續過於繁複，人力物力，耗費不貲。新協定旨在保證進口許可簽證，並非用以限制進口。所有同意本協定之會員國，今後概應對該國之進口許可簽證手續，化繁爲簡，以最公平的方法加以處理。四爲貼補與對抗稅。近年由於一些國家採用貼補或對抗稅政策，引起了貿易對手國紛紛採用保護政策。新辦法對於上述兩種積習甚久之措施，有一種澄清的作用。其目的在保證，今後簽約國採用貼補者，不得損害對手貿易國之利益；採用對抗稅者，不得以不公平的方法，妨害國際貿易。因此新商訂的法典，對於採用這些辦法的國家，在權利與義務方面，均有明白的規定，而且設有機構，從旁監督與處理爭端。所有簽約國均一致同意，對於工業製成品與礦產品的出口，不再予以貼補。而且出口貼補，也只限用於農林、漁業方面之產品。五爲標準之遵守，關於國際貿易所發生技術方面的障礙，在會議中特別強調大家應遵守現有國際標準準則。其目的在保證，當會員國政府爲了安全、健康、消費者、或環境維護而採用技術條規或標準時，不得使貿

易產生不必要之障礙。換言之，各國政府所制訂之技術條規或標準，應與現有國際標準一致，以免發生貿易上之不便。

第三，關於國際貿易體制方面之改善。在東京宣言裏，曾經明白指出，多邊貿易談判之主要目的，在使開發中國家獲得更多的益處，故在東京會談所訂立的種種法典中，關於如何援助開發中國家一節，均有很仔細之規定。早在1968年，對於開發中國家應給予在貿易方面之優惠待遇，已由開發國家於「統一優惠制度 (generalized system of preferences (GSP)」中首先推介。不過此種待遇，過去仍作爲例外看待。同樣，開發中國家彼此給予之優惠，GATT亦採同樣之態度。此次東京會議回合，大家有了新的同感，認定上述對開發中國家的優惠待遇，爲世界貿易制度的一種永久特徵。

由是言之，東京回合會談，雖然沒有將預定的議案全部作成結論，但是大體言之，總算表現了國際間的又一次合作，世界貿易的障礙，將會愈來愈少，這倒是一件值得欣慰的事。貿易法案大的原則通過之後，若干細節，尚待分別研商，相信在貿易專家高度智慧與政府忠誠謀國合力支持之下，國際貿易前途，又將重新放射自由燦爛的光輝。

第十一節　東京談判以後

自東京貿易談判告一段落之後，世界貿易不振，以及失業問題之愈趨嚴重，工業國家又紛紛採用保護政策，保障國內經濟之發展，對於整個世界貿易之擴張，更是困難重重，GATT 有鑑及此，乃於 1982 年召開會員國部長級會議，重申自由貿易原則，籲請各國一致合作。但各國以本身利害關係爲重，在此次會議當中，亦未提出任何新的建議。不過在宣言中，依舊官樣文章，申明今後，大家將盡最大之努力，來對抗保

護主護主義者所採之種種方策。更不採取或維護任何與 GATT 不合之貿易行為，對於農產品出口貼補及國內工業之財務支援，從新加以調查與研究，規定一個準則，然後各國可據以採取種種進口管制，來保護一國之國內工業、紡織業、熱帶產品及勞務貿易，由於有這樣一個共識，終於 1986 年又在烏拉圭（Uru Guay）之 Punta del Este，各國代表再度集會，同意再來一次新的回合商討會議，就農產品出口貼補，勞務貿易（如銀行、保險、運輸等業務），以及對直接的外國投資限制等方面加以考慮與研究。

第十八章

關稅同盟理論

第一節　貿易創造與貿易轉向

依據上章所述，戰後國際貿易，逐漸發展為地區貿易制度，此種貿易形態，主要為關稅同盟。關稅同盟，旨在減低同盟國間彼此商業往來之稅捐，而對同盟以外其他國家間之商務往來，則又聯合起來建立了一道關稅壁壘，其特徵為自由貿易與保護主義兼而有之。然則關稅同盟究有無理論上之根據？是否為人們帶來幸福呢？茲擬就經濟學家對於此一問題之意見，略為介紹於次[1]。

最初研究關稅同盟理論者，為買可柏・芬勒 (Jacob Viner)。以往一般人對於關稅同盟，都存有一種好感。因為自由貿易，可以增進人類最大的幸福，而關稅同盟，乃為推向自由貿易的原動力。但是芬勒却認為這個見解是不正確的，而另為介紹「貿易創造 (trade creation)」與「貿

---

❶　本章資料，係參考 Bo Söderaten, University of Lund, International Economics, 1970, pp. 430-439。

〔529〕

易轉向 (trade diversion)」兩種觀念。貿易創造與貿易轉向的意義，我們在本章第九節中，已經簡略的提及過了，現在擬正式加以闡明，用數字舉例說明如下。設有甲、乙、丙三國，對於同一產品的生產成本，依次為一〇〇，八〇，六〇。我們姑且撇開運費及其他一切費用不計算在內，單以生產費用一項來決定供給成本，關稅則為影響價格變動的唯一因素。假定甲國對於是項產品採用百分之一百的進口稅，則此項產品即無法輸入，而國內市場乃由國內生產者全部控制。設使甲國採用百分之五十的關稅，則是項產品，可從丙國輸入，而在甲國國內市場之價格，乃變為九〇了。茲假定甲乙兩國組織關稅同盟，甲國將從乙國運進是項產品，其在甲國國內市場之價格，將變為八〇了。於是甲國之進口品，乃從低成本供給之丙國，轉換為高成本供給之乙國了。此為貿易轉向的一個例子。所以貿易轉向，乃是因為有了關稅同盟，一國之進口品，乃由生產效能最高之國，轉換為生產效能較低之國了。貿易轉向，足以使資源分配的效果降低，從而導致了人們幸福的低落。不過以上分析，有一個前提，即有關之三個國家，在組成關稅同盟以前及以後，都假定已經達到了充分就業的狀態。

但此一分析，可能有下列三種情形發生。第一，組成關稅同盟的兩個國家，都不生產彼此所需要的產品。於是關稅同盟，對這兩個國家，就沒有什麼重要的意義了。因為兩國只有從第三國輸入是項產品，與未組關稅同盟以前之進口情形，並沒有什麼不同。第二，組成關稅同盟中之一國，雖然生產是項商品，但生產效率欠佳，亦即非最低成本供給之國，那麼訂約之一方，當從價格較便宜之國家輸入，此又為貿易轉向的一個例子。第三，締約的兩個國家，都生產是項商品，但其中必有一國在生產效能方面，較另一國為高。於是兩國國內市場，將為生產效能較高的工業所佔有，因而發生貿易的創造。

　　由是言之，我們可以看出，倘使關稅同盟的締結，首在導致貿易的創造，那麼同時也會提高國民的福利。倘使關稅同盟的訂立，首在促成貿易之轉向，同時也會降低世人的福利。

　　以上分析，也無異告訴我們，假如締約國雙方在產品種類上，大部分都是彼此所需要的，而相同的產品倒很少，那麼關稅同盟的訂立，會產生不利的效果。反之，如果兩國產品大部分是相同的，也就是說，在國際貿易上，彼此站在一個競爭的地位，有了關稅同盟，又會產生更有利的效果。依照一般人的看法，一個農業國家，應當與一個工業國家訂立關稅同盟，但事實並非如此。農業國家，應當與農業國家訂立關稅同盟；工業國家，應當與工業國家訂立關稅同盟，才能創造最大的貿易。然後資源之分配，也最合理，對於世人的幸福，也更會增加。例如歐洲共同市場，都是工業國家，由此同盟所獲得的利益，自在意料之中。而且我們更可以看得出來，當關稅同盟在未組成以前，如果締約國在生產成本上之差距愈大，則締約以後所得到的利益也更大。

　　上述芬勒對貿易創造與貿易轉向之分析，有一個假定，卽在消費沒有替代品之可能，亦卽所有需要的價格彈性都等於零。而在供給方面，芬勒則又假定供給彈性為無窮大。因此所有產品都在報酬不變的規模下所產生。然則芬勒為什麼要用這些假定呢？理由很簡單。假定商品不論價格如何，總歸依照一定的比例而消費。同時又假定生產成本不變。在此情況之下，值得我們研究的，只是國與國間生產的轉換，或為貿易的創造，或為貿易的轉向。如為貿易轉向，便會招致世人福利的降低。此可以下面第 18-1 圖表示之。

　　設如圖所示，甲國專門生產 X 商品，其生產點止於 A。當在世界市場上用最有利的條件，以 X 去交換 Y 產品，而所得到的交換比率，如 AB 線所示。於是甲國之居民，乃能依照從原點所繪出之 OR 投射線，對

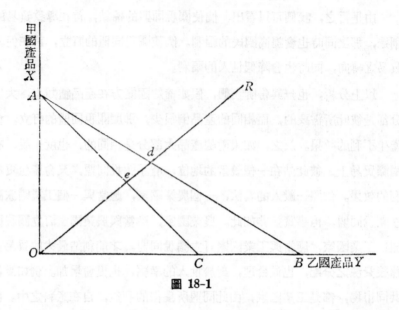

圖 18-1

XY 兩種財貨按一定的比例而消費，其消費點止於 d。設甲國現與丙國
訂立關稅同盟，而此一同盟，會促成貿易之轉向。甲國此時仍專門生產
X 商品，乃以 X 與丙國交換 Y 產品。由於關稅同盟之故，甲國之貿易條
件，乃從此變壞了。新的貿易條件，係以 AC 線表示。甲國此時仍然沿
OR 投射線而消費兩種產品，其消費點止於 e。此 e 點的消費，顯然不
如 d，因所消費的兩種財貨量，都比以前變少了。

　　由上所述，依照芬勒消費沒有替代品的假定，貿易轉向，必定降低
甲國人民之福利無疑。但是芬勒的假定，與事實未必盡相符合。依照一
般情形，關稅同盟，往往會導致有關產品價格之變動。

第二節　國與國間及商品與商品間的替代

　　設使一國與外國訂立關稅同盟之後，一部分財貨從此發生了貿易轉

向的現象，亦即表示該國須付出較高的價格，才能取得這些商品。但是在該國國內的消費者，對於這些商品，却又無須負擔關稅，其在國內之價格，將會降低。因此對於這些產品之消費，在替代品同時並存條件之下，當會擴大。亦即表示消費者的福利改善了。此一演變，乃發生了兩種相反的力量：其一為貿易條件之轉壞，暗示國民福利之降低；其二為消費之增加，暗示國民福利的提高。貿易轉向的結果，既然利弊互見，就很難有所定論了。茲以第 18-2 圖表示如下。

設甲國專門生產財貨X，其生產點止於A。在未對外訂立關稅同盟以前，乃從最便宜之乙國，依照貿易條件AB輸入財貨Y。設使自由貿易允許存在，甲國之消費乃止於d點。無異曲線 I_1 乃與 AB 價格直線相切於 d 點。設使甲國現在一反過去態度，寧願對Y財貨之進口，課以重稅，其在國內價格之比例，乃以直線 tt 表示，消費止於 e 點。同時

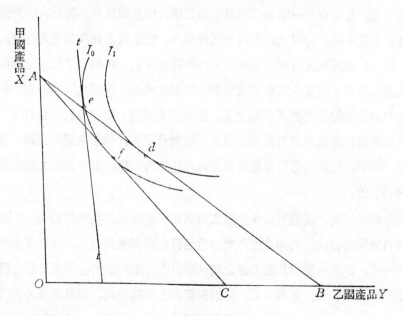

圖 18-2

又有另一無異曲線 I_0，與此價格直線 tt 相切於 e 點。於是由於關稅之開征，使甲國國內對於財貨 Y 之消費減少了。其減少之部分，乃以本國產品 X 財貨來代替，從而降低了國民的福利。至於貿易條件 AB，係假定並未因關稅之征收而受到影響。

如果甲國現在又改變貿易政策，而與丙國訂立關稅同盟，此舉將導致貿易之轉向，與對外貿易條件之變壞。該國仍舊就 A 點專門生產 X 財貨，而以 X 向國外交換財貨 Y，其所產生新的貿易條件，將如 AC 線所示。但此舉倒不一定會降低甲國消費者之福利。因為此時甲國國內市場之價格，將受直線 AC 所定比例之支配，財貨 Y 反較在加征關稅 tt 價格比例直線之下為低。於是財貨 Y 又將代替 X 而消費，國民消費將移往 f 點。而 f 點係與 e 點落在同一無異曲線之上。故對甲國之消費者而言，在關稅同盟訂立之後，其所有之生活享受，與在同盟訂立以前，並無二致。亦即表示一國有了關稅同盟之後，即使導致貿易轉向，對於國民之生活幸福，仍與未訂立同盟以前無異。段使貿易條件變壞之程度，小於 AC 線所示之情形，而新的價格直線又落在 AB 與 AC 二線之間的某處，則關稅同盟，定會導致消費者福利之增加，使其生活享受在一較 I_0 無異曲線略高的無異曲線之上。所以關稅同盟，即使屬於一種貿易轉向的性質，亦能增加消費者之福利。也就是證明，倘使消費可以用代替品，那麼，關稅同盟即使屬於貿易轉向性質的一種，也可以導致國民福利的改善。

解析至此，我們可以來談談國與國間、產品與產品間的替代。所謂國與國間的替代，乃指上述芬勒的貿易轉向與貿易創造。產品與產品間的替代，即是一般習見的產品之間供給與需要兩面由於有關價格發生變動所產生的替代。關稅同盟，可以引發以上兩種替代。如就兩種替代同時加以考慮，其情況自然變得更複雜了。就理論上言之，我們可以這樣

說，假如一國採用關稅制度，其所產生之經濟情況，就不能算是一種很合適的。為什麼？因為此時國內市場價格間之關係，便與國際市場價格比例有所不同了。如果是自由貿易的話，情況就會改善了。因為此時國內與國際間價格之實際變化率，趨於一致。也就是增加了國民的福利。關稅同盟建立以後，從同盟國進口之貨物關稅，當然取消了，於是由同盟國進口財貨之價格，與國內有關商品價格之變化率，可以趨於一致，從而增加了國民的幸福。但是由同盟國進口之財貨，與從世界其他地區進口之財貨價格的實際變化率，便彼此不相等了。此舉又將降低國民之幸福。所以關稅同盟，有其自由貿易之一面，也有保護貿易之一面，然則同盟之福利功效究為何？當視何者之力量較為強大耳。

講到這裏，我們要注意的是，從同盟國輸入商品的多少，倒不是關係很重要的。因為這些貨物，對於輸入國而言，有所得，亦有所失。而最重要的，則為與從其他外國進口相比較，國內貿易規模的大小如何。當國內貿易規模愈大又愈重要時，關稅同盟，愈可能帶來一種利得。因為在此情形之下，正確的價格關係，可以建立在很多重要的財貨上面。反之，如果國內貿易規模愈小，那也更好。因為在此情形之下，只有少數不重要的價格關係，會受到關稅同盟組合的擾亂。舉例言之，假定一國從同盟以外國家運進的，只有球拍一種，於是此種球拍，與從同盟國家進口財貨之價格關係，就會發生偏差。但是此種情形，並不嚴重。因為從同盟國進口種種財貨的價格，將與國內生產的財貨價格取得調和的。倘使某國只生產球拍一種，其情形就不一樣了。因為此時球拍與從同盟國進口物資的正確價格關係，便會建立起來。同時從其他國家進口之物資，與從同盟國進口之財貨價格關係，又會發生偏差。基於這個理由，我們的重要結論是：第一，國與國之間，如果彼此在貿易上倚賴很重，應當互相組成關稅同盟。至於國與國之間，如果在經濟上沒有什麼重要

關係，卽使組成關稅同盟，彼此也沒有什麼好處。第二，有些國家，如果他們在國內生產的財貨，只有一小部分會運到國外去銷售的，儘可以互相組成一種關稅同盟，然後國內貿易，站在一個優勢地位，而從關稅同盟所得的利益并頗可觀。倘使這些國家持有大量國外貿易配額，就得特別小心，因爲他們很可能在與其他非同盟國家貿易上發生重大的歪曲情事。

第三節　關稅高度與關稅同盟

依據以上分析，關稅同盟，得失互見。利得主要原於貿易創造，所失則與貿易轉向有關。然則此種利得與損失又將如何衡量？又與關稅之高度有關。在一個自由競爭的世界，財貨的供給價格，表示對生產者的邊際成本，以及機會成本。需要價格，表示財貨對消費者的效用。設無關稅租稅，或其他歪曲事實之現象存在，財貨之供給價格，將與需要價格相等。如有關稅或租稅存在，情形就兩樣了。假定某一商品的租稅爲百分之五十，如生產成本爲四元，則生產者所得爲四元，消費者必付出六元。由於生產者處於一競爭之世界，亦卽表示其最後一單位之生產，對他來說，必須值價四元。同理，由於消費者對於每一單位之財貨，願意付出六元，亦卽表示每一單位之財貨，對他來說，值價六元。於是生產者與消費者之間，在財貨效用上，便發生了偏差。倘使此項財貨之交易能增加，則人們的幸福也可增進。關稅對於商品之影響，與租稅完全相同。如以圖 18-3 表示，商品征收關稅或租稅以後，會使供給曲線移向左方。在未開征關稅以前，供給曲線如 SS 所示，開征關稅以後，卽變爲 $S'S'$ 了。需要與供給均衡於 c 點，價格爲 P，Oa 爲消費量。稅率爲百分之 cb/ba，供給價格與需要價格之差距亦在此。當此項財貨交易

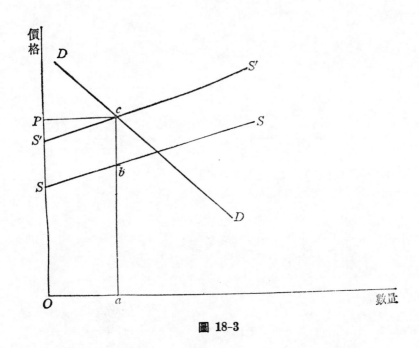

圖 18-3

增加之後，其對於國民福利之增加，當與 cb 相等。此一分析，表示在組織關稅同盟國家間之原有關稅額度愈高，同盟國所得之利得愈大。反之，如果對同盟以外之國家關稅愈低，關稅轉向所引起之損失將愈小。設使價值兩億元之貿易，由於關稅同盟而創造了；一億元之貿易，由於關稅同盟而轉向了。同時又假定在關稅同盟訂立以前，其所創造之貿易財貨稅率為百分之一百，則所創造貿易帶來之淨利得，約略估計，當為二億元。消費者在同盟建立以前，對此項財貨耗費四億元，而現在同盟組成以後，同數量之財貨，只花費了兩億元。又假定對同盟以外國家之關稅稅率為百分之十，其在貿易轉向方面所受之損失，約計為一千萬元。目前該國對於這批財貨，如由同盟國輸入，須付一億元；如從最便宜之來源購入，也許只付九千萬元就夠了。

重要參考書目

Wendell C. Gordon, International Trade, Alfred A. Knopf, Inc., U. S. A., 1958.

Paul V. Horn, International Trade Principles and Practices, Prentice-Hall, Inc., New York, 1955.

P. T. Ellsworth, The Internatoinal Economy, The Macmillan Company, 1958.

Harry G. Brainard, International Economics and Public Policy, Henry Holt and Company, New York, 1954.

Lawrence W. Towle, International Trade and Commercial Policy, Harper and Brothers, New York, 1956.

Gottfried Von Haberler, The Theory of International Trade With Its Applications to Commercial Policy. William Hodge & Company, London, 1956.

J. E. Meade, The Balance of Payments, Oxford University Press, London, 1962.

J. E. Meade, Trade and Welfare, Oxford University Press, London, 1952.

Asher Isaacs, International Trade, Richard D. Irwin, Inc., 1948.

Charles P. Kindleberger, International Economics, Richard D. Irwin, Inc., 1963.

R. F. Harrod, International Economics, Pitman Publishing Corporation, New York, 1949.

Delbert A. Snider, Introduction to International Economics, Richard D. Irwin, Inc., 1967.

A. C. L. Day, Sterie T. Beza, Money and Income, Oxford University Press, New York, 1960.

〔539〕

W. M. Scammell, International Monetary Policy, Macmillan & Co., Ltd., New York, 1961.

George Malanos, Intermediate Economic Theory, J. B. Lippincott Company, New York, 1962.

The American Economic Association, Readings in the Theory of Interational Trade, The Blakiston Company, 1950.

Fritz Machlup, International Trade and the National Income Multiplier, The Blakiston Company, 1950.

Bertil Ohlin, Interregional and International Trade, Harvard University Press, 1952.

L. E. Walton, Foreign Trade and Foreign Exchange, Macdonald & Evans Ltd., W. C., London, 1956.

H. E. Evitt, A Manual of Foreign Exchange, Sir Isaac Pitman & Sons Ltd., London, 1962.

Nerman Crump, The ABC of the Foreign Exchanges, Macmillan & Co. Ltd., London, 1965.

Charles N. Henning, International Finance, Happer & Brothers, New York, 1958.

John Burr Williams, International Trade Under Flexible Exchange Rates, North-Holland Publishing Company, 1954.

Gardner Ackley, Macroeconomic Theory, The Macmillan Company, New York, 1961.

H. Robert Heller, International Trade, Prentice-Hall, Inc., 1973.

Bo Sodersten, International Economics, University of Lund, 1970.

International Monetary Fund, Balance of Payments Yearbook, February, 1989.

International Monetary Fund, Annual Report, 1989.

The World Bank, World Development Report, 1989.

International Monetary Fund, International Financial Statistics, 1989.

大 學 用 書

◇商用英文 ··· 張錦源著
◇商用英文 ··· 程振粵著
◇貿易契約理論與實務 ··· 張錦源著
◇貿易英文實務 ··· 張錦源著
◇貿易英文實務習題 ·· 張錦源著
◇貿易英文實務題解 ·· 張錦源著
◇信用狀理論與實務 ·· 蕭啓賢著
◇信用狀理論與實務 ·· 張錦源著
◇國際貿易 ··· 李穎吾著
◇國際貿易概要 ··· 何顯重著
◇國際貿易實務詳論 ·· 張錦源著
◇國際貿易實務 ··· 羅慶龍著
◇國際貿易理論與政策（修訂版） ············· 歐陽勛・黃仁德編著
◇國際貿易政策概論 ·· 余德培著
◇國際貿易論 ·· 李厚高著
◇國際商品買賣契約法 ··· 鄧越今編著
◇國際貿易法概要 ··· 于政長著
◇國際貿易法 ·· 張錦源著
◇外滙投資理財與風險 ··· 李　麗著

◇外滙、貿易辭典 ··· 于政長編著
　　　　　　　　　　　　　　　　　　　　　　　　　　　張錦源校訂

◇貿易實務辭典 ··· 張錦源編著
◇貿易貨物保險（修訂版） ·· 周詠棠著
◇貿易慣例 ··· 張錦源著
◇國際滙兌 ··· 林邦充著
◇國際行銷管理 ··· 許士軍著
◇國際行銷 ··· 郭崑謨著
◇行銷管理 ··· 郭崑謨著
◇海關實務（修訂版） ··· 張俊雄著
◇美國之外滙市場 ··· 于政長譯

◇平均地權⋯⋯⋯⋯⋯⋯⋯⋯⋯⋯⋯⋯⋯⋯⋯⋯ 王全祿著

◇運銷合作⋯⋯⋯⋯⋯⋯⋯⋯⋯⋯⋯⋯⋯⋯⋯⋯ 湯俊湘著

◇合作經濟概論⋯⋯⋯⋯⋯⋯⋯⋯⋯⋯⋯⋯⋯⋯ 尹樹生著

◇農業經濟學⋯⋯⋯⋯⋯⋯⋯⋯⋯⋯⋯⋯⋯⋯⋯ 尹樹生著

◇凱因斯經濟學⋯⋯⋯⋯⋯⋯⋯⋯⋯⋯⋯⋯⋯⋯ 趙鳳培譯

◇工程經濟⋯⋯⋯⋯⋯⋯⋯⋯⋯⋯⋯⋯⋯⋯⋯⋯ 陳寬仁著

◇銀行法⋯⋯⋯⋯⋯⋯⋯⋯⋯⋯⋯⋯⋯⋯⋯⋯⋯ 金桐林著

◇銀行法釋義⋯⋯⋯⋯⋯⋯⋯⋯⋯⋯⋯⋯⋯⋯⋯ 楊承厚著

◇銀行學概要⋯⋯⋯⋯⋯⋯⋯⋯⋯⋯⋯⋯⋯⋯⋯ 林葭蕃著

◇商業銀行之經營及實務⋯⋯⋯⋯⋯⋯⋯⋯⋯⋯ 文大熙著

◇商業銀行實務⋯⋯⋯⋯⋯⋯⋯⋯⋯⋯⋯⋯⋯ 解宏賓編著

◇貨幣銀行學⋯⋯⋯⋯⋯⋯⋯⋯⋯⋯⋯⋯⋯⋯⋯ 何偉成著

◇貨幣銀行學⋯⋯⋯⋯⋯⋯⋯⋯⋯⋯⋯⋯⋯⋯⋯ 白俊男著

◇貨幣銀行學⋯⋯⋯⋯⋯⋯⋯⋯⋯⋯⋯⋯⋯⋯⋯ 楊樹森著

◇貨幣銀行學⋯⋯⋯⋯⋯⋯⋯⋯⋯⋯⋯⋯⋯⋯⋯ 李穎吾著

◇貨幣銀行學⋯⋯⋯⋯⋯⋯⋯⋯⋯⋯⋯⋯⋯⋯⋯ 趙鳳培著

◇現代貨幣銀行學⋯⋯⋯⋯⋯⋯⋯⋯⋯⋯⋯⋯⋯ 柳復起著

◇貨幣學概要⋯⋯⋯⋯⋯⋯⋯⋯⋯⋯⋯⋯⋯⋯⋯ 楊承厚著

◇貨幣銀行學概要⋯⋯⋯⋯⋯⋯⋯⋯⋯⋯⋯⋯⋯ 劉盛男著

◇金融市場概要⋯⋯⋯⋯⋯⋯⋯⋯⋯⋯⋯⋯⋯⋯ 何顯重著

◇現代國際金融⋯⋯⋯⋯⋯⋯⋯⋯⋯⋯⋯⋯⋯⋯ 柳復起著

◇國際金融理論與制度（修訂版）⋯⋯⋯⋯⋯ 歐陽勛・黃仁德編著

◇金融交換實務⋯⋯⋯⋯⋯⋯⋯⋯⋯⋯⋯⋯⋯⋯ 李　麗著

◇財政學⋯⋯⋯⋯⋯⋯⋯⋯⋯⋯⋯⋯⋯⋯⋯⋯⋯ 李厚高著

◇財政學⋯⋯⋯⋯⋯⋯⋯⋯⋯⋯⋯⋯⋯⋯⋯⋯⋯ 顧書桂著

◇財政學（修訂版）⋯⋯⋯⋯⋯⋯⋯⋯⋯⋯⋯⋯ 林華德著

◇財政學⋯⋯⋯⋯⋯⋯⋯⋯⋯⋯⋯⋯⋯⋯⋯⋯⋯ 吳家聲著

◇財政學原理⋯⋯⋯⋯⋯⋯⋯⋯⋯⋯⋯⋯⋯⋯⋯ 魏　萼著

◇財政學概要⋯⋯⋯⋯⋯⋯⋯⋯⋯⋯⋯⋯⋯⋯⋯ 張則堯著

◇財政學表解⋯⋯⋯⋯⋯⋯⋯⋯⋯⋯⋯⋯⋯⋯⋯ 顧書桂著